Arbeits- und Tarifrecht
des öffentlichen Dienstes

Peter Erbe

Arbeits- und Tarifrecht
des öffentlichen Dienstes

Ein Leitfaden für Ausbildung
und Praxis

Schriftenreihe Band 3 | 2. Auflage
Redaktionsstand: 30.09.2017
Hessischer Verwaltungsschulverband

Herausgegeben von: Horst Knechtel,
Dr. Margit Kölbach, Martin Lüpkes,
Hartmut Vogt, Wolfgang Wieditz

Maximilian Verlag
Hamburg

Bibliografische Information der Deutschen Nationalbibliothek
Die Deutsche Nationalbibliothek verzeichnet diese Publikation in der Deutschen Nationalbibliografie; detaillierte bibliografische Daten sind im Internet über http://dnb.d-nb.de abrufbar.

Redaktionsstand: 30.09.2017

ISBN 978-3-7869-1111-1

Layout und Produktion: Inge Mellenthin
Druck und Bindung: druckhaus köthen

Printed in Germany

Der Herausgeber

Der Hessische Verwaltungsschulverband (HVSV), eine Körperschaft des öffentlichen Rechts mit Sitz in Darmstadt, ist (neben der Hochschule für Polizei und Verwaltung) das Bildungsinstitut des öffentlichen Dienstes in Hessen. Er engagiert sich aktiv für die Aus- und Fortbildung der staatlichen, kommunalen und kirchlichen Verwaltungen im Sinne einer demokratischen Staatsauffassung, pflegt besonders den Praxisbezug und ist deutschlandweit das erste „re-testierte“ Bildungsinstitut in diesem Segment.
Der HVSV gestaltet den Strukturwandel im öffentlichen Dienst aktiv mit und erstellt sein Aus- und Fortbildungsangebot im Hinblick auf die neuen Anforderungen im Bereich der öffentlichen Verwaltung.
Damit seine Mitglieder „kurze Wege“ haben, unterhält der HVSV dezentral Verwaltungsseminare an sechs Standorten in Nord-, Mittel- und Südhessen.
Der HVSV unterstützt seine Kunden und Partner, ihre fachlichen und persönlichen Arbeitsziele zu erreichen, damit sie ihre beruflichen Aufgaben optimal bewältigen können. Er stellt sich dem Vergleich mit anderen Bildungsträgern, denn seine Stärke sind praxisbezogene, aktuelle, pädagogisch qualifizierte und an den Erfordernissen der öffentlichen Verwaltung orientierte Seminare in der Aus- und Fortbildung.
Als erstes Bildungsinstitut in Deutschland in dem Segment Ausbildung und Fortbildung im öffentlichen Dienst ist der HVSV nach LQW 3 (Lernerorientierte Qualitätstestierung in der Weiterbildung ArtSet®, Hannover) qualitätstestiert. Dieses Testat weist die besondere Qualität der Aus- und Fortbildung bei allen hessischen Verwaltungsseminaren nach.

Der Buchautor

Peter Erbe ist Diplom-Verwaltungswirt und verfügt über langjährige Erfahrungen in der öffentlichen Verwaltung. Er hat das Personalgeschäft „von der Pike auf" gelernt: als Bezügerechner und Personalsachbearbeiter, später im Grundsatzreferat Arbeitsrecht einer größeren hessischen Behörde sowie im strategischen Personalmanagement. Seit 2012 ist er hauptamtlicher Dozent im höheren Dienst beim Hessischen Verwaltungsschulverband und unterrichtet in Aus- und Fortbildungslehrgängen neben Arbeits- und Tarifrecht auch Beamtenrecht, Ordnungsrecht sowie Allgemeines Verwaltungsrecht an den Verwaltungsseminaren Kassel und Fulda. Er ist Autor des Buches „Beamtenrecht in Hessen", welches als Band 1 der Schriftenreihe des HVSV im Juni 2015 veröffentlicht wurde und sich in Fachkreisen großer Beliebtheit erfreut.

Vorwort

Schon Generationen von Teilnehmern haben die Verwaltungsseminare des HVSV besucht und sich dabei von der hohen Qualität des Unterrichts überzeugen können.

Damit wir unseren Kunden und Partnern einen noch größeren Service bieten können, haben wir uns entschieden, eine „Schriftenreihe" in Buchform zu veröffentlichen. In dieser Schriftenreihe sind ist bereits erschienen:

Band 1: „Beamtenrecht in Hessen"
Band 2: „Verwaltungsrecht in Ausbildung und Praxis"

Dieses Buch erscheint nun als Band 3 der Schriftenreihe. Weitere Bücher werden folgen.

Unser Autor Peter Erbe hat dieses Buch geschrieben, um den Lesern eine zuverlässige Hilfestellung in diesem doch sehr komplexen und von zahlreichen Änderungen geprägten Rechtsgebiet zu geben. Dem vorliegenden Werk liegen seine langjährigen Erfahrungen in Theorie und Praxis zugrunde.

Der so entstandene Leitfaden soll

- **Auszubildenden** und **Studierenden** Gelegenheit geben, sich in die arbeits- und tarifrechtliche Fallbearbeitung von Grund auf einzuarbeiten,
- **Dozenten** interessante Anregungen zur fachlichen, aber auch didaktischen Gestaltung des Unterrichts bieten,
- **Ausbildern** wertvolle Hilfestellung für die praktische Ausbildung eröffnen,
- **Praktikern** in staatlichen und kommunalen Personalabteilungen eine gewinnbringende Hilfestellung bei der Bewältigung alltäglich anfallender Rechtsfragen sein und
- **Frauen- und Gleichstellungsbeauftragten, Schwerbehindertenvertretungen** sowie Mitgliedern von **Personalräten** helfen, ihre gesetzlichen Aufgaben in optimierter Form wahrnehmen zu können.

Zwar liegt der Schwerpunkt des sehr verständlich geschriebenen Leitfadens im Bereich Aus- und Weiterbildung, gleichwohl ist das Buch auch als praktisches Nachschlagewerk für personalverwaltende Dienststellen gut geeignet.

Aus Gründen der Transparenz wurde dem Werk der **TVöD** (kommunal) zugrunde gelegt. Auf Grund der weitgehenden Deckungsgleichheit mit dem TVöD (Bund), dem TV-L und dem TV-H ist dieses Buch aber für den gesamten öffentlichen Dienst in Deutschland bedenkenlos zu empfehlen. Etwaige nennenswerte Abweichungen der genannten Tarifwerke werden an geeigneter Stelle erwähnt.

Neben sieben verständlich geschriebenen Kapiteln findet sich im Anhang ein umfangreicher **Übungsteil** mit 33 praktischen Fällen und ausführlichen Lösungshinweisen.

Bei der Lösung dieser Praxisfälle steht das materielle Recht im Vordergrund. Dabei wird stets versucht, zügig „auf den Punkt“ zu kommen. Da in vielen Klausur- und Prüfungsaufgaben jedoch der (ausführlichere) Gutachtenstil verlangt wird, wurden einzelne Lösungshinweise in diesem Gutachtenstil gelöst (siehe z. B. Lösung zu Fall 11 im Übungsteil). Im Anschluss an die Fallbearbeitung werden – als besonderer Service – die wesentlichen Unterschiede zum Beamtenrecht in Kurzform dargestellt.

Soweit nur die männliche Sprachform verwendet wurde, soll dies natürlich ausschließlich der besseren Lesbarkeit dienen.

Bei der Arbeit mit diesem Werk empfiehlt es sich, die angesprochenen **Rechtsgrundlagen** stets aufzuschlagen und gut durchzulesen. Dies ist zwar mühsam und kostet Zeit, aber nur so kann sich ein optimaler Lernerfolg einstellen. Dies kann ich Ihnen aus jahrzehntelanger Erfahrung versichern!

Redaktionsschluss dieser zweiten Auflage ist der 30. September 2017. Im Vergleich zu der – bereits nach kurzer Zeit vergriffenen – ersten Auflage wurden insbesondere die Änderungen zum Arbeitnehmerüberlassungsgesetz sowie die zum 01.01.2018 in Kraft tretende Neufassung des Mutterschutzgesetzes berücksichtigt.

Anregungen und Kritik zu diesem Buch richten Sie bitte an den Maximilian Verlag oder direkt an den Buch-Autor.

Darmstadt und Kassel, im Oktober 2017

Peter Erbe
Dozent und Autor

Horst Knechtel
Verbandsgeschäftsführer und Schulleiter

Inhalt

Abkürzungsverzeichnis

AAG	Aufwendungsausgleichsgesetz
AdA	Ausbildung der Ausbilder
a. F.	alte Fassung
AGB	Allgemeine Geschäftsbedingungen
AGG	Allgemeines Gleichberechtigungsgesetz
AR	Altersrente
ArbGG	Arbeitsgerichtsgesetz
ArbStättV	Arbeitsstättenverordnung
ArbZG	Arbeitszeitgesetz
Art.	Artikel
AÜG	Arbeitnehmerüberlassungsgesetz
BaL	Beamter auf Lebenszeit
BaP	Beamter auf Probe
BAT	Bundes-Angestelltentarifvertrag
BaW	Beamter auf Widerruf
BaZ	Beamter auf Zeit
BBiG	Berufsbildungsgesetz
BeamtStG	Beamtenstatusgesetz
BEEG	Bundeselterngeld- und Elternzeitgesetz
BEM	Betriebliches Eingliederungsmanagement
BGB	Bürgerliches Gesetzbuch
BGBl.	Bundesgesetzblatt
BTHG	Bundesteilhabegesetz
BUrlG	Bundesurlaubsgesetz
EFZG	Entgeltfortzahlungsgesetz
EuGH	Europäischer Gerichtshof
FamPfZG	Familienpflegezeitgesetz
GdB	Grad der Behinderung
GewO	Gewerbeordnung
HGB	Handelsgesetzbuch
HGlG	Hessisches Gleichbehandlungsgesetz
HGO	Hessische Gemeindeordnung
HKO	Hessische Landkreisordnung
HLVO	Hessische Laufbahnverordnung
h. M.	herrschende Meinung
HMuSchEltZVO	Hessische Mutterschutz- und Elternzeitverordnung
HNA	Hessisch-Niedersächsische Allgemeine
HPVG	Hessisches Personalvertretungsgesetz

HSOG	Hessisches Gesetz über Sicherheit und Ordnung
HUrlVO	Hessische Urlaubsverordnung für Beamte
HVSV	Hessischer Verwaltungsschulverband
i. d. R.	in der Regel
JArbSchG	Jugendarbeitsschutzgesetz
JAV	Jugend- und Auszubildendenvertretung
KSchG	Kündigungsschutzgesetz
max.	maximal
MuSchG	Mutterschutzgesetz
OWiG	Gesetz über Ordnungswidrigkeiten
PflZG	Pflegezeitgesetz
SGB	Sozialgesetzbuch
sog.	sogenannte/r
StAnz.	Staatsanzeiger für das Land Hessen
StGB	Strafgesetzbuch
TVG	Tarifvertragsgesetz
TV FlexAZ	Tarifvertrag zu flexiblen Arbeitszeitregelungen für ältere Beschäftigte
TV-H	Tarifvertrag für die Beschäftigten des Landes Hessen
TV-L	Tarifvertrag für die Beschäftigten der Länder
TVöD	Tarifvertrag für den öffentlichen Dienst
TVÜ-H	Tarifvertrag zur Überleitung der Beschäftigten … in den TV-H
TVÜ-L	Tarifvertrag zur Überleitung der Beschäftigten …in den TV-L
TVÜ-VKA	Tarifvertrag zur Überleitung der Beschäftigten … in den TVöD
u. v. m	und viele mehr
u. U.	unter Umständen
VBL	Versorgungsanstalt des Bundes und der Länder
VG	Verwaltungsgericht
VKA	Vereinigung der kommunalen Arbeitgeberverbände
WO-HPVG	Wahlordnung zum HPVG
WissZeitVG	Wissenschaftszeitvertragsgesetz
ZPO	Zivilprozessordnung
ZVK	Zusatzversorgungskasse
zzgl.	zuzüglich

Herzlich willkommen, liebe Leser!

Sie haben sich für eine „harte Kost" entschieden. **Arbeitsrecht** gilt gemeinhin als eines der schwierigsten und unübersichtlichsten Rechtsgebiete überhaupt. Angesichts von weit über 40 Millionen Arbeitsverhältnissen in Deutschland scheint es aber auch ein überaus interessantes und für viele Menschen sehr bedeutsames Rechtsgebiet zu sein. Schließlich geht es nicht um irgendetwas, sondern um

- Ihr Entgelt,
- Ihren Urlaubsanspruch und
- (hoffentlich nicht) Ihre Abmahnung!

Arbeitsrecht zeichnet sich also durch die hohe **persönliche Betroffenheit** vieler Menschen aus.
Arbeitsrecht ist das Sonderprivatrecht der Arbeitgeber und Arbeitnehmer. Es gehört in wesentlichen Teilen zum Privatrecht, enthält aber auch öffentliches Recht (siehe z. B. § 85 SGB IX). Kennzeichnend für das Arbeitsrecht ist, dass es in eine nahezu unüberschaubare **Vielzahl von Einzelgesetzen** aufgeteilt ist (z. B. BGB, EFZG, GewO, ArbZG, MuSchG, KSchG, u. v. m.).

Im öffentlichen Dienst kommt erschwerend hinzu, dass neben dem allgemeinen Arbeitsrecht ein sehr komplexes, detailliertes **Tarifrecht** zu beachten ist. In vielen Einzelfragen muss also neben einer gesetzlichen Regelung auch eine tarifliche Bestimmung beachtet werden. Oftmals bedarf es sogar der Zusammenschau mehrerer Rechtsnormen, um zu dem gewünschten Ergebnis zu gelangen. Dies erfordert grundlegende Rechtskenntnisse. Nach intensiver Durcharbeitung dieses Lehrbuches werden Sie über derartige Kenntnisse verfügen und Praxisfälle lösen können. Doch der Reihe nach:

1 Mitwirkende

Bevor wir uns gemeinsam in die Niederungen des Arbeits- und Tarifrechts begeben, wollen wir klären, welche Akteure hierbei eigentlich „mitspielen“, und notwendige Grundbegriffe klären:

1.1 Arbeitnehmer

Es gibt **keine gesetzliche Definition** des Arbeitnehmerbegriffs, ebenso wenig sind „der Arbeitgeber“ oder „das Arbeitsverhältnis“ gesetzlich definiert. Schon daraus wird deutlich, dass im Arbeitsrecht viele **unbestimmte Rechtsbegriffe** existieren, die vor allem durch die Rechtsprechung des Bundesarbeitsgerichts (BAG) näher bestimmt werden. Kenntnisse der gängigen BAG-Rechtsprechung gehören deshalb – neben der Kenntnis der Gesetze und Tarifverträge – zum Handwerkszeug im Arbeitsrecht. Zunehmende Bedeutung erlangt in letzter Zeit auch die Rechtsprechung des Europäischen Gerichtshofes (EuGH) mit Sitz in Luxemburg.

Doch wie definiert die Rechtsprechung den Begriff des Arbeitnehmers?

Merke: Nach ständiger Rechtsprechung des BAG ist Arbeitnehmer, wer aufgrund eines **privatrechtlichen Vertrags im Dienste eines anderen zur Leistung weisungsgebundener, fremdbestimmter Arbeit in persönlicher Abhängigkeit verpflichtet** ist.

Deshalb sind z. B. Beamte keine Arbeitnehmer (vgl. § 3 Abs. 1 BeamtStG).

Der Arbeitnehmer stellt seine Arbeitskraft (= sein „**Wirken**“) zur Verfügung. Dabei schuldet er eine Arbeitsleistung „mittlerer Art und Güte“. Er muss also „tun, was er soll, und dies so gut, wie er kann“.
Zum Vergleich: Beim Werkvertrag nach § 631 BGB wird ein **Werk**, also ein bestimmter Erfolg, geschuldet (z. B. die Anfertigung einer Gartenbank).

Wesentliche Teile des gesetzlichen Arbeitsrechts sind in den §§ 611 ff. BGB geregelt. § 611 BGB regelt jedoch genau genommen nur den Dienstvertrag, dessen Unterfall der Arbeitsvertrag ist. Charakteristisch für die Arbeitnehmereigenschaft ist dabei – wie oben erwähnt – der Grad der **persönlichen Abhängigkeit**. Diese ergibt sich aus der **Weisungsgebundenheit** des Arbeitnehmers hinsichtlich Art, Ort und Zeit seiner Arbeitsleistung.

Das Gegenstück zur Weisungsgebundenheit ist das Weisungsrecht des Arbeitgebers. Dies ist in § 106 Satz 1 GewO geregelt (bitte lesen!).

Damit unterscheidet sich das Arbeitsverhältnis grundlegend von jeder selbstständigen Tätigkeit.

Auszug aus § 84 Abs. 1 Satz 2 HGB:
Selbstständig ist, wer im Wesentlichen **frei** seine Tätigkeit gestalten und seine Arbeitszeit bestimmen kann.

Dabei ist auch der sog. Minijobber[1] ein (ganz normaler) Arbeitnehmer. Die Sozialversicherungsfreiheit steht der Arbeitnehmer-Eigenschaft nicht entgegen.
Abzugrenzen ist das Arbeitsverhältnis schließlich von

- Tätigkeiten auf vereinsrechtlicher Grundlage (§§ 26 ff. BGB, z. B. Kassierer im Sportverein),
- unentgeltlichen Auftragstätigkeiten (§§ 662 ff. BGB) und
- der Mitarbeit von Ehegatten (§ 1360 BGB) und Kindern (§ 1619 BGB) im Haushalt.

Der Frage, ob die Eigenschaft als Arbeitnehmer erfüllt ist, kommt eine enorme Bedeutung zu:

Merke: Die Arbeitnehmer-Eigenschaft ist die „**Eintrittskarte**" in die einzelnen Schutzgesetze.

Nur Arbeitnehmer haben nämlich Anspruch

- auf Entgeltfortzahlung im Krankheitsfall,
- auf gesetzlichen Mindesturlaub und
- auf Kündigungsschutz nach dem KSchG.

Diese Aufzählung ließe sich beliebig fortsetzen.

In der Praxis ist es manchmal gar nicht so einfach zu entscheiden, wer als Arbeitnehmer gilt. Die Rechtsprechung hatte sich kürzlich mit folgender Frage zu beschäftigen:

[1] Geringfügig Beschäftigter, vgl. § 8 Abs. 1 Nr. 1 SGB IV

Handelt es sich um ein Arbeitsverhältnis, wenn eine Artistengruppe mit einem Zirkusunternehmen vereinbart, im Rahmen von Zirkusaufführungen eine **„Hochseil- und Todesradnummer“** darzubieten?

Ergebnis:

Arbeitsgericht:	nein
Landesarbeitsgericht:	ja
Bundesarbeitsgericht:	nein

Das Bundesarbeitsgericht begründete seine Entscheidung im Wesentlichen mit der fehlenden Weisungsgebundenheit der Artisten.[2]

Auch im öffentlichen Dienst ergeben sich **Zweifelsfälle**, ob die Arbeitnehmer-Eigenschaft erfüllt wird.

Dabei spielt es keine Rolle, wie ein Vertrag etwa bezeichnet wird (z. B. Honorar-Vertrag). Entscheidend kommt es vielmehr auf dessen **Inhalt** an. Zu berücksichtigen ist u. a., wie der Mitarbeiter in den Dienstbetrieb integriert ist, ob er seine Arbeitszeiten frei wählen kann und ob er inhaltliche Vorgaben über seine Arbeitsweise erhält.

Überlegen Sie selbst: Ist ein Dozent, der an einer Volkshochschule einen Englisch-Kurs anbietet, ein Arbeitnehmer?

Wenn dies der Fall sein sollte, so hätte er Urlaubsanspruch. Außerdem würde er sein vereinbartes Honorar auch bei Arbeitsunfähigkeit erhalten. Kann dies wirklich so sein?

Die Lösung hierzu finden Sie im Fall 1 des Übungsteils.

Im Tarifrecht des öffentlichen Dienstes erfolgte übrigens bis 2005 die früher übliche Aufteilung in Angestellte und Arbeiter. Einfach gesagt, arbeiteten die Angestellten „mit dem Kopf“ (z. B. im Büro) und die Arbeiter „mit der Hand“ (z. B. Bauhof).

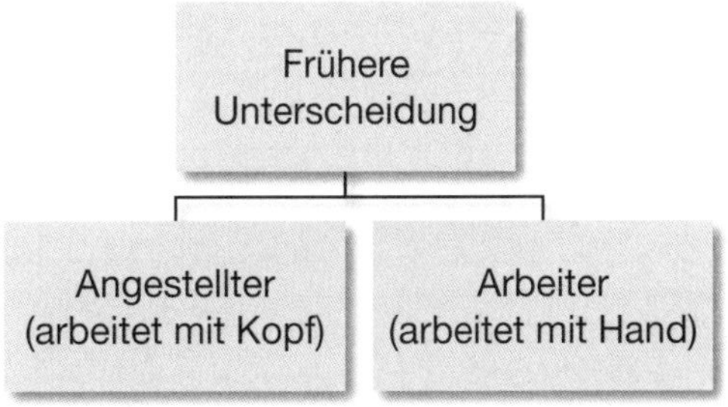

Weil eine solche Unterscheidung heute nicht mehr sinnvoll erscheint, kennt der TVöD, von einzelnen Ausnahmen abgesehen, nur noch „**Beschäftigte**“.

Andererseits erfolgt auch in der neuen Entgeltordnung eine Unterscheidung. Hier werden die Arbeitertätigkeiten als „handwerkliche Tätigkeiten“ bezeichnet.

2 Urteil vom 11.08.2015 – 9 AZR 98/14 –

Als unter den TVöD fallende Beschäftigte gelten im Übrigen auch Personen in geringfügiger Dauerbeschäftigung im Sinne von § 8 Abs. 1 Nr. 1 SGB IV (sog. „**Minijobber**").

Nur die (nicht berufsmäßige und im Voraus begrenzte) **Aushilfsbeschäftigung** im Sinne von § 8 Abs. 1 Nr. 2 SGB IV ist von den Tarifnormen ausgenommen, vgl. z. B. § 1 Abs. 2 Buchstabe m TVöD. Ist diese Aushilfsbeschäftigung innerhalb eines Kalenderjahres auf längstens drei Monate oder 70 Arbeitstage[3] begrenzt, so ist sie geringfügig im Sinne von § 8 SGB IV und das daraus erzielte Entgelt betragsmäßig nicht begrenzt (§ 8 Abs. 1 Nr. 2 i. V. m. § 115 SGB IV).

1.2 Arbeitgeber

Bei dem nächsten Begriff haben wir es viel leichter:

Merke: Arbeitgeber ist, wer mindestens einen Arbeitnehmer beschäftigt.

Neben juristischen Personen[4] können somit auch natürliche Personen Arbeitgeber sein.

Beispiel: Herr Reich arbeitet als Industriearbeiter. Weil er immer viel zu tun hat, beschäftigt er eine private Haushaltshilfe für 450 € monatlich.

➔ Er ist somit Arbeitgeber.
➔ Die Tatsache, dass er gleichzeitig Arbeitnehmer ist, ändert hieran nichts.

Damit gelten für die o. g. Haushaltshilfe grundsätzlich die bereits erwähnten Schutzgesetze. Näheres zu den Schutzgesetzen siehe Nr. 2.1 in diesem Buch.

Dem öffentlichen Dienst kommt eine Doppelfunktion zu: Die Stadt Kassel z. B. ist Dienstherr ihrer Beamten[5] und Arbeitgeber ihrer Arbeitnehmer bzw. Beschäftigten.

1.3 Auszubildende

[3] Bzw. ab 01.01.2019 auf längstens zwei Monate oder 50 Arbeitstage
[4] Z. B. eine Gemeinde, ein Land oder eine GmbH
[5] Zum Begriff siehe Band 1 der HVSV-Schriftenreihe „Beamtenrecht in Hessen", dort unter Nr. 1.4

Nicht zu den Arbeitnehmern im eigentlichen Sinn gehören Auszubildende. Bei diesem Personenkreis steht nämlich nicht die Arbeitsleistung im eigentlichen Sinn im Vordergrund. Vertragsgegenstand eines Berufsausbildungsvertrages ist vielmehr die Vermittlung der **beruflichen Handlungsfähigkeit**, vgl. § 1 Abs. 3 BBiG.

Nach § 10 Abs. 2 BBiG sind die für den Arbeitsvertrag geltenden Vorschriften und Rechtsgrundsätze anzuwenden, soweit sich aus dem Wesen und Zweck des Berufsausbildungsvertrages bzw. dem BBiG nichts anderes ergibt. Nähere Informationen zu dem Personenkreis der Auszubildenden entnehmen Sie bitte der Nr. 7.10 in diesem Buch.

1.4 Betriebsrat

Alle Arbeitnehmer eines Betriebes wählen eine Arbeitnehmer-Vertretung, um ihre Rechte gegenüber dem Arbeitgeber zu wahren. Geregelt ist dies in § 1 Betriebsverfassungsgesetz (BetrVG), wobei das Gesetz eine Mindestgröße von fünf Arbeitnehmern verlangt.

Das BetrVG gilt in zahlreichen Betrieben **privater Rechtsform** (z. B. gemeinnützige GmbH).

Für den öffentlichen Dienst ist dieses Gesetz jedoch nicht anwendbar, vgl. § 130 BetrVG.

Hier gelten stattdessen die Personalvertretungsgesetze des Bundes und der Länder.

1.5 Personalrat

Weil im öffentlichen Dienst das BetrVG keine Anwendung findet (vgl. § 130 BetrVG), gibt es dort auch keine Betriebsräte. Nach den Personalvertretungsgesetzen des Bundes und der Länder werden in den einzelnen Dienststellen jedoch Personalräte eingesetzt. In diesen Gesetzen sind die Aufgaben der Personalräte, ihre Wahl und Zusammensetzung sowie insbesondere ihre Beteiligungsrechte detailliert geregelt.

Aus Gründen der Transparenz wird in diesem Buch nur auf das in Hessen maßgebende **HPVG** eingegangen; inhaltlich gelten aber im Bund und den übrigen Ländern inhaltsgleiche oder zumindest ähnliche Rechtsvorschriften. Sollten Sie in einem anderen Bundesland arbeiten oder der Bundesverwaltung angehören, so ziehen Sie also immer, wenn hier vom „HPVG“ die Rede ist, das für Ihr Bundesland bzw. den Bund maßgebende Personalvertretungsgesetz zu Rate.

Zentrale Norm des HPVG ist § 60 Abs. 1, wonach Dienststelle und Personalrat **vertrauensvoll** miteinander arbeiten. Dies wird in vielen Dienststellen auch tatsächlich so gelebt[6], wie der Autor aus zahlreichen Einigungsstellenverfahren zu berichten weiß.

---

[6] Ausnahmen bestätigen die Regel

Das HPVG kennt fünf Stufen der Beteiligung des Personalrates, welche unter Nr. 3.5 einzeln erläutert werden.

Neben den örtlichen Personalräten werden bei mehrstufigen Verwaltungen (z. B. in der Landesverwaltung) auch sog. **Stufenvertretungen** gebildet, §§ 50 und 51 HPVG.

Schließlich gibt es auch Konstellationen, in denen neben den örtlichen Personalräten sog. **Gesamtpersonalräte** gebildet werden. Dies ist bei Gemeinden z. B. dann der Fall, wenn Teile einer Dienststelle, die räumlich weit auseinander liegen, als selbstständige Dienststellen im Sinne des Gesetzes gelten (vgl. § 7 Abs. 3 HPVG) und es deshalb zur Regelung übergreifender Fragen eines Gesamtpersonalrates bedarf.

1.6 Jugend- und Auszubildendenvertretung

Gibt es in einer Dienststelle insgesamt mindestens fünf Auszubildende, Beamtenanwärter oder jugendliche Beschäftigte, so wählen diese eine Jugend- und Auszubildendenvertretung (JAV).

Deren Größe ist abhängig von der Dienststelle, § 54 Satz 2 HPVG. Bei z. B. 20 Wahlberechtigten besteht die JAV aus drei Mitgliedern. Nach der Wahl wählt die JAV aus ihrer Mitte einen Vorsitzenden und mindestens einen Stellvertreter.

Die JAV wird für die Dauer von **zwei Jahren** gewählt. Sie arbeitet eng mit dem Personalrat zusammen. Ihre Aufgaben sind in § 55 HPVG aufgeführt. Vor allem hat sie darüber zu wachen, dass die zugunsten ihrer Wahlberechtigten geltenden Gesetze, Tarifverträge und Dienstvereinbarungen durchgeführt werden.

Besteht ein Gesamtpersonalrat, so wird auch eine Gesamtjugend- und -auszubildendenvertretung gebildet, § 58 Abs. 2 i. V. m. § 52 Abs. 1 HPVG.

Zum Personenkreis der Jugend- und Auszubildendenvertreter siehe Nr. 7.7.

1.7 Frauen- und Gleichstellungsbeauftragte

§ 15 Abs. 1 HGlG beinhaltet für Dienststellen mit 50 oder mehr Beschäftigten die Verpflichtung zur **Bestellung** einer Frauen- und Gleichstellungsbeauftragten. § 74 Abs. 1 Nr. 3 HPVG enthält ein Mitbestimmungsrecht des Personalrates bei einer solchen Bestellung. Für kleinere Dienststellen kann eine Frauen- und Gleichstellungsbeauftragte bestellt werden.

Nach § 15 Abs. 2 HGlG darf nur eine **Frau** zur Frauen- und Gleichstellungsbeauftragten bestellt werden, welche außerdem keiner Personalvertretung angehören darf. Die **Dauer** der Bestellung beträgt 6 Jahre, § 16 Abs. 1 HGlG.

Hiervon zu unterscheiden sind die kommunalen Frauenbüros nach § 4b HGO, welche durch das Hessische Gleichberechtigungsgesetz nicht berührt werden, § 25 HGlG.

Frauen- und Gleichstellungsbeauftragte
im öffentlichen Dienst

Die **Aufgaben** der Frauen- und Gleichstellungsbeauftragten ergeben sich aus § 17 HGlG. Die in der Personalpraxis wohl wichtigste Aufgabe ist in § 17 Abs. 1 Satz 3 Nr. 2 HGlG aufgeführt. Hiernach hat die Frauen- und Gleichstellungsbeauftragte das Recht, an personellen Maßnahmen im Sinne der §§ 63, 77 und 78 HPVG beteiligt zu werden.

Dabei hat sie **Einsichtsrecht** in alle Bewerbungsunterlagen, § 17 Abs. 7 HGlG.

Nach § 17 Abs. 4 HGlG ist sie rechtzeitig, mindestens zwei Wochen vor der Entscheidung, zu **unterrichten** und **anzuhören**. Etwaige Bedenken gegen die beabsichtigte Personalmaßnahme hat sie unverzüglich der Dienststellenleitung mitzuteilen.

Auch ist der Frauen- und Gleichstellungsbeauftragten Gelegenheit zu geben, am **Monatsgespräch** nach § 60 Abs. 4 HPVG teilzunehmen, § 18 Abs. 1 HGlG.

Schließlich beinhaltet § 19 HGlG ein **Widerspruchsrecht** der Frauen- und Gleichstellungsbeauftragten. Dieses Widerspruchsrecht kann sie z. B. dann wahrnehmen, wenn sie der Auffassung ist, Personalmaßnahmen würden gegen das HGlG verstoßen. Möchte die Frauen- und Gleichstellungsbeauftragte widersprechen, so muss sie hierfür regelmäßig eine Zweiwochenfrist einhalten. Innerhalb von drei Wochen nach einem solchen Widerspruch entscheidet die Dienststellenleitung erneut über den Vorgang. Bleibt sie bei ihrer Entscheidung, so hat sie diese schriftlich zu begründen. Innerhalb weiterer zwei Wochen nach dieser Entscheidung kann die Frauen- und Gleichstellungsbeauftragte gemäß § 19 Abs. 3 HGlG die Entscheidung einer weiteren Stelle, bei Gemeinden z. B. des Gemeindevorstands, beantragen. Der Gemeindevorstand entscheidet dann innerhalb eines Monats über den Widerspruch, § 19 Abs. 4 HGlG.

Folge eines solchen Widerspruchs ist, dass der Vollzug der Maßnahme (z. B. Einstellung eines Beschäftigten) ausgesetzt wird, § 19 Abs. 5 HGlG.

Im Falle eines erfolglosen Widerspruchs kann die Frauen- und Gleichstellungsbeauftragte das zuständige **Verwaltungsgericht** anrufen, § 20 HGlG.

Die gesetzlichen Beteiligungsrechte stehen der Frauen- und Gleichstellungsbeauftragten im Übrigen unabhängig davon zu, ob ein Mann oder eine Frau eingestellt, höhergruppiert oder gekündigt werden soll.

Zur Aufstellung und zum Inhalt von **Frauenförder- und Gleichstellungsplänen** vgl. § 4 Abs. 2 sowie §§ 5 bis 7 HGlG. Eine solche Pflicht besteht für Gemeinden mit weniger als 50 Beschäftigten übrigens nicht.

1.8 Schwerbehindertenvertretung

§ 94 Abs. 1 SGB IX regelt, dass in Dienststellen mit mindestens fünf schwerbehinderten Menschen eine sog. „Vertrauensperson" gewählt wird. **Wahlberechtigt** sind nach § 94 Abs. 2 SGB IX alle schwerbehinderten Menschen dieser Dienststelle.

Die **Wahlzeit** beträgt vier Jahre, § 94 Abs. 7 SGB IX. Dabei finden die regelmäßigen Wahlen alle vier Jahre in den Kalendermonaten Oktober und November statt, § 94 Abs. 5 SGB IX. Die vielfältigen **Aufgaben** der Schwerbehindertenvertretung sind in § 95 SGB IX aufgeführt. Der Arbeitgeber muss die Schwerbehindertenvertretung in allen Angelegenheiten, die einen einzelnen oder die schwerbehinderten Menschen als Gruppe berühren, unverzüglich und umfassend unterrichten und vor einer Entscheidung anhören.

Dabei handelt es sich um zwei separate Verpflichtungen des Arbeitgebers:

- Zum einen wird verlangt, die Schwerbehindertenvertretung umfassend zu **unterrichten**. Hier geht es nicht nur um einseitige Maßnahmen des Arbeitgebers, sondern um **alle Angelegenheiten**, die sich spezifisch auf schwerbehinderte Menschen auswirken. Die Unterrichtungspflicht besteht nicht, wenn die Angelegenheit die Belange schwerbehinderter Menschen in keiner anderen Weise berührt als die Belange sonstiger Beschäftigter. Die Unterrichtungspflicht hat unverzüglich (sofort ab Kenntnisnahme, ohne schuldhaftes Zögern) zu erfolgen.
- Zum anderen hat der Arbeitgeber die Schwerbehindertenvertretung vor Entscheidungen, die einen oder die schwerbehinderten Menschen als Gruppe berühren, **anzuhören**. Die Anhörungspflicht geht über die Unterrichtungspflicht hinaus. Sie verlangt, dass der Schwerbehindertenvertretung Gelegenheit zur Stellungnahme gegeben wird und der Arbeitgeber diese Stellungnahme auch zur Kenntnis nimmt. Die Anhörungspflicht bezieht sich aber nicht auf sämtliche, die schwerbehinderten Menschen betreffenden Angelegenheiten, sondern nur auf die diesbezüglichen **Entscheidungen** des Arbeitgebers. Anders als die Unterrichtungspflicht hat die Anhörungspflicht nicht „unverzüglich", sondern „vor" der Entscheidung zu erfolgen. Der Abschluss eines Auflösungsvertrages[7] z. B. ist keine solche „Entscheidung", denn hier handelt es sich gerade nicht um einen einseitigen Willensakt des Arbeitgebers, sondern um eine zweiseitige Vereinbarung. Deshalb ist der Arbeitgeber nicht verpflichtet, die Schwerbehindertenvertretung vor Abschluss eines solchen Auflösungsvertrages anzuhören.[8]

[7] Näheres siehe Nr. 6.6

[8] BAG-Beschluss vom 14.03.2012 – 7 ABR 67/10

Schaubild:

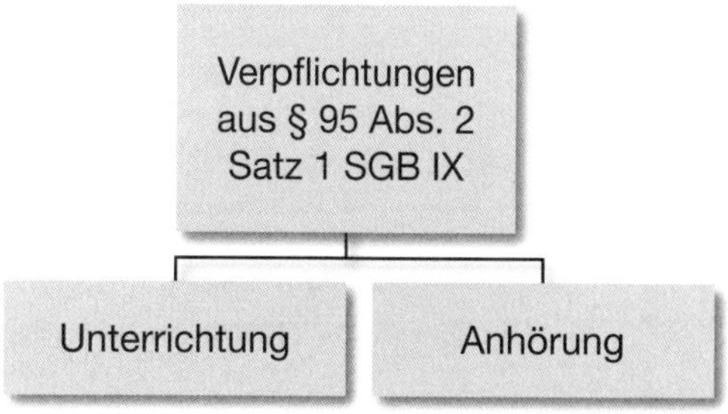

Darüber hinaus hat die Schwerbehindertenvertretung ein Recht zur Teilnahme an **Vorstellungsgesprächen**, § 95 Abs. 2 Satz 3 SGB IX.

Zum Personenkreis der Mitglieder der Schwerbehindertenvertretung wird auf Nr. 7.8 verwiesen.

1.9 Tarifvertragsparteien

Eine besondere Bedeutung kommt im öffentlichen Dienst den Tarifvertragsparteien zu:

Als Tarifvertragsparteien versteht man diejenigen Institutionen, die den Tarifvertrag miteinander verhandeln und abschließen.

Auf der einen Seite stehen dabei die **Gewerkschaften**, welche ein Interesse daran haben, für ihre Mitglieder günstige Arbeitsbedingungen zu erkämpfen (z. B. mehr Entgelt, mehr Urlaub und kürzere Arbeitszeiten). Die größte Gewerkschaft in der Branche des öffentlichen Dienstes ist die Vereinte Dienstleistungsgewerkschaft ver.di. Daneben stehen zahlreiche weitere Gewerkschaften, z. B. der dbb beamtenbund, die tarifunion oder die Ärztegewerkschaft Marburger Bund.

Auf der anderen Seite stehen die **Arbeitgeber**, welche ein berechtigtes Interesse daran haben, ihre jährliche Personalkostensteigerung möglichst gering zu halten. Andererseits müssen auch die Arbeitgeber ein Interesse daran haben, möglichst attraktive Arbeitsplätze anbieten zu können, um dem Fachkräftemangel zu begegnen.

Während bis Mitte 2005 ein bundesweit einheitliches Tarifrecht galt[9], zeigt sich heute ein völlig anderes Bild. Dabei gelten – vereinfacht dargestellt – die folgenden Tarifverträge:

Bund	TVöD-Bund
Länder[10]	TV-L
Land Hessen	TV-H
Kommunen	TVöD-VKA

[9] Bund, Länder und Kommunen verhandelten gemeinsam (wichtigster Tarifvertrag war der BAT)
[10] Mit Ausnahme des Landes Hessen, welches die Tarifgemeinschaft TdL verlassen hat

In diesem Buch steht – wie oben bereits erwähnt – der kommunale TVöD im Mittelpunkt der Betrachtung. Die jeweiligen Ausführungen gelten aber im Wesentlichen auch für die anderen aufgeführten Tarifverträge. Auf besonders wichtige Abweichungen wird im Einzelnen hingewiesen.

1.10 Arbeitsgerichte

Streitigkeiten in Arbeitssachen werden vor dem örtlich zuständigen Arbeitsgericht verhandelt und entschieden. In zweiter Instanz entscheidet das Landesarbeitsgericht, dritte Instanz ist das Bundesarbeitsgericht (BAG) in Erfurt.

Schaubild: **Der Rechtsweg in Arbeitssachen**

1. Instanz: Arbeitsgericht

2. Instanz: Landesarbeitsgericht

3. Instanz: Bundesarbeitsgericht

Die Entscheidungen des BAG entfalten eine **große Bedeutung** für die Personalpraxis. Mit Personalrecht betraute Beschäftigte (Personalleiter, Personalsachbearbeiter, Personalräte usw.) sind also gut beraten, die Urteile des BAG regelmäßig zur Kenntnis zu nehmen und bei ihren Entscheidungen zu berücksichtigen.

Beispiele für arbeitsrechtliche Streitverfahren sind die Eingruppierungsfeststellungsklage und die Kündigungsschutzklage.

Nähere Informationen enthält das Arbeitsgerichtsgesetz (ArbGG).

So, nachdem Sie die am Arbeitsrecht „Mitwirkenden“ kennengelernt haben, widmen wir uns nun den wichtigsten Rechtsquellen des Arbeitsrechts:

2 Rechtsquellen

Eine der Schwierigkeiten des Arbeitsrechts besteht darin, dass nicht nur – wie in anderen Rechtsgebieten auch – Gesetze angewendet werden müssen, sondern zusätzlich vor allem Tarifverträge, Dienstvereinbarungen und einzelvertragliche Abreden.
Im Folgenden werden die einzelnen Rechtsquellen erläutert:

2.1 Gesetze

Im Rahmen unserer Verfassung, des Grundgesetzes, hat der „Gesetzgeber" eine Vielzahl an arbeitsrechtlichen Gesetzen erlassen. Als Gesetzgeber fungiert zumeist der Bundestag, denn Arbeitsrecht gehört zu den Bereichen der **konkurrierenden Gesetzgebung** (Art. 72 i. V. m. Art. 74 Abs. 1 Nr. 12 GG). Nur ausnahmsweise sind die Landesparlamente arbeitsrechtlich tätig geworden.[11]

Die meisten dieser Gesetze schützen die Arbeitnehmer gegen die Übermacht des (wirtschaftlich stärkeren) Arbeitgebers. So sind im Laufe der Jahrzehnte rd. 100 Einzelgesetze verabschiedet und mehrfach geändert worden, in denen sich sehr zahlreiche arbeitsrechtliche Regelungen befinden.

Das deutsche Arbeitsrecht „kann sich also sehen lassen, man muss es aber erst mal finden."[12]

Die wichtigsten dieser Gesetze werden in diesem Buch erläutert. Zu nennen sind beispielsweise
- das Allgemeine Gleichbehandlungsgesetz,
- das Arbeitszeitgesetz,
- das Bundesurlaubsgesetz,
- das Kündigungsschutzgesetz,
- das Mutterschutzgesetz und das
- Teilzeit- und Befristungsgesetz.

[11] In Hessen gilt z. B. das Hessische Gleichberechtigungsgesetz (HGlG)
[12] Dieses Zitat geht auf den Arbeitsrechtler Peter Hanau zurück

Diese Gesetze gelten grundsätzlich für alle Arbeitnehmer in Deutschland.

Wissen Sie noch, wer als Arbeitnehmer gilt?[13]

Ob ein Gesetz jedoch tatsächlich anwendbar ist, muss indes stets im Einzelfall geprüft werden. So haben einzelne Gesetze z. B. „**Kleinstbetriebsklauseln**“, wonach sie erst ab einer bestimmten Betriebsgröße Anwendung finden.

Beispiele:
- Mutterschutzgesetz — keine Beschränkung
- Kündigungsschutzgesetz — ab 6 Arbeitnehmern[14]
- Anspruch auf Pflegezeit — ab 16 Arbeitnehmern[15]
- Anspruch auf Familienpflegezeit — ab 26 Arbeitnehmern[16]

Im öffentlichen Dienst haben diese Kleinstbetriebsklauseln kaum Bedeutung, weil gesetzlich stets auf alle Arbeitnehmer des Arbeitgebers abgestellt wird. Es geht also nicht um die Personen im Rathaus, sondern um sämtliche Arbeitnehmer (also einschließlich des Bauhofes, der Kindergärten usw.).

2.2 Rechtsverordnungen

Rechtsverordnungen werden von der Exekutive (Regierung, Verwaltung) erlassen. Sie bedürfen einer ausdrücklichen Ermächtigung in einem Gesetz (vgl. Art. 80 GG). Im Arbeitsrecht kommt Rechtsverordnungen eine eher untergeordnete Bedeutung zu. Als Beispiel sei hier jedoch die Arbeitsstättenverordnung (ArbStättV) genannt, welche ihre Ermächtigungsgrundlage in § 18 Arbeitsschutzgesetz hat. Nach § 5 Abs. 1 Satz 1 ArbStättV hat der Arbeitgeber die erforderlichen Maßnahmen zu treffen, damit die nicht rauchenden Beschäftigten wirksam vor den Gesundheitsgefahren durch Tabakrauch geschützt werden. Im Fall eines Croupiers in einem hessischen Spielcasino hat das Bundesarbeitsgericht allerdings entschieden, dass das Hessische Nichtraucherschutzgesetz eine Ausnahme für Spielcasinos zulasse, so dass der klagende Croupier auch in einem abgetrennten Raucherraum arbeiten muss.[17]

2.3 Tarifverträge

Die unter Nr. 1.9 beispielhaft aufgeführten Tarifvertragsparteien[18] schließen Tarifverträge ab. Ein solcher Tarifvertrag muss zu seiner Wirksamkeit zwingend **schriftlich** geschlossen werden, § 1 Abs. 2 TVG.

---

13 Falls nicht, lohnt ein Blick in Nr. 1.1
14 Vgl. § 23 Abs. 1 KSchG
15 Vgl. § 3 Abs. 1 Pflegezeitgesetz
16 Vgl. § 2 Abs. 1 Satz 4 FPfZG
17 BAG-Urteil vom 10.05.2016 – 9 AZR 347/15
18 Gesetzliche Definition vgl. § 2 TVG

Gemäß § 4 Abs. 1 TVG enthalten Tarifverträge insbesondere Rechtsnormen, die

- den Inhalt,
- den Abschluss und
- die Beendigung

von Arbeitsverhältnissen ordnen können. Dies nennt man auch den **normativen Teil** des Tarifvertrages.

Neben diesem normativen Teil besteht ein Tarifvertrag auch aus einem **schuldrechtlichen Teil**. Der schuldrechtliche Teil regelt die Rechte und Pflichten der Tarifvertragsparteien, z. B. die Laufzeit bzw. die Dauer der Friedenspflicht (siehe unten).

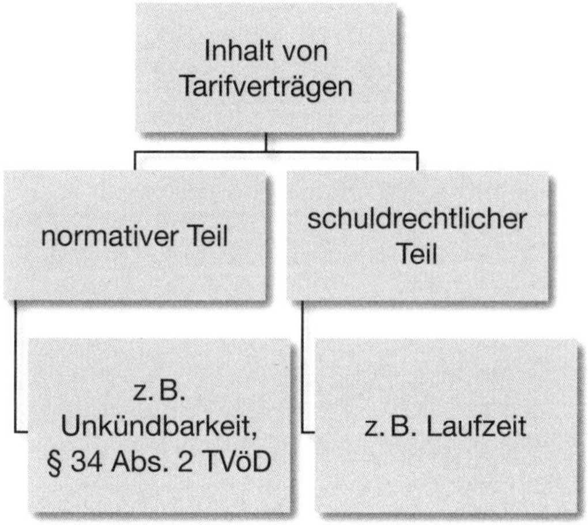

Die **Auslegung** des normativen Teils eines Tarifvertrages erfolgt nach der Rechtsprechung des BAG nach den für Gesetze geltenden Regeln. Danach ist zunächst vom Wortlaut auszugehen, wobei der maßgebliche Sinn zu erforschen ist, ohne an den Buchstaben zu haften. Bei einem nicht eindeutigen Tarifwortlaut ist der wirkliche Wille der Tarifvertragsparteien zu berücksichtigen, soweit er in den Tarifnormen seinen Niederschlag gefunden hat. Abzustellen ist stets auf den tariflichen Gesamtzusammenhang, weil dieser Anhaltspunkte für den wirklichen Willen der Tarifvertragsparteien liefert und nur so der Sinn und Zweck der Tarifnorm zutreffend ermittelt werden kann.
Lässt dies zweifelsfreie Auslegungsergebnisse nicht zu, können die Arbeitsgerichte ohne Bindung an eine Reihenfolge weitere Kriterien wie die Entstehungsgeschichte des Tarifvertrages, ggf. auch die praktische Tarifübung ergänzend hinzuziehen. Auch die Praktikabilität denkbarer Auslegungsergebnisse ist zu berücksichtigen; im Zweifel gebührt derjenigen Tarifauslegung der Vorzug, die zu einer vernünftigen und praktisch brauchbaren Regelung führt. [19] Alles klar?
Oder kurz gesagt: Es gilt der Wortlaut des Tarifvertrages, im Zweifel dessen Sinn und Zweck.

[19] Siehe z. B. BAG-Urteil vom 23.05.2007 – 10 AZR 323/06

Während der Laufzeit eines Tarifvertrages herrscht übrigens „**Friedenspflicht**", d. h. die Tarifvertragsparteien dürfen keine Arbeitskampfmaßnahmen mit dem Ziel der Änderung des Tarifvertrages (Streik und Aussperrung) durchführen.

Deswegen haben Arbeitgeber grundsätzlich ein Interesse an einer möglichst langen Laufzeit von Tarifverträgen (dies auch wegen der besseren Planbarkeit von Personalkosten). Gewerkschaften dagegen bevorzugen eher kurze Laufzeiten, um möglichst bald weitere Forderungen stellen und diesen mit (Warn-)Streiks Nachdruck verleihen zu können.
In der Praxis beträgt die Laufzeit von Entgelttarifverträgen oftmals 24 Monate.

2.3.1 Tarifautonomie

Art. 9 Abs. 3 GG garantiert die sog. Tarifautonomie.

Merke: Tarifautonomie ist der **selbstverantwortliche** Abschluss eines Tarifvertrages durch die Tarifvertragsparteien (ohne staatliche Mitwirkung).

Zwar können Politiker – mit Blick auf laufende Tarifverhandlungen – pressewirksam gewisse Anregungen geben nach dem Motto „Die Beschäftigten in Deutschland haben einen kräftigen Schluck aus der Pulle verdient" oder „Wir müssen den Gürtel enger schnallen". Letztlich hat sich der Staat aber aus Tarifverhandlungen herauszuhalten. Dies kann dazu führen, dass sich Tarifverhandlungen z. B. bei der Deutschen Bahn AG oder im Luftverkehr über viele Monate hinziehen und eine Streikwelle nach der anderen auslösen.

Die Tarifautonomie wird beschränkt durch das Mindestlohngesetz[20], in dem der Gesetzgeber eine finanzielle gesetzliche Untergrenze[21] gezogen hat.

2.3.2 Tarifbindung

Doch wodurch entsteht Tarifbindung?

Mit anderen Worten: Für wen gilt eigentlich ein Tarifvertrag?

Hierzu ein Beispiel:
Herr Thilo Trittbrett arbeitet als Erzieher bei der Gemeinde Weinheim. Die Gemeinde ist Mitglied des KAV Hessen e. V., der wiederum Mitglied der VKA ist. Kurz: der Arbeitgeber ist tarifgebunden. Herr Trittbrett dagegen gehört keiner Gewerkschaft an.

Zu unterscheiden sind drei Möglichkeiten, um Tarifbindung zu erreichen:

---

20 Artikel 1 des Gesetzes zur Stärkung der Tarifautonomie vom 11.08.2014 (BGBl. I S. 1348)

21 In Höhe von 8,50 € pro Arbeitsstunde (bis 2016); ab 01.01.2017 ist eine Erhöhung des allgemeinen Mindestlohns auf 8,84 € vorgesehen

Möglichkeit 1:
Ein Tarifvertrag wird für **allgemeinverbindlich** erklärt (§ 5 TVG). Zuständig hierfür ist das Bundesministerium für Arbeit und Sozialordnung. In der Praxis kam dies bislang z. B. im Baugewerbe vor. Für den Bereich des öffentlichen Dienstes hat die Allgemeinverbindlichkeitserklärung dagegen keine nennenswerte Bedeutung.

Für unser o. g. Beispiel hilft uns die Allgemeinverbindlichkeitserklärung somit nicht weiter.

Möglichkeit 2:
Beide Parteien des Arbeitsvertrages (also Arbeitgeber und Arbeitnehmer) sind tarifgebunden (§ 3 Abs. 1 TVG). Zu erfüllen sind hier zwei Voraussetzungen:
- der Arbeitgeber muss Mitglied einer Tarifvertragspartei[22] sein und
- der Arbeitnehmer muss Mitglied einer vertragschließenden Gewerkschaft[23] sein.

Zwischenergebnis: Für Herrn Trittbrett gilt der TVöD (noch) nicht. Er hat also keinen Anspruch auf tarifliche Leistungen (z. B. Eingruppierung, Krankengeldzuschuss, Unkündbarkeit).

Möglichkeit 3:
Im **Arbeitsvertrag** wird die Anwendung eines Tarifvertrages vereinbart.

In der Praxis ist es üblich, die durch die Arbeitgeberverbände bzw. die zuständigen Ministerien empfohlenen Vertragsmuster zu verwenden. So lautet die praxisübliche Formulierung:

> „Das Arbeitsverhältnis bestimmt sich nach der durchgeschriebenen Fassung des Tarifvertrages für den öffentlichen Dienst für den Dienstleistungsbereich Verwaltung (**TVöD-V**) und den diesen ergänzenden, ändernden oder ersetzenden Tarifverträgen …“

Auf Grund dieser Formulierung in jedem einzelnen Arbeitsvertrag wird die Tarifbindung auch dann erreicht, wenn der Beschäftigte kein Mitglied einer Gewerkschaft ist. Ohne eine solche Formulierung hätten die Gewerkschaften wohl einen vermehrten Zulauf, der ihre Verhandlungsposition in künftigen Tarifrunden spürbar erhöhen würde.

Im Ergebnis gilt der TVöD also auch für unseren Herrn Trittbrett.

---

22 So sind z. B. die meisten deutschen Kommunen Mitglied eines kommunalen Arbeitgeberverbandes, der wiederum Mitglied der VKA ist

23 Z. B. ver.di; siehe Nr. 1.9

Zusammenfassendes Schaubild: Möglichkeiten der Tarifbindung

Möglichkeit 1: Allgemeinverbindlichkeitserklärung

Möglichkeit 2: Beidseitige Mitgliedschaft

Möglichkeit 3: Vereinbarung im Arbeitsvertrag

Bitte lösen Sie nun den Fall 2 im Übungsteil.

2.3.3 Tarifeinheit

Früher galt: „Ein Betrieb – ein Tarifvertrag“. Dieser bis 2010 maßgebende Grundsatz wurde von der Rechtsprechung entwickelt[24] und wurde schließlich durch das BAG zu Fall gebracht.[25]

In der Folgezeit bestand die Problematik, dass in einem Betrieb bzw. in einer Dienststelle mehrere Tarifverträge Anwendung finden **können**. Dies stellte die Arbeitgeber vor ernsthafte Probleme. So wurden der Bahn- und der Luftverkehr durch mehrere lange Streikwellen verschiedener Gewerkschaften stark in Mitleidenschaft gezogen. Durch den Abschluss des TV-Ärzte/VKA, der mit der Ärztegewerkschaft Marburger Bund am 17.08.2006 vereinbart wurde, standen auch viele kommunale Arbeitgeber vor der Frage, welcher Tarifvertrag für das ärztliche Personal denn nun Anwendung finden sollte. In Frage kamen sowohl der TVöD-K als auch der TV-Ärzte/VKA. Die Tatsache, dass ein Arbeitgeber seine Arbeitnehmer nicht nach ihrer Gewerkschaftszugehörigkeit fragen darf, verschärfte diese Situation spürbar.[26]

Deshalb hat der Bundestag am 22.05.2015 das sog. **Tarifeinheitsgesetz** verabschiedet. Dieses Gesetz hat zum Ziel, Tarifkollisionen möglichst zu vermeiden. Es sind künftig nur die Rechtsnormen des Tarifvertrages derjenigen Gewerkschaft anwendbar, die im Betrieb die meisten in einem Arbeitsverhältnis stehenden Mitglieder hat (§ 4a Abs. 2 TVG).

Kritiker bezweifeln, ob dieses Gesetz mit dem Grundgesetz vereinbar ist. Hier gilt es, die Entscheidung der Rechtsprechung abzuwarten.

---

24 Siehe z. B. Urteil des BAG vom 29.03.1957

25 Urteil vom 07.07.2010 – 4 AZR 549/08

26 Dies ist nämlich eine „unzulässige Frage“, vgl. Nr. 3.3

2.3.4 Der TVöD

Maßgeblicher Tarifvertrag im öffentlichen Dienst des Bundes und der Kommunen ist der TVöD. Dieser hat mit Wirkung vom 01.10.2005 u. a. den BAT abgelöst.

Der TVöD gliedert sich in **sieben Teile**: einen Allgemeinen Teil (AT, §§ 1 bis 39) und sechs Besondere Teile (BT, jeweils ab § 40). Dabei stellt der Allgemeine Teil die Basis dar.

Die Besonderen Teile sind:
- BT-V Verwaltung
- BT-K Krankenhäuser
- BT-B Pflege- und Betreuungseinrichtungen
- BT-S Sparkassen
- BT-F Flughäfen und
- BT-E Entsorger

Die Besonderen Teile unterscheiden sich untereinander stark. So werden dort vor allem spartenspezifische Besonderheiten wie Arbeitszeit und Arbeitsformen geregelt.

Im Prinzip gelten somit für das einzelne Arbeitsverhältnis zwei Tarifverträge: Für einen bei einer Stadtverwaltung beschäftigten Arbeitnehmer gilt z. B. neben dem TVöD-AT auch der Besondere Teil Verwaltung (BT-V).

Da dies nicht besonders praktikabel erscheint, wurden sog. „**Durchgeschriebene Fassungen**" erstellt, welche die Rechtsnormen für die Anwendungsebene im Außenverhältnis, also für das einzelne Arbeitsverhältnis, enthalten. Hierdurch wurde eine spürbare Arbeitserleichterung insbesondere für Personalabteilungen und Arbeitsgerichte erzielt.

Für den o. g. städtischen Beschäftigten gilt also die „Durchgeschriebene Fassung des TVöD-V".

Aus Gründen der Vereinfachung wird in diesem Buch überwiegend der Allgemeine Teil des TVöD behandelt. An geeigneter Stelle wird aber auch auf bestimmte spartenbezogene Besonderheiten eingegangen.[27]

2.3.5 Der TV-L

Wie oben bereits erwähnt, gilt der TVöD nur für den Bund und die Kommunen. Die Länder[28] habe sich mit den Gewerkschaften auf den TV-L geeinigt. Dabei sind zahlreiche Bestimmungen wortgleich mit dem TVöD, an bestimmten Stellen ergeben sich aber auch spürbare Abweichungen. So ist z. B. § 18, der im TVöD das tarifliche Leistungsentgelt regelt, im TV-L nicht besetzt.

---

27 Siehe z. B. die kürzere Wochenarbeitszeit (Nr. 5.4.2) oder den Anspruch auf anteilige Jahressonderzahlung bei vorzeitigem Ausscheiden (Nr. 5.8.4.1) für unter den TVöD-K fallende Beschäftigte

28 Mit Ausnahme Hessens, vgl. Nr. 2.3.6

2.3.6 Der TV-H

Das Land Hessen ist aus der Tarifgemeinschaft der deutschen Bundesländer TdL ausgetreten und hat für seine Tarifbeschäftigten einen eigenen (Haus-)Tarifvertrag vereinbart. Dieser ähnelt in weiten Teilen dem TVöD, setzt aber auch eigene Akzente. So wurde z. B. auf ein leistungsbezogenes Entgelt komplett verzichtet; andererseits gewährt der TV-H einen Anspruch auf Kinderzulage in Höhe von monatlich 100 €.[29]

2.3.7 Die Überleitungs-Tarifverträge

Von besonderer Bedeutung **für die Personalpraxis** sind die Tarifverträge, mit denen die Angestellten und Arbeiter der alten Tarifverträge als Beschäftigte in die neuen Tarifverträge übergeleitet wurden.

Es sind dies im Einzelnen

- der TVÜ-VKA, in Kraft seit 01.10.2005 für kommunale Beschäftigte,
- der TVÜ-Bund, in Kraft seit 01.10.2005 für Beschäftigte des Bundes,
- der TVÜ-L, in Kraft seit 01.11.2006 für Beschäftigte der Länder[30] und
- der TVÜ-H, in Kraft seit 01.01.2010 für Beschäftigte des Landes Hessen.

Diese Überleitungs-Tarifverträge beinhalten wichtige Regelungen vor allem für die zum Überleitungszeitpunkt vorhandenen Beschäftigten (sog. „Übergeleitete").

Beispiele:

- Gewährung einer individuellen Endstufe, § 6 Abs. 4 TVÜ-VKA,
- Kinderbezogene Entgeltbestandteile (Besitzstand), § 11 Abs. 1 TVÜ-VKA,
- Strukturausgleichszahlungen, § 12 TVÜ-VKA und
- abweichende Höhe des Krankengeldzuschusses, § 13 TVÜ-VKA.

Ein Personalsachbearbeiter muss also neben den umfangreichen arbeitsrechtlichen Gesetzen und der Durchgeschriebenen Fassung des maßgebenden Tarifvertrages auch die komplexen Überleitungsregelungen beherrschen.
Hinzu kommt noch die Rechtsprechung, von der unter Nr. 2.11 noch die Rede sein wird.

2.4 Dienstvereinbarungen

Dienstvereinbarungen sind das „Gesetz der Dienststelle". Sie können im Rahmen der Gesetze und Tarifverträge abgeschlossen werden. Näheres regelt das jeweils maßgebende Personalvertretungsgesetz. In Hessen gilt § 113 HPVG.

---

29 Vgl. § 23a TV-H. Ab dem dritten Kind gelten – ähnlich wie im Beamtenrecht – erhöhte Monatsbeträge

30 Genauer: für Beschäftigte, deren Arbeitgeber der TdL angehören

Dienstvereinbarungen werden **schriftlich** zwischen Dienststelle und Personalrat abgeschlossen. Sie wirken von außen auf die Arbeitsverhältnisse, ohne deren Inhalt zu werden.[31] Der in der Praxis wohl häufigste Regelungsgegenstand von Dienstvereinbarungen ist die Lage der Arbeitszeit (z. B. Gleitzeitregelung im Rathaus, Schichtmodell im Krankenhaus).

2.5 Arbeitsvertrag

Arbeitgeber und Arbeitnehmer schließen einen Arbeitsvertrag „auf Augenhöhe". Dieser bedarf zu seiner Wirksamkeit nicht der Schriftform, ist also auch **mündlich wirksam**. Im Arbeitsvertrag werden wesentliche Abreden vereinbart, z. B. Beginn und Dauer des Arbeitsverhältnisses, Art der Tätigkeit und Eingruppierung. Wegen der Vielzahl der Tarifbestimmungen, die auf ein Arbeitsverhältnis im öffentlichen Dienst einwirken, sind Arbeitsverträge in der Praxis vom Umfang her recht übersichtlich.

Einen Musterarbeitsvertrag finden Sie unter Nr. 4.1.3 in diesem Buch.

2.6 Direktionsrecht

Mit Abschluss eines Arbeitsverhältnisses unterwirft sich der Beschäftigte dem sog. Direktionsrecht[32] des Arbeitgebers. Als Direktionsrecht bezeichnet man den im Rahmen des Arbeitsvertrages bestehenden Spielraum für Weisungen des Arbeitgebers (vgl. § 106 i. V. m. § 6 Abs. 2 GewO).

[31] Ständige Rechtsprechung des BAG

[32] Auch „Weisungsrecht" genannt

Nach § 106 Satz 1 Gewerbeordnung kann der Arbeitgeber

- den Inhalt (z. B. „Bearbeiten Sie heute die Akte Bender"),
- die Zeit (z. B. „Nächste Woche Donnerstag arbeiten Sie in der Zeit von … bis …" und
- den Ort (Arbeitsort)

der Arbeitsleistung nach billigem Ermessen bestimmen, soweit die Arbeitsbedingungen nicht durch den Arbeitsvertrag, Bestimmungen einer Dienstvereinbarung, eines Tarifvertrages oder durch gesetzliche Vorschriften festgelegt sind. Damit ist das Direktionsrecht des Arbeitgebers gesetzlich geregelt.

Solange die Leistungserbringung im Arbeitsvertrag nur rahmenmäßig umschrieben ist, kann der Arbeitgeber die Leistungspflicht im Einzelnen bestimmen, den Beschäftigten also z. B. innerhalb der Dienststelle umsetzen.
Die in der Praxis üblichen Arbeitsvertragsmuster tragen dem Rechnung, indem sie lediglich die Nennung der Entgeltgruppe – ohne Bezeichnung der Fallgruppe oder einer konkreten Tätigkeit – vorsehen. Damit werden Beschäftigte regelmäßig für einen allgemein umschriebenen Aufgabenbereich eingestellt, dieser wird lediglich von der genannten Entgeltgruppe konkretisiert. Durch diese allgemeine Umschreibung erstreckt sich das Direktionsrecht des Arbeitgebers im öffentlichen Dienst nach ständiger Rechtsprechung des BAG auf alle Tätigkeiten, die die Merkmale der Entgeltgruppe erfüllen, für die der Beschäftigte eingestellt ist.

Das Direktionsrecht findet seine Grenzen in den Grundsätzen des billigen Ermessens des § 315 Abs. 1 BGB. Eine Leistungsbestimmung entspricht **billigem Ermessen**, wenn die wesentlichen Umstände des Einzelfalles abgewogen und die beiderseitigen Interessen angemessen berücksichtigt worden sind.

Im TVöD kann dem Beschäftigten grundsätzlich jede zumutbare Beschäftigung im Rahmen der jeweiligen Qualifikation und Entgeltgruppe zugewiesen werden. Deshalb empfiehlt es sich, bei der Art der Tätigkeit eine möglichst **pauschale Bezeichnung** (z. B. „Verwaltungsangestellter") zu wählen.

Beispiel:
Herr Müller arbeitet als Personalsachbearbeiter (EG 9a TVöD) bei der Stadt Wiesbaden. Der Oberbürgermeister möchte ihn innerhalb der Stadtverwaltung in das Bauamt (EG 9a TVöD) umsetzen. Ist eine solche Umsetzung ohne weiteres möglich?

➔ Es kommt darauf an!
Wurde im Arbeitsvertrag des Herrn Müller die Tätigkeit „Verwaltungsangestellter" vereinbart, so ist eine Umsetzung problemlos möglich.[33]
Wurde im Arbeitsvertrag dagegen die Tätigkeit „Personalsachbearbeiter" vereinbart, so scheidet die vorgesehene Umsetzung aus. Der Arbeitgeber müsste dann einen Änderungsvertrag bzw. eine Änderungskündigung prüfen.

[33] Nähere Hinweise zur Umsetzung siehe Nr. 5.13.5

2.7 Betriebliche Übung

Als betriebliche Übung bezeichnet man ein **gleichförmiges und wiederholtes Verhalten** des Arbeitgebers, das geeignet ist, vertragliche Ansprüche auf eine Leistung zu begründen, wenn die Arbeitnehmer aus diesem Verhalten schließen dürfen, ihnen werde die Leistung auch künftig gewährt. Das Verhalten des Arbeitgebers ist quasi als Vertragsangebot zu werten. Dieses Angebot kann der Arbeitnehmer stillschweigend annehmen (§ 151 BGB). Daraus folgt ein vertraglicher Anspruch auf die üblich gewordene Leistung. Als Beispiel sei der Unternehmer genannt, der seiner Belegschaft jahrelang ein festes Weihnachtsgeld zahlt, ohne hierzu verpflichtet zu sein. Verbindet er dies nicht mit einer wirksamen „Freiwilligkeitsklausel", spricht viel für das Eintreten einer betrieblichen Übung.

Die Grundsätze der betrieblichen Übung gelten im **öffentlichen Dienst** nicht uneingeschränkt. Dort kann der Arbeitnehmer nicht ohne weiteres aus der mehrmaligen Gewährung einer Vergünstigung auf einen entsprechenden Bindungswillen des Arbeitgebers schließen (Einzelfallentscheidung). Dies hat seinen Grund darin, dass die durch die Festlegungen des Haushaltsplans gebundenen öffentlichen Arbeitgeber anders als private Arbeitgeber gehalten sind, sich bei der Gestaltung der Arbeitsverhältnisse an die Mindestbedingungen des Tarifrechts zu halten. Im Zweifel gilt **Normvollzug**. Ein Beschäftigter des öffentlichen Dienstes muss deshalb grundsätzlich davon ausgehen, dass ihm der Arbeitgeber nur die Leistungen gewähren will, zu denen er rechtlich verpflichtet ist.

In einem vor dem LAG Nürnberg[34] geführten Rechtsstreit hatte ein Arbeitnehmer jahrzehntelang während der Arbeitszeit geraucht, ohne sich ausstempeln zu müssen. Irgendwann hat der Arbeitgeber das Rauchen im Betrieb verboten und eine „Raucherinsel" eingerichtet. Die Besucher dieser Raucherinsel mussten sich fortan ausstempeln. Der Arbeitnehmer verlangte Bezahlung seiner Raucherpausen und berief sich auf betriebliche Übung. Das Gericht sah dies anders. Eine „gleichförmige Leistung" setzte nämlich voraus, dass ein Bewusstsein des Arbeitgebers über die Höhe der gewährten Zuwendungen vorhanden ist. Vorliegend war ein solcher Wille nicht erkennbar. Der Arbeitnehmer konnte damit nicht darauf vertrauen, der Arbeitgeber werde es auch in Zukunft dabei belassen, die Raucherpausen nicht zu erfassen und zu bezahlen.

[34] Urteil vom 21.07.2015 – 7 Sa 131/15

2.8 Gleichbehandlungsgrundsatz

© Lupo/PIXELIO

Der Gleichbehandlungsgrundsatz des Art. 3 Abs. 1 GG ist auch im Arbeitsrecht anwendbar. Der Arbeitgeber darf einzelne Beschäftigte deshalb nicht ohne sachlichen Grund bevorzugen oder benachteiligen.

Beispiel:
Der Arbeitgeber verfährt seit Jahren gleichmäßig großzügig, was die Anerkennung förderlicher Zeiten im Hinblick auf die Stufe des Tabellenentgelts angeht (§ 16 Abs. 2 Satz 3 TVöD). Im Falle des Herrn Neuer muss er sich deshalb an seiner bisherigen Verfahrensweise messen lassen und diesen grundsätzlich gleich behandeln.

2.9 Rangprinzip

Fallsituation:
In einem ansonsten rechtmäßigen Arbeitsvertrag wird Folgendes vereinbart: „Auf dieses Arbeitsverhältnis finden die Vorschriften des Arbeitszeitgesetzes keine Anwendung." Kann eine solche Abrede rechtlich Bestand haben?

Hier „kämpfen" Regelungen unterschiedlicher Rechtsquellen gegeneinander. Einerseits haben wir eine Norm im Arbeitsvertrag, andererseits gibt es ja auch das Arbeitszeitgesetz. In dieser Konstellation, die im Arbeitsrecht nicht selten anzutreffen ist, stellt sich die Frage, welche Norm „stärker" ist.

Hier hilft uns das arbeitsrechtliche Rangprinzip weiter. Es bestimmt, dass die in der arbeitsrechtlichen Regelungspyramide oben stehende Norm „stärker" ist als die darunter stehende Norm.

Schaubild:
(Achtung: Die nachfolgende Regelungspyramide sollten Sie stets im Hinterkopf behalten!)

Arbeitsrechtliche Regelungspyramide

Für unsere Fallsituation bedeutet dies, dass das Gesetz über dem Arbeitsvertrag steht und damit Anwendung findet.

Folge: Die Vereinbarung im Arbeitsvertrag ist nichtig. Da der Arbeitsvertrag ansonsten rechtmäßig zustande gekommen ist, sprechen wir von **Teilnichtigkeit**.

Faustregel: Die ranghöhere Regelung geht vor **(Rangprinzip)**.

Normen, die gegen ranghöhere Regelungen verstoßen, sind unwirksam.

Diese Faustregel gilt nicht, wenn die ranghöhere Regelung Abweichungen ausdrücklich zulässt.

Beispiel:
§ 622 Abs. 1 BGB regelt die gesetzlichen Kündigungsfristen. Nach § 622 Abs. 4 BGB können jedoch durch Tarifvertrag abweichende Regelungen vereinbart werden. Deshalb

gelten für ordentliche Kündigungen im öffentlichen Dienst ausschließlich die Kündigungsfristen des § 34 Abs. 1 TVöD.[35]

Zur Vertiefung Ihres Wissens zum arbeitsrechtlichen Rangprinzip bearbeiten Sie nun bitte den Fall 3 im Übungsteil.

Im nächsten Schritt kommen wir zu dem ebenso wichtigen Günstigkeitsprinzip:

2.10 Günstigkeitsprinzip

Die rangniedere Regelung geht dann vor, wenn sie für den Arbeitnehmer günstiger ist (**Günstigkeitsprinzip**). Dieser allgemeine arbeitsrechtliche Grundsatz wird durch § 4 Abs. 3 TVG gesetzlich zum Ausdruck gebracht.

Beispiel:
Nach § 3 BUrlG hat jeder Arbeitnehmer Anspruch auf 20 Tage[36] bezahlten Jahresurlaub. § 26 Abs. 1 TVöD gewährt 30 Tage. Hier ist der Tarifvertrag – wie so oft – günstiger als das Gesetz.

Das Günstigkeitsprinzip greift jedoch nicht in Fällen, in denen ein Gesetz für Arbeitgeber und Arbeitnehmer beidseitig zwingend, also unveränderbar ist, z. B. § 626 BGB.

Zu beachten ist auch § 113 Abs. 2 Satz 2 HPVG, wonach Dienstvereinbarungen nicht zulässig sind, soweit Arbeitsentgelte und sonstige Arbeitsbedingungen üblicherweise durch Tarifvertrag geregelt werden (z. B. Entgeltregelungen im öffentlichen Dienst).

Beispiel aus dem Urlaubsrecht:
Die nachstehenden Rechtsquellen gewähren einem Beschäftigten unterschiedliche Urlaubsansprüche, und zwar:

BUrlG	20 Tage
TVöD	30 Tage
Dienstvereinbarung	32 Tage
Arbeitsvertrag	31 Tage

Wie viel Urlaub steht einem ganzjährig beschäftigten Arbeitnehmer im Ergebnis zu?

➔ Das BUrlG kommt nicht zur Anwendung (TVöD ist günstiger).
➔ Die Dienstvereinbarung hätte über diesen Regelungsgegenstand nicht getroffen werden dürfen; sie ist deshalb nichtig (§ 113 Abs. 2 Satz 2 HPVG).

[35] In Ausnahmefällen sind daneben spezialgesetzliche Kündigungsfristen zu beachten, z. B. § 86 SGB IX

[36] 24 Werktage * 5/6 = 20 Arbeitstage in der 5-Tage-Woche

➔ Die Abrede im Arbeitsvertrag ist günstiger als der TVöD. Deshalb besteht Anspruch auf 31 Tage Urlaub.[37]

Zur Vertiefung dient Fall 4 im Übungsteil.

2.11 Rechtsprechung

Zwar wird durch ein arbeitsrechtliches Urteil stets nur ein bestimmter Einzelfall entschieden. In der Praxis empfiehlt es sich jedoch, die Entwicklung der Rechtsprechung zumindest des Bundesarbeitsgerichts zu verfolgen. Denn im Regelfall halten sich die Arbeitsgerichte und die Landesarbeitsgerichte an die Rechtsprechung der höchsten deutschen Arbeitsrichter in Erfurt.

Der höchstrichterlichen Rechtsprechung kommt deshalb eine gesetzesähnliche Funktion zu („Quasi-Rechtsquelle“).

[37] Zu beachten ist jedoch, dass es tarifgebundenen Arbeitgebern regelmäßig untersagt ist, übertarifliche Leistungen zu gewähren

3 Die Anbahnung des Arbeitsverhältnisses

Nachdem Sie inzwischen wichtige Grundbegriffe und Prinzipien kennen gelernt haben, wollen wir uns nun Stück für Stück dem Wesen des Arbeitsverhältnisses nähern. Im folgenden Kapitel geht es deshalb um das sog. „Anbahnungsverhältnis", also die Zeit unmittelbar vor Beginn eines Arbeitsverhältnisses.

3.1 Die Stellenausschreibung

Im Arbeitsrecht gibt es keine generelle Verpflichtung, zu besetzende Stellen **auszuschreiben** (beachte aber § 77 Abs. 2 HPVG, wonach der Personalrat über Grundsätze des Verfahrens bei Stellenausschreibungen mitbestimmt).

In Hessen verlangt § 9 Abs. 1 Satz 1 HGlG grundsätzlich eine Ausschreibung in allen Bereichen, in denen Frauen unterrepräsentiert sind.

Wenn ausgeschrieben wird, dann muss dies unbedingt **geschlechtsneutral** geschehen (vgl. § 11 AGG).[38]

Alle Stellen sind grundsätzlich **teilbar** (§ 7 TzBfG). Dies gilt auch für Führungskräfte, vgl. § 9 Abs. 2 HGlG.
Erforderlich ist auch ein Hinweis in der Stellenausschreibung darauf, dass Bewerbungen von **Frauen** besonders erwünscht sind (§ 9 Abs. 1 Satz 3 HGlG). Außerdem bedarf es eines Hinweises darauf, dass **schwerbehinderte** Menschen bei gleicher Eignung bevorzugt berücksichtigt werden (vgl. Teilhaberichtlinien des Landes Hessen vom 12.06.2013).[39]

Soll ein möglichst großer Bewerberkreis angesprochen werden, empfiehlt sich eine öffentliche Ausschreibung (z. B. in der Samstagsausgabe der Tagespresse). Sollen hingegen vorwiegend die eigenen, gut ausgebildeten Mitarbeiter gefördert werden, kann auch (arbeitgeber- bzw. dienststellen-)intern ausgeschrieben werden.

Dabei ist es übrigens auch möglich, **verspätet** eingegangene Bewerbungen noch zu berücksichtigen. Die Entscheidung hierüber trifft der Arbeitgeber nach billigem Ermessen.[40]

[38] Mehr zum AGG finden Sie in Abschnitt 5.3

[39] StAnz. 27/2013 S. 838

[40] Unter Beachtung des Gleichbehandlungsgrundsatzes, vgl. Nr. 2.8

Die Einstellungsentscheidung erfolgt anhand eingereichter Unterlagen (Berufsabschluss, Schulnoten, Arbeitszeugnisse) sowie des persönlichen Eindrucks im Vorstellungsgespräch.

Immer öfter werden auch strukturierte Interviews oder sogar sog. **AC-Verfahren** durchgeführt, bei denen die Bewerber z. B. in Gruppendiskussionen und während spontaner Kurzpräsentationen intensiv beobachtet werden.

Doch welche Rechtsfolge hat eine **fehlerhafte** Ausschreibung? Hierüber handelt der Fall 5 im Übungsteil.

3.2 Die Vertragsfreiheit

Im Arbeitsrecht gilt der **Grundsatz der Vertragsfreiheit** (vgl. § 311 Abs. 1, § 241 BGB, § 105 i. V. m. § 6 Abs. 2 GewO). Das bedeutet, sowohl Arbeitgeber als auch Arbeitnehmer können grundsätzlich frei entscheiden, ob und mit wem sie ein Arbeitsverhältnis eingehen wollen.

Die Vertragsfreiheit ist jedoch teilweise gesetzlich **eingeschränkt**:

- Art. 33 Abs. 2 GG kann einen **Einstellungsanspruch im öffentlichen Dienst** begründen. Ein solcher Anspruch entsteht, wenn jede andere Entscheidung ermessensfehlerhaft und damit rechtswidrig ist. Der unterlegene Bewerber kann dann eine arbeitsrechtliche Konkurrentenklage mit dem Ziel der Wiederholung der Auswahlentscheidung beim Arbeitsgericht einlegen.
- § 71 Abs. 1 Satz 1 SGB IX verpflichtet den AG, auf wenigstens 5 % der Arbeitsplätze **schwerbehinderte** Menschen zu beschäftigen.[41] Hieraus kann jedoch kein Anspruch auf Einstellung abgeleitet werden.
- Auch verbietet das Allgemeine Gleichbehandlungsgesetz (AGG) eine Benachteiligung z. B. wegen des Alters, einer Behinderung und wegen des Geschlechts. Dabei unterscheidet man unmittelbare und mittelbare Diskriminierung:
  ➔ unmittelbare Diskriminierung = direkte Benachteiligung z. B. von älteren Arbeitnehmern (Beispiel: keine Fortbildung für über 50-jährige Beschäftigte)
  ➔ mittelbare Diskriminierung = nicht gleich erkennbare Benachteiligung, z. B. Ausschluss von Teilzeitbeschäftigten vom Leistungsentgelt (dies würde überwiegend Frauen treffen, somit mittelbare Diskriminierung wegen des Geschlechts). Siehe hierzu auch § 4 Abs. 3 Satz 2 HGlG.
  ➔ ggf. Anspruch auf Schadensersatz oder Entschädigung gemäß §§ 15, 22 AGG.[42]
- Schließlich wird die Vertragsfähigkeit durch die **Geschäftsfähigkeit** (§ 2 BGB) eingeschränkt.
  Bei Jugendlichen wird die Einwilligung der gesetzlichen Vertreter (Eltern, vgl. § 1626 BGB) benötigt (§§ 106, 107, 183 BGB); bis dahin gilt der Arbeitsvertrag als „schwebend unwirksam“ (§ 108 BGB).

[41] Mehr zu diesem Personenkreis siehe Nr. 7.1
[42] Nähere Informationen zum AGG erhalten Sie in Abschn. 5.3

3.3 Das Vorstellungsgespräch

© Lupo/PIXELIO

Wird ein Bewerber zu einem Vorstellungsgespräch eingeladen, so sind die finanziellen Aufwendungen des Bewerbers auf Antrag zu erstatten. Dies gilt nur dann nicht, wenn eine Erstattung in der Ausschreibung bzw. im Einladungsschreiben ausdrücklich ausgeschlossen wurde.

In Hessen regelt § 10 Abs. 1 HGlG, dass grundsätzlich ebenso viele **Frauen** wie Männer zu einem Vorstellungsgespräch einzuladen sind.

Gemäß § 82 Satz 2 SGB IX sind **schwerbehinderte** Bewerber[43] zwingend zu einem Vorstellungsgespräch einzuladen. Dies gilt nicht bei „offensichtlicher Nichteignung".

Beispiel:
Auf eine Juristenstelle bewirbt sich ein ausgebildeter Gärtner.

➔ Hier fehlt die Eignung offensichtlich; eine Einladung darf somit unterbleiben.

Im Zweifel sollten schwerbehinderte Bewerber unbedingt eingeladen werden. Ansonsten droht eine Entschädigungszahlung wegen Diskriminierung, vgl. Abschn. 5.3.

Im Rahmen eines Vorstellungsgesprächs besteht ein weites **Fragerecht** des Arbeitgebers. Schließlich muss dieser die Möglichkeit erhalten, die einzelnen Bewerber kennen zu lernen, um sich dann für den vermeintlich besten Bewerber zu entscheiden. Dabei werden „zulässige" und „unzulässige" Fragen unterschieden.

[43] Dies gilt auch für gleichgestellte behinderte Menschen, § 68 Abs. 3 i. V. m. § 2 Abs. 3 SGB IX

Schaubild:

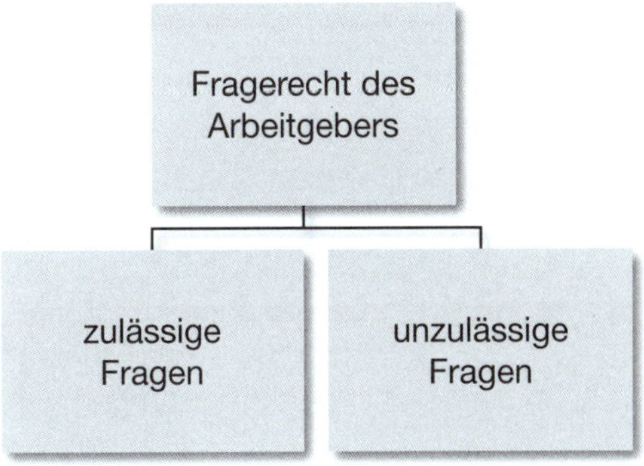

Bei einer **zulässigen Frage** trifft den Bewerber die Pflicht zu einer wahrheitsgemäßen Antwort. Lügt er stattdessen, so besteht die Möglichkeit der Anfechtung des Arbeitsvertrages wegen arglistiger Täuschung (§ 123 BGB), wenn die Täuschung für den Vertragsabschluss ursächlich war. Daneben ist natürlich auch eine Kündigung möglich.[44]

Stellt der Arbeitgeber dagegen eine **unzulässige Frage**, so darf der Bewerber unwahrheitsgemäß antworten.[45] Eine Anfechtung wegen arglistiger Täuschung (§ 123 BGB, näheres Nr. 4.4.2) scheidet in diesen Fällen aus.

Überblick über ausgewählte Fragen:

Gesundheitszustand in Bezug auf Tätigkeit	zulässig
Anstehende Kur	zulässig
Geplante Operation	zulässig
Religionszugehörigkeit[46]	nicht zulässig
Fertigkeiten und Kenntnisse	zulässig
Beruflicher Werdegang	zulässig
Prüfungen und Zeugnisse	zulässig
Schwangerschaft	nicht zulässig[47]
Aktuelle Pfändungen	zulässig
Frühere Pfändungen	nicht zulässig
Wehrdienst	zulässig
Sexual-medizinischer Bereich (Familienplanung)	nicht zulässig
Familienstand/Kinderwunsch	nicht zulässig[48]
Gewerkschaftszugehörigkeit	nicht zulässig

44 Zur Wartezeitkündigung siehe Nr. 6.9.2.3
45 Mit anderen Worten: er darf lügen, ohne Konsequenzen befürchten zu müssen
46 Ausnahmen in Tendenzbetrieben, z. B. evangelische Kirche, vgl. § 9 AGG
47 Vgl. auch § 10 Abs. 2 HGlG
48 Vgl. § 10 Abs. 2 HGlG

Schwerbehinderung	nicht zulässig
Freiheitsstrafe, die anzutreten ist	zulässig
Bisheriges Entgelt	zulässig

Grundsatz: Je weniger die Frage des Arbeitgebers mit dem angestrebten **Arbeitsplatz** im Zusammenhang steht und die **Person** selbst ausforscht, desto eher ist sie als unzulässig einzustufen.

Darüber hinaus kann im Einzelfall die Pflicht zur „**ungefragten Offenbarung**" bestehen.

Beispiele:
- die Alkoholabhängigkeit eines Fernfahrers
- die Mehlstauballergie eines Bäckers

Bitte bearbeiten Sie nun den Fall 6 im Übungsteil.

3.4 Ärztliche Einstellungsuntersuchung

Auf Verlangen des Arbeitgebers besteht die Pflicht des Bewerbers, sich ärztlich untersuchen zu lassen (§ 3 Abs. 4 TVöD). Eine solche Pflicht kann auch während des laufenden Arbeitsverhältnisses bestehen. Weigert sich der Beschäftigte, einer solchen wirksamen Anordnung Folge zu leisten, so liegt regelmäßig ein verhaltensbedingter Kündigungsgrund vor.[49]

Bei **Jugendlichen** greifen zudem die Sondervorschriften der §§ 32-46 JArbSchG ein.

3.5 Beteiligungsrechte

Die Einstellung eines Arbeitnehmers ist mitbestimmungspflichtig gem. § 77 Abs. 1 Nr. 2 Buchstabe a HPVG. Nach § 69 Abs. 1 HPVG bedarf es hierbei der vorherigen Zustimmung des Personalrates.

Doch welche **Beteiligungsarten** gibt es neben der Mitbestimmung?

[49] Zur verhaltensbedingten Kündigung siehe Abschn. 6.9.3

Schaubild: **Die fünf Stufen der Beteiligung**

Stufe 1: Mitbestimmung

Stufe 2: Mitwirkung

Stufe 3: Anhörung

Stufe 4: Unterrichtung

Stufe 5: Initiativrecht

Stufe 1: Mitbestimmung

Mitbestimmung ist die stärkste Form der Beteiligung. Sie ist z. B. bei einer Einstellung in ein Arbeitsverhältnis zu beachten, § 77 Abs. 1 Nr. 2 Buchstabe a HPVG.

In den Fällen der Mitbestimmung darf der Arbeitgeber ohne **vorherige Zustimmung** des Personalrates nicht tätig werden. Deshalb sieht das Gesetz vor, dass der Dienststellenleiter den Personalrat rechtzeitig von der beabsichtigten Maßnahme unterrichtet und seine Zustimmung beantragt, § 69 Abs. 1 HPVG.

Der Beschluss des Personalrates ist dem Dienststellenleiter innerhalb von zwei Wochen (in dringenden Fällen ausnahmsweise innerhalb einer Woche) nach Antragstellung mitzuteilen. Versäumt es der Personalrat, innerhalb dieser Frist seine Zustimmung schriftlich begründet zu verweigern, so gilt die Maßnahme als gebilligt, § 69 Abs. 2 Satz 4 HPVG (**Zustimmungsfiktion**).

Bei **Nichteinigung** zwischen Dienststellenleitung und Personalrat ist zu unterscheiden zwischen voller Mitbestimmung (Letztentscheidung der Dienststelle nach §§ 69 ff. HPVG) und modifizierter Mitbestimmung („empfehlender Charakter" des Spruches der Einigungsstelle und endgültige Entscheidung der Landesregierung bzw. der obersten Dienstbehörde[50], § 71 Abs. 4 und 5 HPVG).

[50] Z. B. Gemeindevorstand, Magistrat, Kreisausschuss

Dieses Letztentscheidungsrecht greift z. B. in den sehr praxisrelevanten Fällen des § 77 Abs. 1 Nr. 2 HPVG (Personalangelegenheiten der Arbeitnehmer). Hier sind die der Mitbestimmung unterliegenden personellen Maßnahmen abschließend aufgelistet. Beachte hierzu jedoch auch die Ausnahmen in § 79 HPVG (z. B. keine Mitbestimmung bei Einstellung eines leitenden Arztes im Krankenhaus).

Schaubild:

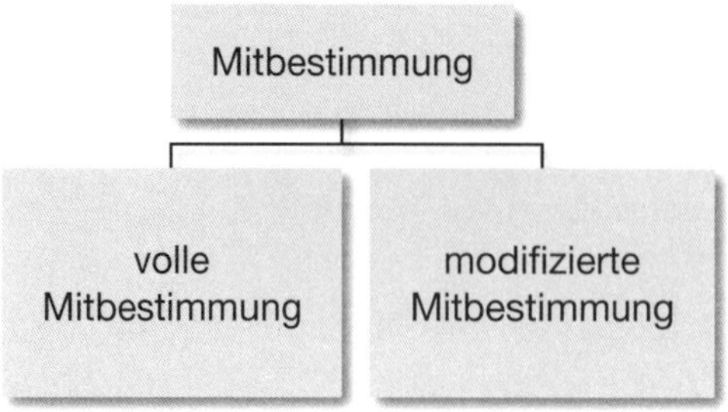

Der Personalrat darf eine Personalvorlage nicht mit der Begründung ablehnen, ein Mitbewerber sei „besser geeignet“. Solche Auswahlentscheidungen trifft nämlich ausschließlich der Arbeitgeber. Der Personalrat hat gerade kein „Mitbeurteilungsrecht“, sondern er kann seine Zustimmung nur in den in § 77 Abs. 4 HPVG abschließend aufgeführten Fällen wirksam verweigern.

Stufe 2: Mitwirkung

Hier erfolgt eine eingehende vorherige Beratung zwischen dem Dienststellenleiter und dem Personalrat. Bei Nichteinigung erfolgt im Landesbereich die Einschaltung der übergeordneten Dienststelle und der Stufenvertretung, § 72 HPVG.

Im Kommunalbereich gilt § 72 Abs. 6 HPVG, wonach der Personalrat innerhalb von zwei Wochen nach Zugang der Mitteilung (§ 72 Abs. 3 HPVG) die Entscheidung der obersten Dienstbehörde[51] beantragen kann.

Stufe 3: Anhörung

Bei der Anhörung erfolgt eine rechtzeitige vorherige Beratung mit dem Personalrat über einen bestimmten Sachverhalt. Sodann hat der Dienststellenleiter die beabsichtigte Maßnahme zu begründen. Hat der Personalrat Bedenken, so hat er diese unter Angabe der Gründe dem Dienststellenleiter spätestens innerhalb von drei Arbeitstagen schriftlich mitzuteilen. Danach entscheidet der Dienststellenleiter (vgl. z. B. bei außerordentlichen Kündigungen § 78 Abs. 2 HPVG).

[51] Gemeindevorstand, Magistrat, Kreisausschuss

Stufe 4: Unterrichtung

Siehe hierzu § 62 Abs. 2 HPVG, wonach der Personalrat zur Durchführung seiner Aufgaben rechtzeitig und umfassend zu unterrichten ist. Ihm sind die hierfür erforderlichen Unterlagen vorzulegen. Dazu gehören in Personalangelegenheiten die Bewerbungsunterlagen aller Bewerber. Zwar steht dem Personalrat nicht das Recht zu, an Vorstellungsgesprächen teilzunehmen. In der Praxis hat sich eine solche Teilnahme zumindest eines Mitglieds des Personalrates aber durchaus bewährt.

Das Unterrichtungsrecht des Personalrates ist auch vor dem Hintergrund der vertrauensvollen Zusammenarbeit zu sehen (§ 60 Abs. 1 HPVG). So sollen der Dienststellenleiter und der Personalrat regelmäßig zum sog. „Monatsgespräch" zusammentreten, § 60 Abs. 4 HPVG.

Stufe 5: Initiativrecht

Dem Personalrat steht im Rahmen des § 69 Abs. 3 HPVG (soziale und personelle Mitbestimmungsangelegenheiten) auch ein Initiativrecht zu, das im Falle der Nichteinigung ggf. auch das Einigungsstellenverfahren auslösen kann.

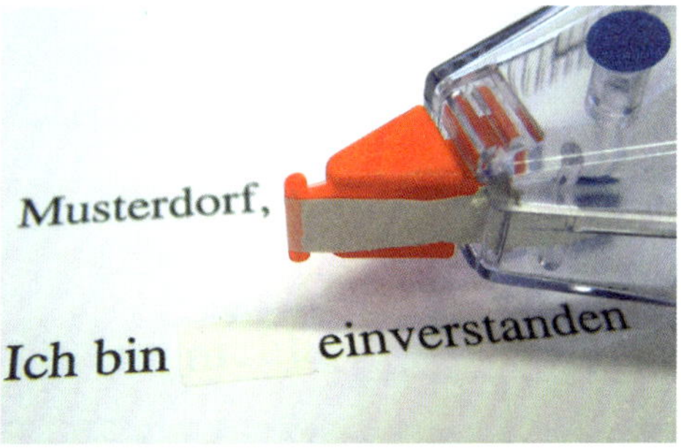

Welche Auswirkungen hat eigentlich eine **fehlerhafte Beteiligung** des Personalrates?

➔ Es kommt darauf an! Die Antwort ist von dem Rechtscharakter der Maßnahme abhängig.

Zum Beispiel wäre ein ohne Zustimmung des Personalrats abgeschlossener Arbeitsvertrag voll wirksam. Der Personalrat kann aber verlangen, dass der Arbeitnehmer so lange nicht beschäftigt wird, bis die Zustimmung des Personalrats vorliegt (**Beschäftigungsverbot**, entwickelt durch das Bundesarbeitsgericht).[52] Trotz Nichtarbeit besteht Entgeltanspruch (Annahmeverzugslohn, § 615 BGB). Die Mitbestimmung bezieht sich im Übrigen auf die **Eingliederung** in die Dienststelle, also auf die Person des Bewerbers, die Tätigkeit und die tarifliche Bewertung; nicht dagegen auf sonstige Arbeitsbedingungen wie z. B. die Befristung.

Völlig anders ist die Rechtsfolge unterbliebener Personalrats-Beteiligung z. B. im Rahmen einer Kündigung, vgl. § 66 Abs. 2 HPVG. Diese wäre unwirksam.[53]

Doch unter welchen Voraussetzungen darf der Personalrat seine Zustimmung eigentlich **verweigern**? Der Personalrat kann die Zustimmung nur verweigern, wenn ein gesetzlicher Versagungsgrund vorliegt. Diese sind in Hessen abschließend in § 77 Abs. 4 HPVG auf-

52 Siehe z. B. BAG-Urteil vom 02.07.1980 – 2 AZR 1241/79

53 Voraussetzung hierfür ist indes, dass der Arbeitnehmer rechtzeitig Klage erhebt, § 4 KSchG

geführt. Häufigster Ablehnungsgrund ist der Verstoß des Arbeitgebers gegen zwingende Vorschriften, z. B. fehlerhafte Beteiligung der Frauen- und Gleichstellungsbeauftragten oder Verstoß gegen eine Dienstvereinbarung.

Kommt es nach § 69 HPVG zu keiner Einigung mit dem Personalrat, so kann eine Anrufung der **Einigungsstelle** erfolgen (vgl. § 70 Abs. 5 HPVG). Der Spruch der Einigungsstelle hat in Hessen oftmals nur den Charakter einer **Empfehlung**, vgl. § 71 Abs. 4 HPVG. Der Arbeitgeber behält insoweit das Letztentscheidungsrecht.

Als mitbestimmungspflichtige Einstellung gilt übrigens auch die Verlängerung eines **Zeitvertrages** sowie die **Aufstockung** eines Teilzeitarbeitsvertrages, nicht dagegen die Rückkehr aus einer **Elternzeit**.

Der Personalrat hat kein Recht zur Teilnahme am Vorstellungsgespräch. Er muss dann aber vom Arbeitgeber über dessen Inhalt informiert werden. Weil dies sehr aufwändig ist, erfolgt in der Praxis nahezu immer die Teilnahme eines Personalratsmitglieds am Vorstellungsgespräch. Diese Verfahrensweise empfiehlt sich auch aus Gründen der vertrauensvollen Zusammenarbeit.

Die Auswahlentscheidung ist allein Sache des Arbeitgebers, jedoch sind dem Personalrat alle Bewerbungsunterlagen vorzulegen.

Die **Frauen- und Gleichstellungsbeauftragte** hat ein Recht auf Beteiligung am Verfahren gem. § 17 Abs. 1 Satz 3 Nr. 2 HGlG. Näheres siehe Nr. 7.9.

Ggf. ist auch die **Schwerbehindertenvertretung** zu beteiligen, § 95 Abs. 2 Satz 3 SGB IX.[54]

Zum Thema „Beteiligung des Personalrates“ bearbeiten Sie bitte den Fall 7 im Übungsteil.

[54] Siehe auch Nr. 7.8

4 Die Begründung des Arbeitsverhältnisses

Nach Abschluss des Auswahlverfahrens wird mit dem vermeintlich besten Bewerber ein Arbeitsvertrag geschlossen. Im folgenden Kapitel 4 erhalten Sie umfangreiche Informationen zur Begründung von Arbeitsverhältnissen:

4.1 Der Arbeitsvertrag

4.1.1 Form

Der Abschluss eines Arbeitsvertrages ist **formfrei** (vgl. § 105 i. V. m. § 6 Abs. 2 GewO), somit auch mündlich oder durch konkludentes Handeln möglich.

Im öffentlichen Dienst wird der Arbeitsvertrag „**schriftlich** abgeschlossen" (vgl. § 2 Abs. 1 TVöD).

Dieses tarifliche Schriftformerfordernis ist jedoch nur deklaratorischer Natur, d. h. es hat nur klarstellende, nicht auch rechtsbegründende Wirkung[55]. Ein mündlich abgeschlossener Arbeitsvertrag ist also auch im Geltungsbereich des TVöD wirksam; jedoch ergibt sich aus § 2 Abs. 1 TVöD ein Anspruch beider Vertragspartner, dass die Vertragsinhalte schriftlich niedergelegt werden.

Zu beachten sind auch kommunalrechtliche Formvorschriften. So verlangt z. B. § 71 Abs. 2 HGO die Schriftform für Erklärungen, durch die die Gemeinde verpflichtet werden soll. Dies ist bei Arbeitsverträgen der Fall (Verpflichtung zur Zahlung von Entgelt). Die Schriftform kann jedoch auch nachgeholt werden.

Im Ergebnis wäre ein mündlicher Arbeitsvertrag also auch im öffentlichen Dienst wirksam.

Hiervon gibt es jedoch zwei Ausnahmen:
- **Nebenabreden**[56] müssen schriftlich vereinbart werden, § 2 Abs. 3 TVöD
- Eine **Befristung**[57] bedarf zu ihrer Wirksamkeit der Schriftform, § 14 Abs. 4 TzBfG

4.1.2 Nachweisgesetz

Nach § 2 Abs. 1 Satz 1 Nachweisgesetz hat der Arbeitgeber spätestens einen Monat nach dem vereinbarten Beginn des Arbeitsverhältnisses die „wesentlichen Vertragsbedingun-

[55] BAG-Urteil vom 09.02.1972 – 4 AZR 149/71
[56] Näheres siehe Abschn. 4.3
[57] Näheres siehe Abschn. 4.5

gen“ schriftlich niederzulegen, die Niederschrift zu unterzeichnen und dem Arbeitnehmer auszuhändigen.

Wesentliche Vertragsbedingungen sind:
1. der Name und die Anschrift der **Vertragsparteien**,
2. der Zeitpunkt des **Beginns** des Arbeitsverhältnisses,
3. bei befristeten Arbeitsverhältnissen: die **Dauer** des Arbeitsverhältnisses,
4. der **Arbeitsort**,
5. eine kurze Charakterisierung oder Beschreibung der zu leistenden **Tätigkeit**,
6. die Zusammensetzung und die Höhe des **Arbeitsentgelts** einschließlich der Zuschläge, der Zulagen, Prämien und Sonderzahlungen sowie anderer Bestandteile des Arbeitsentgelts und deren **Fälligkeit**,
7. die vereinbarte **Arbeitszeit**,
8. die Dauer des jährlichen **Erholungsurlaubs**,
9. die **Fristen** für die Kündigung des Arbeitsverhältnisses und
10. ein in allgemeiner Form gehaltener Hinweis auf die **Tarifverträge** und Dienstvereinbarungen, die auf das Arbeitsverhältnis anzuwenden sind.

Die praktische Bedeutung des Nachweisgesetzes für den öffentlichen Dienst ist eher gering, denn hier werden Arbeitsverträge praktisch nahezu immer schriftlich abgeschlossen.

Deshalb betrifft das Gesetz im Ergebnis eher kleinere Privatbetriebe.

Zur Vertiefung wird Ihnen der Fall 8 im Übungsteil empfohlen. Dabei geht es um die Wirksamkeit eines mündlich abgeschlossenen Arbeitsvertrages.

4.1.3 Musterarbeitsvertrag

ARBEITSVERTRAG

Zwischen
der Gemeinde Besengrund, vertreten durch den Gemeindevorstand,
dieser wiederum vertreten durch

den Bürgermeister

(Arbeitgeber)

und

HERRN MANUEL NEU
geboren am: 05.10.1982 in: Dortmund
Anschrift: Am Herkules 1, 12345 Besengrund

(Arbeitnehmer)

wird folgender Arbeitsvertrag geschlossen:

§ 1
Herr Neu wird am 01.01.2017 als vollzeitbeschäftigter Verwaltungsfachangestellter auf unbestimmte Zeit eingestellt.

Der Beschäftigte ist im Rahmen begründeter dienstlicher Notwendigkeiten zur Leistung von Bereitschaftsdienst, Rufbereitschaft, Überstunden und Mehrarbeit verpflichtet.

§ 2
(1) Das Arbeitsverhältnis bestimmt sich nach der durchgeschriebenen Fassung des Tarifvertrages für den öffentlichen Dienst für den Dienstleistungsbereich Verwaltung (TVöD-V) und den diesen ergänzenden, ändernden oder ersetzenden Tarifverträgen in der für den Bereich der Vereinigung der kommunalen Arbeitgeberverbände (VKA) jeweils geltenden Fassung einschließlich des Tarifvertrages zur Überleitung der Beschäftigten der kommunalen Arbeitgeber in den TVöD und zur Regelung des Übergangsrechts (§ 1 Abs. 2 TVÜ-VKA).

(2) Außerdem finden die für die Gemeinde Besengrund vereinbarten Arbeitsordnungen und sonstigen Vorschriften, wie Dienstanweisungen, Geschäftsordnungen, Hausordnungen usw. in ihrer jeweiligen Fassung Anwendung.

§ 3
Die Probezeit beträgt 6 Monate.

§ 4
Der Beschäftigte ist in der Entgeltgruppe 5 TVöD-V eingruppiert (§ 12 TVöD-V).

§ 5
Es wird folgende Nebenabrede vereinbart: keine.

§ 6
Mündliche Vereinbarungen oder Zusagen über das vorliegende Arbeitsverhältnis sind ungültig. Änderungen und Ergänzungen des Arbeitsvertrages einschließlich der Nebenabreden sind nur wirksam, wenn sie schriftlich vereinbart werden.

Jede Vertragspartei erhält eine Ausfertigung dieses Arbeitsvertrages.

Besengrund, den ....

Für den Arbeitgeber:

Unterschrift des Beschäftigten:
(gilt zugleich als Empfangsbestätigung für eine Vertragsausfertigung)

(Wahn) Bürgermeister	(Sinn) Erster Beigeordneter	(Manuel Neu)

4.2 Die Probezeit

§ 3 des obigen Musterarbeitsvertrages sieht die Vereinbarung einer Probezeit vor.

Zweck einer solchen Probezeit ist es einerseits, dass der Beschäftigte überlegen kann, ob ihm die übertragene Tätigkeit zusagt.

Andererseits kann der Arbeitgeber prüfen, ob der Beschäftigte für die vorgesehene Tätigkeit geeignet ist.

Die **Dauer** der Probezeit beträgt regelmäßig 6 Monate, § 2 Abs. 4 TVöD. Dabei ist nicht Voraussetzung, dass der Beschäftigte tatsächlich Arbeitsleistung erbringt. Vielmehr reicht das rechtliche Bestehen eines Arbeitsverhältnisses aus.

Kurze Zwischenfrage: Kann arbeitsvertraglich eine drei- bzw. siebenmonatige Probezeit wirksam vereinbart werden?
➔ Die Lösung finden Sie im Fall 9 des Übungsteils.

Tarifliche Regelungen über **kürzere** Probezeiten finden sich in
- § 30 Abs. 4 TVöD (sachgrundlose Befristung von „Angestellten") und
- § 3 Abs. 1 TVAöD-BBiG (drei Monate bei Auszubildenden).

Keine Probezeit fällt bei unmittelbarer Übernahme eines **Auszubildenden** in ein Arbeitsverhältnis an. Dies wird damit begründet, dass die Person[58] dem Arbeitgeber bereits seit Jahren bekannt ist. Dies gilt auch bei zwingender Übernahme eines Jugend- und Auszubildendenvertreters.[59]

Die tarifliche Sechsmonatsfrist gilt übrigens auch für **Teilzeitbeschäftigte**. Eine Benachteiligung in Form längerer Probezeiten wäre eine mittelbare Diskriminierung im Sinne des AGG.[60]

Bei längerer **Arbeitsunfähigkeit** findet keine Verlängerung der Probezeit statt[61]; im Zweifel besteht aber die Möglichkeit, eine ordentliche Wartezeitkündigung[62] auszusprechen. Auch im Falle einer kürzeren Probezeit (auf tarifvertraglicher Grundlage oder arbeitsvertraglicher Regelungen) bleiben gesetzliche Wartezeiten regelmäßig unberührt.

Beispiele:
- § 1 Abs. 1 KSchG,
- § 4 BUrlG,
- § 8 Abs. 1 TzBfG,
- § 90 Abs. 1 Nr. 1 SGB IX.

---

58 Der bisherige Auszubildende bzw. künftige Beschäftigte
59 Siehe Personalvertretungsgesetz; in Hessen gilt § 65 HPVG
60 Mehr zu dieser Problematik siehe Nr. 5.3
61 Im alten Tarifrecht war dies anders, vgl. § 5 Satz 2 BAT
62 Mehr zu dieser Problematik siehe Nr. 6.9.2.3

Soll – ausnahmsweise – die gesetzliche Wartezeit des § 1 Abs. 1 KSchG nicht gelten, so müsste dies ausdrücklich im Arbeitsvertrag vereinbart werden. Eine solche Vereinbarung ist rechtlich möglich, in der Praxis jedoch zumindest unüblich.

4.3 Nebenabreden

Nebenabreden sind abzugrenzen von den sog. Hauptabreden.

Schaubild:

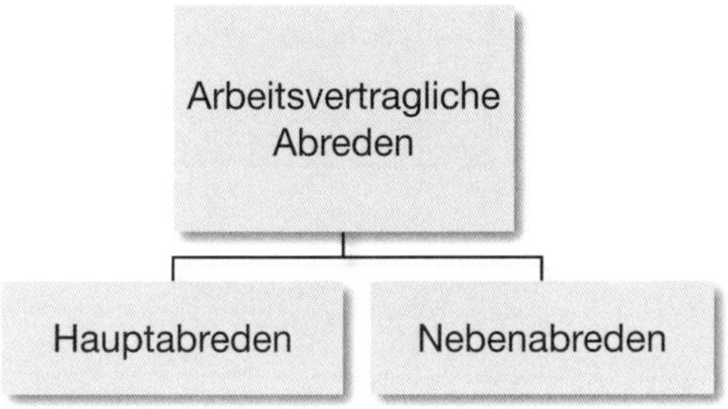

Zu den Hauptabreden gehört „das Wesentliche" des Arbeitsvertrages, insbesondere die Pflicht zur Erbringung der geschuldeten Arbeitsleistung und – im Gegenzug – die Zahlung des vereinbarten Arbeitsentgelts.

Beispiele für Nebenabreden:
- Überstundenpauschale[63] (vgl. § 24 Abs. 6 TVöD),
- Fahrtkostenersatz,
- Stufe des Bereitschaftsdienstes[64]

Die **Wirksamkeit** von Nebenabreden setzt – anders als der Arbeitsvertrag selbst – die Schriftform voraus (§ 2 Abs. 3 TVöD).

Dies dient der Rechtsklarheit und der Beweissicherung. Es handelt sich hierbei um ein konstitutives Schriftformerfordernis, auf das § 126 BGB anwendbar ist. Ein Verstoß gegen diese tarifliche Formvorschrift führt deshalb zur Nichtigkeit der Nebenabrede (§ 125 BGB).

Schriftform bedeutet, dass die Parteien den Vertrag auf derselben Urkunde unterzeichnen oder bei mehreren gleichlautenden Urkunden jede Partei die für die andere Partei bestimmte Urkunde unterzeichnet.

---

63 In der Praxis finden sich solche Nebenabreden z. B. bei Cheffahrern, siehe hierzu Anhang zu § 6 TVöD

64 Siehe z. B. § 8.1 Abs. 2 Satz 2 TVöD-K

4.4 Fehlerhafte Arbeitsverhältnisse

Wie bei jedem anderen Rechtsgeschäft kann auch ein Arbeitsvertrag fehlerhaft sein. Dabei unterscheidet man
- nichtige und
- anfechtbare

Arbeitsverträge:

4.4.1 Nichtigkeit

Schwere Fehler bei Vertragsabschluss führen zur Nichtigkeit des Arbeitsvertrages. Als Nichtigkeitsgründe gelten:
- Fehlende Geschäftsfähigkeit des Bewerbers (§§ 104 ff. BGB)
- Nichtigkeit wegen Formmangels (§ 125 BGB)
- Verstoß gegen ein gesetzliches Verbot (§ 134 BGB)
- Verstoß gegen die guten Sitten (§ 138 BGB)
- Mangelnde Vertretungsmacht (§§ 164 ff. BGB)

Dabei unterscheidet man Voll- und Teilnichtigkeit (§ 139 BGB).

<u>Beispiel</u>:
Mit einem Auszubildenden wird eine „jederzeitige Kündigungsmöglichkeit" des Berufsausbildungsverhältnisses vereinbart.
➔ Eine solche Abrede verstößt gegen § 22 Abs. 2 BBiG und ist gemäß § 25 BBiG nichtig.
➔ Geschieht dies im Rahmen eines ansonsten wirksamen Berufsausbildungsvertrages, so ist nur die einzelnen Abrede nichtig; der Berufsausbildungsvertrag ist im Übrigen wirksam (**Teil**nichtigkeit).

Besondere Beachtung verdient der Vertragsabschluss mit **jugendlichen**[65] Arbeitnehmern: Schließt z. B. ein 16-jähriger einen Arbeitsvertrag ab, so bedarf er hierzu der Einwilligung seines gesetzlichen Vertreters (hier: der Eltern), § 107 BGB.

Ohne Einwilligung der Eltern ist der Vertrag „schwebend unwirksam", § 108 BGB. Seine Wirksamkeit hängt also von der Reaktion der Eltern ab. Stimmen sie zu, so gilt der Vertrag als von Anfang an geschlossen. Verweigern sie die Zustimmung, ist kein Arbeitsverhältnis zustande gekommen. Zum faktischen Arbeitsverhältnis siehe Nr. 4.4.3.

§ 113 BGB erweitert diese Bestimmungen schließlich für die Aufnahme von Arbeitsverhältnissen, indem die gesetzlichen Vertreter „pauschale" Ermächtigungen erteilen können.

---

[65] Beschränkt geschäftsfähig im Sinne von § 106 BGB

4.4.2 Anfechtungsgründe

Wie im allgemeinen Privatrecht, so kann bei Vorliegen eines Anfechtungsgrundes auch ein Arbeitsvertrag angefochten werden.
Anfechtungsgründe sind:

- Irrtum (§ 119 BGB),
- arglistige Täuschung (§ 123 BGB) und
- Drohung (§ 123 BGB).

Besondere praktische Relevanz kommt dabei der arglistigen Täuschung zu. Beantwortet nämlich ein Bewerber eine **zulässige Frage** des Arbeitgebers im Vorstellungsgespräch absichtlich unwahr mit dem Ziel, den potentiellen Arbeitgeber zu täuschen, um so die Stelle zu bekommen, so kann der Arbeitgeber den Arbeitsvertrag später anfechten.

Tut er dies, so führt dies zur Nichtigkeit des Arbeitsvertrages, § 142 BGB. Tut er dies nicht, so bleibt es bei der Wirksamkeit des Arbeitsvertrages. Es kommt also maßgeblich auf das Verhalten des Arbeitgebers an. Daneben bleibt das Recht zur Kündigung[66] unberührt.

4.4.3 Das faktische Arbeitsverhältnis

Angenommen, ein 17-jähriger Bewerber wird ohne Einwilligung seiner Eltern eingestellt. Wie Sie bereits in Nr. 4.4.1 gelernt haben, ist der Vertrag zunächst „schwebend unwirksam“. Sprechen sich die Eltern gegen das Arbeitsverhältnis ihres Sohnes aus, so liegt kein wirksames Arbeitsverhältnis vor.

Hier stellt sich jedoch die Frage, wie mit einer bereits erbrachten **Arbeitsleistung** umgegangen werden soll. Die Lösung dieses Problems hat uns das Bundesarbeitsgericht geliefert:

> Auszug aus dem Urteil des Bundesarbeitsgerichts vom 15.01.1986 – 5 AZR 237/84:
> „Die Grundsätze über das faktische Arbeitsverhältnis dienen der Bewältigung der Rechtsfolgen eines übereinstimmend in Vollzug gesetzten Arbeitsvertrages, der sich zu einem späteren Zeitpunkt als nichtig oder anfechtbar erweist. Kennzeichnend dafür ist eine zunächst von beiden Parteien gewollte Beschäftigung des Arbeitnehmers. Das rechtfertigt es, ein bereits vollzogenes Arbeitsverhältnis **für die Vergangenheit wie ein fehlerfrei zustande gekommenes Arbeitsverhältnis zu behandeln.** Damit ist die Rückabwicklung der wechselseitigen Leistungen ausgeschlossen.“

Der Arbeitnehmer darf sein Entgelt für die Vergangenheit also behalten. Für die Zukunft besteht jedoch kein Bestandsschutz. Mit Zugang der Anfechtungserklärung wird das Arbeitsverhältnis (fristlos) beendet.

---

66 Näheres siehe Kapitel 6

Jedoch gilt dies nicht, wenn eine Partei des Arbeitsvertrages die Nichtigkeit des Arbeitsverhältnisses **kennt**. In diesem Fall kann sie sich nicht auf Ansprüche aus dem faktischen Arbeitsverhältnis berufen.

Kurzfall:
Ein Bewerber **fälscht** sich ein Prüfungszeugnis und wird deshalb eingestellt. Als der Arbeitgeber hiervon erfährt, ist er empört und glaubt, dieser Arbeitsvertrag könne keinen Bestand haben. Der Beschäftigte behauptet dagegen, es liege ein wirksames Arbeitsverhältnis vor. Außerdem könne er die bereits erhaltenen Entgeltzahlungen wegen Vorliegens eines „faktischen Arbeitsverhältnisses" behalten. Wie ist die Rechtslage?

➔ Zunächst ist der Arbeitsvertrag **wirksam**.[67]
➔ Ärgert sich der Arbeitgeber nur, so ändert dies rechtlich gar nichts.
➔ Es empfiehlt sich, den Arbeitsvertrag **anzufechten**. Anfechtungsgrund aus Sicht des Arbeitgebers ist die arglistige Täuschung des Bewerbers. Durch die Wahrnehmung dieses Gestaltungsrechts wird der Vertrag von Anfang an nichtig, § 142 BGB.
➔ Die Spielregeln des faktischen Arbeitsverhältnisses greifen hier nicht, weil der Bewerber die Nichtigkeit des Rechtsgeschäfts kennt. Im Ergebnis muss er die erhaltenen Entgeltzahlungen also zurückzahlen.

4.5 Befristete Arbeitsverhältnisse

Haben Arbeitgeber und Arbeitnehmer eine zeitliche Befristung des Arbeitsvertrages vereinbart, so endet das Arbeitsverhältnis mit Fristablauf automatisch, ohne dass es einer Kündigung bedarf. Dies bedeutet, dass sowohl der im Kündigungsschutzgesetz verankerte allgemeine Kündigungsschutz als auch der besondere Kündigungsschutz (z. B. § 17 MuSchG) infolge der Befristung nicht zur Anwendung kommen.

4.5.1 Rechtsgrundlagen

Nach § 620 Abs. 3 BGB gilt für Arbeitsverträge, die auf bestimmte Zeit abgeschlossen werden, das Teilzeit- und Befristungsgesetz (TzBfG).

67 Zwei übereinstimmende Willenserklärungen

Innerhalb dieses Gesetzes ist § 14 TzBfG der wohl wichtigste Paragraph. Doch fangen wir schrittweise an:

Zunächst wird der „befristet Beschäftigte“ in § 3 TzBfG definiert.

Schaubild:

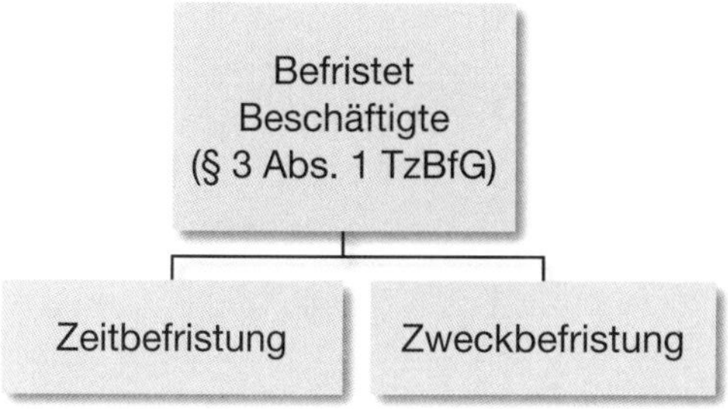

§ 4 Abs. 2 TzBfG enthält ein **Diskriminierungsverbot** aller befristet Beschäftigten. Dabei stellen tarifliche Stichtagsregelungen regelmäßig keine Diskriminierung dar.

Beispiel: Zeitvertrag bis 30.11.

➔ Die Tatsache, dass Beschäftigten nach § 20 Abs. 1 TVöD-V kein Anspruch auf Jahressonderzahlung zusteht, stellt keine Diskriminierung dar, denn dies trifft auch unbefristet Beschäftigte, die z. B. wegen Erreichens der Altersgrenze zum 30.11. aus dem Arbeitsverhältnis ausscheiden.
(Hinweis: Anders stellt sich die Rechtslage im Besonderen Teil Krankenhäuser dar: Nach § 20 Abs. 6.1 TVöD-K besteht im obigen Beispiel Anspruch auf Jahressonderzahlung in Höhe von 11/12).

Um die Umgehung des Kündigungsschutzes durch befristete Arbeitsverträge zu verhindern, verlangt die Rechtsprechung seit jeher das Vorliegen eines **sachlichen Grundes**; anderenfalls fällt die Befristung weg und der Arbeitsvertrag gilt als auf unbestimmte Zeit geschlossen.

Der Gesetzgeber hat dies in § 14 TzBfG zum Anlass genommen,

- in Abs. 1 das Erfordernis eines die Befristung rechtfertigenden sachlichen Grundes zu konkretisieren,
- in Abs. 2 die Möglichkeit eines sachgrundlos befristeten Arbeitsverhältnisses nur in bestimmten Fällen und unter bestimmten Voraussetzungen zu erlauben und
- in Abs. 3 eine sog. Altersbefristung zu ermöglichen.

Dabei sind die in Abs. 2 und 3 genannten Befristungsmöglichkeiten als Ausnahme von der Regel zu verstehen und aus arbeitsmarktpolitischen Gründen in das Gesetz aufgenommen worden.

Schaubild: Arten der Befristung

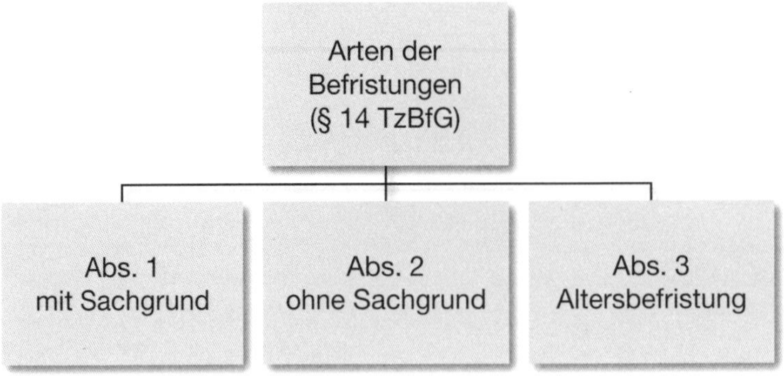

4.5.2 Die Sachgründe des § 14 Abs. 1 TzBfG

Die Befristung eines Arbeitsverhältnisses bedarf nach § 14 Abs. 1 Satz 1 eines sachlichen Grundes.

Dabei wird – wie oben beschrieben – unterschieden in
- kalendermäßige Befristung (z. B. bis 31.12.2018) und
- Zweckbefristung (z. B. für die Dauer der Arbeitsunfähigkeit von Herrn Gips).

In der Praxis finden sich häufig sog. **Doppelbefristungen**, bei denen beide Befristungsmöglichkeiten miteinander kombiniert werden.

> Empfohlene Vertragsformulierung:
> „... für die Dauer der Arbeitsunfähigkeit des Herrn Gips[68], längstens jedoch bis zum 31.12.2018“

§ 14 Abs. 1 Satz 2 TzBfG enthält einen (nicht abschließenden) Katalog sachlicher Befristungsgründe, welche nachstehend erläutert werden:

– **Nr. 1: vorübergehender betrieblicher Bedarf**
  Zum Zeitpunkt des Vertragsabschlusses muss der Arbeitgeber auf Grund greifbarer Tatsachen mit hinreichender Sicherheit annehmen können, dass der Arbeitskräftebedarf in Zukunft wegfallen wird.

  Dies ist z. B. bei der Schließung eines Schwimmbades der Fall. Der Arbeitgeber muss eine **Prognose** erstellen, in welchem Umfang und für welchen Zeitraum der vorübergehende Bedarf gegeben ist.

---

68 Oder noch besser: „... für die Dauer der Arbeitsunfähigkeit des unter Personalnummer 0815 geführten Beschäftigten, längstens jedoch bis zum 31.12.2018“

Die bloße Unsicherheit über die künftige Entwicklung des Arbeitskräftebedarfs rechtfertigt die Befristung des Arbeitsverhältnisses nicht. Nötig ist also z. B. ein konkreter Beschluss über die Schließung durch das Gemeindeparlament.

- **Nr. 2: im Anschluss an eine Ausbildung**
  Dieser Sachgrund ist erfüllt, wenn die sozialen Belange des Arbeitnehmers, nicht dagegen die Interessen des Arbeitgebers im Vordergrund stehen.[69] Erforderlich ist eine zeitnahe[70] Übernahme im Anschluss an eine Berufsausbildung bei demselben Arbeitgeber für die Dauer von max. einem Jahr.
  Eine erneute Befristung wegen dieses Sachgrundes scheidet aus. Deshalb wird in derartigen Fällen empfohlen, möglichst von Anfang an nach § 14 Abs. 2 TzBfG zu befristen.[71]

- **Nr. 3 zur Vertretung eines anderen Arbeitnehmers**
  Dies ist der im öffentlichen Dienst wohl am **häufigsten** vorkommende Befristungsgrund (z. B. Urlaubs- oder Krankheitsvertretung, Vertretung eines freigestellten Personalratsmitgliedes, Vertretung während eines Sonderurlaubes).

  Der Sachgrund greift auch, wenn ein **Beamter** vorübergehend vertreten werden soll.

  Hier unterscheidet man die unmittelbare (z. B. während des Sonderurlaubes von Frau A) und die mittelbare Vertretung (Frau B vertritt Frau A, während die befristet beschäftigte Frau C die Aufgaben von Frau B wahrnimmt). Ausreichend ist ein sog. **Kausalzusammenhang** zwischen der Abwesenheit von Frau A und der Befristung von Frau C. Dies setzt voraus, dass der Arbeitgeber rechtlich und tatsächlich in der Lage wäre, der Vertretenen die Aufgaben der Vertreterin zuzuweisen.[72] Diese „gedankliche Zuordnung" sollte im Arbeitsvertrag dokumentiert werden.

  Schaubild:

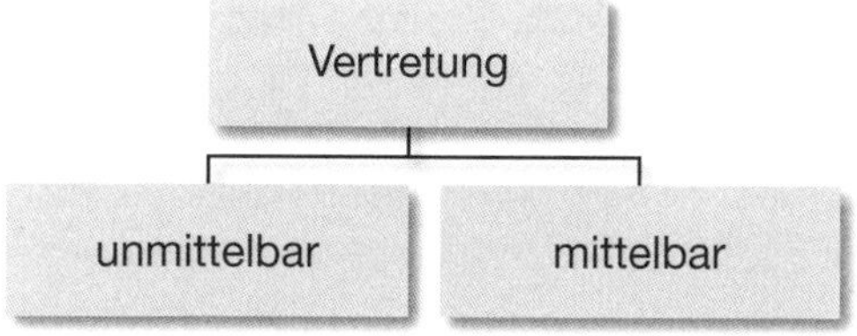

- **Nr. 4: Eigenart der Arbeitsleistung**
  Unter diesen Sachgrund fallen Tätigkeiten wie z. B. die eines Profisportlers. Dabei geht man davon aus, dass diese ihre Leistungen nur für einige Jahre erbringen können. Für Aufsehen sorgte ein Urteil des Arbeitsgerichts Mainz, welches im Fall eines Ersatz-

69 BAG-Urteil vom 03.10.1984 – 7 AZR 132/83
70 Möglichst in unmittelbarem Anschluss an die Berufsausbildung
71 Siehe Nr. 4.5.3
72 BAG-Urteil vom 12.01.2011 – 7 AZR 194/09

torhüters in der Fußball-Bundesliga das Vorliegen eines Befristungsgrundes verneint hat. Inzwischen wurde dieses Urteil jedoch durch die nächste Instanz aufgehoben.

In der öffentlichen Verwaltung kommt diesem Befristungsgrund keine nennenswerte Bedeutung zu.

- **Nr. 5: zur Erprobung**
  Es genügt nicht, dass die Erprobung nur Motiv des Arbeitgebers ist. Der Erprobungszweck muss vielmehr Vertragsinhalt geworden sein. Zwar existiert keine feste zeitliche Grenze, jedoch wird man im Regelfall von max. sechs Monaten ausgehen können. In der Praxis kommt auch diesem Sachgrund keine große Bedeutung zu; vielmehr sollte im öffentlichen Dienst der unbefristete Arbeitsvertrag mit sechsmonatiger Probezeit die Regel sein.

  Hinzuweisen ist aber auf das Personalentwicklungsinstrument „Führung auf Probe", welches in § 31 TVöD verankert ist. Näheres hierzu siehe Nr. 4.5.7.

- **Nr. 6: in der Person des Arbeitnehmers liegende Gründe**
  Hier geht es um die vorübergehende Beschäftigung eines Arbeitnehmers aus sozialen Gründen, z. B. bis zum Beginn eines Studiums. Der Arbeitnehmer muss also ein Interesse gerade an einer befristeten Beschäftigung haben. Dabei darf der Arbeitnehmer zum Zeitpunkt des Vertragsabschlusses in seiner Entscheidungsfreiheit nicht beeinträchtigt sein.[73] Im Arbeitsvertrag könnte folgende Formulierung vereinbart werden:
  „Die Parteien des Arbeitsvertrages sind sich darüber einig, dass die in dem Vertrag genannte Befristung auf ausdrücklichen Wunsch des Beschäftigten vereinbart worden ist, da er wegen... nur an einer vorübergehenden Beschäftigung interessiert ist."
  Im Zweifel trifft den Arbeitgeber die Beweislast dafür, dass die Befristung auf ausdrücklichen Wunsch des Beschäftigten erfolgt ist.

- **Nr. 7: Haushaltsmittel**
  Dieser Sachgrund steht nur dem öffentlichen Dienst zur Verfügung. Der Haushaltsgesetzgeber muss Haushaltsmittel nur zeitlich begrenzt zur Verfügung stellen (z. B. eine Million Euro für befristete Beschäftigungen in einem bestimmten Projekt). Die Arbeitnehmer müssen dann zumindest überwiegend mit entsprechenden Projektarbeiten beschäftigt werden. Es ist aber ungewiss, ob dieser Sachgrund europarechtlich haltbar ist. Kritiker bezweifeln dies, denn sie sehen eine Ungleichbehandlung der Arbeitnehmer des öffentlichen Dienstes (in der Privatwirtschaft bestünde kein Sachgrund, so dass die Arbeitnehmer dort unbefristet beschäftigt wären). Deshalb sollte von diesem Befristungsgrund nur zurückhaltend Gebrauch gemacht werden.

- **Nr. 8: gerichtlicher Vergleich**
  Dieser Sachgrund ist erfüllt, wenn im Rahmen eines Streits über den Fortbestand des Arbeitsverhältnisses (z. B. Kündigungsschutzverfahren) ein gerichtlicher Vergleich ge-

[73] BAG-Urteil vom 22.03.1973 – 2 AZR 274/72

schlossen wird, das Arbeitsverhältnis nur noch für eine begrenzte Dauer fortzusetzen. Durch die Beteiligung des Gerichts sieht der Gesetzgeber eine hinreichende Gewähr für die Wahrung der Schutzinteressen des Arbeitnehmers.

Neben diesen acht gesetzlich geregelten Sachgründen hat die Rechtsprechung als **sonstige Sachgründe** anerkannt:

- Arbeitsbeschaffungsmaßnahmen,[74]
- Befristete Bewilligung von Drittmitteln,[75]
- Strukturanpassungsmaßnahmen[76] und
- die Anhängigkeit einer Konkurrentenklage.[77]

Die **Dauer** der Befristung muss sich nicht unbedingt an der Dauer des Sachgrundes (z. B. Elternzeitvertretung) orientieren. Bei einem mehrjährigen Sonderurlaub einer Stammkraft entscheidet somit einzig der Arbeitgeber, ob und für welchen Zeitraum er die Stelle mittels Befristung besetzt.

Alternativ kann der Arbeitgeber z. B.
- die Stelle vorübergehend unbesetzt lassen,
- Überstunden anordnen,
- Aufgaben verlagern,
- Projekte zeitlich schieben oder
- die Stelle für einen kurzen Zeitraum besetzen.[78]

Bei mehreren aufeinander folgenden Befristungen stellt sich irgendwann die Frage einer Höchstdauer. Derartige Sachverhalte werden auch seitens der Medien thematisiert:

Aus der Presse: 88 Zeitverträge in 17 Jahren[79]

Dabei regelt das Gesetz in § 14 Abs. 1 TzBfG **keine Höchstdauer**. Vielmehr ist maßgebend, ob der Arbeitgeber „rechtsmissbräuchlich" vorgeht. Ein solcher **Rechtsmissbrauch** kommt insbesondere bei Dauerbefristungen von mehr als acht Jahren in Betracht.

So wurde z. B. im Falle von vier befristeten Arbeitsverträgen und einer Gesamtdauer von mehr als sieben Jahren kein Rechtsmissbrauch festgestellt.[80]

Bei 13 Befristungen in elf Jahren dagegen spricht einiges für einen Rechtsmissbrauch.[81] Doch Vorsicht: Nach der Rechtsprechung ist stets eine **Einzelfallprüfung** erforderlich, ob im

[74] Vgl. BAG-Urteil vom 03.12.1982 – 7 AZR 622/80
[75] Siehe BAG-Urteile vom 08.04.1992 -7 AZR 135/91 und 7 AZR 136/91
[76] Vgl. Urteil des LAG Niedersachsen vom 19.11.2001 – 17 Sa 217/01
[77] Vgl. BAG-Urteil vom 13.03.2005 – 7 AZR 289/05
[78] Z. B. für drei Monate bei einer zweijährigen Elternzeit
[79] HNA vom 14.06.2014
[80] BAG-Urteil vom 18.07.2012 – 7 AZR 783/10
[81] BAG-Urteil vom 18.07.2012 – 7 AZR 443/09

Hinblick auf Anzahl und Gesamtdauer der bisherigen Befristungen ein Sachgrund noch vorliegt. Dabei wird – im Streitfall – stets nur die jeweils letzte Befristung überprüft. Zur Vertiefung Ihres Fachwissens über die Sachgrundbefristung lösen Sie bitte den Fall 10 im Übungsteil.

4.5.3 Die sachgrundlose Befristung

Nach § 14 Abs. 2 Satz 1 TzBfG ist die Befristung eines Arbeitsverhältnisses ohne sachlichen Grund bis zur Dauer von **zwei Jahren** zulässig. Voraussetzung für eine solche sachgrundlose Befristung ist jedoch gemäß § 14 Abs. 2 Satz 2 TzBfG, dass nicht bereits „zuvor" ein Arbeitsverhältnis mit demselben Arbeitgeber bestanden hat (sog. **Zuvorbeschäftigungsverbot**).

„Derselbe" Arbeitgeber darf nicht mit der Dienststelle verwechselt werden. Wenn ein Beschäftigter z. B. beim Polizeipräsidium Südhessen und später beim Finanzamt Hanau arbeitet, so handelt es sich hierbei zwar um unterschiedliche Dienststellen. Entscheidend aber ist, dass es sich jeweils um denselben Arbeitgeber, nämlich das Land Hessen, handelt.

Deshalb steht dem Arbeitgeber ein **Fragerecht** zu, ob der Bewerber bereits bei „demselben Arbeitgeber" beschäftigt war. Auf diese zulässige Frage muss der Bewerber wahrheitsgemäß antworten, siehe Nr. 3.3. Anderenfalls kann der Arbeitgeber das Arbeitsverhältnis anfechten, siehe Nr. 4.4.2.

Eine **Berufsausbildung** ist dabei unschädlich, denn es handelt sich hierbei nicht um ein Arbeitsverhältnis.[82] Es entspricht deshalb der üblichen Praxis, Auszubildende zunächst sachgrundlos befristet für bis zu zwei Jahre in ein Arbeitsverhältnis zu übernehmen.[83]

Auch ein **Beamtenverhältnis** ist kein Arbeitsverhältnis in diesem Sinne und daher unschädlich.[84]

Jahrelang wurde § 14 Abs. 2 Satz 2 TzBfG wörtlich ausgelegt mit der Folge, dass eine um Jahrzehnte zurückliegende Tätigkeit bei demselben Arbeitgeber eine (erneute) sachgrundlose Beschäftigung ausschließt. Das BAG legt diese Regelung aber nunmehr nach ihrem „Sinn und Zweck" aus, wonach ein früheres Arbeitsverhältnis bei demselben Arbeitgeber unschädlich ist, wenn dessen Ende mehr als drei Jahre zurückliegt.[85]

In konsequenter Anwendung dieser Rechtsprechung wäre für einen Beschäftigten z. B. in einem Konzern mit drei Gesellschaften die folgende Konstellation denkbar:
2 Jahre sachgrundlos bei der A GmbH,
2 Jahre sachgrundlos bei der B GmbH,
2 Jahre sachgrundlos bei der C GmbH,
2 Jahre sachgrundlos bei der A GmbH.

[82] BAG-Urteil vom 21.09.2011 – 7 AZR 375/10
[83] Beachte auch § 16a TVAöD-BBiG
[84] BAG-Urteil vom 24.02.2016 – 7 AZR 712/13
[85] BAG-Urteil vom 06.04.2011 – 7 AZR 716/09. Die Instanzgerichte opponieren hiergegen. Die weitere Entwicklung bleibt abzuwarten

Im Ergebnis wäre der Beschäftigte acht Jahre sachgrundlos in einem Konzern beschäftigt. Maßgebend ist aber, dass jede GmbH ein eigener Arbeitgeber ist. Nachdem jeder Arbeitgeber die Möglichkeit des § 14 Abs. 2 TzBfG für zwei Jahre genutzt hat, kann die A GmbH erneut sachgrundlos befristen. Schließlich war der Beschäftigte für vier Jahre, mithin mehr als drei Jahre, nicht bei demselben Arbeitgeber beschäftigt. Wird ein derartiges Konstrukt jedoch angewendet, um das gesetzliche Zuvorbeschäftigungsverbot zu umgehen, so wäre dies als rechtsmissbräuchlich zu qualifizieren.[86]

Während der höchstens zweijährigen sachgrundlosen Befristung kann der befristete Arbeitsvertrag bis zu dieser Höchstdauer max. dreimal verlängert werden.

Beispiel:
6 Monate bei Einstellung,
6 Monate erste Verlängerung,
6 Monate zweite Verlängerung und
6 Monate dritte Verlängerung.
24 Monate Gesamtdauer

„Verlängerung“ bedeutet nahtlose Weiterbeschäftigung; eine Unterbrechung von nur einem Tag ist hierbei schädlich.

Zu beachten ist, dass die Verlängerung vor Ablauf des zu verlängernden Zeitvertrages vereinbart wird und zum Zeitpunkt der Vertragsverlängerung keine inhaltliche Änderung des Arbeitsvertrages (z. B. Eingruppierung, Arbeitszeit) vorgenommen wird.[87]

Nach § 14 Abs. 2 Satz 3 TzBfG kann durch **Tarifvertrag** die Anzahl der Verlängerungen oder die Höchstdauer einer sachgrundlosen Befristung abweichend vom Gesetz geregelt werden. Dabei hat das BAG eine tarifliche Höchstdauer von 48 Monaten bei sechs Verlängerungen für rechtmäßig angesehen.[88] Für den Tarifbereich des öffentlichen Dienstes existiert eine solche Tarifbestimmung allerdings nicht.

Zur Vertiefung Ihres Fachwissens bezüglich der sachgrundlosen Befristung bearbeiten Sie bitte den Fall 11 im Übungsteil.

4.5.4 Altersbefristung

Ab Vollendung des 52. Lebensjahres gelten erleichterte Befristungsregelungen. Zu den näheren Voraussetzungen siehe § 14 Abs. 3 TzBfG. In der Praxis der Arbeitgeber des öffentlichen Dienstes hat diese Norm jedoch keine nennenswerte Bedeutung. Diese Vorschrift ist vor dem Hintergrund der „Altersdiskriminierung“[89] überdies kritisch zu

[86] BAG-Urteil vom 15.05.2013 – 7 AZR 525/11
[87] BAG-Urteil vom 23.08.2006 – 7 AZR 12/06
[88] BAG-Urteil vom 18.03.2015 – 7 AZR 272/13
[89] Näheres siehe Nr. 5.3

sehen. Das BAG hat zumindest die **einmalige** Befristung bis zu fünf Jahren als rechtmäßig bestätigt.[90] Von einer Verlängerung einer solchen Altersbefristung auf Basis des § 14 Abs. 3 TzBfG wird daher angesichts der derzeit bestehenden Rechtsunsicherheit abgeraten.

4.5.5 Sonstige Befristungsgründe

Neben den in
- § 14 Abs. 1 TzBfG (mit Sachgrund)
- § 14 Abs. 2 TzBfG (ohne Sachgrund) und
- § 14 Abs. 3 TzBfG (Altersbefristung)

genannten Befristungsmöglichkeiten finden sich weitere Sachgründe in Spezialgesetzen:

So enthält z. B. § 21 BEEG einen speziellen Sachgrund zur Befristung von Arbeitsverhältnissen während mutterschutzrechtlicher Beschäftigungsverbote, einer **Elternzeit** und eines Sonderurlaubes zur Kinderbetreuung.

Daneben finden sich ähnliche Vorschriften in § 6 des **Pflegezeitgesetzes** (bitte lesen) und in § 9 Abs. 5 des Familienpflegezeitgesetzes.

Außerdem seien an dieser Stelle das Wissenschaftszeitvertragsgesetz[91] sowie das Gesetz über befristete Arbeitsverhältnisse mit Ärzten in der Weiterbildung genannt.

4.5.6 Kombinationsmöglichkeiten

Liegt ein sachlicher Befristungsgrund[92] vor, so ist eine Befristung grundsätzlich möglich. Eine vorherige sachgrundlose Befristung ändert hieran nichts. Es empfiehlt sich also in der Praxis, bei der ersten Einstellung eines Beschäftigten stets nach § 14 Abs. 2 TzBfG zu befristen.[93]
Wurde hingegen zunächst mit Sachgrund befristet, scheidet eine Verlängerung ohne Sachgrund wegen des Zuvorbeschäftigungsverbotes aus (§ 14 Abs. 2 Satz 2 TzBfG) .

4.5.7 Tarifvorschriften

Neben den oben erläuterten gesetzlichen Vorschriften zur Befristung von Arbeitsverhältnissen ist die Tarifnorm des § 30 TVöD zu beachten. Diese gilt jedoch nach ihrem Wortlaut nur für **„Angestelltentätigkeiten"**.

90 BAG-Urteil vom 28.05.2014 – 7 AZR 360/12
91 Für wissenschaftliches und künstlerisches Personal an Hochschulen und Forschungseinrichtungen
92 Nach § 14 Abs. 1 TzBfG bzw. einem Spezialgesetz
93 Selbst dann, wenn ein sachlicher Grund vorliegen sollte

Kennen Sie noch den Unterschied zwischen Angestellten und Arbeitern aus Nr. 1.1?

Genau: Der Angestellte arbeitet mit dem Kopf, der Arbeiter mit der Hand.

Da diese Unterscheidung in der heutigen Berufswelt nicht mehr angebracht ist, unterscheiden die Tarifverträge des öffentlichen Dienstes eigentlich nicht mehr zwischen diesen beiden Arten der Arbeitnehmer. Auch in der gesetzlichen Rentenversicherung gilt seit 01.01.2005 ein einheitlicher Versichertenbegriff.

Für die Frage, ob die Sondervorschriften des § 30 Abs. 2 bis 5 TVöD anzuwenden sind, kommt es aber gerade auf die Frage „Angestellter oder Arbeiter?" an. In den meisten Fällen wird es sich bei den Beschäftigten des öffentlichen Dienstes um Angestellte handeln. Als Beispiele für **Arbeiter**tätigkeiten dienen vor allem Bauhofmitarbeiter sowie Reinigungskräfte.

So gelten für „Angestelltentätigkeiten" z. B. besondere Kündigungsfristen (§ 30 Abs. 5 TVöD) sowie bei Befristungen ohne Sachgrund eine sechsmonatige Mindestdauer (Abs. 3)[94] und eine nur sechswöchige Probezeit (Abs. 4).

Für „Arbeitertätigkeiten" dagegen gelten die allgemeinen Bestimmungen des TVöD.

Nähere Hinweise zu den tariflichen Vorschriften des § 30 entnehmen Sie bitte der folgenden Übersicht.

Übersicht:

	„Angestellte"		**„Arbeiter"**
	mit Sachgrund	**ohne** Sachgrund	
Mindestdauer	–	„soll" 12 Monate „muss" 6 Monate	–
Höchstdauer	5 Jahre pro Vertrag	–	–
Probezeit	6 Monate	6 Wochen	6 Monate (§ 2 Abs. 4 TVöD)
Kündigungsfrist **in** Probezeit	2 Wochen zum Monatsschluss		2 Wochen zum Monatsschluss (§ 34 Abs. 1 Satz 1 TVöD)
Kündigung **nach** Probezeit möglich?	nur bei Vertragsdauer von mind. 12 Monaten		ohne Einschränkung beachte KSchG

94 Danach wäre z. B eine dreimonatige Vertragsdauer unzulässig mit der Folge des Bestehens eines unbefristeten Arbeitsverhältnisses

Kündigungsfrist nach Ablauf der Probezeit bei Vertragsdauer[95] von insgesamt mehr als - 6 Monaten - 1 Jahr - 2 Jahren - 3 Jahren	4 Wochen zum Schluss eines KM[96] 6 Wochen zum Schluss eines KM 3 Monate zum Schluss eines KV[97] 4 Monate zum Schluss eines KV		Es gelten die allgemeinen Kündigungsfristen des § 34 Abs. 1 TVöD[98]
Berücksichtigung bei der Besetzung von Dauerarbeitsplätzen?	Bei kalendermäßiger Befristung: bevorzugte Berücksichtigung (eingeschränktes Auswahlermessen)	Prüfen, ob eine (un-)befristete Weiterbeschäftigung möglich ist	Informationspflicht über zu besetzende Arbeitsplätze; Aushang reicht aus (§ 18 TzBfG)

Daneben ist noch auf die §§ 31 und 32 TVöD hinzuweisen, wobei es sich in der Praxis bei der Übertragung von Führungspositionen „auf Probe" (§ 31) um die weitaus gängigere Variante handelt.

Diese „**Führung auf Probe**" stellt ein geeignetes Personalentwicklungsinstrument dar, bei dem eine Führungsposition vorübergehend auch an einen internen Bewerber vergeben werden kann. Für die Dauer der Erprobung erhält der Beschäftigte eine Zulage nach § 31 Abs. 3 TVöD.

Nach Ablauf des Erprobungszeitraums kann diesem Beschäftigten die Führungsposition dauerhaft übertragen werden. In diesem Fall erfolgt eine entsprechende Höhergruppierung unter Wegfall der Zulage.

Anderenfalls, also bei Nichteignung, wird dem Beschäftigten wieder eine seiner bisherigen Eingruppierung entsprechende Tätigkeit übertragen. Ein Änderungsvertrag oder eine Änderungskündigung sind hier also gerade nicht erforderlich.

4.5.8 Das Schriftformerfordernis

§ 14 Abs. 4 TzBfG schreibt vor, dass der Abschluss eines befristeten Arbeitsvertrages der **Schriftform** bedarf. Zu beachten ist, dass der Abschluss eines Arbeitsvertrages selbst nicht der Schriftform bedarf, vgl. Nr. 4.1.1. Jedoch bedarf die Befristung zu ihrer Wirksamkeit zwingend der Schriftform. Hierbei handelt es sich um ein gesetzliches Schriftformerfordernis i. S. des § 126 BGB, welches für alle Befristungsarten gilt. Bei Verstoß gegen das Schriftformgebot ist die Befristung nach § 125 Satz 1 BGB nichtig.

95 Maßgebend ist die im Zeitpunkt des Zugangs der Kündigung bereits zurückgelegte Vertragsdauer
96 Kalendermonat
97 Kalendervierteljahr
98 Siehe Nr. 6.9.1.8

Praxistipp: Arbeit immer erst dann aufnehmen lassen, wenn der befristete Arbeitsvertrag **beiderseits** unterschrieben ist!

Die **Nichteinhaltung** der Schriftform hat also die Unwirksamkeit der Befristung zur Folge, nicht hingegen des Arbeitsverhältnisses insgesamt. Damit liegt ein unbefristeter Arbeitsvertrag vor, vgl. § 16 TzBfG.

Will der Arbeitnehmer geltend machen, die Befristung sei unwirksam, so muss er innerhalb von **drei Wochen** nach dem vereinbarten Ende des Arbeitsverhältnisses[99] Klage beim Arbeitsgericht einlegen, § 17 Satz 1 TzBfG (Befristungskontrollklage). Versäumt der Arbeitnehmer diese Frist, so gilt der befristete Arbeitsvertrag – trotz etwaiger Rechtsverstöße – als von Anfang an rechtswirksam (§ 17 Satz 2 TzBfG i. V. m. § 7 KSchG).

4.5.9 Befristung einzelner Vertragsbestandteile

Nicht nur der Arbeitsvertrag an sich, sondern auch einzelne Vertragsbestandteile können befristet werden.

Beispiel:
50 % unbefristet
+20 % Aufstockung für ein Jahr
➔ Zwar gilt das TzBfG nicht unmittelbar; jedoch fordert die Rechtsprechung, dass keine unangemessene Benachteiligung des Beschäftigten vorliegen darf. Mit anderen Worten: Für die befristete Aufstockung bedarf es einer **sachlichen Rechtfertigung**.

Eine solche sachliche Rechtfertigung liegt regelmäßig dann vor, wenn der Arbeitgeber einen Sachgrund zur befristeten Einstellung einer Vertretungskraft nach § 14 Abs. 1 TzBfG haben würde. Das Bundesarbeitsgericht[100] hat entschieden, dass „jedenfalls bei erheblichem Umfang[101] – trotz Unanwendbarkeit des TzBfG – die Befristung der Erhöhung nur dann nicht unangemessen[102] (ist), wenn sie nach § 14 Abs. 1 TzBfG gerechtfertigt wäre“.

Da – wie oben dargelegt – das TzBfG formal keine unmittelbare Anwendung findet, bedarf die Befristung einzelner Vertragsbestandteile nicht zwingend der Schriftform des § 14 Abs. 4 TzBfG. Auch eine **mündlich** vereinbarte Aufstockung der Arbeitszeit wäre demnach wirksam. Aus Gründen der Rechtssicherheit empfiehlt sich aber auch hier die Schriftform.

[99] Bzw. nach Zugang der Mitteilung des Arbeitgebers über die Beendigung des Arbeitsverhältnisses, vgl. § 17 Satz 3 TzBfG
[100] BAG- Urteil vom 15.12.2011 – 7 AZR 394/10
[101] Hier: 50 % für drei Monate
[102] also zulässig

4.5.10 Beendigung von Zeit- und Zweckbefristungen

Nach § 15 Abs. 1 TzBfG endet ein **kalendermäßig** befristeter Arbeitsvertrag mit Ablauf der vereinbarten Zeit, z. B. mit Ablauf des 31.12.2017.

Das Ende eines Zeitvertrages wird auch nicht durch Eintritt eines besonderen Kündigungsschutzes hinausgeschoben.

Beispiele: Schwangerschaft, Elternzeit, Schwerbehinderung.[103]

Ein **zweckbefristeter** Arbeitsvertrag endet mit Erreichen des Zwecks, frühestens jedoch zwei Wochen nach Zugang der schriftlichen Unterrichtung des Arbeitnehmers durch den Arbeitgeber über den Zeitpunkt der Zweckerreichung, § 15 Abs. 2 TzBfG.

Wenn die arbeitsunfähige Stammkraft also wieder gesund am Arbeitsplatz erscheint, so muss der Arbeitgeber die Vertretungskraft schriftlich hierüber informieren.

Beispiel:

Plötzliche Rückkehr	30.06.
Schriftliche Unterrichtung	30.06. (unverzüglich)
Letzter Tag im Arbeitsverhältnis	14.07.

Einer solchen schriftlichen Unterrichtung durch den Arbeitgeber bedarf es auch dann, wenn die Zweckerreichung bereits absehbar ist, z. B. wegen Beendigung einer Elternzeit. Hier kann die Unterrichtung so rechtzeitig erfolgen, dass keine doppelten Personalkosten auf einer Stelle anfallen.

Nach § 15 Abs. 3 TzBfG unterliegt ein befristetes Arbeitsverhältnis nur dann der **ordentlichen Kündigung**, wenn dies einzelvertraglich oder tariflich vereinbart ist. Im TVöD findet sich eine solche Kündigungsregelung in § 30 Abs. 5 nur für „Angestellte".
Für Arbeiter-Tätigkeiten bedarf es deshalb einer entsprechenden Abrede im Arbeitsvertrag. Die in der Praxis üblichen Muster-Arbeitsverträge für „Arbeiter" sehen deshalb folgende Klausel vor:

> „Das Arbeitsverhältnis kann jederzeit vor dem in § 1 Abs. 1 vereinbarten Beendigungszeitpunkt gemäß § 34 Abs. 1 TVöD ordentlich gekündigt werden. Das Recht zur außerordentlichen Kündigung (§ 626 BGB) bleibt unberührt."

Nach § 15 Abs. 5 TzBfG entsteht ein unbefristetes Arbeitsverhältnis auch dann, wenn das Arbeitsverhältnis nach Zeitablauf oder Zweckerreichung mit Wissen des Arbeitgebers **fortgesetzt** wird. Dies gilt jedoch nicht, wenn im Falle einer Doppelbefristung der Zweck erfüllt, der spätere Endzeitpunkt aber noch nicht erfüllt wurde.[104]

---

[103] Ausnahme: § 2 Abs. 5 Satz 1 Nr. 3 WissZeitVG; siehe BAG-Urteil vom 28.05.2014 – 7 AZR 456/12
[104] BAG-Urteil vom 29.06.2011 – 7 AZR 6/10

In einem aktuellen Urteil[105] hat das BAG entschieden, dass im Fall eines ausdrücklichen Angebots auf eine befristete Vertragsverlängerung ein Widerspruch des Arbeitgebers gegen die Fortsetzung des Arbeitsverhältnisses im Sinne von § 15 Abs. 5 TzBfG liegt. In diesem Fall tritt die Fiktion des § 15 Abs. 5 TzBfG gerade nicht ein. Vielmehr entsteht ein faktisches Arbeitsverhältnis.[106]

4.5.11 Beteiligungsrechte

Die Befristung eines Arbeitsverhältnisses stellt keinen Mitbestimmungstatbestand im Sinne des § 77 HPVG dar. Ein Mitbestimmungsrecht besteht aber gemäß § 77 Abs. 1 Nr. 2 Buchstabe a HPVG wegen der Einstellung.

Mitbestimmung bedeutet, dass der Personalrat vor der Einstellung zustimmen muss, § 69 Abs. 1 HPVG.

In der betrieblichen Praxis stellt sich oft die Frage, ob der Personalrat näher über die Art der Befristung informiert werden muss. Dies fordert die Rechtsprechung aber gerade <u>nicht</u>.[107] Vielmehr hat der Betriebsrat <u>keinen</u> Anspruch auf Mitteilung, ob eine Befristung sachgrundlos erfolgen soll oder worin ggf. der Sachgrund liegt. Ausreichend ist, wenn dem Betriebsrat mitgeteilt wird, dass der Beschäftigte bis zu einem bestimmten Termin eingestellt werden soll. Es spricht viel dafür, diese Rechtsprechung auf den Bereich der Personalvertretungsgesetze zu übertragen.

4.6 AGB im Arbeitsrecht

Die Inhaltskontrolle der §§ 305 ff. BGB gilt auch für Arbeitsverträge. Besondere Bedeutung hat das Transparenzgebot des § 307 Abs. 1 Satz 2 BGB, wonach sich eine unangemessene Benachteiligung (des Arbeitnehmers) bereits aus einer unklaren, unverständlichen Klausel im Arbeitsvertrag ergeben kann. Es ist somit auf möglichst klare und unmissverständliche Formulierungen zu achten.

<u>Beispiel</u>: In einem Arbeitsvertrag mit einem außertariflichen Mitarbeiter wird vereinbart: „Erforderliche Überstunden sind mit dem Monatsentgelt abgegolten."

➔ Eine solche Abrede verstößt gegen das Transparenzgebot des § 307 Abs. 1 Satz 2 BGB und ist deshalb unwirksam.[108]

Dagegen wäre eine Vereinbarung, wonach pro Kalendermonat zehn Überstunden als abgegolten gelten, rechtswirksam. Der Beschäftigte muss also immer genau wissen, worauf er sich einlässt.

---

[105] BAG-Urteil vom 07.10.2015 – 7 AZR 40/14
[106] Zum Begriff siehe Nr. 4.4.3
[107] Beschluss des BAG vom 27.10.2010 – 7 ABR 86/09
[108] BAG-Urteil vom 01.09.2010 – 5 AZR 517/09

Von dieser Inhaltskontrolle **ausgenommen** sind Tarifverträge und Dienstvereinbarungen, vgl. § 310 Abs. 4 BGB.

4.6.1 Rückzahlung von Fortbildungskosten

Der öffentliche Dienst benötigt qualifiziertes Fachpersonal. Ein in der Praxis langjährig bewährter Weg, geeignetes Personal für Führungspositionen zu qualifizieren, ist der Besuch des Lehrgangs zum **Verwaltungsfachwirt.**[109] Der große Vorteil für den Arbeitgeber besteht darin, dass der Beschäftigte an regelmäßig vier Tagen pro Woche am Arbeitsplatz ist und seine Arbeitsleistung erbringt, während am fünften Tag die Weiterbildungsmaßnahme an einem Verwaltungsseminar[110] stattfindet. Der Arbeitgeber trägt in den meisten Fällen die Kosten der Bildungsmaßnahme und hat nach rd. drei Jahren eine qualifizierte Verwaltungskraft zur Verfügung.

Die Gefahr besteht darin, dass der fertige Verwaltungsfachwirt von einem anderen Arbeitgeber „abgeworben" wird. Um diese Gefahr zu minimieren, ist es üblich und empfehlenswert, sog. Rückzahlungsvereinbarungen abzuschließen.

Aus einer solchen Vereinbarung muss der Beschäftigte so genau wie möglich erkennen können, welche konkrete Rückzahlungsforderung ggf. auf ihn zukommt. Ohne die genaue und abschließende Bezeichnung der einzelnen Positionen (z. B. Lehrgangsgebühren, Reisekosten), aus denen sich die Gesamtforderung zusammensetzen soll, und der Angabe, nach welchen Parametern die einzelnen Positionen berechnet werden, bleibt für den Beschäftigten unklar, in welcher Größenordnung eine Rückzahlungsverpflichtung auf ihn zukommen kann.[111] Dabei müssen die Vorteile der Fortbildung und die Dauer der Bindung in einem angemessenen Verhältnis stehen. Mit anderen Worten: Je länger und teurer die Weiterbildungsmaßnahme, desto länger darf der Arbeitgeber den Beschäftigten an sich binden. Bei Bildungsmaßnahmen, die unzusammenhängend (z. B. an einzelnen Tagen) stattfinden, werden dabei alle Tage zusammengefasst.

Beispiel:
Der VFW-Lehrgang umfasst in Hessen 860 Stunden.[112] Dies entspricht rd. 108 Tagen, also fünf bis sechs Monaten. Bei einer solchen Dauer darf der Arbeitgeber den Beschäftigten maximal drei Jahre an sich binden.[113] Eine längere Bindungsdauer führt regelmäßig zur Nichtigkeit der gesamten Vereinbarung.

Auslöser der Rückzahlungspflicht darf natürlich nur ein Ereignis sein, das in die Sphäre des Beschäftigten fällt.[114] Außerdem muss sich die Rückzahlungsverpflichtung von Monat zu

[109] In einigen Ländern auch A II – Lehrgang genannt
[110] In anderen Ländern findet die Qualifizierung an einer Verwaltungsschule, einem Studieninstitut o. ä. statt
[111] BAG-Urteil vom 21.08.2012 – 3 AZR 698/10
[112] Einschl. eines verkürzten AdA-Lehrgangs
[113] Näheres zur Bindungsdauer vgl. BAG-Urteil vom 14.01.2009 – 3 AZR 900/07
[114] BAG-Urteil vom 13.12.2011 – 3 AZR 791/09

Monat, in dem der Beschäftigte nach Abschluss der Weiterbildungsmaßnahme für seinen Arbeitgeber arbeitet, reduzieren (z. B. um 1/36 für jeden vollen Monat).[115]

Die kommunalen Arbeitgeberverbände haben hierzu Muster-Fortbildungsvereinbarungen veröffentlicht, deren Verwendung sehr zu empfehlen ist.[116]

4.7 Die Beschäftigungszeit

Wer sich in das Tarifrecht des öffentlichen Dienstes einarbeitet, stößt mehrfach auf den Begriff der Beschäftigungszeit, vgl. z. B. § 23 Abs. 2 TVöD.

Die Beschäftigungszeit ist definiert in § 34 Abs. 3 TVöD (bitte lesen!).

Danach kann als Beschäftigungszeit grundsätzlich nur die in einem **Arbeits**verhältnis zurückgelegte Zeit gelten.

Beispiel:
Herr Mario Nese wurde am 01.09.2014 als Auszubildender bei der Stadt Baunatal eingestellt. Nach erfolgreich abgeschlossener Ausbildung wird er am 15.07.2017 in ein unbefristetes Arbeitsverhältnis bei der Stadt Baunatal übernommen.

➔ Da die Ausbildung kein Arbeitsverhältnis darstellt, wird der Beginn der Beschäftigungszeit auf den 15.07.2017 festgesetzt.

Bei genauerer Betrachtung des § 34 Abs. 3 TVöD gelangt man zu einer Differenzierung zwischen
- der Beschäftigungszeit im engeren Sinn (Sätze 1 und 2) und
- der Beschäftigungszeit im weiteren Sinn (Sätze 3 und 4).

Dabei gilt als Beschäftigungszeit im engeren Sinn nur die im Arbeitsverhältnis bei **demselben** Arbeitgeber zurückgelegte Zeit, auch wenn sie unterbrochen ist.

Beispiel:
Herr Sven Schluck-Specht wird am 01.10.2017 als Pförtner beim Vogelsbergkreis eingestellt. Zuvor war er in der Zeit vom 01.01.2010 bis 31.12.2011 als Schulhausmeister beim Vogelsbergkreis und anschließend bei einer norddeutschen Privatbrauerei beschäftigt.

➔ Hier hat eine Unterbrechung der im Arbeitsverhältnis beim Vogelsbergkreis verbrachten Zeiten stattgefunden. Die Zeiten bei demselben Arbeitgeber sind jedoch stets anzuerkennen. Auf einen unmittelbaren „Wechsel“ kommt es dabei nicht an.
➔ Der Beginn der Beschäftigungszeit des Herrn Schluck-Specht wird auf den 01.01.2015 festgesetzt (Tag der Einstellung minus zwei Jahre).

[115] BAG-Urteil vom 23.04.1986 – 5 AZR 159/85
[116] Siehe z. B. Rundschreiben des KAV Hessen 51/2013

Als Beschäftigungszeit im weiteren Sinn gilt auch eine bei einem anderen öffentlich-rechtlichen Arbeitgeber im Arbeitsverhältnis verbrachte Zeit, sofern ein (unmittelbarer) Wechsel stattfand, § 34 Abs. 3 Sätze 3 und 4 TVöD. Dabei dürften einzelne dazwischen liegende Tage unschädlich sein.[117]

Beispiel:
01.01.2014 bis 31.12.2016 Beschäftigter bei der Stadt Frankfurt am Main
01.01.2017 Einstellung als Beschäftigter bei der Stadt Kassel

➔ Hier handelt es sich um einen (unmittelbaren) Wechsel von einer Stadtverwaltung zu einer anderen. Beide Arbeitgeber wenden den TVöD an, so dass der Beginn der Beschäftigungszeit (im weiteren Sinn) auf den 01.01.2014 festgesetzt wird.
➔ Die Beschäftigungszeit im engeren Sinn beginnt am 01.01.2017 (bei der Stadt Kassel).

Doch wozu benötigt man eigentlich diese beiden Arten der Beschäftigungszeit? Die Lösung finden Sie in dem folgenden Schaubild:

Schaubild:

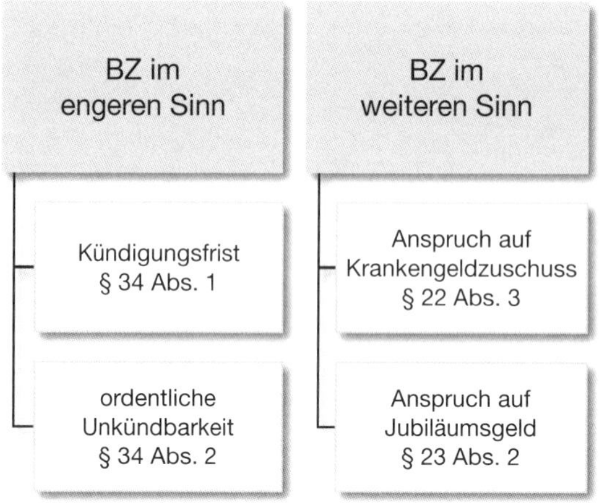

Die Beschäftigungszeit (im engeren bzw. im weiteren Sinn) ist stets unverzüglich nach Begründung des Arbeitsverhältnisses festzusetzen (**kalendermäßiges Datum**), damit die hiervon abhängigen Rechtsfolgen (siehe Schaubild) jederzeit zutreffend beurteilt werden können. Dem Beschäftigten ist eine Ausfertigung der Festsetzung **auszuhändigen**, die Durchschrift wird zur **Personalakte** genommen.

Folgende Zeiten, in denen das Arbeitsverhältnis **geruht** hat, werden auf die Beschäftigungszeit angerechnet:
- Grundwehrdienst, Wehrübungen, Zivildienst,
- Beschäftigungsverbote nach dem Mutterschutzgesetz,

[117] Zum Beispiel Stadt A bis 30. April, Stadt B ab 2. Mai

- Elternzeit,
- Pflegezeit,
- Rente auf Zeit und
- Sonderurlaub nach § 28 TVöD (nur bei schriftlicher Anerkennung eines dienstlichen Interesses).

Es sind grundsätzlich alle Beschäftigungsverhältnisse unabhängig von ihrem zeitlichen Umfang zu berücksichtigen, also auch **geringfügige** Zeiten im Sinne von § 8 Abs. 1 Nr. 1 SGB IV.

Die Ermittlung der Beschäftigungszeit ist nach **Jahren** und **Tagen** vorzunehmen.

Die pauschale Berechnung der einzelnen Monate mit je 30 Tagen ist unzulässig.

Schalttage sind nur dann zusätzlich zu berücksichtigen, wenn diese nicht in volle Jahre der Beschäftigungszeit fallen.

Für in den TVöD **übergeleitete** Beschäftigte gelten Sonderbestimmungen. So regelt § 14 TVÜ-VKA, dass die vor dem 01.10.2005 (z. B. nach §§ 19, 20 BAT) anerkannten Zeiten weiterhin als berücksichtigt gelten. Es findet also keine Neuberechnung bereits festgesetzter Zeiten statt.

In der Praxis kommt es immer wieder mal vor, dass zum Zeitpunkt der Einstellung keine Beschäftigungszeit festgesetzt wurde. Über zwanzig Jahre später fragt dann der Beschäftigte an, wann er Anspruch auf Jubiläumsgeld hat. Spätestens dann hat die Personalabteilung ein Problem. In solchen Fällen sind die Zeiten vor der Überleitung nach altem, die Zeiten nach der Überleitung nach neuem Tarifrecht zu beurteilen.

Hinsichtlich des **Jubiläumsgeldes** sind für hessische Kommunen die Tarifvertraglichen Vereinbarungen Nr. 686 und Nr. 687[118] zu beachten, wonach als die für Arbeitsjubiläen zu berücksichtigende Zeit bis zum 30.09.2005 die Dienstzeit nach § 20 BAT maßgebend war.

Außerdem hatte der KAV Hessen seinerzeit keine Bedenken erhoben, bei demselben Arbeitgeber zurückgelegte **Ausbildungszeiten** ebenfalls als Dienstzeit zu berücksichtigen.[119]

Beispiel:
Ein Beschäftigter wurde in 2002 als Auszubildender einer hessischen Stadtverwaltung eingestellt. Im unmittelbaren Anschluss an seine Berufsausbildung wurde er im Sommer 2005 von seinem Ausbildenden in ein Arbeitsverhältnis übernommen.

➔ Die Zeit bis 30.09.2005 (Überleitung in den TVöD) wird nach altem Tarifrecht, die Zeit ab dem 01.10.2005 nach neuem Tarifrecht beurteilt. Im Ergebnis hat der Beschäftigte

[118] Vom 20.02.1998
[119] Rundschreiben des KAV Hessen 16/98 vom 03.03.1998

auf Grund der o. g. Anerkennung von Ausbildungszeiten Anspruch auf Jubiläumsgeld im Jahr 2027.

➔ Sein Kollege, der ein Jahr **später** eingestellt wurde und ansonsten den gleichen Werdegang absolvierte, hat Pech gehabt: Er ist kein „Überleitungsfall". Damit hat er erst im Jahr 2031 (vier Jahre später!) Anspruch auf Jubiläumsgeld!

➔ **Übersicht**:

	(Glück)	(Pech)
Ausbildungsbeginn	2002	2003
Übernahme	2005	2006
Jubiläumsgeld	2027	2031

Möchten Sie Ihr Wissen rund um die tarifliche Beschäftigungszeit nun anwenden? Dann versuchen Sie sich doch mal am Fall 12 im Übungsteil. Viel Erfolg!

5 Die Durchführung des Arbeitsverhältnisses

Nachdem wir uns eingehend mit der Begründung von Arbeitsverhältnissen beschäftigt haben, soll nun deren Durchführung im Mittelpunkt stehen. Ein Arbeitsverhältnis als Dauerschuldverhältnis kann wenige Tage, häufig aber auch Jahrzehnte andauern.

5.1 Das Wegerisiko

Stellen Sie sich vor, Sie können Ihre Arbeitsleistung nicht erbringen, weil die Computeranlage Ihres Arbeitgebers ausgefallen ist oder weil Ihr Auto heute nicht anspringt. Wie ist die Rechtslage?

Nach § 611 BGB besteht ein gegenseitiger Vertrag, wonach der Arbeitnehmer die vereinbarte Arbeitsleistung erbringen muss; im Gegenzug gewährt der Arbeitgeber das vereinbarte Entgelt. Daraus resultiert der arbeitsrechtliche Grundsatz „Ohne Arbeitsleistung kein Geld“.[120]

Springt nun Ihr Auto morgens nicht an, so befreit Sie § 275 Abs. 1 BGB von Ihrer arbeitsrechtlichen Leistungspflicht (Unmöglichkeit). Jedoch regelt § 326 Abs. 1 BGB, dass Ihnen für den verpassten Arbeitstag kein Entgelt zusteht. Damit trägt der Arbeitnehmer das Wegerisiko. Dies gilt übrigens auch bei Glatteis, Hochwasser oder Bahnstreik. Auf die „Schuldfrage“ kommt es dabei nicht an.

5.2 Das Betriebsrisiko

Betriebsrisiko bedeutet, der Arbeitgeber muss dafür sorgen, dass der Arbeitnehmer genug Arbeit hat. Fällt die Computeranlage des Rathauses komplett aus oder brennt gar die Dienststelle ab, so ist dies das Problem des Arbeitgebers.

Der Arbeitnehmer stellt seine Arbeitsleistung zur Verfügung, indem er pünktlich am Arbeitsort erscheint. Dadurch unterbreitet er ein tatsächliches Angebot, § 294 BGB. Der Arbeitgeber gerät in Annahmeverzug und ist nach § 615 Satz 1 BGB zur Entgeltzahlung verpflichtet. Der Arbeitgeber trägt somit das Betriebsrisiko.

[120] Ausnahmen von diesem Grundsatz greifen z. B. bei Urlaub und Arbeitsunfähigkeit

Schaubild:

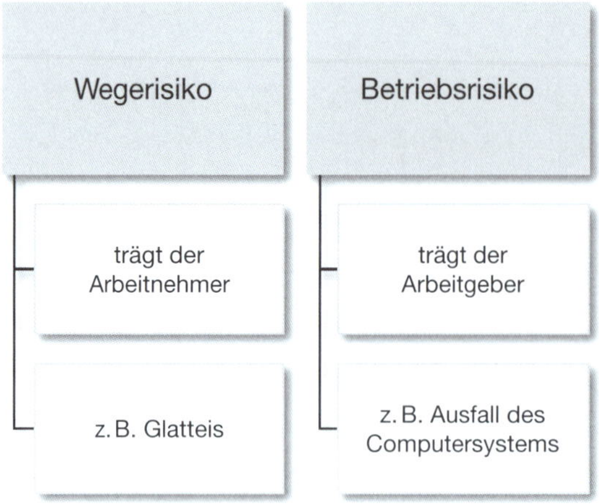

5.3 Das Allgemeine Gleichbehandlungsgesetz

Dürfen Raucher arbeitsrechtlich schlechter behandelt werden als Nichtraucher?

Diese Frage können Sie selbst beantworten, wenn Sie diesen Abschnitt durchgearbeitet haben.

5.3.1 Die AGG-Merkmale

§ 7 Abs. 1 AGG schützt Beschäftigte vor Benachteiligung „wegen eines in § 1 genannten Grundes“.

Die in § 1 genannten Merkmale sind abschließend aufgeführt:

Merkmale des § 1 AGG:
Rasse oder ethnische Herkunft,
Geschlecht,
Religion oder Weltanschauung,
Behinderung,
Alter,
sexuelle Identität.

Eine Ungleichbehandlung wegen anderer Kriterien, z. B. Körpergewicht, fällt nicht unter die Merkmale des AGG.

In der Praxis besonders bedeutsam sind Fragen der Benachteiligung wegen des Alters,[121] des Geschlechts und wegen einer Behinderung.

5.3.2 Der Beschäftigtenbegriff des AGG

Als **Beschäftigte** gelten nach § 6 vor allem
- Arbeitnehmer,
- Auszubildende,
- Bewerber und
- ehemalige Arbeitnehmer.

Dies bedeutet, dass das AGG von der Anbahnung bis zur Beendigung des Arbeitsverhältnisses zu beachten ist. Somit muss bereits bei der Stellenausschreibung genau darauf geachtet werden, kein AGG-Merkmal zu verletzen, vgl. § 11 AGG.

5.3.3 Arten der Benachteiligung

Benachteiligungen können nach § 3 AGG unmittelbar oder auch nur mittelbar sein. **Unmittelbar** ist eine Benachteiligung dann, wenn eine Ungleichbehandlung wegen eines der o. g. Merkmale stattfindet.

Beispiel:
Keine Führungspositionen für Frauen.
➔ Hier findet eine Ungleichbehandlung von Frauen statt. Dies ist eine verbotene Ungleichbehandlung wegen eines in § 1 AGG aufgeführten Merkmals, des Geschlechts.

Eine **mittelbare** Benachteiligung ist nicht so einfach zu erkennen. Hier ist erst auf den zweiten Blick ein Merkmal des § 1 AGG erfüllt.

[121] Siehe BAG-Urteil vom 20.03.2012 – 9 AZR 529/10 zur urlaubsrechtlichen Altersstaffelung

Beispiel:
Keine Fortbildungsmaßnahmen für Teilzeitbeschäftigte.
➔ Zunächst ist kein AGG-Merkmal unmittelbar betroffen (Teilzeitbeschäftigte werden in § 1 AGG nicht gesondert aufgeführt).
➔ Weil aber Teilzeitbeschäftigte zu über 80 % Frauen sind, liegt hier ein Fall der mittelbaren Diskriminierung wegen des Geschlechts vor.

Daneben verbieten § 3 Abs. 3 AGG Belästigungen und § 3 Abs. 4 AGG sexuelle Belästigungen am Arbeitsplatz. Weil alle Beschäftigten über die Auswirkungen des AGG in Kenntnis gesetzt werden sollten, empfiehlt es sich für jeden Arbeitgeber, eine zentrale **Schulungsveranstaltung** durchzuführen, die von Zeit zu Zeit wiederholt werden sollte (vgl. § 12 Abs. 2 AGG).

5.3.4 Rechtfertigungsgründe

Das AGG nennt Rechtfertigungsgründe, in denen eine unterschiedliche Behandlung von Beschäftigten erlaubt wird, vgl. §§ 5, 8 und 10 AGG. Beispielhaft erwähnt seien die nach Landesrecht vorgeschriebenen Frauenförder- und Gleichstellungspläne, die einen legitimen Nachteilsausgleich darstellen, solange z. B. Frauen in Führungspositionen unterrepräsentiert sind.[122]

Auch dürfen **Religionsgemeinschaften** Angehörige anderer Religionen von vornherein ausschließen, § 9 AGG.

5.3.5 Rechte der Beschäftigten

Doch was kann ein Beschäftigter tun, wenn er diskriminiert wurde?

Stellen Sie sich vor, ein schwerbehinderter Bewerber wird entgegen § 82 Satz 2 und 3 SGB IX (bitte lesen!) nicht zu einem Vorstellungsgespräch eingeladen. Wie sollte er sich verhalten?

Das AGG nennt hierzu vier Möglichkeiten:
- Beschwerderecht (§ 13 AGG),
- Leistungsverweigerungsrecht (§ 14 AGG)[123],
- Schadensersatz (§ 15 Abs. 1 AGG) und
- Anspruch auf Entschädigung (§ 15 Abs. 2 AGG).

Dagegen besteht trotz Verstoßes gegen das AGG kein Anspruch des Bewerbers auf Einstellung, vgl. § 15 Abs. 6 AGG.

---

122 In Hessen vgl. §§ 5 ff. HGlG
123 Dies ist die absolute Ausnahme!

Dabei besteht Anspruch auf **Schadensersatz** nur, wenn der Beschäftigte nachweisen kann, dass auch wirklich ein „Schaden“ eingetreten ist. In einem Bewerbungsverfahren muss der Beschäftigte also nachweisen, der beste Bewerber gewesen zu sein mit der Folge, dass er ohne Verstoß gegen das AGG eingestellt worden wäre. Dies wird in der Praxis nicht oft vorkommen.

Viel häufiger klagen Beschäftigte erfolgreich auf **Entschädigung** nach § 15 Abs. 2 AGG. Hier reicht es aus, einen Verstoß gegen gesetzliche Schutzvorschriften (z. B. § 82 Satz 2 und 3 SGB IX) darzutun (zur Beweislastumkehr vgl. Nr. 5.3.6).

5.3.6 Beweislastumkehr

§ 22 AGG beinhaltet eine arbeitsrechtliche Beweislastumkehr.

Nach der Rechtsprechung des BAG können Verstöße gegen gesetzliche Verfahrensregelungen, die zur Förderung der Chancen der schwerbehinderten Menschen geschaffen wurden, eine **Indizwirkung** begründen.

Beispiele:
- Unterbliebene Beteiligung der Schwerbehindertenvertretung, § 95 Abs. 2 SGB IX
- Verstoß gegen die Prüfungspflicht des § 81 Abs. 1 SGB IX
- Unterbliebene Einladung zu einem Vorstellungsgespräch, § 82 Satz 2 und 3 SGB IX[124]

Der Bewerber muss in diesen Fällen schlüssig vortragen, worin die Benachteiligung besteht. Nicht ausreichend wäre z. B. eine pauschale Behauptung wie: „Ich habe mich beworben, erfülle das Anforderungsprofil sowie ein Merkmal des § 1 AGG und habe eine Absage erhalten.“

Wird der Gesetzesverstoß schlüssig vorgetragen, so regelt § 22 AGG eine **Beweislastumkehr**, d. h. der Arbeitgeber muss nun beweisen, dass gerade keine Benachteiligung stattgefunden hat. Dies dürfte ihm in vielen Fällen schwer fallen. Wird also der Verstoß gegen eine gesetzliche Verfahrensregelung schlüssig vorgetragen, so liegt der Ball „in der Hälfte des Arbeitgebers“.

Ihre Meinung?

Hat ein Verstoß gegen die Unterrichtungspflicht des § 81 Abs. 1 Satz 9 SGB IX eine solche „Indizwirkung“, wenn der schwerbehinderte Bewerber eine **unbegründete Absage** erhält?

[124] Nicht dagegen die zulässige Frage nach benötigten Hilfsmitten

§ 71 Abs. 1 Satz 1 SGB IX lautet: ... Arbeitgeber haben auf wenigstens fünf Prozent der Arbeitsplätze schwerbehinderte Menschen zu beschäftigen.

§ 81 Abs. 1 Satz 7 SGB IX lautet: Erfüllt der Arbeitgeber seine Beschäftigungspflicht **nicht** und ist die Schwerbehindertenvertretung ... mit der beabsichtigten Entscheidung des Arbeitgebers nicht einverstanden, ist diese unter Darlegung der Gründe mit ihr zu erörtern.

§ 81 Abs. 1 Satz 9 SGB IX lautet: Alle Beteiligten sind vom Arbeitgeber über die getroffene Entscheidung unter Darlegung der Gründe unverzüglich zu unterrichten.

➔ Ja, wenn der Arbeitgeber die gesetzliche Beschäftigungsquote nicht erfüllt. Dies ergibt sich aus § 81 Abs. 1 Satz 7 SGB IX.
➔ Bei einem Arbeitgeber, der seine Quote erfüllt, wurde eine hierauf beruhende Entschädigungsklage deshalb abgelehnt.[125]

Bezogen auf die Ausgangsfrage ist damit festzustellen, dass eine Benachteiligung von **Rauchern** nicht gegen das AGG verstößt. Es liegt weder eine unmittelbare noch eine mittelbare Benachteiligung „wegen eines in § 1 genannten Grundes“ vor.

Zur Vertiefung Ihrer AGG-Kenntnisse wird empfohlen, den Fall 13 im Übungsteil zu bearbeiten.

5.4 Die Arbeitszeit

© Uwe Wagschal/PIXELIO

Regelungen zur Arbeitszeit finden sich in Gesetzen, Tarifverträgen, Dienstvereinbarungen und Arbeitsverträgen. Im Folgenden werden deshalb alle genannten Regelungsarten erläutert, bevor dann vertiefend auf Teilzeitarbeitsverhältnisse eingegangen wird.

5.4.1 Gesetzliche Bestimmungen

In Deutschland gibt es keine gesetzlich geregelte wöchentliche Höchstarbeitszeit. Das Arbeitszeitgesetz (ArbZG) beinhaltet aber eine Begrenzung der **täglichen** Arbeitszeit, von der dann auf die Woche hochgerechnet werden kann. So beträgt die maximale tägliche Höchstarbeitszeit

[125] BAG-Urteil vom 21.02.2013 – 8 AZR 180/12

in § 3 Satz 2 ArbZG zehn Stunden, die bei sechs Werktagen zu einer maximalen wöchentlichen Höchstarbeitszeit von 60 Stunden führen (siehe auch nachstehendes Schaubild). Der Gesetzgeber möchte den wirtschaftlich unterlegenen Arbeitnehmer[126] schützen, z. B. indem er ihn täglich nicht länger als zehn Stunden arbeiten lässt. Wird hiergegen verstoßen, so handelt der Arbeitgeber ordnungswidrig.[127]

Zu beachten ist, dass Arbeitszeit bei mehreren Arbeitgebern zusammenzurechnen ist, § 2 Abs. 1 zweiter Halbsatz ArbZG. Dies bedeutet **für die Praxis**, dass nach einem 8-Stunden-Tag im Rathaus max. 2 Stunden verbleiben, um einer **Nebentätigkeit** nachzugehen. Wird eine dreistündige Nebentätigkeit angezeigt, so wird der Arbeitgeber diese regelmäßig untersagen, § 3 Abs. 3 TVöD.

§ 2 ArbZG beinhaltet wichtige **Begriffsbestimmungen** (bitte lesen). So gilt z. B. als **Nachtzeit** im Sinne dieses Gesetzes die Zeit von 23 bis 6 Uhr.

§ 4 ArbZG regelt die **Pausen**. Dabei gilt, dass spätestens nach sechs Stunden Arbeit eine halbstündige Pause zu erfolgen hat.

Die Zeit nach Feierabend bis zum Beginn des nächsten Arbeitstages nennt man **Ruhezeit**, § 5 ArbZG.

§ 6 ArbZG enthält nähere Hinweise zu Nacht- und Schichtarbeit.

Daneben gelten für besondere Personenkreise **Spezialgesetze**. Das nachstehende Schaubild gibt Ihnen einen Überblick über die wichtigsten gesetzlichen Regelungen zur Arbeitszeit:

Schaubild**:**

<table>
<tr><th></th><th>ArbZG</th><th>JArbSchG (Jugendliche von 15 bis 17)</th><th>MuSchG (Schwangere und Stillende)</th></tr>
<tr><td>Durchschnittliche tägliche Höchstarbeitszeit</td><td>8 h</td><td>8 h</td><td rowspan="4">8,5 h täglich (Jugendliche 8 h), Verbot von Mehrarbeit</td></tr>
<tr><td>Maximale tägliche Höchstarbeitszeit</td><td>10 h</td><td>8,5 h</td></tr>
<tr><td>Durchschnittliche wöchentliche Höchstarbeitszeit</td><td>48 h
(6 x 8 h)</td><td>40 h
(5 x 8 h)
(5-Tage-Woche)</td></tr>
<tr><td>Maximale wöchentliche Höchstarbeitszeit</td><td>60 h*
(6 x 10 h)</td><td>40 h</td></tr>
</table>

126 Manche Arbeitnehmer sind vom Schutzbereich des Gesetzes ausgenommen, vgl. § 18 ArbZG

127 § 22 Abs. 1 Nr. 1 i. V. m. § 3 ArbZG. Es droht eine Geldbuße von bis zu 15.000 €, § 22 Abs. 2 ArbZG

	ArbZG	JArbSchG (Jugendliche von 15 bis 17)	MuSchG (Schwangere und Stillende)
Pausen	> 6 h Arbeit = 30 min. > 9 h Arbeit = 45 min.	> 4,5 h Arbeit = 30 min. > 6 h Arbeit = 60 min.	
Ruhezeit	11 h*	12 h	
Nachtarbeit	23–6 Uhr	Verbot der Beschäftigung ab 20 Uhr*	Verbot der Beschäftigung
Sonntagsarbeit	Verbot der Beschäftigung*	Verbot der Beschäftigung*	Verbot der Beschäftigung*
Feiertagsarbeit	Verbot der Beschäftigung*	Verbot der Beschäftigung*	Verbot der Beschäftigung*

*Ausnahmen z. B. in Krankenhäusern

(Hinweis: Abweichungen durch Tarifvertrag sind teilweise möglich, § 7 ArbZG.)

5.4.2 Tarifliche Bestimmungen

Wie lange muss ich wöchentlich arbeiten?

Die Antwort auf diese Frage finden wir nicht in den o. g. Gesetzen, denn diese sind als Arbeitnehmer-Schutzgesetze ausgelegt.

Die **Dauer** der täglichen oder wöchentlichen Arbeitszeit kann tarifvertraglich oder arbeitsvertraglich geregelt werden. Im öffentlichen Dienst ist sie tarifvertraglich festgelegt.

§ 6 Abs. 1 TVöD-V bestimmt, dass zurzeit durchschnittlich 39 Wochenstunden zu arbeiten sind. In kommunalen Krankenhäusern dagegen sind nur 38,5 Stunden zu leisten.[128]

Zum Vergleich: Ein Arbeiter zu Zeiten der Industrialisierung (ab 1850) musste 70 bis 85 Wochenstunden leisten, in Asien werden auch heute noch wöchentliche Stundenzahlen von weit über 60 erzielt.

Im Regelfall wird von den Beschäftigten sog. „Vollarbeit" erwartet. Daneben gibt es aber auch **Sonderformen** der Arbeit wie z. B. Bereitschaftsdienst und Rufbereitschaft. Näheres zu diesen Sonderformen der Arbeit siehe Abschn. 5.14 in diesem Buch.

§ 6 Abs. 6 TVöD enthält die Möglichkeit, durch Dienstvereinbarung einen wöchentlichen **Arbeitszeitkorridor** von bis zu 45 Stunden einzurichten. Vorteil einer solchen Regelung ist, dass innerhalb dieses Korridors anfallende Arbeitsstunden keine Überstunden sind, vgl. § 7 Abs. 8 Buchst. a TVöD.

§ 6 Abs. 7 TVöD erlaubt alternativ – ebenfalls durch Dienstvereinbarung – eine tägliche **Rahmenzeit** von bis zu 12 Stunden. Auch hier besteht das Ziel in der Verhinderung von Überstunden. Zum Überstundenbegriff allgemein siehe Nr. 5.14.7.

[128] § 6 Abs. 1 TVöD-K

5.4.3 Betriebliche Regelungen

Während die regelmäßige Wochenarbeitszeit also durch Tarifvertrag geregelt wird, fehlt uns nun noch eine Information über die konkrete **Lage** der täglichen Arbeitszeit.

Grundsätzlich gilt, dass dem Arbeitgeber ein Weisungsrecht zusteht, wonach er Inhalt, Ort und Zeit der Arbeitsleistung näher bestimmen kann, § 106 GewO.

Es ist also Sache des Arbeitgebers, dem Beschäftigten mitzuteilen, in welcher Zeit er seine Arbeitsleistung zu erbringen hat. Zu beachten sind dabei die Arbeitnehmer-Schutzgesetze[129] sowie tarifvertragliche Bestimmungen.[130]

Der Arbeitgeber kommt diesem Weisungsrecht nach, indem er z. B. für einen Krankenpfleger einen monatlichen, vierteljährlichen oder sogar jährlichen Dienstplan erstellt. Sieht dieser Dienstplan eine Nachtschicht an Heiligabend vor, wird sich der Beschäftigte vielleicht nicht gerade freuen, er wird seiner Arbeitspflicht aber trotzdem nachkommen (müssen).

Auf dieses o. g. Weisungsrecht haben Arbeitgeber in der öffentlichen Verwaltung oftmals ganz oder teilweise verzichtet, indem sie mit dem Personalrat eine Dienstvereinbarung über **gleitende Arbeitszeiten** abgeschlossen haben. Dies geht – von Dienststelle zu Dienststelle unterschiedlich – sogar so weit, dass zum Teil auf feste Anwesenheitszeiten völlig verzichtet wird, der Beschäftigte also quasi selbst bestimmen kann, wann er seine vertraglich geschuldete Arbeitsleistung erbringt. Hierbei kommt es natürlich auf die Art der Tätigkeit an. Sobald Kundenverkehr auszuüben ist, werden gewisse Anwesenheitszeiten zwingend erforderlich sein. Beliebt sind auch Arbeitszeitmodelle, wonach Beschäftigte untereinander abstimmen, wer zu welchen Zeiten arbeitet. So können z. B. Beruf und Familie gut miteinander in Einklang gebracht werden.

Um zu wissen, wann genau Ihre tägliche Arbeit beginnt und endet, schauen Sie doch mal in die für Sie maßgebende Dienstvereinbarung![131]

Der Vollständigkeit halber soll noch erwähnt werden, dass auch im **Arbeitsvertrag** eine Abrede zur Arbeitszeit erfolgt (z. B. „in Vollzeit"). Maßgebend hierfür ist natürlich immer die tarifvertragliche Norm zur regelmäßigen Wochenarbeitszeit, § 6 Abs. 1 TVöD.

Bei Teilzeitbeschäftigten erfolgt stets eine entsprechende Abrede im Arbeitsvertrag. Dies kann in Stunden (z. B. 20 Wochenstunden) oder in Prozenten der regelmäßigen Wochenarbeitszeit (z. B. 50 %) zum Ausdruck kommen. In Anbetracht der Tatsache, dass die Tarifregelungen zur Wochenarbeitszeit geändert werden können, empfiehlt sich indes die prozentuale Verfahrensweise.

---

[129] Siehe Nr. 5.4.1

[130] Siehe Nr. 5.4.2

[131] Dienstvereinbarungen sind in geeigneter Weise bekannt zu machen, § 113 Abs. 3 HPVG

Beispiel:
Tarifvertraglich sind 40 Wochenstunden zu leisten. Zwei Beschäftigte teilen sich mit je 20 Stunden eine Stelle.

➔ Bei einer Reduzierung der tariflichen Wochenarbeitszeit auf 38 Stunden wäre diese Stelle „überbesetzt“ (um zwei Stunden oder rd. 5,26 %).
➔ Dagegen gäbe es bei der Vertragsformulierung „50 %“ keine derartigen Personalbewirtschaftungsprobleme. In diesem Fall arbeiten die Beschäftigten eben nur noch je 19 Wochenstunden.

Näheres zur Arbeitszeit siehe Fall 14 im Übungsteil.

5.5 Teilzeitarbeit

© Marvin Siefke/PIXELIO

Immer mehr Arbeitnehmer in Deutschland arbeiten in Teilzeit. Doch warum eigentlich?

Nachfolgend finden Sie einige der wichtigsten Motive für Teilzeitarbeit.

Aus Arbeitnehmersicht:
- aus familiären Gründen
- mehr Zeit für Hobbys und Ehrenämter
- mehr Zeit für Nebentätigkeiten
- steuerlich günstiger als Vollzeit
- endlich Zeit für Weiterbildung

Aus Arbeitgebersicht:
- Flexibilität
- höhere Produktivität, bessere Arbeitsqualität
- geringere Fluktuation
- Imagegewinn, höhere Zufriedenheit der Beschäftigten

Formen der Teilzeitarbeit können z. B. sein:

- mit **starrer** Arbeitszeit (z. B. fünf Vormittage oder drei Tage ganztägig),
- mit **flexibler** Arbeitszeit (z. B. fest vereinbarte Anzahl von Stunden pro Woche),
- Arbeitsplatzteilung (zwei Personen teilen sich einen Arbeitsplatz und sprechen sich untereinander ab),
- Arbeit auf Abruf (vgl. hierzu § 12 TzBfG)

5.5.1 Anspruch nach TzBfG

Das Teilzeit- und Befristungsgesetz (TzBfG) regelt – neben den bereits bekannten Befristungsmöglichkeiten[132] – einen Rechtsanspruch auf Verringerung der Arbeitszeit.

Ziel dieses Gesetzes ist die Förderung von Teilzeitarbeit, §§ 1 und 6 TzBfG.

§ 2 TzBfG definiert den Personenkreis der Teilzeitbeschäftigten, während § 4 Abs. 1 TzBfG ein spezielles **Diskriminierungsverbot** beinhaltet. Hierzu hat das LAG Niedersachsen[133] entschieden, dass ein Verstoß gegen dieses Diskriminierungsverbot vorliegt, wenn eine Teilzeitkraft (50 %) ebenso viele Arbeitseinsätze zu je 7,7 Stunden an Wochenenden leisten muss wie Vollzeitbeschäftigte. Begründet wurde diese Entscheidung mit einer deutlich überproportionalen Heranziehung der Teilzeitbeschäftigten.

§ 7 TzBfG bestimmt, dass Arbeitsplätze, die ausgeschrieben werden, grundsätzlich als Teilzeitarbeitsplätze **auszuschreiben** sind. Gängige Formulierung in Ausschreibungen: „Die Stelle ist teilbar."

Herzstück des Gesetzes ist § 8 TzBfG, der einen echten **Anspruch** auf Verringerung der Arbeitszeit beinhaltet.

§ 8 TzBfG im Überblick:

- Abs. 1 6 Monate Wartezeit
- Abs. 2 3 Monate Antragsfrist (+ Angabe Verteilung)
- Abs. 3 **Erörterung**
- Abs. 4 Ablehnung wegen betrieblicher Gründe oder: Anspruch (!)
- Abs. 5 Zustimmungsfiktion
- Abs. 6 Sperrfrist 2 Jahre
- Abs. 7 Kleinstbetriebsklausel

Im Einzelnen:
Der gesetzliche Anspruch besteht für jeden Arbeitnehmer, egal ob er in Vollzeit oder in Teilzeit tätig, befristet oder unbefristet beschäftigt ist.

Einer **Begründung** (z. B. Kindererziehung, Pflege von Angehörigen) bedarf es dabei nicht. Auch bedarf es keines schriftlichen Antrags. Vielmehr reicht eine formlose Geltendmachung, z. B. in mündlicher Form. Aus Gründen der Rechtssicherheit empfiehlt sich jedoch eine schriftliche Geltendmachung.

Erste Voraussetzung, den Verringerungsanspruch geltend machen zu können, ist, dass das Arbeitsverhältnis länger als **sechs Monate** besteht. Man kann den Anspruch also nicht direkt nach Vertragsabschluss wirksam geltend machen.

[132] Siehe Abschn. 4.5 in diesem Buch
[133] Urteil vom 20.08.2015 – 26 Sa 2340/14 (Revision nicht zugelassen)

Beispiel:
20.11.2016 Vertragsabschluss für die Zeit ab 01.**01**.2017
05.01.2017 erster Arbeitstag
01.**07**.2017 frühestmögliche Antragstellung

Unabhängig davon kann eine Verringerung natürlich jederzeit in beiderseitigem Einvernehmen vereinbart werden. Solche Fälle bedürfen keiner gesetzlichen Regelung. Im Folgenden geht es deshalb ausschließlich um den **Anspruch** auf Verringerung (gegen den Willen des Arbeitgebers).

Der Arbeitnehmer muss die Verringerung seiner Arbeitszeit und den Umfang der Verringerung spätestens **drei Monate** vor deren Beginn geltend machen.
Für die Berechnung der Frist gelten die §§ 187 Abs. 1, 188 Abs. 2 erste alternative BGB; § 193 BGB ist nicht anwendbar.

Beispiel:
01.11.2017 gewünschter Beginn der Arbeitszeitreduzierung
31.07.2017 spätester Termin der Geltendmachung

Wurde in diesem Beispiel das Arbeitsverhältnis erst am 01.02.2017 begründet, so wäre das Verlangen erst ab 01.08.2017 und eine Verringerung frühestens ab 02.11.2017 möglich.

Bei **Nichteinhaltung** der Frist wird der Antrag regelmäßig so umzudeuten sein, dass eine entsprechende zeitliche Verschiebung der Arbeitszeitverringerung eintritt; ein solcher Antrag ist also nicht unwirksam.

§ 8 Abs. 2 Satz 2 TzBfG verlangt vom Arbeitnehmer, die gewünschte **Verteilung** der Arbeitszeit anzugeben (z. B. freitags frei).
Unterlässt der Arbeitnehmer eine solche Angabe, so kann der Arbeitgeber kraft seines **Direktionsrechts**[134] die künftige Verteilung der Arbeitszeit bestimmen.
Ein eigenständiger Anspruch auf Änderung (nur) der Verteilung der Arbeitszeit[135] besteht nicht.

§ 8 Abs. 3 TzBfG verlangt ein **Erörterungsgespräch** zwischen den Parteien des Arbeitsvertrages. In diesem Gespräch sollen Arbeitgeber und Arbeitnehmer zu einer Vereinbarung über die Verringerung gelangen. Außerdem hat der Arbeitgeber mit dem Arbeitnehmer Einvernehmen über die von ihm festzulegende Verteilung der Arbeitszeit zu erzielen. Arbeitgebern wird empfohlen, dieses Erörterungsgespräch – insbesondere im Falle einer beabsichtigten Ablehnung des Antrags – vollständig durchzuführen und zu dokumentieren.

Möchte der Arbeitgeber den Antrag genehmigen, so wird ein entsprechender **Änderungsvertrag** geschlossen, der den ursprünglichen Arbeitsvertrag hinsichtlich des Arbeitszeitvolumens ändert.

134 Siehe Nr. 2.6 in diesem Buch
135 Also ohne Verringerung

Eine **Ablehnung** des Antrags auf Verringerung der Arbeitszeit ist nicht ohne Weiteres möglich. Hierzu bedarf es vielmehr „betrieblicher Gründe". Laut Gesetzesbegründung genügen rationale, nachvollziehbare Gründe, um den Anspruch des Arbeitnehmers zu verdrängen.

Dabei liefert das Gesetz Regelbeispiele.

Definition „Betriebliche Gründe":

Betriebliche Gründe liegen insbesondere vor, wenn
- die Organisation, der Arbeitsablauf oder die Sicherheit im Betrieb wesentlich beeinträchtigt wird oder
- unverhältnismäßig hohe Kosten[136] verursacht werden.

In einem vom BAG entschiedenen Fall genügte als „betrieblicher Grund" das pädagogische Konzept einer Ganztagesbetreuung für Kinder in einem heilpädagogischen Kindergarten. Die arbeitgeberseitige Ablehnung des Wunsches auf Halbtagsbeschäftigung einer Gruppenleiterin wurde daher gerichtlich bestätigt.[137]

Denkbar als Ablehnungsgrund sind auch feste **Schichtsysteme**. Hier wird der Ablehnungsgrund weniger in der Verringerung an sich als vielmehr in der gewünschten Verteilung der Arbeitszeit liegen. Es hat daher in jedem Einzelfall eine individuelle Entscheidung zu erfolgen.

Der Arbeitgeber muss versuchen, den Antrag wohlwollend zu prüfen. Dazu gehört auch, den freiwerdenden Stellenanteil adäquat **auszuschreiben**. Kann der Arbeitgeber nachweisen, dass – trotz geeigneter Ausschreibung – eine geeignete Bewerbung nicht vorliegt, spricht viel für das Vorliegen eines betrieblichen Grundes zur Ablehnung des Antrags. Die Rechtsprechung fordert eine substantiierte Darlegung der Ablehnungsgründe. Hier ist also jede pauschale Behauptung fehl am Platze.

Das Gesetz beinhaltet keinen Anspruch auf **vorübergehende** Verringerung der Arbeitszeit.

Der Arbeitgeber hat seine Entscheidung sowohl über die Verringerung der Arbeitszeit als auch über ihre Verteilung dem Arbeitnehmer spätestens **einen Monat** vor dem gewünschten Beginn der Verringerung **schriftlich** mitzuteilen, § 8 Abs. 5 Satz 1 TzBfG.

Unter Berücksichtigung der dreimonatigen Antragsfrist (siehe oben) bleiben dem Arbeitgeber damit zwei Monate, innerhalb derer er eine Entscheidung herbeiführen muss. In diesen zwei Monaten hat er das Erörterungsgespräch zu terminieren und durchzuführen und – im Fall einer Ablehnung – den Personalrat sowie die Frauen- und Gleichstellungs-

[136] Allein die Tatsache, dass zwei Teilzeitbeschäftigte einen höheren Verwaltungsaufwand verursachen als eine Vollzeitkraft, reicht nicht aus

[137] BAG-Urteil vom 18.03.2003 – 9 AZR 126/02

beauftragte zu beteiligen.[138] Mit anderen Worten: Derartige Anträge genießen eine hohe Priorität!

Lässt der Arbeitgeber diese Monatsfrist verstreichen, so kann sich der Arbeitnehmer freuen: § 8 Abs. 5 Sätze 2 und 3 TzBfG beinhalten nämlich jeweils eine gesetzliche **Zustimmungsfiktion**, wonach sich die Arbeitszeit automatisch in dem vom Arbeitnehmer gewünschten Umfang vermindert; dies gilt auch für die beantragte Verteilung.

§ 8 Abs. 6 TzBfG beinhaltet eine zweijährige **Sperrfrist**, damit der Arbeitgeber nicht ständig mit Teilzeitanträgen desselben Beschäftigten überhäuft wird.

Die **Kleinstbetriebsklausel** des Abs. 7 (15 Arbeitnehmer) dürfte im öffentlichen Dienst keine nennenswerte Bedeutung haben, da auch kleine Gemeinden hiervon im Regelfall nicht betroffen sein dürften.

Einen „echten Anspruch" auf **Erhöhung** der Arbeitszeit gibt es übrigens nicht. § 9 TzBfG beinhaltet lediglich die Verpflichtung des Arbeitgebers, einen Arbeitnehmer, der ihm einen solchen Wunsch übermittelt hat, bei der Besetzung eines entsprechend freien Arbeitsplatzes bei gleicher Eignung bevorzugt zu berücksichtigen. Dies gilt nicht, wenn dringende betriebliche Gründe oder Arbeitszeitwünsche anderer teilzeitbeschäftigter Arbeitnehmer entgegenstehen. In der Praxis kommt es damit oftmals auf die Größe des Arbeitgebers an: Je mehr Stellen, desto größer wird die Wahrscheinlichkeit, dass ein geeigneter freier Arbeitsplatz zur Verfügung steht.

Bei dem Antrag nach § 9 TzBfG hat das Gesetz übrigens **keine Fristen** geregelt. Mit anderen Worten: Ein heute eingestellter „Minijobber" kann sofort einen Antrag stellen, in Vollzeit arbeiten zu wollen. Selbstverständlich steht die Norm auch ehemaligen Vollzeitbeschäftigten zu, die einen Antrag auf Reduzierung nach § 8 TzBfG erfolgreich gestellt haben.
Aber wie gesagt: bei § 9 TzBfG handelt es sich lediglich um einen „Quasi-Anspruch".

5.5.2 Ansprüche nach Spezialgesetzen

Neben dem oben erläuterten Anspruch auf Verringerung der Arbeitszeit gibt es weitere Möglichkeiten zur Reduzierung der Arbeitszeit. Diese Möglichkeiten sind in diversen Spezialgesetzen geregelt und stehen jeweils nur bestimmten Personenkreisen zu:

a) während der Elternzeit: **Konsens**verfahren (§ 15 Abs. 4 und 5 BEEG)

Hier besteht die Möglichkeit, während einer Elternzeit max. 30 Wochenstunden zu arbeiten. Eine **Untergrenze** existiert dabei **nicht**. Wenn sich also Arbeitgeber und Arbeitnehmer einig sind, kann während der Elternzeit eine Teilzeitarbeit von z. B. einer Wochenstunde

[138] Näheres siehe Nr. 5.5.6

vereinbart werden. Nötig ist der Abschluss eines entsprechenden Änderungsvertrages. Vorteil einer solchen Verfahrensweise wäre für den Arbeitnehmer, dass die Stufenlaufzeit des Tabellenentgelts weiterlaufen würde, § 17 Abs. 3 Satz 3 TVöD.

b) während der Elternzeit: **Anspruchs**verfahren (§ 15 Abs. 6 und 7 BEEG)

Unter den in Abs. 7 genannten Voraussetzungen besteht, auch wenn das oben beschriebene Konsensverfahren zu keinem Ergebnis geführt hat, ein Anspruch auf Teilzeitarbeit während der Elternzeit. Hier ist jedoch die **Untergrenze** von 15 Wochenstunden zu beachten. Der Arbeitgeber, der im Übrigen die Elternzeit an sich nicht wirksam ablehnen kann, kann den Anspruch auf Verringerung der Arbeitszeit ablehnen, wenn er **„dringende** betriebliche Gründe" hat. Dies ist mal wieder ein unbestimmter Rechtsbegriff.

Definition **„Dringende betriebliche Gründe"**
- Bei Erfüllung der gesetzlichen Voraussetzungen besteht grundsätzlich ein Rechtsanspruch auf Teilzeitarbeit.
- An das Gewicht der dringenden betrieblichen Gründe sind erhebliche Anforderungen zu stellen. Das BAG hat das Vorliegen derartiger Gründe z. B. in einem Fall bejaht, als ein sich in (vollständiger) Elternzeit befindender Beschäftigter nachträglich eine Teilzeitarbeit begehrt hatte, der Arbeitgeber jedoch nachweislich keinen entsprechenden Beschäftigungsbedarf hatte (die Vertretungskraft war nämlich bereits befristet eingestellt worden).[139]
- Eine Entscheidung ist immer anhand des konkreten Einzelfalls zu treffen.

Zu beachten ist auch die neue **Zustimmungsfiktion** des § 15 Abs. 7 Satz 5 BEEG.

c) nach § 14 HGlG[140]

Gemäß § 14 Abs. 1 HGlG sollen die Dienststellen grundsätzlich familienfreundliche Arbeitszeiten anbieten. § 14 Abs. 2 HGlG beinhaltet einen Rechtsanspruch von Arbeitnehmern auf Teilzeitarbeit zur Kinderbetreuung und zur Betreuung pflegebedürftiger Angehöriger, soweit keine „zwingenden" dienstlichen Belange entgegenstehen. Satz 2 dieses Absatzes wendet die beamtenrechtlichen Bestimmungen der §§ 63, 64 und 66 HBG[141] auf Arbeitnehmer entsprechend an. Dabei ist die beamtenrechtliche Untergrenze von **15 Wochenstunden** zu beachten. § 14 Abs. 4 HGlG sieht schließlich einen zwingenden personellen Ausgleich vor.

Zu beachten ist auch § 14 Abs. 6 HGlG, wonach Beschäftigte, die eine Teilzeitbeschäftigung beantragen, auf die Folgen[142] in allgemeiner Form hinzuweisen sind.

[139] vgl. Urteil vom 19.04.2005 – 9 AZR 233/04

[140] Hessisches Gleichberechtigungsgesetz. Außerhalb Hessens wird auf das jeweilige Landesrecht verwiesen

[141] Hinsichtlich näherer Informationen zum hessischen Beamtenrecht wird auf Band 1 der HVSV-Schriftenreihe „Beamtenrecht in Hessen" verwiesen, dort unter Nr. 8.2

[142] Insbesondere in Bezug auf renten- und arbeitslosenversicherungsrechtliche Ansprüche

d) für schwerbehinderte Menschen

§ 81 Abs. 5 SGB IX beinhaltet einen Anspruch auf Teilzeitbeschäftigung für schwerbehinderte Menschen[143], wenn die kürzere Arbeitszeit wegen Art und Schwere der Behinderung notwendig ist. Dies dürfte – auch vor dem Hintergrund der in Hessen geltenden Teilhaberichtlinien[144] – regelmäßig der Fall sein.

e) während einer Pflegezeit

§ 3 Pflegezeitgesetz (PflZG) gewährt Arbeitnehmern unter den dort genannten Voraussetzungen einen Anspruch auf vollständige oder teilweise Freistellung von der Arbeit für die Dauer von **max. sechs Monaten**. Im Gegensatz zur Elternzeit darf eine Pflegezeit nicht in mehrere Zeitabschnitte aufgeteilt werden.[145]

Doch damit nicht genug: Neben der Pflegezeit steht den Arbeitnehmern auch die Möglichkeit einer Familienpflegezeit offen, während der ein weiterer spezialgesetzlicher Anspruch auf Teilzeitbeschäftigung besteht:

f) während einer Familienpflegezeit

Auch während einer Familienpflegezeit besteht ein Anspruch auf Reduzierung der Arbeitszeit auf die Hälfte der bisherigen Arbeitszeit (Untergrenze 15 Wochenstunden). Hier ist eine besondere Kleinstbetriebsklausel (25 Arbeitnehmer) zu beachten. Zu den entgegenstehenden dringenden betrieblichen Gründen siehe oben.

Im **Ergebnis** stehen den Arbeitnehmern somit zahlreiche Rechtsgrundlagen zur Verfügung, um ihre Arbeitszeit zu verringern. Diese Rechtsgrundlagen weisen einige Parallelen auf, unterscheiden sich im Detail aber auch beträchtlich[146].

Doch denken Sie bitte nicht, dass dies bereits alles war. Im folgenden Abschnitt wenden wir uns nämlich den tarifvertraglichen Regelungen zum Thema Teilzeit zu:

5.5.3 Anspruch nach Tarifvertrag

Neben den oben beschriebenen gesetzlichen Anspruchsgrundlagen zur Verringerung der Arbeitszeit beinhalten auch die Tarifverträge des öffentlichen Dienstes entsprechende Regelungen:

---

143 Dies gilt auch für gleichgestellte behinderte Menschen i. S. v. § 2 Abs. 3 SGB IX, vgl. § 68 Abs. 3 SGB IX

144 Vom 12.06.2013 (StAnz. 27/2013 S. 838)

145 Nähere Informationen siehe Nr. 7.4

146 Unterschiedliche Personenkreise, unterschiedliche Voraussetzungen und Ablehnungsgründe, verschiedene Fristen usw.

g) allgemeine tarifvertragliche Regelung (§ 11 Abs. 2 TVöD)

Nach dieser Norm hat jeder Beschäftigte des öffentlichen Dienstes einen **Anspruch auf ein Gespräch** mit dem Arbeitgeber, in dem die Möglichkeiten der Verringerung seiner Arbeitszeit ausgelotet werden. Vor dem Hintergrund des § 14 HGlG (siehe Nr. 5.5.2 Buchst. c) hat der Arbeitgeber sich dabei zu bemühen, den Vorstellungen des Beschäftigten nachzukommen. Ein „echter Anspruch“ auf Verringerung ist dies aber nicht.

h) spezielle tarifvertragliche Regelung (§ 11 Abs. 1 TVöD)

Hierbei handelt es sich um eine **Soll**-Bestimmung; der Arbeitgeber wird einen Antrag auf Reduzierung der Arbeitszeit also im Regelfall genehmigen. Voraussetzung ist, dass der Beschäftigte ein Kind betreut oder einen pflegebedürftigen Angehörigen pflegt. Zur Ablehnung benötigt der Arbeitgeber dringende dienstliche bzw. betriebliche Belange.[147]

Das Besondere an dieser Tarifnorm ist, dass die Verringerung der Arbeitszeit – im Gegensatz zu § 8 TzBfG – auch nur **vorübergehend** verlangt werden kann. In dem anzufertigenden Änderungsvertrag heißt es dann z. B.: „Die Arbeitszeit beträgt 80 % ... in der Zeit vom 01.01.2017 bis 31.12.2018.“ Verlängerungen einer solchen Reduzierung sind unter den Voraussetzungen des § 11 Abs. 1 TVöD möglich.

Im Gegensatz zu § 8 TzBfG beinhaltet diese Tarifnorm aber keinen Anspruch auf die gewünschte Verteilung der Arbeitszeit. Diese fällt vielmehr unter das Direktionsrecht[148] des Arbeitgebers. In diesem Zusammenhang hat das BAG entschieden, dass der Arbeitgeber bei einer vorübergehenden Arbeitszeitreduzierung nach § 11 Abs. 1 TVöD **nicht** verpflichtet ist, die **Verteilung** der reduzierten Arbeitszeit mit dem Beschäftigten vertraglich zu regeln.[149] Er hat jedoch bei der Gestaltung der Arbeitszeit im Rahmen der dienstlichen Möglichkeiten der besonderen persönlichen Situation des Beschäftigten Rechnung zu tragen. In der **öffentlichen** Verwaltung spricht also viel dafür, dass entsprechende Wünsche der Beschäftigten erfüllt werden; in einem Schichtbetrieb mit festen Schichtzeiten sieht dies hingegen schon ganz anders aus.

Aus Gründen der Transparenz wurde das nachfolgende Schaubild erstellt, welches die wesentlichen Unterschiede der zahlreichen Teilzeitansprüche auf den Punkt bringt:

Schaubild umseitig (Seite 94)

Zur Abrundung des Themas „Teilzeitarbeit“ bearbeiten Sie bitte den Fall 15 im Übungsteil.

[147] Vergleichbar mit dringenden betrieblichen Gründen; zur Definition siehe Nr. 5.5.2 Buchst. b
[148] Siehe Nr. 2.6
[149] BAG-Urteil vom 16.1.2014 – 9 AZR 915/13

Teilzeitregelungen im Überblick

	§ 8 TzBfG	§ 15 Abs. 5 BEEG (Konsensverfahren)	§ 15 Abs. 6, 7 BEEG (Anspruchsverfahren)	§ 81 Abs. 5 SGB IX	§ 3 PflegeZG	§ 2 FPfZG	§ 14 HGIG	§ 11 Abs. 1 TVöD
Personenkreis	alle AN	während Elternzeit	während Elternzeit	Schwerbehinderte und gleichgestellte Menschen	Pflegende	Pflegende	Kindererziehung/ Pflegende	Kindererziehung/ Pflegende
Kleinstbetriebsklausel	> 15 AN	–	> 15 AN	–	> 15 AN	> 25 AN	–	–
Wartezeit	6 Monate	–	–	–	–	–	–	–
Antragsfrist	3 Monate	–	7 bzw. 13 Wochen	–	10 Tage	8 Wochen	–	6 Monate bei Wiederholung
Anspruch auf Reduzierung	ja	nein	ja	ja	ja (max. 6 Monate)	ja (max. 24 Monate)	ja	ja (sogar auf befristete Verringerung)
Mindeststundenzahl	–	–	15	–	–	15	15 (§ 63 Abs. 3 HBG)	–
Höchststundenzahl	–	30	30	–	–	–	–	–
Ablehnungsmöglichkeit des AG bei …	betrieblichen Gründen	Begründung nicht erforderlich	dringenden betrieblichen Gründen	fehlender Notwendigkeit kürzerer Arbeitszeit	dringenden betrieblichen Gründen	dringenden betrieblichen Gründen	zwingenden dienstlichen Belangen	dienstlichen Belangen
Zustimmungsfiktion	ja	nein	ja	nein	nein	nein	nein	–

5.5.4 Konsequenzen von Teilzeitarbeit

Wer in Teilzeit arbeitet, erhält grundsätzlich auch nur den entsprechenden Anteil seines Entgelts, § 24 Abs. 2 TVöD. Beim Urlaubsanspruch „kommt es drauf an".
Wenn Sie es noch genauer wissen möchten, bearbeiten Sie doch bitte den Fall 16 im Übungsteil.

5.5.5 Altersteilzeitarbeit

Durch Altersteilzeitarbeit soll älteren Arbeitnehmern ein gleitender Übergang vom Arbeitsleben in die Altersrente ermöglicht werden. In der Praxis unterscheidet man

- das Blockmodell (z. B. 2 Jahre Vollarbeit, 2 Jahre Freizeitphase) und
- das Teilzeitmodell (z. B. 4 Jahre Halbtagsarbeit).

Die finanzielle **Förderung** des Arbeitgebers, der seinen Arbeitnehmern die Altersteilzeit ermöglicht, ist im Altersteilzeitgesetz geregelt.

Ob der einzelne Arbeitnehmer Altersteilzeit nutzen kann, ergibt sich aus dem Tarifrecht. Hier galt in früheren Jahren der bei den Beschäftigten sehr beliebte TV ATZ[150], der den Betroffenen 83 % des bisherigen Arbeitsentgelts garantierte, obwohl der Beschäftigte auf die gesamte Zeit der Altersteilzeitarbeit nur zu 50 % arbeitete. In den Genuss dieser Tarifregelung sind aber nur die Jahrgänge 1954 und älter gekommen.

Seit 2010 gilt im Bereich der Kommunen der **TV FlexAZ.**[151] Dieser Tarifvertrag ist aus Sicht der Beschäftigten weniger lukrativ[152] und hat deshalb zu einer starken Abnahme von ATZ-Fällen geführt. Hiernach muss ein Arbeitgeber grundsätzlich nur dann dem Angebot eines Beschäftigten auf Abschluss eines Altersteilzeitarbeitsvertrages zustimmen, wenn er die in § 4 TV FlexAZ genannte Quote (2,5 % der Beschäftigten) nicht erfüllt. Mit anderen Worten: Befinden sich bei einem Arbeitgeber noch genügend Beschäftigte in Altersteilzeit (auch Altfälle nach TZ ATZ), so kann er jeden Antrag ablehnen. Sinkt die ATZ-Quote dagegen auf unter 2,5 % der Beschäftigten, so besteht ein Anspruch auf Altersteilzeit. Finanzielle Gründe reichen als „dienstliche oder betriebliche Gründe" im Sinne des § 4 Abs. 3 TV FlexAZ nicht aus, um Altersteilzeit dann abzulehnen.[153]

Zu den persönlichen Voraussetzungen für die Inanspruchnahme von Altersteilzeit zählt vor allem die Vollendung des **60. Lebensjahres** zu Beginn der Altersteilzeit (§ 5 Abs. 1 Buchstabe a TV FlexAZ).

---

[150] Vom 05.05.1998
[151] Vom 27.02.2010
[152] Aufstockung um nur 20 % der nach § 7 TV FlexAZ zustehenden Bezüge, vgl. § 4 TV FlexAZ
[153] BAG-Urteil vom 10.02.2015 - 9 AZR 115/14

5.5.6 Beteiligungsrechte

Gemäß § 77 Abs. 1 Nr. 2 Buchstabe f HPVG bedarf die Ablehnung eines Antrags auf Teilzeitbeschäftigung der Mitbestimmung des **Personalrates.** § 69 Abs. 1 HPVG verlangt die vorherige Zustimmung.

Im Falle einer beabsichtigten Genehmigung von Teilzeitanträgen besteht folgerichtig kein Mitbestimmungsrecht des Personalrates.

In den Fällen, in denen der Personalrat mitzubestimmen hat (siehe oben), muss auch die **Frauen- und Gleichstellungsbeauftragte** beteiligt werden, § 17 Abs. 1 Satz 3 Nr. 2 HGlG. Handelt es sich um einen schwerbehinderten (oder gleichgestellten) Beschäftigten, so ist im Falle beabsichtigter Ablehnung eines Antrags auch die **Schwerbehindertenvertretung** zu beteiligen, § 95 Abs. 2 SGB IX.[154]

5.6 Eingruppierung

Die vielleicht wichtigste Frage von Bewerbern in einem Vorstellungsgespräch lautet: „Wieviel Geld verdiene ich bei Ihnen?"

Leider ist diese Frage im öffentlichen Dienst gar nicht so leicht zu beantworten. Es kommt nämlich mal wieder „drauf an":

Maßgeblich kommt es hier auf die Entgeltgruppe und die Entgeltstufe an. Die Ermittlung der Entgeltgruppe erfolgt durch die sog. „Eingruppierung".

Sodann erfolgt die Ermittlung der Stufe nach den Bestimmungen der §§ 16, 17 TVöD.[155]

Doch der Reihe nach:
Die Eingruppierung erfolgt auf Basis der neuen kommunalen Entgeltordnung (Anlage zum TVöD, Inkrafttreten 01.01.2017).

Struktur der Entgeltordnung:
Die kommunale Entgeltordnung gliedert sich
- in einen Allgemeinen Teil
- und spartenbezogene Besondere Teile (z. B. für Pflegekräfte und Schulhausmeister).

Der **Allgemeine Teil** enthält u. a. die Vorbemerkungen für alle Entgeltgruppen sowie die allgemeinen Tätigkeitsmerkmale. Bei diesen allgemeinen Tätigkeitsmerkmalen wird unterschieden zwischen
a) der Entgeltgruppe (EG) 1,
b) den EG 2 bis 9a für handwerklich tätige Beschäftigte,

[154] Umfassende Unterrichtung und Anhörung, vgl. Nr. 1.8
[155] Näheres zur Stufenfestsetzung vgl. ab Nr. 5.7 ff.

c) den EG 2 bis 12 für Beschäftigte im Büro-, Buchhalterei- und sonstigem Innen- und Außendienst und
d) den EG 13 bis 15 für Beschäftigte mit wissenschaftlicher Hochschulbildung.

Nachstehend erhalten Sie zunächst eine Übersicht zu den unter c) aufgeführten Entgeltgruppen 2 bis 12 TVöD:

Übersicht:

Entgelt-gruppe	Tätigkeitsmerkmale	Erläuterungen
EG 2	einfache Tätigkeit	**Einfache Tätigkeiten** sind solche, die keine Vor- oder Ausbildung, aber eine (sehr kurze) fachliche Einarbeitung erfordern.
EG 3	Heraushebung: eingehende fachliche Einarbeitung	Eine **eingehende fachliche Einarbeitung** wird wohl zumindest einige Wochen andauern.
EG 4	- Heraushebung: 1/4 gründliche Fachkenntnisse - schwierige Tätigkeit	**Schwierige Tätigkeiten** sind solche, die mehr als eine eingehende fachliche Einarbeitung erfordern. Es müssen Tätigkeiten anfallen, die an das Überlegungsvermögen oder das fachliche Geschick Anforderungen stellen, die über das Maß dessen hinausgehen, was üblicherweise von Beschäftigten der EG 3 verlangt werden kann.
EG 5	- dreijährige Ausbildung und entsprechende Tätigkeit - **gründliche** Fachkenntnisse	**Gründliche Fachkenntnisse** erfordern nähere Kenntnisse von Rechtsvorschriften oder näheres kaufmännisches oder technisches Fachwissen.
EG 6	Heraushebung: **gründliche und vielseitige** Fachkenntnisse	**Gründliche und vielseitige Fachkenntnisse** müssen sich nicht auf das gesamte Gebiet der Verwaltung beziehen. Der Aufgabenkreis des Beschäftigten muss aber so gestaltet sein, dass er nur bei Vorhandensein gründlicher und vielseitiger Fachkenntnisse ordnungsgemäß bearbeitet werden kann. Erforderlich ist eine gewisse Breite des Aufgabengebietes.
EG 7	Heraushebung: 1/5 selbstständige Leistungen	**Selbstständige Leistungen** erfordern ein den vorausgesetzten Fachkenntnissen entsprechendes Erarbeiten eines Ergebnisses unter Entwicklung einer eigenen geistigen Initiative. Eine leichte geistige Arbeit kann diese Anforderung nicht erfüllen.
EG 8	Heraushebung: 1/3 selbstständige Leistungen	
EG 9a	Heraushebung: 1/2 selbstständige Leistungen	
EG 9b	- Hochschulabschluss und entsprechende Tätigkeit - gründliche, **umfassende** Fachkenntnisse	**Gründliche, umfassende Fachkenntnisse** bedeutet gegenüber den in der EG 6 bis 9a geforderten gründlichen und vielseitigen Fachkenntnissen eine Steigerung der Tiefe und Breite nach. Erforderlich ist regelmäßig die Weiterbildung zum Verwaltungsfachwirt.
EG 9c	Heraushebung: besonders verantwortungsvolle Tätigkeit	Eine **besonders verantwortungsvolle Tätigkeit** ist dann gegeben, wenn die übertragene Verantwortung wesentlich größer ist (z.B. wegen der Auswirkungen der Tätigkeit auf Lebensverhältnisse Dritter).

Entgelt-gruppe	Tätigkeitsmerkmale	Erläuterungen
EG 10	Heraushebung: 1/3 besondere Schwierigkeit und Bedeutung	Eine **besondere Schwierigkeit** liegt vor, wenn die Rechtsmaterie komplex ist und die Aufgabenerledigung nur durch die Analyse von Sachzusammenhängen bei einem hohen Abstraktionsgrad bewirkt werden kann. Eine **besondere Bedeutung** kann sich durch die Bearbeitung besonders wichtiger oder grundsätzlicher Fachbereiche ergeben.
EG 11	Heraushebung: 1/2 besondere Schwierigkeit und Bedeutung	
EG 12	Heraushebung: Maß der damit verbundenen Verantwortung	Das **Maß der Verantwortung** kann nur in einer Spitzentätigkeit des vergleichbaren gehobenen Dienstes erreicht werden.

Daneben enthält der Allgemeine Teil der Entgeltordnung auch spezielle **Tätigkeitsmerkmale,** welche den allgemeinen Tätigkeitsmerkmalen stets vorgehen, so z.B. für

- Beschäftigte in der Informations- und Kommunikationstechnik,
- Meister,
- Techniker und
- Ingenieure.

Aus Gründen der Transparenz beschränken sich die nachstehenden Ausführungen auf die oben unter c) aufgeführten Entgeltgruppen 2 bis 12 TVöD des Allgemeinen Teils.

Hinsichtlich anderer Tarifbereiche (Bund, Länder) wird auf Nr. 5.6.4 verwiesen.
Doch bleiben wir zunächst bei den Kommunen:
Die wichtigsten Regelungen zur Eingruppierung enthält **§ 12 TVöD.** Nachstehend werden deren wichtigsten Kernaussagen erläutert:

5.6.1 Grundsätze

Nach § 12 Abs. 1 Satz 2 TVöD erhalten Beschäftigte Entgelt nach der Entgeltgruppe, in der sie eingruppiert sind.

Tragender Grundsatz für die Eingruppierung in eine Entgeltgruppe ist dabei die Tarifautomatik des § 12 Abs. 2 TVöD, welche folgende Aussagen enthält:

- Eingruppierung als **zwingende** Rechtsfolge, wenn die Voraussetzungen des Tätigkeitsmerkmals erfüllt sind,
- Maßgeblichkeit der **gesamten** Tätigkeit,
- Maßgeblichkeit der **auszuübenden**, also vom Arbeitgeber arbeitsvertraglich übertragenen Tätigkeit und
- Maßgeblichkeit der (**dauerhaft**, also) nicht nur vorübergehend auszuübenden Tätigkeit.

Aus der Formulierung *„Der Beschäftigte ist ... eingruppiert“* folgt somit, dass sich die Eingruppierung in eine bestimmte Entgeltgruppe als zwingende Rechtsfolge in Abhän-

gigkeit von der Tätigkeit ergibt (**Tarifautomatik**). Eines förmlichen Eingruppierungsaktes bedarf es deshalb nicht.
Auch haushaltsrechtlichen Aspekten kommt hier kein Gewicht zu. Vielmehr gilt folgender Grundsatz:

> Grundsatz: „Tarifrecht bricht Haushaltsrecht!“

Auch die in § 12 Abs. 3 TVöD geregelte Angabe der Entgeltgruppe im Arbeitsvertrag[156] hat nur „deklaratorischen Charakter“, spielt also rechtlich keine Rolle.

5.6.2 Voraussetzungen der Eingruppierung

- **Auszuübende Tätigkeit**

Maßgebend für die Betrachtung ist die gesamte Tätigkeit des Beschäftigten. Nach dem Wortlaut des § 12 Abs. 2 TVöD ist (nicht die tatsächlich ausgeübte, sondern die) auszuübende Tätigkeit eingruppierungsrelevant.

Welche Tätigkeiten auszuüben sind, bestimmt sich nach dem jeweiligen Arbeitsvertrag, in dessen Grenzen der Arbeitgeber die geschuldete Tätigkeit konkretisieren kann (Direktionsrecht, siehe Nr. 2.6).

Damit ist auf diejenige Tätigkeit abzustellen, die dem Beschäftigten vom Arbeitgeber ausdrücklich übertragen ist oder mit dessen Wissen und Duldung ausgeübt wird. Eine vom Beschäftigten selbst – ggf. auch mit Billigung des Fachvorgesetzten, aber ohne Wissen der zuständigen Stelle[157] – ausgeübte höherwertige Tätigkeit vermag einen Höhergruppierungsanspruch nicht zu begründen.[158]

Beschäftigte können sich weder eine Tätigkeit selbst zuweisen, noch sich auf die „Übertragung“ durch einen hierzu nicht ermächtigten Vorgesetzten berufen.

Die Übertragung der auszuübenden Tätigkeit ist an kein Formerfordernis gebunden. Aus Gründen der Rechtssicherheit sollte allerdings die auszuübende Tätigkeit **schriftlich** niedergelegt und dem Beschäftigten mitgeteilt werden. In der Praxis geschieht dies idealerweise in Form einer Stellenbeschreibung (Verzeichnis der auf einer Stelle auszuübenden Tätigkeiten).

- **Dauerhafte Übertragung**

Die für die Eingruppierung maßgebliche Tätigkeit darf nicht nur vorübergehend auszuüben sein. Erst die dauerhaft übertragene Tätigkeit löst die rechtlichen Folgen der Eingruppierung mittels Tarifautomatik aus.

---

[156] Siehe Musterarbeitsvertrag unter Nr. 4.1.3

[157] Dies wird in den meisten Fällen die Personalabteilung bzw. der Fachdienst Personal sein (je nach Organisation)

[158] BAG-Urteil vom 05.05.1999 – 4 AZR 360/98

Abzugrenzen hiervon ist die Befugnis des Arbeitgebers, ohne Änderung des Arbeitsvertrages im Rahmen des Direktionsrechts eine höherwertige Tätigkeit **vorübergehend** zu übertragen (§ 14 Abs. 1 TVöD). Die Aufgabenübertragung erfolgt dann deshalb nur vorübergehend, weil die zeitliche Begrenzung von vornherein feststeht (z. B. Krankheitsvertretung oder Aufgabenübernahme auf vorübergehend vakantem Arbeitsplatz). Mehr zur persönlichen Zulage nach § 14 TVöD siehe Nr. 5.8.1.

- **Zeitliches Maß**

Die gesamte auszuübende Tätigkeit entspricht den Tätigkeitsmerkmalen einer Entgeltgruppe, wenn – bezogen auf die Gesamttätigkeit – zeitlich mindestens zur **Hälfte** Arbeitsvorgänge anfallen, die für sich genommen die Anforderungen eines oder mehrerer Tätigkeitsmerkmale dieser Entgeltgruppe erfüllen (§ 12 Abs. 2 Satz 2 TVöD).

Beispiel:
Ein Beschäftigter hat zu 50 % seiner persönlichen Gesamtarbeitszeit Arbeitsvorgänge zu erledigen, die „gründliche Fachkenntnisse" erfordern (nach der Entgeltordnung – VKA – entspricht dies der Entgeltgruppe 5, Fallgruppe 2 TVöD; siehe Übersicht in Nr. 5.6) und zu 50 % Arbeitsvorgänge, die „gründliche und vielseitige Fachkenntnisse und mindestens 20 % selbstständige Leistungen" erfordern (Entgeltgruppe 7 TVöD).
➔ Der Beschäftigte **ist** in Entgeltgruppe 7 TVöD eingruppiert.

Aus Sicht des Beschäftigten ist es also erstrebenswert, mindestens 50 % möglichst „hochwertige Tätigkeiten" übertragen zu bekommen.

Möchte dagegen der Arbeitgeber Personalkosten sparen, so empfiehlt sich aus dessen Sicht, dem Beschäftigten nur maximal 49 % hochwertige Tätigkeiten zuzuweisen.

- **Arbeitsvorgänge**

Die gesamte Tätigkeit des Beschäftigten setzt sich aus sog. „Arbeitsvorgängen" zusammen. Ein Arbeitsvorgang ist der kleinste, bei natürlicher und vernünftiger Betrachtungsweise abgrenzbare Teil der Gesamttätigkeit. Der Arbeitsvorgang darf nicht unzulässig aufgespalten (atomisiert) werden. Deshalb dürfen Zusammenhangsarbeiten, die als untergeordnete Teile einer Arbeitsleistung anzusehen sind, nicht gesondert gewertet werden (z. B. das Prüfen eines Antrages auf Vollständigkeit, das für die Bearbeitung eines Antrags erforderliche Heraussuchen eines Aktenvorgangs oder das Studieren von Fachliteratur zur Lösung der Problemstellung). Der Arbeitsvorgang stellt ein **abgrenzbares Arbeitsergebnis** dar, das von dem Beschäftigten erarbeitet werden soll.

Grundlage für die Bildung von Arbeitsvorgängen ist eine Arbeitsplatzaufschreibung, die der Beschäftigte selbst anfertigt (z. B. über einen Zeitraum von drei Monaten). Sodann erfolgt eine Kontrolle durch den Vorgesetzten, bevor dann die Angelegenheit zwecks Bewertung der Arbeitsvorgänge und Durchführung einer Eingruppierung an die Personalabteilung weitergeleitet wird.

Beispiel:
Der Beschäftigte **Flanke** ist dafür zuständig,
- Anträge auf Fördermittel entgegenzunehmen,
- sie auf Vollständigkeit zu prüfen
- und mit den für die Bearbeitung erforderlichen Formblättern zu vervollständigen.

Der Beschäftigte **Torschuss** hat
- Anträge auf Fördermittel entgegenzunehmen,
- sie auf Vollständigkeit zu prüfen,
- sie mit den für die Bearbeitung erforderlichen Formblättern zu vervollständigen
- und nach rechtlicher Prüfung einen Bescheid zu erstellen.

Für den Beschäftigten Flanke ist mit Beifügung der Formblätter der Arbeitsvorgang abgeschlossen.

Für den Beschäftigten Torschuss findet der Arbeitsvorgang erst mit Erstellung des Bescheides seinen Abschluss. Die Entgegennahme, die Vollständigkeitsprüfung und das Beifügen der Formblätter sind hier sog. Zusammenhangstätigkeiten des Arbeitsvorgangs „Rechtliche Prüfung und Erstellung des Bescheides". Dieser Arbeitsvorgang ist mit dem insgesamt dafür erforderlichen Zeitanteil an der Gesamttätigkeit (z. B. 40 %) zu berücksichtigen.

Beispiel einer Eingruppierung (Nr. 1):

Arbeitsvorgang Nr.	Einfache Tätigkeit	Schwierige Tätigkeit	Gründliche Fachkenntnisse	Gründliche und **vielseitige** Fachkenntnisse	Gründliche, **umfassende** Fachkenntnisse	**Selbstständige** Leistungen
1				30 %		
2		40 %				
3				30 %		
Summe:		40 %		60 %		

Dieser Beschäftigte übt also drei verschiedene Arbeitsvorgänge aus. Bei der Eingruppierung sucht man sich zunächst zeitlich 50 % (die **„Hälfte"** aus § 12 Abs. 2 Satz 2 TVöD). In diesem Beispiel erfordern zeitlich 60 % der Tätigkeiten gründliche und vielseitige Fachkenntnisse. Dies ist eindeutig der Schwerpunkt der Tätigkeit.[159]

Nun suchen wir in der Entgeltordnung eine Entgelt- und Fallgruppe, die hierzu passt. Versuchen Sie es doch mal: Schlagen Sie die „Allgemeinen Tätigkeitsmerkmale" der EG 2

[159] Die anderen 40 % fallen hier „unter den Tisch"

bis 12 (Büro-, Buchhalterei-, sonstiger Innendienst und Außendienst) auf und beginnen Sie bei der niedrigsten Eingruppierung in Entgeltgruppe 2 TVöD. Gesucht wird eine Eingruppierung, für die „gründliche und vielseitige Fachkenntnisse" erforderlich sind.

Haben Sie die Lösung zu unserem Beispiel gefunden?

➔ Der Beschäftigte ist in Entgeltgruppe 6 TVöD eingruppiert! Hier bedarf es (zumindest zu 50 %) gründlicher und vielseitiger Fachkenntnisse.

Weiteres Beispiel einer Eingruppierung (Nr. 2):

Arbeitsvorgang Nr.	Einfache Tätigkeit	Schwierige Tätigkeit	Gründliche Fachkenntnisse	Gründliche und **vielseitige** Fachkenntnisse	Gründliche, **umfassende** Fachkenntnisse	**Selbstständige** Leistungen
1	15 %					
2		20 %				
3			30 %			
4				25 %		
5	10 %					
Summe:	25 %	20 %	30 %	25 %		

Dieser Beschäftigte übt fünf verschiedene Arbeitsvorgänge aus. Unsere Aufgabe besteht wieder darin, zunächst die 50 % (die „Hälfte" aus § 12 Abs. 2 Satz 2 TVöD) zu suchen. Dies ist hier nicht so einfach, denn ein eindeutiger Schwerpunkt der Tätigkeit ist in diesem Beispiel auf den ersten Blick nicht erkennbar. In derartigen Fällen gilt der folgende Merksatz:

Merksatz 1:
Schieben Sie die weißen Spaltensummen solange **von rechts nach links**, bis Sie zeitlich mindestens 50 % erhalten.

Hier müssen die 25 % nach links verschoben werden, so dass in der Spalte „Gründliche Fachkenntnisse" 55 % erscheinen.

Nun suchen wir in der Entgeltordnung die passende Entgelt- und Fallgruppe. Probieren Sie es selbst!

➔ Genau, es ergibt sich Entgeltgruppe 5, Fallgruppe 2 TVöD.

Selbstständige Leistungen
Was verbirgt sich eigentlich hinter der farblich markierten Spalte „**selbstständige Leistungen**"? Hierbei geht es nicht etwa um Selbstständigkeit im allgemeinen Sprachgebrauch.

Nach der Rechtsprechung der Arbeitsgerichte erfordern selbstständige Leistungen vielmehr eine **eigene geistige Initiative**. Diese ist z. B. dann gegeben, wenn der Beschäftigte durch das von ihm anzuwendende Recht über einen Ermessensspielraum verfügt (z. B. bei Anwendung der polizeilichen Generalklausel des § 11 HSOG) oder wenn er unbestimmte Rechtsbegriffe (z. B. „Unzuverlässigkeit", „öffentliche Sicherheit") interpretieren muss.
Steht das Ergebnis dagegen bereits von vornherein fest (z. B. bei der Festsetzung eines beamtenrechtlichen Familienzuschlages[160]), so besteht kein Raum für selbstständige Leistungen.

Merksatz 2:
Selbstständige Leistungen sind nur ab „gründlichen und vielseitigen Fachkenntnissen" bewertbar.

Es kann somit keinen Arbeitsvorgang geben, der einerseits nur einfache Tätigkeiten beinhaltet und andererseits selbstständige Leistungen erfordert.

Die selbstständigen Leistungen treten bei der Eingruppierung – wenn sie denn vorliegen – rechnerisch zu den anderen Tätigkeitsmerkmalen hinzu (außerhalb der rot markierten Felder müssen sich also immer 100 % ergeben).

Weiteres Beispiel einer Eingruppierung (Nr. 3):

Arbeitsvorgang Nr.	Einfache Tätigkeit	Schwierige Tätigkeit	Gründliche Fachkenntnisse	Gründliche und **vielseitige** Fachkenntnisse	Gründliche, **umfassende** Fachkenntnisse	**Selbstständige** Leistungen
1			15 %			
2				45 %		45 %
3		10 %				
4				30 %		
Summe:		10 %	15 %	75 %		45 %

[160] Nähere Informationen zum Familienzuschlag siehe Band 1 der HVSV-Schriftenreihe „Beamtenrecht in Hessen", dort unter Nr. 7.4

Hier sehen Sie, dass der Arbeitsvorgang Nr. 2 selbstständige Leistungen (zusätzlich) erfordert. Bei dem ansonsten gleichwertigen Arbeitsvorgang Nr. 4 dagegen ist dies nicht der Fall.

Wie geht es weiter?
➔ In der Spalte „gründliche und vielseitige Fachkenntnisse" ergeben sich 75 %, so dass wir hier nicht „schieben" müssen.
➔ Nach der Entgeltordnung ergibt sich die Entgeltgruppe 8 TVöD.

Beachte: Manchmal unterscheiden sich einzelne Fallgruppen nur minimal voneinander. Bei den nachfolgenden Eingruppierungen geht es im Ergebnis nur um das Maß der selbstständigen Leistungen:
- EG 9a 50 % (vgl. § 12 Abs. 2 Satz 2 TVöD)
- EG 8 33,33 %
- EG 7 20 %

Haben Sie das Recht der Eingruppierung bis hierhin verstanden?

Gut, dann habe ich noch eine Steigerung für Sie.

Weiteres Beispiel einer Eingruppierung (Nr. 4):

Arbeitsvorgang Nr.	Einfache Tätigkeit	Schwierige Tätigkeit	Gründliche Fachkenntnisse	Gründliche und **vielseitige** Fachkenntnisse	Gründliche, **umfassende** Fachkenntnisse	**Selbstständige** Leistungen
1	15 %					
2		30 %				
3			30 %			
4				10 %		10 %
5					15 %	15 %
Summe:	15 %	30 %	30 %	10 %	15 %	25 %

Hier müssen wir nun zweimal von rechts nach links schieben, um die nötigen 50 % zu erreichen. Dadurch summieren sich drei Arbeitsvorgänge in der Spalte „Gründliche Fachkenntnisse" auf insgesamt 55 %. Doch hier ist der dritte Merksatz zu beachten, der von der Rechtsprechung entwickelt wurde:

Merksatz 3:
Mindestens **drei** Arbeitsvorgänge „**gründliche** Fachkenntnisse" ergeben „gründliche und **vielseitige** Fachkenntnisse".

Hintergrund dieses Merksatzes ist, dass ein Beschäftigter, welcher in drei unterschiedlichen Rechtsgebieten über jeweils gründliche Fachkenntnisse verfügen muss, im Ergebnis vielseitige Fachkenntnisse hat.

Wenn also z. B. ein Sachbearbeiter im Ordnungsamt sowohl im Ordnungswidrigkeitsrecht als auch im Gewerbe- und Polizeirecht jeweils über gründliche Fachkenntnisse verfügt, so verfügt er insgesamt über (gründliche und) vielseitige Fachkenntnisse.

Unter Berücksichtigung der 25 % selbstständigen Leistungen erfolgt die Eingruppierung in EG 7 TVöD.

Übrigens sind die Entgeltgruppen 4 und 7 des TVöD seit 01.01.2017 nicht mehr nur für **Arbeiter**tätigkeiten reserviert. Es kann also seither auch „Angestellte" in diesen Entgeltgruppen geben. Vor Inkrafttreten der kommunalen Entgeltordnung war dies nicht möglich.

Zur Abrundung des Themas „Eingruppierung" lösen Sie bitte den Fall 17 im Übungsteil.

Exkurs: **Entgeltgruppe 1 TVöD**
Eine Besonderheit bildet die EG 1 TVöD. Hier haben sich die Tarifvertragsparteien bereits Jahre vor Inkrafttreten der Entgeltordnung auf eine Eingruppierungsregelung geeinigt. Diese war bisher als beispielhafte Tätigkeitsbeschreibung in der Anlage 3 zum TVÜ-VKA aufgeführt. Diese Entgeltgruppe wurde vereinbart, um auch Beschäftigte mit **einfachsten** Tätigkeiten im TVöD zu halten. So sollte eine (weitere) Verlagerung von Arbeitsplätzen aus dem öffentlichen Dienst verhindert werden. Doch wer ist in dieser EG 1 eingruppiert?

In einer Grundsatzentscheidung hat das Bundesarbeitsgericht hierzu Stellung genommen.[161]
Danach sind „einfachste Tätigkeiten" vor allem durch folgende Kriterien gekennzeichnet:
- die Tätigkeit selbst bedarf nur **sehr kurzer Einweisung**,
- sie erfordert **keine** Vor- oder **Ausbildung**,
- es besteht eine klare Aufgabenzuweisung,
- es handelt sich um im Wesentlichen gleichförmige und gleichartige („mechanische") Arbeiten, die nur **geringster Überlegungen** bedürfen,
- die Tätigkeit ist nicht mit einem im Rahmen der Aufgaben eigenständigen Verantwortungsbereich verbunden.

In dem vom BAG entschiedenen Fall wurden bei einer Reinigungskraft in einem Pflegeheim die einfachsten Tätigkeiten verneint. Dies führt in der Praxis dazu, dass diese Entgeltgruppe nur für einen sehr kleinen Personenkreis einschlägig sein dürfte.

[161] BAG-Urteil vom 28.01.2009 – 4 ABR 92/07

5.6.3 Rechtslage bis 31.12.2016 und Überleitung

Bis zum 31.12.2016 gab es im kommunalen TVöD keine Eingruppierungsvorschriften. Die Entgeltordnung war noch nicht in Kraft.

Die für Eingruppierungsregelungen vorgesehenen §§ 12 und 13 TVöD waren seinerzeit „nicht belegt".

§ 17 Abs. 1 Satz 1 TVÜ-VKA bestimmte deshalb, dass § 22 BAT sowie die (alte) Vergütungsordnung weiterhin anzuwenden waren.

Nachstehend erhalten Sie deshalb einige Informationen zum „alten Eingruppierungsrecht". Nach Ermittlung der Vergütungs- und Fallgruppe (nach altem, bis 31.12.2016 gültigem Tarifrecht) erfolgte gemäß § 17 Abs. 7 TVÜ-VKA eine Zuordnung zu der entsprechenden Entgeltgruppe des TVöD. Hierzu bedurfte es eines Blickes in die Anlage 3 zum TVÜ-VKA.

Beispiel:
Ein Beschäftigter übte Aufgaben aus, deren Tätigkeit „gründliche und vielseitige Fachkenntnisse" erforderten.

➔ Nach der bisher maßgebenden Vergütungsordnung war er in Vergütungsgruppe VII, Fallgruppe 1b BAT eingruppiert.
➔ Die Einreihung in diese Vergütungs- und Fallgruppe führte eigentlich im Rahmen eines sechsjährigen Bewährungsaufstiegs in die Vergütungsgruppe VI b, Fallgruppe 1b BAT.
➔ Bei Anwendung der Anlage 3 zum TVÜ-VKA wird diese Eingruppierung „VII mit (Bewährungs-)Aufstieg nach VIb" der **Entgeltgruppe 5 TVöD** zugeordnet.[162]

An dieser Stelle bestand das Problem des Beschäftigten darin, dass Bewährungsaufstiege nicht mehr vollzogen wurden, § 17 Abs. 5 TVÜ-VKA! Das heißt, dass sowohl eine Eingruppierung nach Fallgruppe 1a (ohne Aufstieg) als auch eine Eingruppierung nach Fallgruppe 1b (mit Aufstieg) eine Zuordnung nach EG 5 TVöD nach sich zogen. Diese Situation war für Beschäftigte der Fallgruppen, die (eigentlich) einen Aufstieg zur Folge haben, äußerst unbefriedigend.

Im neuen Tarifrecht besteht nun für am 31.12.2016 vorhandene Beschäftigte die Möglichkeit, einen **Antrag** auf Höhergruppierung zu stellen. Ein solcher Antrag kann bis spätestens 31.12.2017 gestellt werden[163] und wirkt auf den 01.01.2017 zurück. Im Falle eines solchen Antrags erfolgt also eine „betragsmäßige Höhergruppierung" nach dem bis 28.02.2017 maßgebenden § 17 Abs. 4 TVöD. Siehe hierzu Nr. 5.7.3.1.

[162] Zum Vergleich: Ein in 2017 eingestellter Beschäftigter mit diesen Tätigkeitsmerkmalen ist in EG 6 TVöD eingruppiert

[163] Für am 01.01.2017 Beurlaubte sind Ausnahmen vorgesehen (Antragsmöglichkeit bis ein Jahr nach Wiederaufnahme der Tätigkeit)

5.6.4 Blick auf andere Tarifbereiche

Der Bund und die Länder verfügen schon seit längerem über eigene Entgeltordnungen. Zuletzt hat das **Land Hessen** eine Entgeltordnung als Anlage A zum TV-H eingeführt, welche rückwirkend zum 01.07.2014 in Kraft getreten ist.

Auch daraus wird ersichtlich, dass die Tarifbereiche des öffentlichen Dienstes immer weiter auseinanderdriften. Für den Rechtsanwender erscheint das Tarifrecht des öffentlichen Dienstes daher immer unübersichtlicher.

Aus Gründen der Transparenz bleiben wir deshalb schwerpunktmäßig im kommunalen Bereich des TVöD.

5.7 Tabellenentgelt

Nachdem wir durch Eingruppierung zu der (hoffentlich richtigen) Entgeltgruppe gelangt sind, stellt sich nunmehr die Frage, welche der sechs **Stufen** des Tabellenentgelts dem Beschäftigten zusteht.[164]

Dabei geht der TVöD von **monatlich** gleich bleibenden Beträgen aus. Für eine Arbeitsleistung im (kurzen) Kalendermonat Februar erhält man somit grundsätzlich das gleiche Entgelt wie in jedem anderen Kalendermonat.

Zum **Stundenentgelt** vgl. Nr. 5.8.2.

5.7.1 Stufenzuordnung bei Einstellung

Gemäß § 16 Abs. 2 Satz 1 TVöD wird der Beschäftigte bei Einstellung grundsätzlich der **Stufe 1** seiner jeweiligen Entgeltgruppe zugeordnet. In dieser Stufe verbleibt der Beschäftigte ein Jahr (§ 16 Abs. 3 TVöD). Sodann erfolgt der Aufstieg in die Stufe 2, in der er zwei Jahre verbringt.

---

164 Abweichend umfasst die Entgeltgruppe 1 TVöD fünf Stufen, § 16 Abs. 4 TVöD

Schaubild:

Stufe	Stufenlaufzeit
1	1 Jahr
2	2 Jahre
3	3 Jahre
4	4 Jahre
5	5 Jahre

Nach insgesamt 15 Jahren[165] hat der Beschäftigte somit seine **Endstufe** erreicht.

Doch nicht jeder Beschäftigte beginnt in Stufe 1:
Nach § 16 Abs. 2 Satz 2 erster Halbsatz TVöD erfolgt die Einstellung in Stufe 2, wenn eine „einschlägige Berufserfahrung" von mindestens einem Jahr vorliegt.

Merke: **Einschlägige Berufserfahrung** liegt vor, wenn die neue **Tätigkeit mit der bisherigen Tätigkeit nach Aufgabenzuschnitt** (z. B. Bezügerechner in Stadtverwaltung) **und Wertigkeit** (z. B. EG 8 TVöD) identisch ist oder ihr zumindest **gleich** oder gleichartig ist. Dabei muss die bei einem (oder mehreren) anderen Arbeitgeber(n) erworbene Erfahrung dem Beschäftigten bei dem neuen Arbeitgeber unmittelbar zugutekommen; er muss diesen **ohne nennenswerte Einarbeitungszeit** einsetzen können.

Beispiel:
Der Bewerber Hubert Henne soll am 01.01.2018 bei der Stadt Kassel eingestellt werden (Kassenverwaltung, EG 6 TVöD). Er war zuvor 18 Monate bei der Stadt Baunatal beschäftigt (ebenfalls Kassenverwaltung, EG 6 TVöD).

- ➔ Der Bewerber verfügt über mindestens ein Jahr einschlägige Berufserfahrung.
- ➔ Deshalb erhält er EG 6, **Stufe 2** (§ 16 Abs. 2 Satz 2 erster Halbsatz TVöD).
- ➔ Auf einen unmittelbaren Wechsel zwischen den Arbeitgebern kommt es hier nicht an.[166]
- ➔ Die Stufenlaufzeit beträgt zwei Jahre, so dass er am 01.01.2020 nach Stufe 3 aufsteigt.
- ➔ Manche Arbeitgeber erkennen die in diesem Beispiel „verlorenen" sechs Monate[167] übrigens ganz oder teilweise an und lassen den Stufenaufstieg entsprechend früher stattfinden. Ein derartiges „übertarifliches" Vorgehen sieht der TVöD jedoch nicht ausdrücklich vor.

Entsprechendes gilt, wenn der Bewerber über eine längere Zeit einschlägiger Berufserfahrung verfügt. Nach § 16 Abs. 2 Satz 2 zweiter Halbsatz TVöD erfolgt in der Regel eine Zuordnung zu **Stufe 3**, wenn der Bewerber bei Einstellung über eine einschlägige Berufserfahrung von mindestens drei Jahren verfügt.

165 1 + 2 + 3 + 4 + 5 Jahre (§ 16 Abs. 3 TVöD)
166 Im Gegensatz zur Anrechnung im Rahmen der Beschäftigungszeit im weiteren Sinn, vgl. Nr. 4.7
167 18 minus 12 = 6 Monate

Dabei geht die Rechtsprechung noch einen Schritt weiter: Bei unmittelbarer Wiedereinstellung mit gleichen Tätigkeiten bei demselben Arbeitgeber steht dem Beschäftigten bei einschlägiger Berufserfahrung von

- 6 Jahren die Stufe 4,
- 10 Jahren die Stufe 5 und
- 15 Jahren die Stufe 6 zu.

Auch der in § 16 Abs. 3 TVöD vorgesehene Neubeginn der Stufenlaufzeit findet in diesen Fällen keine Anwendung.[168]

Zu beachten ist, dass der jeweilige Aufstieg in die Stufen 4, 5 und 6 gemäß § 16 Abs. 3, § 17 Abs. 2 TVöD in Abhängigkeit von der **Leistung** des Beschäftigten erfolgt. Herausragend gute Mitarbeiter können so schneller, besonders leistungsschwache Beschäftigte entsprechend langsamer aufsteigen.

Natürlich handelt es sich auch um einschlägige Berufserfahrung, wenn der Beschäftigte bisher befristet beschäftigt war und bei **demselben** Arbeitgeber mit den gleichen Tätigkeiten (befristet oder unbefristet) weiterbeschäftig wird; eine etwaige Unterbrechung ist hier unschädlich.

Dem **Personalrat** steht diesbezüglich ein Mitbestimmungsrecht hinsichtlich der Stufe des Tabellenentgelts bei Einstellung zu (Richtigkeitskontrolle, ob einschlägige Berufserfahrung zutreffend berücksichtigt wurde).

Nun wird es schwammiger: Nach § 16 Abs. 2 Satz 3 TVöD **kann** der Arbeitgeber bei Neueinstellungen zur Deckung des Personalbedarfs Zeiten einer vorherigen beruflichen Tätigkeit ganz oder teilweise für die Stufenzuordnung berücksichtigen. Voraussetzung hierfür ist, dass diese Tätigkeit „förderlich" ist. Doch was ist förderlich?

Merke: **Förderlich** kann mit „nützlich" bzw. „brauchbar" beschrieben werden. Es muss also zumindest ein sachlicher Zusammenhang zur angestrebten Tätigkeit vorliegen.

Merke: Eine **Deckung des Personalbedarfs** liegt nicht schon dann vor, wenn der Bewerber besonders gut geeignet erscheint. Vielmehr ist erforderlich, dass der Personalbedarf ohne diese Einstellung qualitativ nicht gedeckt werden kann. Diese Tarifnorm ermöglicht ein **flexibles** Vorgehen bei Personalgewinnungsschwierigkeiten (z. B. bei Fach- und Führungskräften).

Im Gegensatz zu den Sätzen 1 und 2 des § 16 Abs. 2 TVöD besteht hier ein Ermessensspielraum des Arbeitgebers („kann").

Dementsprechend ist das Recht auf Mitbestimmung des Personalrates in diesen Fällen nicht gegeben.

[168] BAG-Urteil vom 24.10.2013 – 6 AZR 964/11

Weiterhin ermöglicht es § 16 Abs. 2a TVöD, bei Einstellung in unmittelbarem Anschluss an ein Arbeitsverhältnis im **öffentlichen Dienst** die bei dem Vorarbeitgeber erworbene Stufe bei der Stufenlaufzeit zu berücksichtigen. Hier kommt es nach dem Wortlaut der Vorschrift nicht auf die Gleichartigkeit der Tätigkeiten an.

Alles klar? Gut, dann können Sie nun den Fall 18 im Übungsteil lösen.

5.7.2 Stufenzuordnung bei Unterbrechung

© VRun/PIXELIO

§ 16 Abs. 3 Satz 1 TVöD geht von einer „ununterbrochenen Tätigkeit innerhalb derselben Entgeltgruppe" aus.

Dabei spielt es keine Rolle, ob der Beschäftigte in Vollzeit oder Teilzeit arbeitet. Selbst eine geringfügige Beschäftigung im Sinne von § 8 Abs. 1 Nr. 1 SGB IV von z. B. einer Wochenstunde wäre ausreichend.

Doch was geschieht im Falle einer Unterbrechung?

Zunächst regelt § 17 Abs. 3 Satz 1 TVöD, dass die folgenden Zeiten einer Arbeitsleistung gleich stehen, also zu **keinerlei Nachteilen führen:**
a) Schutzfristen nach dem Mutterschutzgesetz,[169]
b) Zeiten einer Arbeitsunfähigkeit nach § 22 TVöD bis zu 39 Wochen,[170]
c) Zeiten eines bezahlten Urlaubs,[171]
d) Zeiten eines Sonderurlaubs, bei denen der Arbeitgeber vor Antritt schriftlich ein dienstliches Interesse anerkannt hat,[172]
e) Zeiten einer sonstigen Unterbrechung von weniger als einem Monat im Kalenderjahr,
f) Zeiten der vorübergehenden Übertragung einer höherwertigen Tätigkeit.[173]

(Hinweis: In anderen Tarifbereichen kann dieser Katalog durchaus umfangreicher gestaltet sein. So führen z. B im Bereich des **TV-H** seit dem 01.01.2016 auch folgende Zeiten zu keinen Nachteilen für hessische Landesbedienstete:

- Zeiten eines Freistellungsanspruchs nach § 45 SGB V,
- Zeiten der kurzfristigen Arbeitsverhinderung nach § 2 PflZG,
- Zeiten der vollständigen Freistellung nach § 3 PflZG und
- Zeiten der Inanspruchnahme der Elternzeit von bis zu sechs Monaten pro Kind.

[169] Zur Vertiefung siehe Nr. 7.2
[170] Zur Vertiefung siehe Abschnitt 5.11
[171] Zur Vertiefung siehe Abschnitt 5.12
[172] Zur Vertiefung siehe Nr. 5.12.3
[173] Zur Vertiefung siehe Nr. 5.8.1

In all diesen Fällen läuft die Stufenlaufzeit somit weiter. Doch wie beschrieben: Dies gilt nur im Bereich des TV-H.

§ 17 Abs. 3 Satz 2 TVöD regelt die Rechtsfolgen bei anderen Unterbrechungen bis zu einer Dauer

- von jeweils drei Jahren und
- Elternzeit bis zu jeweils fünf Jahren.

In diesen Fällen sind die Unterbrechungen „unschädlich“, werden aber **nicht** auf die Stufenlaufzeit **angerechnet**. Der Beschäftigte wird für die Dauer der Unterbrechung quasi in seiner Stufenlaufzeit „eingefroren“.

Dabei ist die Formulierung „Elternzeit bis zu jeweils fünf Jahren“ unglücklich, denn die Höchstdauer einer Elternzeit beträgt 3 Jahre, § 15 Abs. 2 BEEG.[174] Gemeint ist hier die Gesamtdauer einer Elternzeit und eines Sonderurlaubs zur Kinderbetreuung nach § 28 TVöD pro Kind. Bei zwei Kindern wäre demnach eine Unterbrechung von 5 + 5 = maximal 10 Jahren unschädlich.

Beispiel:
01.01.2012 Stufe 5
01.01.2017 Stufe 6 eigentlich (§ 16 Abs. 3 TVöD)
9 Monate Elternzeit im Jahr 2016

➔ Der Aufstieg in Stufe 6 verschiebt sich (um 9 Monate) auf den 01.10.2017.[175]

Aus Sicht eines Beschäftigten kann diese ungeliebte Rechtsfolge dadurch verhindert werden, dass während der Elternzeit eine **Teilzeitarbeit** bei demselben Arbeitgeber ausgeübt wird. Zu den Voraussetzungen siehe Abschn. 7.3.

§ 17 Abs. 3 Satz 3 TVöD geht noch einen Schritt weiter: Er bestimmt, dass alle mehr als drei Jahre dauernden Unterbrechungen (bei Elternzeit mehr als fünf Jahre) zu einem **Verlust** der bisherigen Stufe führen (Zitat aus Tarifvertrag: „erfolgt eine Zuordnung zu der Stufe, die der vor der Unterbrechung erreichten Stufe vorangeht, jedoch nicht niedriger als bei einer Neueinstellung“).

Beispiel:
01.01.2010 Stufe 5
01.01.2015 Stufe 6 eigentlich (§ 16 Abs. 3 TVöD)
6 Jahre Elternzeit einschl. Sonderurlaub für ein Kind vom 01.01.2012 bis 31.12.2017

➔ Hier liegt eine (zu lange) Unterbrechung im Sinne von § 17 Abs. 3 Satz 3 TVöD vor.
➔ Der Beschäftigte wird nach der Unterbrechung derjenigen Stufe zugeordnet, die der vor der Unterbrechung erreichten Stufe vorangeht (hier: der **Stufe 4!**); es erfolgt nun eine Vergleichsberechnung einer Neueinstellung nach § 16 Abs. 2 TVöD.[176]
➔ Die bislang geleistete Stufenlaufzeit von zwei Jahren geht verloren; der Beschäftigte muss bei Zuordnung zu Stufe 4 vier Jahre arbeiten, um die Stufe 5 erneut zu erreichen.

174 Zur Vertiefung siehe Abschn. 7.3
175 Im TV-H um (9 minus 6 =) 3 Monate auf den 01.04.2017
176 Siehe Nr. 5.7.1

Schaubild: Unterbrechungszeiten nach § 17 Abs. 3 TVöD

Art der Unterbrechung	Rechtsfolge	§ 17 Abs. 3 Satz ...
a) Schutzfristen nach MuSchG, b) Zeiten einer AU ... bis zu 39 Wochen, c) Zeiten eines bezahlten Urlaubs, d) Sonderurlaub, bei denen... anerkannt, e) sonstige kurze Unterbrechung, f) vorübergehende Übertragung einer höherwertigen Tätigkeit	keine	Satz 1
Andere Zeiten **bis** 3 Jahre Elternzeit **bis** 5 Jahre	„**Einfrieren**", d. h., der Beschäftigte setzt seine vor der Unterbrechung erreichte Stufenlaufzeit fort.	Satz 2
Andere Zeiten **über** 3 Jahre Elternzeit **über** 5 Jahre	**Rückstufung**	Satz 3

In anderen Tarifbereichen finden sich – wie oben beschrieben – geringfügig abweichende Regelungen.

5.7.3 Stufenzuordnung bei Höhergruppierung

Werden einem Beschäftigten dauerhaft höherwertige Tätigkeiten übertragen, so wird er höhergruppiert.[177]

Eine Höhergruppierung erfolgt nach den Bestimmungen des § 17 Abs. 4 TVöD (kommunal). Zu unterscheiden sind dabei zwei völlig unterschiedliche Verfahrensweisen. Für Höhergruppierungen bis 28.02.2017[178] gilt:

5.7.3.1 Rechtslage bis 28.02.2017

Eine Höhergruppierung erfolgt in drei Schritten, welche nachfolgend beschrieben werden.

Schritt 1: mindestens bisheriges Entgelt

(Der Beschäftigte erhält also in der Aufrückungsgruppe die Stufe, die seinem bisherigen Entgelt entspricht oder etwas darüber liegt. Hier ist keine Verschlechterung möglich. Man spricht deshalb auch von der „betragsmäßigen Höhergruppierung".)

[177] Zur Tarifautomatik vgl. Nr. 5.6.1

[178] Und damit auch für Höhergruppierungen im Zusammenhang mit der Einführung der Entgeltordnung. Eine solche Höhergruppierung kann bis 31.12.2017 beantragt werden und wirkt auf den 01.01.2017 zurück

Schritt 2: mindestens Stufe 2
(Nach einer Höhergruppierung kann der Beschäftigte also keinesfalls in Stufe 1 landen.)

Schritt 3: ggf. Garantiebetrag
(Nach Durchführung der Schritte 1 und 2 muss der Beschäftigte bei Höhergruppierung in die Entgeltgruppen 2 bis 8 TVöD mindestens 57,63 €[179] mehr haben als zuvor. Bei Höhergruppierung nach Entgeltgruppe 9 bis 14 TVöD gilt ein Garantiebetrag von 92,22 €.)[180]

Wichtig ist, dass diese drei Schritte stets in dieser Reihenfolge geprüft werden.

Beispiel 1:
Höhergruppierung von EG 8 Stufe 4 nach EG 9 TVöD.
➔ Nach der Höhergruppierung erhält der Beschäftigte Entgelt nach EG 9 Stufe 3 TVöD.
➔ Dies ergibt sich aus Schritt 1: EG 9 Stufe 2 wäre eine Verschlechterung; deshalb Stufe 3. Schritt 2 ist dabei ebenfalls erfüllt und es stehen nach dem dritten Schritt auch mehr als die „garantierten" 57,63 € als Zugewinn zu.

Beispiel 2:
Höhergruppierung von EG 9 Stufe 2 nach EG 10 TVöD.
➔ Nach der Höhergruppierung erhält der Beschäftigte Entgelt nach EG 10 Stufe 2 TVöD.
➔ Dies ergibt sich aus Schritt 2: Während für Schritt 1 das Entgelt der EG 10 Stufe 1 ausreichend ist, fordert Schritt 2 zwingend mindestens die Stufe 2 nach der Höhergruppierung. Hier ist auch der Garantiebetrag von 92,22 € mehr als erfüllt.

Beispiel 3:
Höhergruppierung von EG 6 Stufe 5 nach EG 8 TVöD.[181]
➔ Nach Schritt 1 gelangen wir in EG 8 Stufe 3 TVöD. Schritt 2 ist auch erfüllt (der Beschäftigte erhält 24,21 € mehr als zuvor). Hier liegt der Schwerpunkt auf Schritt 3:
➔ 2.841,25 €
+ 57,63 €
= 2.898,88 €
➔ Der Beschäftigte erhält damit eine „individuelle Stufe 3". Es steht ihm ein Betrag zu, den Sie so nirgendwo im Tarifvertrag finden werden. Falsch wäre es, ihm der Einfachheit halber der Stufe 4 zuzuordnen.

Bei Höhergruppierungen über **mehrere** Entgeltgruppen (z. B. von EG 5 nach EG 8 TVöD) regelt § 17 Abs. 4 Satz 3 TVöD, dass quasi mehrmals betragsmäßig höhergruppiert wird, allerdings der maßgebende Garantiebetrag nur einmal Anwendung findet.

Nach der Höhergruppierung beginnt die **Stufenlaufzeit** stets neu.

[179] Betrag ab 01.03.2016
[180] Betrag ab 01.03.2016
[181] Dies entspricht einer Höhergruppierung von Vergütungsgruppe VII nach VIb BAT; die EG 7 TVöD war bekanntlich bis 31.12.2016 Arbeitertätigkeiten vorenthalten

Achtung: In der für die Bundesverwaltung maßgebenden Fassung des TVöD gilt nicht die oben beschriebene betragsmäßige, sondern die „stufengleiche" **Höhergruppierung.** Im Falle einer Höhergruppierung von EG 8 Stufe 4 nach EG 9 TVöD landet der Beschäftigte somit (ganz einfach) in EG 9 Stufe 4 TVöD. Auch hier beginnt die Stufenlaufzeit nach der Höhergruppierung neu.

Die Höhergruppierung erfolgt in vielen Dienststellen in Form eines **Änderungsvertrag**es. Ausreichend ist aber auch ein einfaches Mitteilungsschreiben („Sie werden mit Wirkung vom ... von EG ... nach EG ... höhergruppiert.").

5.7.3.2 Rechtslage ab 01.03.2017

Für Höhergruppierungen ab dem 01.03.2017 gilt auch im kommunalen Bereich die „stufengleiche Höhergruppierung".

Beispiel:
Höhergruppierung am 01.02.2018 von EG 8 Stufe 4 nach EG 9a TVöD

➔ Nach der Höhergruppierung erhält der Beschäftigte Entgelt nach EG 9a, Stufe 4 (stufengleich).
➔ Die Stufenlaufzeit in der Aufrückungsgruppe beginnt am Tag der Höhergruppierung neu (Stufe 5 somit ab 01.02.2022).

5.7.4 Stufenzuordnung bei Herabgruppierung

Im Falle einer Herabgruppierung behält der Beschäftigte seine bisher erreichte Stufe, § 17 Abs. 4 Satz 5 TVöD. Doch was geschieht mit der in der höheren Entgeltgruppe absolvierten Stufenlaufzeit?

Beispiel:
01.01.2017 Einstellung in EG 6 Stufe 2 TVöD,
01.01.2018 Herabgruppierung nach EG 5 Stufe 2 TVöD.

➔ In diesem Fall könnte man meinen, das eine in EG 6 TVöD verbrachte Jahr sei anrechenbar. Die Tarifverträge des öffentlichen Dienstes enthalten hierzu aber keine ausdrückliche Regelung. Deshalb beginnt die Stufenlaufzeit (hier in EG 5 Stufe 2) ab dem Zeitpunkt der Herabgruppierung **neu** zu laufen.[182]

(Hinweis: Eine anderslautende Regelung hierzu enthält nur § 17 Abs. 5 Satz 4 TVöD/Bund für die Beschäftigten des **Bundes**.)

---

[182] Urteil des LAG Köln vom 02.11.2015 – 2 Sa 603/15 (Revision anhängig unter 6 AZR 741/15)

5.8 Weitere Entgeltbestandteile

Neben dem Tabellenentgelt sieht der TVöD noch weitere Entgeltbestandteile vor, von denen die wichtigsten im Folgenden erläutert werden:

5.8.1 Persönliche Zulage

Werden einem Beschäftigten dauerhaft Tätigkeiten einer höheren Entgeltgruppe übertragen, so erfolgt bekanntlich eine Höhergruppierung (siehe oben). Was aber passiert, wenn ein Beschäftigter nur für einige Monate oder wenige Jahre höherwertige Tätigkeiten auszuüben hat, z. B. weil sich der Stelleninhaber in Elternzeit befindet?

Die Lösung finden wir in § 14 TVöD. Nach § 14 Abs. 1 TVöD erhält der Beschäftigte in diesen Fällen neben seinem Tabellenentgelt eine persönliche Zulage, wenn diese höherwertige Tätigkeit mindestens **einen Monat** lang ausgeübt wird.

Beispiel**:**
Herr Müller (EG 9a TVöD) ist 3 Wochen krank, Herr Meier (EG 8 TVöD) vertritt ihn.
➔ Hier besteht kein Anspruch auf Gewährung einer persönlichen Zulage.

Der Anspruch entsteht, sobald die Monatsfrist erfüllt wurde, **rückwirkend** ab dem ersten Tag der Vertretung.

In der Praxis entsteht oft Streit über die Frage, wer in welcher Form höherwertige Aufgaben **„übertragen"** darf. Das Landesarbeitsgericht Mecklenburg-Vorpommern[183] hat hierzu festgestellt, dass es hierzu einer Willenserklärung des Arbeitgebers bedarf, die auch durch konkludentes Handeln erfolgen kann.

Aus Gründen der Rechtssicherheit empfiehlt sich jedoch eine schriftliche Übertragung durch die zuständige Personalabteilung.

Ist ein Beschäftigter zum **ständigen Vertreter** einer Führungskraft berufen worden und fällt diese Führungskraft dann (z. B. durch Abordnung) aus, so steht keine persönliche Zulage zu, denn die Vertretung gehört auf Dauer zu den arbeitsvertraglich auszuübenden Tätigkeiten des ständigen Vertreters.[184]

---

[183] Urteil vom 15.01.2015 – 5 Sa 75/14 (Revision nicht zugelassen)

[184] Vgl. BAG-Urteil vom 16.04.2015 – 6 AZR 242/14

Bei der **Höhe** der persönlichen Zulage kommt es drauf an: Maßgebend ist nämlich nach § 14 Abs. 3 TVöD, in welcher Entgeltgruppe der Vertreter eingruppiert ist:

Schaubild zur Höhe der persönlichen Zulage:

Eingruppierung	Berechnung
EG 9a bis 14	Fiktive **Höhergruppierung** nach § 17 Abs. 4[185]
EG 1 bis 8	Individuelles Tabellenentgelt x **4,5 %**

Ein manchmal vorkommender Fehler in Klausuren besteht darin, die Differenz zu dem tatsächlichen Tabellenentgelt der Stammkraft zu ermitteln. Auf die Stufe des Vertretenen kommt es aber in keinem Fall an!

Übungsfall 1:
Der Personalsachbearbeiter Rudi Ratlos erhält Tabellenentgelt nach Entgeltgruppe 10 Stufe 3 TVöD; die nächste Stufensteigerung erfolgt am 1.Oktober.

In der Zeit vom 1. August bis 30. November 2017 wird ihm infolge Elternzeit einer Kollegin eine nach EG 11 TVöD bewertete Tätigkeit übertragen.

Bitte ermitteln Sie den Anspruchszeitraum und die jeweilige Höhe der persönlichen Zulage.
➔ **Anspruch** besteht, denn die höherwertige Tätigkeit wird mehr als einem Monat ausgeübt.
➔ Im August und September ergibt sich die Höhe der Zulage aus der Differenz zwischen EG 10 Stufe 3 und EG 11 Stufe 3 (zurzeit 127,58 €).[186]
➔ Im Oktober und November ergibt sich die Höhe der Zulage aus der Differenz zwischen EG 10 Stufe 4 und EG 11 Stufe 4 (zurzeit 255,11 €).

Übungsfall 2:
Die Schreibkraft Susi Schnell erhält Tabellenentgelt nach Entgeltgruppe 6, Stufe 2 TVöD.

In der Zeit vom 1. Oktober bis 31. Dezember 2017 wird ihr eine nach EG 8 TVöD bewertete Tätigkeit übertragen.

Bitte ermitteln Sie den Anspruchszeitraum und die monatliche Höhe der persönlichen Zulage.
➔ **Anspruch** besteht, denn die höherwertige Tätigkeit wird mehr als einem Monat ausgeübt.
➔ Die monatliche **Höhe** errechnet sich wie folgt:
EG 6 Stufe 2 = 2.586,- € x 4,5 % = 116,37 €.

---

185 Vgl. bis 28.02.2017 Nr. 5.7.3.1, für Höhergruppierungen ab dem 01.03.2017 vgl. Nr. 5.7.3.2
186 Bis 28.02.2017 erfolgt eine Berechnung der Zulage nach Nr. 5.7.3.1

Wird die höherwertige Tätigkeit nur für Teile eines Kalendermonats ausgeübt (z. B. vom 21.01. bis 13.04. eines Jahres), so greift § 24 Abs. 3 Satz 1 TVöD, wonach z. B. im April Anspruch auf 13/30 des monatlichen Zulagenbetrages zusteht.

Stellen Sie sich vor, Sie befinden sich in EG 6 Stufe 6 (zurzeit 2.919,91 €) und Sie erhalten daneben eine persönliche Zulage nach EG 8 (4,5 % von EG 6 Stufe 6 = 131,40 €). Im Ergebnis erhalten Sie 3.051,31 €.

Im Januar 2017 (!) werden Sie dann nach EG 8 TVöD höhergruppiert, weil der Stelleninhaber inzwischen ausgeschieden ist.

Welches Tabellenentgelt steht Ihnen nach der Höhergruppierung zu?

➔ Durch betragsmäßige Höhergruppierung[187] erhalten Sie EG 8 Stufe 4 (2.974,36 €), die Zulage entfällt.

➔ Dadurch haben Sie einen finanziellen **Verlust** von zurzeit 76,95 €!

➔ Ihre Stufenlaufzeit in EG 8 TVöD beginnt von vorn; die Zeit der Gewährung der persönlichen Zulage wird auf die Stufenlaufzeit nicht angerechnet![188]

5.8.2 Zeitzuschläge

© Lupo/PIXELIO

Ausgangssituation:

Stellen Sie sich vor, Sie müssen heute Abend bis 23:00 Uhr arbeiten, weil im Rathaus eine wichtige dienstliche Veranstaltung stattfindet. Haben Sie in diesem Fall Anspruch auf Zeitzuschlag?

Die Antwort finden Sie in § 8 TVöD. Nach § 8 Abs. 1 Satz 2 Buchstabe b TVöD haben Beschäftigte Anspruch auf Zeitzuschlag je Stunde geleisteter Nachtarbeit in Höhe von 20 % des auf eine Stunde entfallenden Anteils des Tabellenentgelts der **Stufe 3** ihrer jeweiligen Entgeltgruppe. Es spielt also keine Rolle, in welcher Stufe Sie sich tatsächlich befinden.

Der „**auf eine Stunde** entfallende Anteil des Tabellenentgelts“ ergibt sich aus § 24 Abs. 3 Satz 3 TVöD.

[187] Vgl. Nr. 5.7.3.1; für die Zeit ab 01.03.2017 gilt die stufengleiche Höhergruppierung nach Nr. 5.7.3.2

[188] BAG-Urteil vom 03.07.2014 – 6 AZR 106/12

Beispiel:
Tabellenentgelt 3.000 €/39/4,348 = 17,69 €

Doch für welche Stunden besteht Anspruch auf Zeitzuschlag für Nachtarbeit? Greifen wir hier etwa auf die Ihnen bereits aus Nr. 5.4.1 bekannte Definition des § 2 Abs. 3 ArbZG zurück (zwischen 23 und 6 Uhr)? Nein, denn dort befinden sich nur arbeitsschutzrechtliche Bestimmungen zur Nachtarbeit. Für die Frage der Abgeltung von Nachtarbeit gilt vielmehr die Tarifnorm des § 7 Abs. 5 TVöD (zwischen 21 und 6 Uhr).

Für unsere Ausgangssituation bedeutet dies einen Anspruch auf Zeitzuschlag für zwei Stunden (21 bis 23 Uhr).

Hinweis: Im **TVöD-K** steht abweichend hiervon für Angestelltentätigkeiten ein Zeitzuschlag von nur 15 % zu.

Beim **Zusammentreffen** von Zeitzuschlägen nach § 8 Abs. 1 Satz 2 Buchstabe c bis f wird nur der höchste Zeitzuschlag gezahlt.

Umkehrschluss:
Die Zeitzuschläge
a) für Überstunden und
b) für Nachtarbeit
werden immer zusätzlich gezahlt.

Beispiel:
Ein Beschäftigter arbeitet am 1. Mai (gesetzlicher Feiertag), der auf einen Sonntag fällt.
➔ Es besteht nur Anspruch auf den höheren Zeitzuschlag (hier: für den Feiertag).

Weiteres Beispiel:
Ein Beschäftigter arbeitet vom 1. Mai (21 Uhr) bis 2. Mai (3 Uhr).
➔ Am 1. Mai besteht Anspruch auf Zeitzuschlag für jeweils drei Stunden Feiertagsarbeit (35 % mit Freizeitausgleich) und Nachtarbeit (20 %).
➔ Am 2. Mai besteht Anspruch auf Zeitzuschlag für drei Stunden Nachtarbeit.

5.8.3 Leistungsentgelt

© Daniel Stricker/PIXELIO

Eine Neuerung des modernen Tarifrechts ist die zum 01.01.2007 vollzogene Einführung des Leistungsentgelts. Damit sollen besonders gute Leistungen von Beschäftigten finanziell honoriert werden. Zur Verfügung stehen für diese Zwecke zurzeit 2 % der ständigen Monatsentgelte des Vorjahres, § 18 Abs. 3 Satz 1 TVöD.

Beispiel:
Vorjahresentgelte: 10.000.000 €
Topf Leistungsentgelt: 200.000 €

Das Problem für die Praxis besteht häufig darin, wie genau Leistung im öffentlichen Dienst bewertet werden soll. Oftmals sind die Leistungen nicht ohne weiteres messbar wie beispielsweise in der Industrie.

§ 18 Abs. 6 TVöD fordert deshalb die Betriebsparteien auf, eine **Dienstvereinbarung** abzuschließen. Begründet wird dies mit den unterschiedlichen Strukturen der kommunalen Arbeitgeber (z. B. sind Verwaltungen nur bedingt mit Krankenhäusern vergleichbar; auch die Größe der Dienststelle spielt eine Rolle). In dieser Dienstvereinbarung wird regelmäßig festgelegt, nach welchen Kriterien und nach welchem Verfahren die Verteilung der tariflich festgelegten finanziellen Mittel erfolgen soll.

Bei zehn Gemeinden gibt es insoweit zehn verschiedene Dienstvereinbarungen, so dass an dieser Stelle nur grundlegende Hinweise gegeben werden können, worauf vor Ort zu achten ist:
- Zielvereinbarungen und/oder Leistungsbeurteilungen?
- Welche konkreten Kriterien sollen gelten?
- Viele Prämienempfänger oder Elitesystem?
- Anteilige oder volle Prämien für Teilzeitbeschäftigte?[189]
- Ein Gesamttopf oder viele Teiltöpfe?
- Gleiche Prämienhöhe pro Mitarbeiter oder in Abhängigkeit der Eingruppierung?
- Nur Einzelziele oder auch Teamziele?

In vielen Verwaltungen hat die Einführung des Leistungsentgelts zumindest zu einer Verbesserung der **Kommunikation** zwischen den Führungskräften und den Mitarbeitern geführt; der Stellenwert von Mitarbeitergesprächen wurde aufgewertet. Ob weitere Vorteile erreicht worden sind, wird sehr unterschiedlich beurteilt.

In einzelnen Kommunen wurde überlegt, alle Beschäftigten – ohne Messung ihrer Leistung – am Leistungsentgelt zu beteiligen. Einer solchen Verfahrensweise hat das Bundesarbeitsgericht jedoch eine klare Absage erteilt, indem es feststellt:

> „Der Begriff des Leistungsentgelts wird in der tariflichen Regelung verschieden, **keinesfalls** aber **als pauschale Zahlung** an die Arbeitnehmer verwendet."[190]

Wurde bislang noch **keine Dienstvereinbarung** abgeschlossen, so erfolgt ausnahmsweise eine pauschale Zahlung nach „tariflicher Gießkanne": Die Sätze 3, 4 und 5 der Protokollerklärung zu § 18 Abs. 4 TVöD bestimmen für diesen Fall, dass jeder Beschäftigte 6 % des ihm im September individuell zustehenden Tabellenentgelts erhält. Dadurch wird erreicht, dass nicht der ganze Topf ausgeschüttet wird. Hieraus resultiert ein Einigungsdruck auf

[189] Vgl. § 18 Abs. 4 Satz 7 TVöD. In der Praxis erhalten Teilzeitbeschäftigte zumeist anteilige Prämien
[190] BAG-Urteil vom 16.05.2012 – 10 AZR 202/11

die Betriebsparteien, endlich zu einer tarifgerechten Dienstvereinbarung zu gelangen. Wenn Sie mehr über das in Ihrer Dienststelle zu erzielende Leistungsentgelt wissen möchten, dann informieren Sie sich doch bitte in Ihrer Personalabteilung.

5.8.4 Jahressonderzahlung

© Jorma Bork/PIXELIO

Gibt es im öffentlichen Dienst auch Weihnachtsgeld?

Nun ja, im Prinzip schon; wir nennen es „Jahressonderzahlung". Gezahlt wird diese im Übrigen etwas früher, nämlich bereits Ende November (§ 20 Abs. 5 TVöD).

5.8.4.1 Anspruchsvoraussetzungen

Anspruch auf eine solche Jahressonderzahlung hat dem Grunde nach jeder, der am **1. Dezember** in einem Arbeitsverhältnis zu einem TVöD-Arbeitgeber steht.

Beispiel:
Arbeitsverhältnis 01.01. bis 30.11.2017
➔ Es besteht kein Anspruch auf Jahressonderzahlung.[191]
➔ Die Tatsache, dass der Beschäftigte an elf von zwölf Monaten im Arbeitsverhältnis gestanden hat, spielt keine Rolle.

Weiteres Beispiel:
Arbeitsverhältnis ab 01.12.2017
➔ Hier besteht Anspruch!
➔ Zur Höhe siehe Nr. 5.8.4.2.

Ein Ausscheiden nach dem 1. Dezember ist unschädlich.

Eine Einstellung nach dem 1. Dezember lässt den Anspruch nicht entstehen.

5.8.4.2 Berechnung

Die **Höhe** der Jahressonderzahlung ergibt sich zunächst aus § 20 Abs. 2 TVöD. Danach ist die Entgeltgruppe maßgebend, die der Beschäftigte **am 1. September** hatte (spätere Höhergruppierungen bleiben insoweit unberücksichtigt, die Gewährung per-

---

191 Achtung: Ausnahmen gelten für Beschäftigte, die unter den TVöD-K fallen. Diese erhalten bei vorzeitigem Ausscheiden stets eine anteilige Jahressonderzahlung, vgl. § 20 Abs. 6.1 TVöD-K. Aus Gründen der Transparenz wird diese Besonderheit im Folgenden aber vernachlässigt

sönlicher Zulagen ebenso. Erfolgt jedoch eine rückwirkende Höhergruppierung z. B. im Dezember mit Wirkung vom 1. August, so erfolgt eine entsprechende Neuberechnung der Jahressonderzahlung.[192]

Demnach beträgt die Jahressonderzahlung

	bis 2015	im Kalenderjahr 2016	im Kalenderjahr 2017	im Kalenderjahr 2018
EG 1 bis 8	90 %	87,89 %	82,05 %	...
EG 9a bis 12	80 %	78,13 %	72,52 %	...
EG 13 bis 15	60 %	58,59 %	53,43 %	...

(Achtung: in anderen Tarifbereichen, z. B. im Tarifgebiet Ost, finden Sie abweichende Prozentsätze.)

Während die Prozentsätze der Jahressonderzahlung jahrelang unverändert blieben, erfolgte beginnend mit dem Kalenderjahr 2016 eine moderate **Absenkung**. Hintergrund hierfür war eine am 29.04.2016 erfolgte Einigung der Tarifvertragsparteien, wonach die Mehrkosten der neuen Entgeltordnung abgefedert werden sollten. Im Folgenden arbeiten wir mit den Prozentsätzen des Kalenderjahres 2017. Die grundsätzlichen Aussagen zur Jahressonderzahlung in diesem Abschnitt sind aber selbstverständlich auch in anderen Kalenderjahren zu verwenden.

Doch worauf beziehen sich diese Prozentsätze?

➔ Bemessungsgrundlage ist das „in den Kalendermonaten **Juli, August und September** durchschnittlich gezahlte monatliche Entgelt".

Beispiel:

Juli	4.000 €
August	4.000 €
September	1.000 € (wegen Teilzeitbeschäftigung[193])
Summe:	9.000 €/3 = 3.000 € Bemessungsgrundlage.

Die Höhe der Jahressonderzahlung ergibt sich durch Multiplikation der Bemessungsgrundlage mit dem jeweils maßgebenden Prozentsatz.

Jahressonderzahlung = Bemessungsgrundlage x Prozentsatz

Ist der Beschäftigte z. B. in EG 10 eingruppiert, so ergibt sich für 2017 folgende Rechnung: Jahressonderzahlung = 3.000 € x 72,52 % = **2.175,60 €**.

[192] BAG-Urteil vom 16.11.2011 – 10 AZR 549/10
[193] Außerhalb einer Elternzeit

Aus Sicht eines Beschäftigten gilt es also darauf zu achten, eine Verringerung der Arbeitszeit möglichst erst ab dem 1. Oktober[194] zu beantragen, und zwar nur möglichst bis 30. Juni[195] des Folgejahres. Stockt z. B. ein geringfügig Beschäftigter (§ 8 Abs. 1 Nr. 1 SGB IV, auch „Minijobber" genannt) seine Arbeitszeit in den Kalendermonaten Juli, August und September auf 100 % der regelmäßigen Wochenarbeitszeit auf, so hat er Anspruch auf „volle" Jahressonderzahlung.

Aus Sicht des Arbeitgebers können im Umkehrschluss die Personalkosten reduziert werden, indem

- befristete Arbeitsverhältnisse bis zum 30.11.[196] abgeschlossen,
- Arbeitszeitverringerungen z. B. ab dem 01.07. genehmigt und
- Arbeitszeitaufstockungen z. B. ab dem 01.10. genehmigt werden.

Ein **Wechsel des Arbeitgebers** im Laufe eines Kalenderjahres ist schädlich.

Beispiel:
01.01. bis 30.06. Gemeinde A
01.07. bis 31.12. Gemeinde B
➔ Anspruch auf Jahressonderzahlung besteht nur gegenüber der Gemeinde B (Arbeitsverhältnis am 1. Dezember). Zur Verminderung siehe Nr. 5.8.4.3.

Beginnt das Arbeitsverhältnis **nach dem 30. September**, ist Bemessungsgrundlage abweichend der erste volle Kalendermonat des Arbeitsverhältnisses, § 20 Abs. 2 Satz 3 TVöD.

Beispiel:
15.10.2017 Einstellung
➔ Bemessungsgrundlage ist das für November 2017 zustehende Entgelt.

Doch welche Bemessungsgrundlage gilt, wenn der Arbeitsvertrag von Januar bis September befristet ist und der Beschäftigte in unmittelbarem Anschluss daran bei demselben Arbeitgeber nahtlos weiterbeschäftigt wird?
➔ Hier wird man wohl von einer „rechtlichen Einheit" der beiden Arbeitsverhältnisse ausgehen können. Im Ergebnis sind deshalb als Bemessungsgrundlage die Kalendermonate Juli, August und September maßgebend.[197]

Ist im Bemessungszeitraum (Juli bis September) **nicht für alle Kalendertage** Entgelt[198] gezahlt worden, greift Satz 2 bzw. Satz 4 der Protokollerklärung zu § 20 Abs. 2 TVöD. Ein ausführliches Berechnungsbeispiel hierzu finden Sie im Fall 19 im Übungsteil. Bevor Sie sich diesem Fall widmen, arbeiten Sie bitte die weiteren Hinweise zur Jahressonderzahlung (bis einschließlich Nr. 5.8.4.4) durch.

---

194 Oder später
195 Oder früher
196 Oder früher
197 LAG Mecklenburg-Vorpommern, Urteil vom 15.09.2015 – 5 Sa 8/15 (Revision zugelassen)
198 Mit Krankengeldzuschuss belegte Zeiten bleiben unberücksichtigt

5.8.4.3 Verminderung

Wird der Beschäftigte im Laufe eines Kalenderjahres eingestellt, so ist § 20 Abs. 4 TVöD zu beachten. Danach **vermindert** sich der Anspruch auf Jahressonderzahlung um ein Zwölftel für jeden Kalendermonat, in dem der Beschäftigte keinen Anspruch auf Entgelt hat.

Beispiel:
15.08.2017 Einstellung
➔ Anspruch besteht (Arbeitsverhältnis am 1. Dezember).
➔ Verminderung auf **5/12** (7 Kalendermonate ohne Entgeltanspruch)

Weiteres Beispiel:

Gemeinde A	01.01. bis 20.03.
Gemeinde A	15.05. bis 10.07.
Gemeinde A	21.08. bis 31.12.

➔ Hier steht Jahressonderzahlung nicht nur für das letzte Arbeitsverhältnis (dies wären 5/12), sondern für alle Arbeitsverhältnisse, die in diesem Kalenderjahr zu demselben Arbeitgeber bestanden haben.[199] Im Ergebnis sind dies **11/12** (Verminderung nur für den Kalendermonat April).

Eine Verminderung („Zwölftelung") der Jahressonderzahlung tritt auch dann ein, wenn der Beschäftigte zwar ganzjährig im Arbeitsverhältnis steht, aber nicht durchgängig Anspruch auf Entgelt hat. Die Gründe hierfür können z. B. Elternzeit, Pflegezeit oder Sonderurlaub sein.

Beispiel:
Arbeitsverhältnis 01.01. bis 31.12.2017,
Elternzeit vom 20.06.2017 bis 19.08.2017 („Vatermonate" für ein in 2016 geborenes Kind)
➔ Anspruch besteht (Arbeitsverhältnis am 1. Dezember 2017),
➔ Verminderung auf **11/12** (ein Kalendermonat (Juli) ohne Entgeltanspruch).

Bei Elternzeit ist besonders darauf zu achten, wann das Kind, für welches Elternzeit genommen wird, geboren wurde (Lesen Sie hierzu § 20 Abs. 4 Satz 2 Nr. 1 Buchstabe c TVöD).

In dem obigen Beispiel wurde das Kind in 2016 geboren. Daraus folgt die entsprechende Verminderung um fallbezogen ein Zwölftel. Wäre das Kind in 2017 (also im „Kalenderjahr der Jahressonderzahlung") geboren, so stünde die Jahressonderzahlung abweichend in voller Höhe zu.

Im Falle einer **Teilzeitbeschäftigung während der Elternzeit** kommt es drauf an: In den Fällen, in denen im Kalenderjahr der Geburt des Kindes während des Bemessungszeitraums eine elterngeldunschädliche Teilzeitbeschäftigung ausgeübt wird, bemisst sich die

---

[199] BAG-Urteil vom 12.12.2012 – 10 AZR 922/11

Jahressonderzahlung nach dem Beschäftigungsumfang am Tag vor Beginn der Elternzeit (§ 20 Abs. 2 Satz 4 TVöD). Im Folgejahr greift diese Vorschrift somit nicht ein.

Eine Verminderung der Jahressonderzahlung unterbleibt gemäß § 20 Abs. 4 Satz 2 Nr. 2 TVöD für die Kalendermonate, in denen dem Beschäftigten Krankengeldzuschuss[200] zumindest dem Grunde nach zusteht.

Beispiel:
Nach Ablauf der Entgeltfortzahlung steht einem Beschäftigten Krankengeldzuschuss bis einschließlich 23. April zu. Danach erhält er seitens des Arbeitgebers keine Leistungen mehr. Mit Ablauf des 31. Dezember wird das Arbeitsverhältnis beendet. Der noch offene Urlaubsanspruch wird finanziell abgegolten.

- ➔ Anspruch auf Jahressonderzahlung besteht dem Grunde nach (Arbeitsverhältnis am 1. Dezember),
- ➔ Es tritt eine Verminderung um 8/12 ein (in den Kalendermonaten Mai bis Dezember bestand weder Anspruch auf Entgelt noch auf Krankengeldzuschuss),
- ➔ Auch die Urlaubsabgeltung (auch für die Kalendermonate ohne finanzielle Leistungen entsteht der Anspruch auf gesetzlichen Urlaub, vgl. Nr. 5.12.1.10) ändert hieran nichts.[201]

5.8.4.4 Übernahme Auszubildender

Im Falle einer unmittelbaren Übernahme von **Auszubildenden** in ein Arbeitsverhältnis steht eine (anteilige) Jahressonderzahlung nach § 20 TVöD zu, wenn das Arbeitsverhältnis am 1. Dezember noch besteht. Daneben besteht ein weiterer anteiliger Anspruch auf Jahressonderzahlung nach § 14 Abs. 4 TVAöD-BBiG.

Beispiel:
01.01. bis 25.06. Auszubildender Stadt A
26.06. bis 31.12. Beschäftigter Stadt A

- ➔ TVöD **7**/12 (§ 20 Abs. 4 TVöD)
- ➔ TVAöD **6**/12 (§ 14 Abs. 4 TVAöD-BBiG)
- ➔ Entgegen dem Wortlaut der Tarifvorschriften erscheint es sinnvoll und praxisgerecht, insgesamt für **maximal 12** Kalendermonate Jahressonderzahlung zu gewähren.

Eine konkrete Berechnung hierzu finden Sie im Fall 19 im Übungsteil. Zur Überprüfung Ihrer Kenntnisse zur Jahressonderzahlung wird empfohlen, diesen Fall 19 nun durchzuarbeiten.

5.8.4.5 Pfändbarkeit

Die Jahressonderzahlung gehört zum (voll) pfändbaren Arbeitsentgelt. Dies hat das BAG inzwischen entschieden.[202] Die Jahressonderzahlung gehört damit nicht zum (teilweise) pfändbaren Arbeitsentgelt im Sinne von § 850a Nr. 4 ZPO, weil sie gerade keine Weihnachtsvergütung darstellt.

---

[200] Nähere Informationen zum Krankengeldzuschuss finden Sie unter Nr. 5.11.2
[201] BAG-Urteil vom 11.11.2015 – 10 AZR 645/14
[202] BAG-Urteil vom 18.05.2016 – 10 AZR 233/15

5.8.5 Sonstige Entgeltbestandteile

Nachdem wir das Tabellenentgelt, die persönliche Zulage, das Leistungsentgelt und die Jahressonderzahlung kennengelernt haben, betrachten wir noch kurz weitere Entgeltbestandteile, die Beschäftigten des TVöD zustehen können:

- **Erschwerniszuschläge** (§ 19 TVöD) erhalten Beschäftigte, die z. B. Arbeiten mit besonders starker Schmutzbelastung ausführen. Die jeweiligen Arbeiten und die zustehenden Beträge werden landesbezirklich vereinbart. Die einzelnen kommunalen Arbeitgeberverbände informieren ihre Mitglieder in unregelmäßigen Zeitabständen über Änderungen dieser Erschwerniszuschläge.
- Zu der Frage, welches Entgelt dem Beschäftigten am eigentlich dienstfreien Heiligabend, während einer Erkrankung und während eines Erholungsurlaubes zusteht, blicken wir in **§ 21 TVöD.** Danach wird – einfach gesagt – das Tabellenentgelt für diese Tage weitergezahlt.

Stehen dem Beschäftigten daneben „**in Monatsbeträgen** festgelegte Entgeltbestandteile" zu, so werden diese auch weitergezahlt (Lohnausfallprinzip). Hierzu zählen z. B. die vermögenswirksamen Leistungen (§ 23 Abs. 1 TVöD), die Schichtzulage nach § 8 Abs. 6 Satz 1 TVöD und der Strukturausgleich nach § 12 TVÜ-VKA. Die Fälligkeit dieser Leistungen richtet sich nach § 24 Abs. 1 Sätze 2 und 3 TVöD (letzter Tag des laufenden Monats).

Doch was ist mit **Zeitzuschlägen**? Erleidet ein Beschäftigter, der regelmäßig Zeitzuschläge bekommt, etwa einen finanziellen Nachteil während seines Jahresurlaubs?

➔ Nein, genau dies verhindert § 21 Satz 2 TVöD (bitte lesen: Zeitzuschläge werden als „**nicht** in Monatsbeträgen festgelegte Entgeltbestandteile" bezeichnet. Hiernach wird ein individueller **Durchschnitt** der letzten drei Kalendermonate vor dem Urlaub ermittelt. Dieser Tagesdurchschnitt steht dem Beschäftigten während seines Urlaubs zu.)

<u>Beispiel</u>:
Ein Beschäftigter (5-Tage-Woche), der regelmäßig Zeitzuschläge erhält, nimmt im April fünf Tage Erholungsurlaub.

➔ Der **Dreimonatszeitraum** (§ 21 Satz 2 TVöD) beinhaltet fallbezogen die Kalendermonate Januar, Februar und März.
➔ Wir addieren die drei Beträge, die in diesen Monaten als Zeitzuschläge gezahlt wurden (z. B. 140 € + 160 € + 180 € = 480 €). Sodann dividieren wir diese Summe durch 65[203] und erhalten einen **Tageswert** von 7,38 € pro Arbeitstag.
➔ Bei fünf Tagen Urlaub ergeben sich Ansprüche in Höhe von (7,38 € x 5 =) 36,90 €, die dem Beschäftigten am Zahltag Ende Juni ausgezahlt werden (§ 24 Abs. 1 Satz 4 TVöD).
➔ Durch „geschickte" Urlaubsplanung kann der Beschäftigte somit Einfluss auf die Höhe seines o. g. Tagesdurchschnitts nehmen.

[203] Siehe Protokollerklärung Nr. 2 zu § 21 Sätze 2 und 3 TVöD

- **Vermögenswirksame Leistungen** stehen den Beschäftigten nach Maßgabe des § 23 Abs. 1 TVöD zu. Vollzeitbeschäftigte erhalten monatlich 6,6 €, Teilzeitbeschäftigte entsprechend weniger (§ 24 Abs. 2 TVöD).
- Wer eine Beschäftigungszeit von 25 Jahren absolviert, erhält gemäß § 23 Abs. 2 Satz 1 TVöD ein **Jubiläumsgeld** in Höhe von 350 €. Maßgebend ist hierfür die Beschäftigungszeit „im weiteren Sinn", vgl. Nr. 4.7. Nach einer Beschäftigungszeit von insgesamt 40 Jahren stehen dann weitere 500 € zu. Diese Beträge stehen übrigens auch bei Teilzeitbeschäftigung zu, § 23 Abs. 2 Satz 2 TVöD.
- Für die Ableistung von Rufbereitschaft[204] sieht § 8 Abs. 3 TVöD eine tägliche Pauschale vor. Diese **Pauschale** erhält der Beschäftigte, für den Rufbereitschaft angeordnet wurde, auch ohne jede Arbeitsleistung während der Rufbereitschaft (das Telefon bleibt also still). Die Pauschale beträgt das Zweifache (bzw. bei Beginn der Rufbereitschaft an einem Samstag, Sonntag oder Feiertag das Vierfache) des individuellen Stundenentgelts[205].

  Darüber hinaus erhält der Beschäftigte für jede **Arbeitsleistung** innerhalb der Rufbereitschaft eine zusätzliche Vergütung. Dabei ist zu unterscheiden zwischen Arbeitsleistungen am Aufenthaltsort (z. B. zu Hause) und solchen außerhalb des Aufenthaltsortes (z. B. im Krankenhaus). Die einzelnen Tarifbestimmungen enthalten hierzu jeweils im Detail unterschiedliche Rundungsvorschriften (bitte genau lesen!).
- Arbeitet der Beschäftigte ständig in Wechselschicht,[206] so steht ihm nach § 8 Abs. 5 TVöD eine **Wechselschichtzulage** zu. Diese beträgt für Vollzeitbeschäftigte monatlich 105 €. Zu den Voraussetzungen siehe im Einzelnen Nr. 5.14.2.
- Alternativ kann eine **Schichtzulage** gewährt werden. Diese beträgt für Vollzeitbeschäftigte monatlich 40 €, § 8 Abs. 6 TVöD. Zu den Voraussetzungen siehe Nr. 5.14.1.
- Neben den Entgeltbestandteilen des TVöD sind in der Praxis die Entgeltarten des Überleitungsrechts zu beachten. So erhalten z. B. übergeleitete Beschäftigte[207] unter eng definierten Voraussetzungen einen **Strukturausgleich** nach Maßgabe des § 12 TVÜ-VKA. Damit sollen strukturelle Nachteile des TVöD im Vergleich zum alten Tarifrecht in pauschalierter Form abgefedert werden.
- Während der BAT die Geburt von Kindern finanziell „belohnt" hat, sieht der TVöD eine solche Leistung nicht mehr vor.[208] Jedoch sieht § 11 TVÜ-VKA eine **Besitzstandsregelung** für Kinder vor, die spätestens in 2005 geboren wurden. Zu den weiteren Voraussetzungen wird auf den Tariftext des § 11 TVÜ-VKA verwiesen.
- Schließlich haben die Beschäftigten des öffentlichen Dienstes nach Erreichen der gesetzlichen Altersgrenze Anspruch auf eine **Betriebsrente**. Das Nähere regelt gemäß § 25 TVöD ein separater Tarifvertrag, der ATV-K.

  Zur Finanzierung dieser Betriebsrente zahlen Sie gemeinsam mit Ihrem Arbeitgeber einen monatlichen Betrag an die örtlich zuständige Zusatzversorgungskasse. Die genaue Höhe dieses Betrages wird durch Satzung festgelegt und unterliegt regionalen Unterschieden.

---

[204] Zum Begriff vgl. Nr. 5.14.4
[205] Zur Ermittlung des Stundenentgelts siehe Nr. 5.8.2
[206] Zum Begriff siehe Nr. 5.14.2
[207] Zum Personenkreis siehe § 1 Abs. 1 TVÜ-VKA
[208] Andere Tarifbereiche, z. B. der TV-Hessen, beinhalten demgegenüber derartige Kinderzulagen

5.9 Die Ausschlussfrist

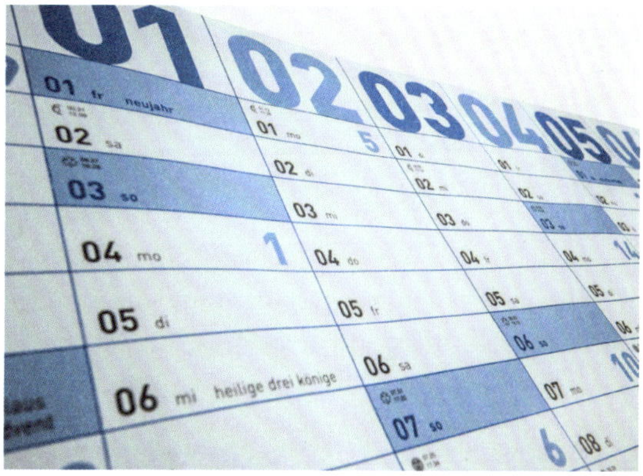

Stellen Sie sich vor, Sie fühlen sich falsch eingruppiert. Was tun Sie?

Genau, Sie sprechen Ihren Arbeitgeber an. Im Zweifel empfiehlt sich aber, etwaige Ansprüche schriftlich geltend zu machen. Stellt sich nämlich heraus, dass Ihnen tatsächlich seit Jahren eine höhere Entgeltgruppe zusteht, dann ist die **Ausschlussfrist** des § 37 TVöD zu beachten. Hiernach verfallen alle Ansprüche, die nicht innerhalb von sechs Monaten nach Fälligkeit geltend gemacht werden. Die Ausschlussfrist dient dem Rechtsfrieden und der Rechtssicherheit.

Bei der **Fälligkeit** kommt es auf den Einzelfall an: Tabellenentgelt z. B. ist jeweils am Zahltag des laufenden Kalendermonats fällig, § 24 Abs. 1 Satz 2 und 3 TVöD. Zeitzuschläge werden – wie oben bereits ausgeführt – zwei Monate später fällig.

Beispiel zum Tabellenentgelt:
15.11.2017 schriftliche Geltendmachung, dass seit Januar 2017 monatlich 50 € zu wenig gezahlt wurde
➔ Es erfolgt eine Nachzahlung sechs Monate rückwirkend, also ab dem Zahlmonat Mai 2017.
➔ Alle Ansprüche, die frühere Zeiträume betreffen, sind verfallen.

Die Ausschlussfrist betrifft nicht nur finanzielle Ansprüche des Beschäftigten, sondern alle Ansprüche aus dem Arbeitsverhältnis, z. B.
- Überzahlung von Krankengeldzuschuss
- Anspruch auf Ausstellung eines qualifizierten Zeugnisses
- Anspruch auf Vergütung aus Annahmeverzug

Ansprüche, die nicht rechtzeitig geltend gemacht werden, erlöschen.

Dabei reicht es zur Fristwahrung nicht aus, dass das Anspruchsschreiben vor Ablauf der Sechsmonatsfrist bei Gericht eingegangen ist und dem Arbeitgeber ggf. später zugestellt wird. Entscheidend ist der Zugang beim Arbeitgeber[209] selbst. Dies hat das BAG in einem aktuellen Urteil[210] entschieden. In dem der Entscheidung zugrunde liegenden Fall begehrte der Arbeitnehmer von seinem Arbeitgeber eine Entgeltdifferenz für den Monat Juni 2013. Den Anspruch hat er erstmals mit seiner bei Gericht am 18. Dezember 2013 eingegangenen und dem beklagten Arbeitgeber am 7. Januar 2014 zugestellten Klage

[209] Bzw. Arbeitnehmer
[210] BAG-Urteil vom 16. März 2016 – 4 AZR 421/15

geltend gemacht. Dies war zu spät, urteilten die Richter. Notwendig wäre eine schriftliche Geltendmachung beim Arbeitgeber bis Ende Dezember 2013.

Um die tarifliche Ausschlussfrist geht es übrigens auch in unserem Fall 20 im Übungsteil.

5.10 Entgelt ohne Arbeitsleistung

Ein wichtiger arbeitsrechtlicher Grundsatz lautet: „Ohne Arbeit kein Geld" (§ 326 Abs. 1 BGB). Doch hiervon gibt es bekanntlich Ausnahmen. Nachstehend werden die wichtigsten dieser Ausnahmen erläutert, in denen trotz Nichterbringung einer Arbeitsleistung ein Anspruch auf Entgelt besteht.

5.10.1 Annahmeverzug

Stellen Sie sich vor, Sie kommen morgens zur Arbeit und können nicht arbeiten. Liegt der Grund für diese Unmöglichkeit in der Sphäre des Arbeitgebers, z. B. weil das Rathaus abgebrannt, die Heizungs- oder Computeranlage ausgefallen ist, dann spricht man von Annahmeverzug. Der Beschäftigte bietet seine Arbeitsleistung vertragsgemäß an, der Arbeitgeber kann diese nicht annehmen. Nach § 615 BGB behält der Beschäftigte in diesen Fällen seinen Entgeltanspruch, ohne zur Nachleistung von Arbeit verpflichtet zu sein.

5.10.2 Arbeitsbefreiung

§ 616 Satz 1 BGB beinhaltet einen Entgeltanspruch bei vorübergehender personenbedingter Unmöglichkeit. Ein Beispiel hierfür ist die goldene Hochzeit der Eltern eines Arbeitnehmers.

Die Regelungen des § 616 BGB wurden jedoch durch § 29 TVöD „abbedungen" (Zitat aus § 29 Abs. 1 TVöD: „Als Fälle des § 616 BGB … gelten nur die folgenden Anlässe").
Im öffentlichen Dienst gibt es damit für die o. g. goldene Hochzeit keinen Anspruch auf Arbeitsbefreiung. Der Beschäftigte müsste ggf. Erholungsurlaub beantragen.
Werfen wir deshalb mal einen Blick in § 29 Abs. 1 TVöD:

Stellen Sie sich vor, meine Freundin bekommt ein Kind von mir. Habe ich dann Anspruch auf einen Tag Arbeitsbefreiung?
➔ § 29 Abs. 1 Buchstabe a TVöD ist in diesem Fall nicht erfüllt (eine in sonstiger nichtehelicher Gemeinschaft mit einem Mann lebende Frau ist vom Tarifwortlaut nicht erfasst).

Als Niederkunft im Sinne der Tarifnorm gilt auch eine Totgeburt, nicht dagegen eine Fehlgeburt.

Eine **Mehrlingsgeburt** löst den Anspruch übrigens nur einmal aus.

Eine bezahlte Freistellung wegen eines **Arbeitsjubiläums** nach § 29 Abs. 1 Buchstabe d TVöD erfolgt auch dann, wenn das Jubiläum auf ein Wochenende fällt (dann zeitnahe Freistellung nach dem Wochenende).

Hinsichtlich der Arbeitsbefreiung nach § 29 Abs. 1 Buchstabe e Doppelbuchstabe bb) TVöD während der **Erkrankung eines Kindes** ist zu beachten, dass Ansprüche nach § 45 SGB V vorgehen.

Damit geht diese Tarifvorschrift für gesetzlich krankenversicherte Beschäftigte mit familienversicherten Kindern „ins Leere".

Nicht gesetzlich krankenversicherten Beschäftigten sowie solchen, deren erkrankte Kinder nicht gemäß § 10 SGB V familienversichert sind, steht hingegen ein bezahlter Freistellungsanspruch von bis zu vier Tagen im Kalenderjahr zu.

Praxisrelevant ist auch die Arbeitsbefreiung nach § 29 Abs. 1 Buchstabe f TVöD. Sie betrifft **ärztliche Behandlungen** während der Arbeitszeit. Dabei muss sich der Beschäftigte bemühen, den Arzttermin möglichst außerhalb seiner Arbeitszeit zu legen. Er muss hierzu auch alle Gleitzeitmöglichkeiten nutzen.

In begründeten Einzelfällen – insbesondere bei Verdacht auf Rechtsmissbrauch – darf der Arbeitgeber eine schriftliche Bescheinigung des Arztes verlangen, dass kein geeigneterer Termin möglich war.

Beispiel:
Ein Beschäftigter arbeitet nach einem Gleitzeitmodell. Seine tägliche „Kernzeit" dauert von 9 bis 15 Uhr. Ein unaufschiebbarer Arzttermin ist für 14:30 Uhr vereinbart, die Fahrtzeit beträgt 30 Minuten. Der Beschäftigte verlässt seinen Arbeitsplatz für die Zeit von 14 bis 17 Uhr.
➔ Er erhält Arbeitsbefreiung von 14 Uhr bis zum Ende der Kernzeit, also bis 15 Uhr.
➔ Der Zeitanteil des Arztbesuchs, der in die Gleitzeit fällt, ist quasi „Privatsache" des Beschäftigten.

§ 29 Abs. 2 TVöD gewährt eine eingeschränkte Arbeitsbefreiung für die Erfüllung **allgemeiner staatsbürgerlicher Pflichten**.
Hierunter fallen nur solche, die **jeden** Staatsbürger ohne weiteres treffen können.

Beispiele:
- Ausübung des Wahlrechts[211]
- Beisitzer im Wahlausschuss bzw. Wahlvorstand
- Ehrenamtliche Richter
- Zeuge vor Gericht (nicht: als Kläger oder Beklagter)[212]

---

211 Kann z. B. Schichtarbeiter am Wahlsonntag betreffen

212 Es gibt sogar Beschäftigte, die ihren Arbeitgeber z. B. wegen eines halben Tages Urlaub verklagen und für die Zeit der Verhandlung vor dem Arbeitsgericht Arbeitsbefreiung beantragen. Solche Anträge sind natürlich abzulehnen

Kein solcher tariflicher Anspruch besteht hingegen bei der Ausübung **kommunaler Ehrenämter** (z. B. als Gemeindevertreter, Stadtrat oder Mitglied des Kreisausschusses).[213]

Der Beschäftigte hat sich auch hier stets zu bemühen, den Termin seiner allgemeinen staatsbürgerlichen Pflicht in seine arbeitsfreie Zeit zu verlegen. Bei **Gleitzeit** gilt auch hier: keine Arbeitsbefreiung außerhalb der Kernzeit.[214]

In § 29 Abs. 3 TVöD sind „sonstige dringende Fälle" genannt, in denen bis zu drei Tagen Arbeitsbefreiung gewährt werden können.
Bis zum 30.06.1997 gab es im damals maßgebenden BAT u. a. folgende tariflichen Freistellungsansprüche:
- Eheschließung des Beschäftigten
- Silberhochzeit des Beschäftigten
- Tod von Großeltern, Schwiegereltern und Geschwistern
- Konfirmation, Kommunion und Eheschließung eines Kindes
- Blutspende (!)

Mit Wirkung vom 01.07.1997 wurden diese Tatbestände jedoch allesamt restlos gestrichen. Auf Arbeitsbefreiung nach § 29 Abs. 3 Satz 1 TVöD besteht kein Rechtsanspruch. Der Arbeitgeber entscheidet vielmehr nach pflichtgemäßem Ermessen. In der Praxis kommen solche bezahlte Freistellungen nur in begründeten Einzelfällen vor.

Nach Satz 2 des § 29 Abs. 3 TVöD kann in sonstigen dringenden Fällen kurzfristige Arbeitsbefreiung ohne Entgeltfortzahlung gewährt werden. **Kurzfristig** ist ein Zeitraum von bis zu 14 Tagen. Eine solche Zeit gilt – im Gegensatz zu Sonderurlaub – als Beschäftigungszeit im Sinne von § 34 Abs. 3 TVöD.[215]

Neben § 29 TVöD sind noch die folgenden spezialgesetzlichen Normen zu beachten:

§ 2 Abs. 1 des **Pflegezeitgesetzes** eröffnet die Möglichkeit, bei akut auftretender Pflegesituation bis zu zehn Tagen der Arbeit fern zu bleiben (kurzfristige Arbeitsverhinderung). Hier besteht Anspruch auf Entgeltfortzahlung für einen Tag, soweit der Beschäftigte und die zu pflegende Person in demselben Haushalt leben (§ 29 Abs. 1 Buchstabe e Doppelbuchstabe aa) TVöD). Für die restlichen neun Tage erfolgt somit keine Entgeltfortzahlung.

§ 629 BGB schließlich eröffnet dem Beschäftigten einen Anspruch auf Arbeitsbefreiung zwecks **Stellensuche**, allerdings ohne Entgeltfortzahlung. Dieser Anspruch besteht im gekündigten Arbeitsverhältnis, nach Auffassung des Verfassers aber wohl auch bei auslaufender Befristung.

---

213 Ob für Beamte Anspruch auf Dienstbefreiung besteht, ergibt sich aus dem jeweils maßgebenden (Landes-)Beamtenrecht

214 Vgl. BAG-Urteil vom 22.01.2009 – 6 AZR 78/08

215 Nähere Informationen zur Beschäftigungszeit siehe Nr. 4.7

5.11 Entgeltfortzahlung im Krankheitsfall

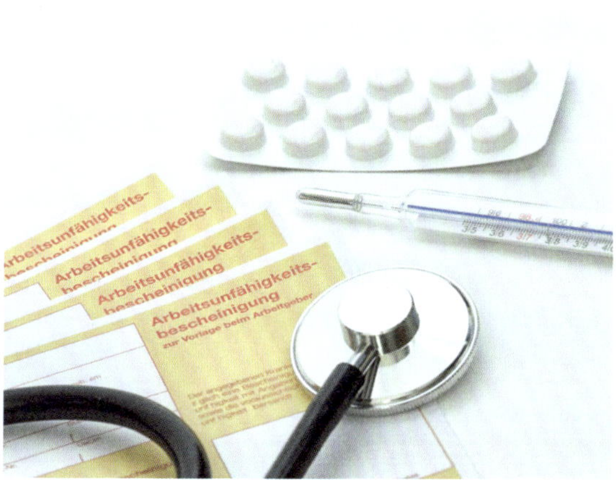

© Tim Reckmann/PIXELIO

Wie oben bereits festgestellt, lautet ein wichtiger arbeitsrechtlicher Grundsatz: „Ohne Arbeit kein Geld“ (§ 326 Abs. 1 BGB). Doch hiervon gibt es bekanntlich Ausnahmen. Eine sehr wichtige Ausnahme ist in § 3 Entgeltfortzahlungsgesetz (EFZG) geregelt. Flankiert werden die gesetzlichen Regelungen von § 22 TVöD.

Doch zunächst zu den gesetzlichen Bestimmungen:

5.11.1 Das Entgeltfortzahlungsgesetz

> § 3 Abs. 1 Satz 1 EFZG lautet: „Wird ein Arbeitnehmer durch Arbeitsunfähigkeit infolge Krankheit an seiner Arbeitsleistung verhindert, ohne dass ihn ein Verschulden trifft, so hat er Anspruch auf Entgeltfortzahlung im Krankheitsfall durch den Arbeitgeber für die Zeit der Arbeitsunfähigkeit bis zur Dauer von sechs Wochen.“

Zunächst ist festzustellen, dass dieses Gesetz nur für **Arbeitnehmer** gilt.

Wie bereits unter Nr. 1.1 festgestellt, ist beispielsweise ein nebenberuflicher Dozent an einer Volkshochschule im Regelfall gerade kein Arbeitnehmer. Kann er wegen einer Erkältung nicht zum Töpferkurs erscheinen, so besteht kein Anspruch auf Entgeltfortzahlung nach § 3 EFZG.

Auszubildende gelten als Arbeitnehmer im Sinne von § 3 EFZG. Daneben ist für diesen Personenkreis auch § 19 BBiG zu beachten, welcher die Entgeltfortzahlung in anderen Situationen regelt.

Doch was bedeutet die in § 3 Abs. 1 EFZG gewählte Formulierung „Arbeitsunfähigkeit infolge Krankheit“? Führt nicht jede Krankheit zwangsläufig zu einer Arbeitsunfähigkeit?

- ➔ Nein, denn hier kommt es darauf an, welche **konkrete Arbeitsleistung** arbeitsvertraglich geschuldet wird. So kann z. B. eine Bänderdehnung im Sprunggelenk bei einem Briefträger zu einer Arbeitsunfähigkeit führen, bei einer Sekretärin dagegen eher nicht.
- ➔ Heiserkeit führt bei einer Opernsängerin zu Arbeitsunfähigkeit, bei einem Dachdecker dagegen wohl nicht.

Dieselbe Erkrankung kann somit – je nach Beruf – zu unterschiedlichen Ergebnissen führen. Deshalb trifft den Arzt regelmäßig die Pflicht, nach dem Beruf bzw. der Tätigkeit des Patienten zu fragen.

Nach der ständigen Rechtsprechung des BAG liegt Arbeitsunfähigkeit infolge Krankheit vor, wenn der Arbeitnehmer **objektiv** nicht mehr in der Lage ist, die ihm nach dem Arbeitsvertrag obliegende Arbeit zu verrichten oder wenn er die Arbeit nur unter der Gefahr der Verschlimmerung seines Zustandes erbringen kann.

Merke: **Krankheit** ist jeder regelwidrige körperliche oder geistige Zustand, der eine Heilbehandlung erfordert.[216]

Merke: **Arbeitsunfähigkeit** liegt vor, wenn der Arbeitnehmer seine vertraglich geschuldete Tätigkeit nicht mehr ausüben kann.[217]

Eine „Teilzeitarbeitsunfähigkeit" kennt das deutsche Arbeitsrecht nicht.[218]
Aber wann ist der Arbeitnehmer **„selber schuld"** an seiner Erkrankung?

© Rainer Sturm/PIXELIO

Beispiel:
Mario Götz ist ein durchschnittlicher Amateurfußballer in der Kreisliga. Er hat einen Bänderriss erlitten, weil er im Januar auf einem hart gefrorenen Sportplatz umgeknickt ist. Sein Arbeitgeber meint, er sei „selbst schuld" an dieser Verletzung und verweigert die Entgeltfortzahlung. Zu Recht?

Merke: Ein **schuldhaftes Verhalten** liegt vor, wenn der Arbeitnehmer in erheblichem Maße gegen die von einem verständigen Menschen im eigenen Interesse zu erwartende Verhaltensweise verstößt.

Wer also z. B. einen fremden Bullterrier streichelt, obwohl er durch den Halter ausdrücklich davor gewarnt wurde, ist „selber schuld". Er hat dann keinen Anspruch auf Entgeltfortzahlung nach § 3 EFZG.

Ein weiteres Beispiel ist die Auszubildende, die im Januar bei Minustemperaturen „bauchfrei" am Arbeitsplatz erscheint und am nächsten Tag erkältet ist.

216 BAG-Urteil vom 05.04.1976 – 5 AZR 397/75
217 BAG-Urteil vom 23.01.2008 – 5 AZR 393/07
218 BAG-Urteil vom 09.04.2014 – 10 AZR 637/13

Im Umkehrschluss ist die Ausübung fast aller Sportarten erlaubt, ohne dass man den Anspruch auf Entgeltfortzahlung verliert. Damit sind auch wiederholte Verletzungen infolge Fußballspielens gesetzlich geschützt. Unser Herr Götz aus dem obigen Beispiel erhält somit Entgeltfortzahlung bis zur Dauer von höchstens sechs Wochen.

Ausnahmen gelten bei Kickboxen und Bungeespringen.

War das Seil beim Bungeespringen also etwas zu lang und verletzt sich der Arbeitnehmer an der Wirbelsäule, so besteht kein Anspruch auf Entgeltfortzahlung („selber schuld!").

In diesem Zusammenhang soll kurz das Thema „**Fremdverschulden**" erwähnt werden. Fällt ein Arbeitnehmer arbeitsunfähig aus, weil er z. B. unschuldig in einen Verkehrsunfall verwickelt wurde (Schleudertrauma), so besteht Anspruch auf Entgeltfortzahlung. Der Arbeitgeber holt sich die Kosten der Entgeltfortzahlung aber vom Unfallverursacher zurück, § 6 Abs. 1 EFZG. Den kranken Arbeitnehmer trifft in diesen Fällen eine Informationspflicht gegenüber seinem Arbeitgeber, § 6 Abs. 2 EFZG. Hierauf sollten die Beschäftigten von Zeit zu Zeit schriftlich hingewiesen werden.

§ 3 Abs. 3 EFZG beinhaltet eine **Wartezeit**, wonach der Anspruch auf Entgeltfortzahlung erst nach vierwöchiger Dauer des Arbeitsverhältnisses entsteht. Beachte hierzu aber die überlagernde Tarifregelung in Nr. 5.11.2.

Zur Fristberechnung:
Es kommt darauf an, wann die Arbeitsunfähigkeit eintritt. Im Normalfall ruft der Beschäftigte, der sich z. B. am Samstag auf dem Sportplatz verletzt hat und montags bis freitags zu arbeiten hat, am Montag **vor Arbeitsbeginn** bei seinem Arbeitgeber an und meldet sich arbeitsunfähig, § 5 Abs. 1 Satz 1 EFZG. Der Fristbeginn richtet sich nach § 187 Abs. 2 Satz 1 BGB. Das Fristende ist in § 188 Abs. 2 zweite Alternative BGB geregelt.

Beispiel:

Montag, 09.01.2017	Eintritt der Arbeitsunfähigkeit (vor Arbeitsbeginn)
Montag, 09.01.2017	Beginn der Entgeltfortzahlung
Sonntag, 19.02.2017	Ende des Sechs-Wochen-Zeitraums

Die Tatsache, dass der letzte Tag der Frist auf einen Sonntag fällt, spielt hier keine Rolle. Es kommt auch nicht darauf an, ob der Beschäftigte an diesem Sonntag hätte arbeiten müssen. Im Abrechnungsmonat Februar 2017 steht dem Beschäftigten ein Tabellenentgelt in Höhe von 19/28 zu (§ 24 Abs. 3 Satz 1 TVöD).

Beginnt die Sechs-Wochen-Frist z. B. an einem Freitag, so endet sie an einem Donnerstag. Es gibt aber auch Fälle, in denen der Beschäftigte **während** der Arbeitszeit erkrankt. In diesen Fällen ist die „Ereignisfrist" des § 187 Abs. 1 BGB maßgebend.

Beispiel:

Montag, 09.01.2017	Eintritt der Arbeitsunfähigkeit (während der Arbeitszeit)
Dienstag, 10.01.2017	Beginn der Entgeltfortzahlung
Montag, 20.02.2017	Ende des Sechs-Wochen-Zeitraums

Am Tag des Eintritts dieser plötzlichen Erkrankung besteht somit noch kein Anspruch auf Entgeltfortzahlung. Die Praxis behilft sich in diesen Fällen sinnvollerweise damit, diesen Arbeitstag als geleistet zu betrachten (Gutschrift der individuellen Sollarbeitszeit – „Sollausgleich").

Außerdem muss die Arbeitsunfähigkeit die **alleinige Ursache** für den Ausfall der Arbeitsleistung sein. Kein Anspruch auf Entgeltfortzahlung im Krankheitsfall besteht somit regelmäßig z. B. während einer Elternzeit[219], an einem Gleittag[220] oder während eines Sonderurlaubs.

Eine **Ausnahme** bildet die Arbeitsunfähigkeit während eines Urlaubs. In diesem Fall werden die durch ärztliches Zeugnis nachgewiesenen Tage der Arbeitsunfähigkeit nicht auf den Jahresurlaub angerechnet, § 9 BUrlG.

Wiederholungserkrankungen:

Nach § 3 Abs. 1 Satz 2 EFZG besteht bei erneuter Arbeitsunfähigkeit infolge derselben Krankheit Anspruch auf bis zu weitere sechs Wochen Entgeltfortzahlung, wenn der Arbeitnehmer

1. vor der erneuten Arbeitsunfähigkeit mindestens **sechs Monate** nicht infolge derselben Krankheit arbeitsunfähig war oder
2. seit Beginn der ersten Arbeitsunfähigkeit infolge derselben Krankheit eine Frist von **zwölf Monaten** abgelaufen ist.

Beispiel zu 1:

01.02. bis 13.03.	Bandscheibe
10.10. bis 20.11.	Bandscheibe

➔ Es besteht Anspruch auf zweimal sechs Wochen Entgeltfortzahlung (mindestens sechs Monate dazwischen).

➔ Dieser würde auch dann bestehen, wenn der Arbeitnehmer zwischen den beiden Arbeitsunfähigkeitszeiten wegen einer anderen Krankheit ausfällt.

Beispiel zu 2:

01.02. bis 13.03.2017	Bandscheibe,
ab 01.03.2018	erneut 6 Wochen Bandscheibe

➔ Auch hier besteht Anspruch auf zweimal sechs Wochen Entgeltfortzahlung (zwölf Monate).

---

219 Siehe dazu auch Nr. 7.3.2

220 Auch „Freizeitausgleich" genannt (Ausnahme: Arbeitszeitkonto, § 10 Abs. 4 TVöD bzw. eine abweichende Regelung in einer Dienstvereinbarung)

Hinzutreten:
Tritt während der Arbeitsunfähigkeit eine weitere Krankheit hinzu, die für sich allein betrachtet ebenfalls Arbeitsunfähigkeit auslöst, so wird der Anspruchszeitraum dadurch nicht verlängert.

Beispiel:
01.02. bis 13.03. Bandscheibe,
am 01.03. tritt eine Magenerkrankung hinzu.
➔ Es besteht Anspruch auf **einmal** sechs Wochen Entgeltfortzahlung.
➔ Durch die hinzugetretene Erkrankung besteht kein neuer Anspruchszeitraum.

Anders verhält es sich, wenn zum Zeitpunkt des Eintritts der zweiten Krankheit die erste Krankheit bereits **beendet** (ausgeheilt) ist.

Beispiel:
01.02. bis 13.03. Bandscheibe,
ab 14.03. Magenerkrankung
➔ Es besteht Anspruch auf **zweimal** sechs Wochen Entgeltfortzahlung.
➔ Entscheidend ist, dass die erste Erkrankung bereits beendet war.[221]

Anzeige- und Nachweispflicht
§ 5 Satz 1 EFZG verpflichtet den Arbeitnehmer, seinem Arbeitgeber die Arbeitsunfähigkeit und deren voraussichtliche Dauer **unverzüglich**[222] mitzuteilen. Ein Musterschreiben für den Fall des Verstoßes gegen diese Mitteilungspflicht ist unter Nr. 6.9.3.1 abgedruckt.

Dauert die Arbeitsunfähigkeit länger als **drei Kalendertage**, besteht darüber hinaus die Pflicht zur Vorlage einer ärztlichen Bescheinigung. Die Bescheinigung ist dann bis zum vierten Tag beim Arbeitgeber vorzulegen.

Schaubild:

Beginn der Arbeitsunfähigkeit	Bescheinigung muss vorgelegt werden bis spätestens
Montag	Donnerstag
Dienstag	Freitag
Mittwoch	Montag[223]
Donnerstag	Montag[224]
Freitag	Montag (!)
Samstag	Dienstag
Sonntag	Mittwoch

[221] Vgl. BAG-Urteil vom 25.05.2016 – 5 AZR 318/15
[222] Ohne schuldhaftes Zögern
[223] Wenn Samstag und Sonntag keine Arbeitstage sind (z. B. öffentliche Verwaltung)
[224] Wenn der Sonntag kein Arbeitstag ist

Anmerkung zu dem Schaubild:
Fällt der letzte Tag der Frist auf einen gesetzlichen **Feiertag**, so verlängert sich die Frist bis zum nächsten Arbeitstag.

Die Vorlagepflicht gilt natürlich auch für Verlängerungen der Arbeitsunfähigkeit.

Bei einer **bis zu drei Tagen** andauernden Arbeitsunfähigkeit besteht somit keine Pflicht zur Vorlage einer ärztlichen Bescheinigung. Der Arbeitnehmer ruft also im Regelfall morgens an und erscheint dann z. B. am nächsten Tag wieder zur Arbeit.

Jedoch darf der Arbeitgeber nach § 5 Abs. 1 Satz 3 EFZG die Vorlage einer ärztlichen Bescheinigung bereits ab dem ersten Krankheitstag verlangen. Ein solches Verlangen bedarf nach Entscheidung des Bundesarbeitsgerichts[225] weder einer Begründung noch eines sachlichen Grundes. In der Praxis verfahren einige Arbeitgeber so, dass sie eine sofortige Vorlage einer ärztlichen Bescheinigung in begründeten Einzelfällen verlangen, etwa bei auffallend häufigen Kurzerkrankungen bestimmter Beschäftigter. Eine solche Anordnung darf jedoch weder schikanös noch willkürlich sein und muss dem arbeitsrechtlichen Gleichbehandlungsgrundsatz[226] gerecht werden.

Während der Arbeitsunfähigkeit hat sich der Arbeitnehmer so zu **verhalten**, dass die Genesung nicht verzögert oder gefährdet wird. Bei einer Erkältung kann ein Spaziergang in frischer Luft gesundheitsfördernd sein. Auch Einkaufen wird im Regelfall erlaubt sein (es muss ja nicht gerade ein Großeinkauf im Möbelhaus sein). Ein Arbeitnehmer jedoch, der trotz einer Beinverletzung tanzend in der Disco erwischt wird, verstößt in besonderem Maße gegen seine arbeitsvertraglichen Pflichten und riskiert sogar die außerordentliche Kündigung.[227]

Besteht ein konkreter Verdacht, dass der Arbeitnehmer sich während einer Arbeitsunfähigkeit vertragswidrig verhält, darf der Arbeitgeber sogar einen **Detektiv** beauftragen. Weist der Detektiv nach, dass z. B. einer anderen Erwerbstätigkeit nachgegangen wurde, wird nicht nur das Arbeitsverhältnis beendet, der Arbeitnehmer trägt auch noch die Detektivkosten.[228]

Ende des Arbeitsverhältnisses

Beispiel:
Das Arbeitsverhältnis eines Beschäftigten ist kalendermäßig befristet.[229] Vier Wochen vor Auslaufen des Zeitvertrages erkrankt der Arbeitnehmer arbeitsunfähig. Besteht Anspruch auf Entgeltfortzahlung für vier oder volle sechs Wochen?

---

225 BAG-Urteil vom 14.11.2012 – 5 AZR 886/11
226 Siehe Nr. 2.8
227 Siehe hierzu Nr. 6.9.7
228 Urteil des LAG Rheinland-Pfalz vom 20.08.2008 – 7 Sa 197/08
229 Näheres zu Befristung siehe Abschn. 4.5

➔ Mit Beendigung des Arbeitsverhältnisses endet auch die Entgeltfortzahlung, § 8 Abs. 2 EFZG, § 22 Abs. 4 TVöD.
➔ Die Tatsache, dass der Arbeitnehmer über diesen Zeitraum hinaus erkrankt ist, spielt keine Rolle.

Hiervon gibt es jedoch eine Ausnahme: Nach § 8 Abs. 1 EFZG besteht der Anspruch auf Entgeltfortzahlung über das Ende des Arbeitsverhältnisses hinaus, wenn das Arbeitsverhältnis **wegen der Arbeitsunfähigkeit gekündigt** wurde.[230]

Maßnahmen der medizinischen Vorsorge und Rehabilitation
Gemäß § 9 EFZG besteht auch während sog. stationärer Kurmaßnahmen Anspruch auf Entgeltfortzahlung.
Während einer ambulanten Vorsorgekur gilt dies jedoch nur, wenn die bewilligte Maßnahme in einer Einrichtung im Sinne von § 107 Abs. 2 SGB V durchgeführt wird und keinen urlaubsmäßigen Zuschnitt hat.[231]

5.11.2 Tarifliche Ansprüche

Nachdem wir das EFZG eingehend kennengelernt haben, wenden wir uns nun dem TVöD zu. § 22 Abs. 1 TVöD wiederholt zunächst den Inhalt des § 3 Abs. 1 EFZG, wonach unter den uns bereits bekannten Voraussetzungen Anspruch für sechs Wochen Entgeltfortzahlung besteht.

Schaut man genauer hin, enthält § 22 Abs. 1 TVöD aber **keine Wartezeit** wie das Gesetz in § 3 Abs. 3. Daraus folgt, dass ein Arbeitnehmer, der unter den Geltungsbereich des TVöD fällt, Anspruch auf Entgeltfortzahlung bereits **ab dem ersten Tag** des Arbeitsverhältnisses hat, sofern er die sonstigen Voraussetzungen erfüllt. Dies folgt aus dem arbeitsrechtlichen **Günstigkeitsprinzip**.[232]

Die **Höhe** der Entgeltfortzahlung im Krankheitsfall richtet sich nach **§ 21** TVöD.[233]

Nach Ablauf der sechs Wochen Entgeltfortzahlung im Krankheitsfall besteht regelmäßig Anspruch auf **Krankengeld** gegenüber der Krankenkasse, § 44 Abs. 1 SGB V. Das Krankengeld beträgt – vereinfacht dargestellt – 70 % des Regelentgelts (§ 47 Abs. 1 SGB V) und wird wegen derselben Krankheit bis längstens zum Ende der 78. Woche seit Beginn der Krankheit gewährt.

Wer also monatlich 2.000 € brutto verdient, erhält dieses Entgelt zunächst für die Dauer von 6 Wochen fortgezahlt (§ 3 EFZG, § 22 Abs. 1 TVöD). Danach erhält er für längstens 72 Wochen Krankengeld von der Krankenkasse in Höhe von rd. 1.400 € monatlich.

230 Nähere Hinweise zur krankheitsbedingten Kündigung finden Sie unter Nr. 6.9.4
231 BAG-Urteil vom 25.05.2016 – 5 AZR 298/15
232 Mehr hierzu siehe Nr. 2.6.10
233 Siehe hierzu Nr. 5.8.5

Doch damit nicht genug: § 22 Abs. 2 TVöD gibt dem Beschäftigten unter bestimmten Voraussetzungen einen Anspruch auf **Krankengeldzuschuss**. Krankengeldzuschuss wird in Höhe der Differenz zwischen dem Brutto-Krankengeld und dem Nettoentgelt des Beschäftigten gewährt. Die genaue Berechnung entnehmen Sie bitte dem Tariftext des § 22 Abs. 2 TVöD.

Die **Dauer** der Gewährung eines Krankengeldzuschusses ist in § 22 Abs. 3 TVöD geregelt. Diese ist abhängig von der Beschäftigungszeit im weiteren Sinn,[234] die im Laufe der Arbeitsunfähigkeit zurückgelegt wird.

Die Entgeltfortzahlung nach § 22 TVöD

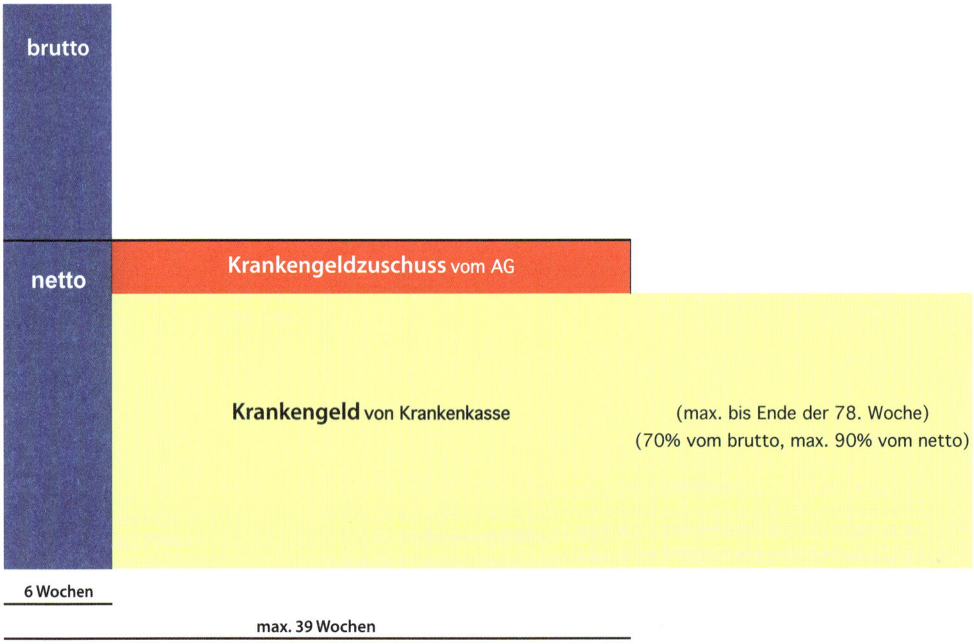

Beispiel:
Herr Erhard Rücken war zwei Jahre und sechs Monate bei der Stadt Wiesbaden beschäftigt, bevor er am 01.01.2017 bei der Stadt Offenbach eingestellt wurde (unmittelbarer Wechsel). Am 01.02.2017 erkrankt er vor Arbeitsbeginn arbeitsunfähig und kehrt erst gegen Ende des Jahres 2017 an seinen Arbeitsplatz zurück. Bitte ermitteln Sie den Anspruchszeitraum, in dem ihm sein Entgelt nach § 21 TVöD fortgezahlt wird. Hat er auch Anspruch auf Krankengeldzuschuss?

➔ Entgelt nach § 21 TVöD steht Herrn Rücken für die Dauer von **6 Wochen** zu, namentlich von Mittwoch, 01.02.2017, bis einschließlich Dienstag, 14.03.2017.
➔ Der Anspruch auf Krankengeldzuschuss richtet sich gemäß § 22 Abs. 3 TVöD nach der **Beschäftigungszeit** „im weiteren Sinn" (§ 34 Abs. 3 TVöD), zu der fallbezogen

[234] Mehr zu diesem Begriff siehe Nr. 4.7

auch die Zeit im Arbeitsverhältnis zur Stadt Wiesbaden gehört. Der Beschäftigte bringt diese Beschäftigungszeit quasi mit zum neuen Arbeitgeber.

➔ Weil er „im Laufe der Arbeitsunfähigkeit" eine Beschäftigungszeit von drei Jahren vollendet, besteht Anspruch auf **Krankengeldzuschuss** bis zum Ende der 39. Woche seit Beginn der Arbeitsunfähigkeit. Dies ist der Zeitraum von Mittwoch, 15.03., bis Dienstag, 31.10.2017 (33 Wochen).

➔ Für die restlichen Tage seiner Arbeitsunfähigkeit ab 01.11.2017 besteht „nur" Anspruch auf Krankengeld gegenüber seiner Krankenkasse.

Hinsichtlich der zeitlichen Beschränkung der Entgeltfortzahlung im Krankheitsfall bei **Beendigung** des Arbeitsverhältnisses wird auf die Ausführungen in Nr. 5.11.1 verwiesen.

Überleitungsrecht:
Für am 01.10.2005 aus dem alten Tarifrecht in den TVöD **übergeleitete** Beschäftigte, deren Arbeitsverhältnis fortbesteht, ist zudem die Sonderbestimmung des § 13 Abs. 1 TVÜ-VKA zu beachten. Danach ermittelt man die Höhe des Krankengeldzuschusses nach einer günstigeren Berechnungsmethode (Nettoentgelt minus Netto-Krankengeld). Hiervon profitieren aber nur die Beschäftigten, „für die bis zum 30.09.2005 § 71 BAT gegolten hat".

§ 71 BAT galt „für die Angestellten, die am 30. Juni 1994 in einem Arbeitsverhältnis gestanden haben, das am 1. Juli 1994 zu demselben Arbeitgeber fortbestanden hat". Dieser Personenkreis hatte – je nach Dienstzeit[235] – vor Inkrafttreten des TVöD Anspruch auf volle Entgeltfortzahlung bis zum Ende der 26. Woche (anstelle von sechs Wochen). Dieser Anspruch besteht nun nicht mehr, dafür genießt dieser Personenkreis einen etwas höheren Anspruch auf Krankengeldzuschuss. Tarifliche Kompromisse führen also oftmals zu derartigen Verkomplizierungen, dass es der Praxis mitunter schwerfällt, diese rechtssicher umzusetzen.

Zur Abrundung dieses Abschnitts lösen Sie bitte Fall 21 im Übungsteil. Viel Erfolg!

5.12 Der Urlaubsanspruch

© Tanja Lidke/PIXELIO

Widmen wir uns nun gedanklich der schönsten Zeit des Jahres:

Unter „Urlaub" versteht man
- Erholungsurlaub,
- Zusatzurlaub und
- Sonderurlaub.

Das Urlaubsrecht hat in den letzten Jahren starke Veränderungen erlebt.

235 § 20 BAT

Kaum ein arbeitsrechtlicher Teilbereich hat die Gerichte dabei so stark beschäftigt wie das Urlaubsrecht. Dementsprechend unsicher sind die Praktiker geworden, weil in zahlreichen Detailfragen „kein Stein mehr auf dem anderen“ geblieben ist.
Nachstehend erhalten Sie zunächst wichtige Informationen zum Erholungsurlaub, bevor dann unter Nr. 5.12.2 der Zusatzurlaub und unter Nr. 5.12.3 der Sonderurlaub folgen. Dabei wird versucht, die wichtigsten Urteile des Europäischen Gerichtshofes und des Bundesarbeitsgerichts zu erläutern, damit der Leser eine gewisse Sicherheit im Umgang mit urlaubsrechtlichen Fragen gewinnt.

5.12.1 Erholungsurlaub

Beginnen wir mit der wichtigsten Urlaubsart, dem Erholungsurlaub: Hier steht dem Arbeitnehmer ein Anspruch auf **bezahltes Fernbleiben** von der Arbeit zu. In dieser Zeit ist der Arbeitnehmer nicht verpflichtet, dem Arbeitgeber die Urlaubsadresse mitzuteilen. Schließlich kommt ein **Rückruf** aus dem Urlaub nur in absoluten Ausnahmefällen in Betracht.[236]

Der Beschäftigte hat vielmehr – einfach ausgedrückt – während seines Erholungsurlaubs das Recht, „in Ruhe gelassen zu werden“.

5.12.1.1 Rechtsgrundlagen

Der Erholungsurlaub ist im Bundesurlaubsgesetz geregelt.

Daneben gibt es in zahlreichen Spezialgesetzen ergänzende Regelungen zum Erholungsurlaub **für jeweils bestimmte Personenkreise**. Die wichtigsten Spezialgesetze sind nachfolgend auszugsweise abgedruckt:

§ 19 JArbSchG
(1) Der Arbeitgeber hat **Jugendlichen** für jedes Kalenderjahr einen bezahlten Erholungsurlaub zu gewähren.

(2) Der Urlaub beträgt jährlich
1. mindestens 30 Werktage, wenn der Jugendliche zu Beginn des Kalenderjahrs noch nicht 16 Jahre alt ist,
2. mindestens 27 Werktage, wenn der Jugendliche zu Beginn des Kalenderjahrs noch nicht 17 Jahre alt ist,
3. mindestens 25 Werktage, wenn der Jugendliche zu Beginn des Kalenderjahrs noch nicht 18 Jahre alt ist.

Jugendliche, die im Bergbau unter Tage beschäftigt werden, erhalten in jeder Altersgruppe einen zusätzlichen Urlaub von drei Werktagen.

(3) Der Urlaub soll **Berufsschülern** in der Zeit der Berufsschulferien gegeben werden. Soweit er nicht in den Berufsschulferien gegeben wird, ist für jeden Berufsschultag,

236 Vgl. BAG-Urteil vom 16.12.1980 – 7 AZR 1148/78

an dem die Berufsschule während des Urlaubs besucht wird, ein weiterer Urlaubstag zu gewähren.

(4) Im Übrigen gelten für den Urlaub der Jugendlichen § 3 Abs. 2, §§ 4 bis 12 und § 13 Abs. 3 des Bundesurlaubsgesetzes...

§ 23 MuSchG
Für die Berechnung des Anspruchs auf bezahlten Erholungsurlaub gelten die **Ausfallzeiten** wegen eines Beschäftigungsverbots **als Beschäftigungszeiten**. Hat eine Frau ihren Urlaub **vor Beginn eines Beschäftigungsverbots** nicht oder nicht vollständig **erhalten**, kann sie nach dem Ende des Beschäftigungsverbots den Resturlaub im laufenden oder im nächsten Urlaubsjahr beanspruchen.

§ 17 BEEG
(1) Der Arbeitgeber kann den Erholungsurlaub, der dem Arbeitnehmer für das Urlaubsjahr zusteht, **für jeden vollen Kalendermonat der Elternzeit um ein Zwölftel kürzen**. Dies gilt nicht, wenn der Arbeitnehmer während der Elternzeit bei seinem oder ihrem Arbeitgeber Teilzeitarbeit leistet.

(2) Hat der Arbeitnehmer den ihm zustehenden Urlaub **vor dem Beginn der Elternzeit nicht** oder nicht vollständig **erhalten**, hat der Arbeitgeber den Resturlaub nach der Elternzeit im laufenden oder im nächsten Urlaubsjahr zu gewähren.

(3) Endet das Arbeitsverhältnis während der Elternzeit oder wird es im Anschluss an die Elternzeit nicht fortgesetzt, so hat der Arbeitgeber den noch nicht gewährten Urlaub **abzugelten**.

(4) Hat der Arbeitnehmer **vor Beginn der Elternzeit mehr Urlaub erhalten,** als ihm nach Absatz 1 zusteht, kann der Arbeitgeber den Urlaub, der dem Arbeitnehmer nach dem Ende der Elternzeit zusteht, um die zu viel gewährten Urlaubstage kürzen.

§ 4 Abs. 4 PflZG
Der Arbeitgeber kann den Erholungsurlaub, der dem Beschäftigten für das Urlaubsjahr zusteht, für jeden vollen Kalendermonat der vollständigen Freistellung von der Arbeitsleistung um ein Zwölftel kürzen.

Daneben enthält § 26 TVöD ebenfalls ergänzende Regelungen zum Anspruch auf Erholungsurlaub. Deshalb hat jeder Arbeitnehmer, auf dessen Arbeitsverhältnis der TVöD anwendbar ist, zwei getrennte Ansprüche auf Erholungsurlaub.

5.12.1.2 Arten
Wie oben beschrieben, stehen dem TVD-Arbeitnehmer zwei getrennte Ansprüche auf Erholungsurlaub zu.

Schaubild:

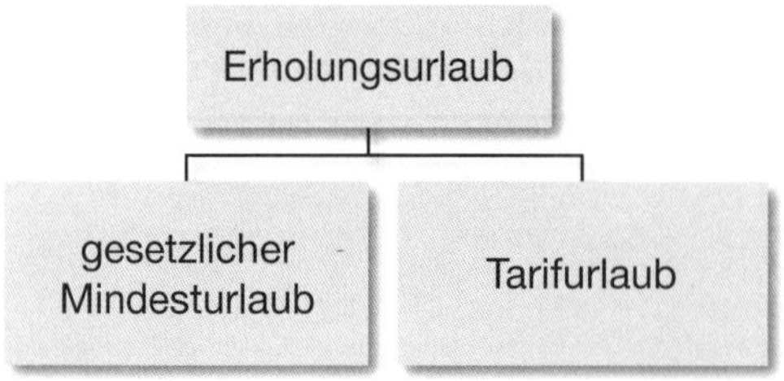

5.12.1.3 Dauer

Der gesetzliche Mindesturlaub „beträgt jährlich mindestens 24 Werktage“ (§ 3 Abs. 1 BUrlG).

Dazu muss man wissen, dass dieses Gesetz aus dem Jahr 1963 stammt. Damals galt in Deutschland die Sechstagewoche. Heute, über 50 Jahre später, arbeiten die meisten Arbeitnehmer in der 5-Tage-Woche. Deshalb gilt die allgemeine Umrechnungsformel:

24 x 5/6 = **20 Arbeitstage** (5-Tage-Woche).

Den Beweis, dass der Samstag als Werktag gilt, liefert uns übrigens § 3 Abs. 2 BUrlG.

Wir merken uns also schon mal einen gesetzlich garantierten Mindesturlaub für jeden Arbeitnehmer in Höhe von **jährlich 20 Arbeitstagen** (5-Tage-Woche), § 3 Abs. 1 BUrlG.

Daneben gilt § 26 Abs. 1 Satz 2 TVöD. Diese Regelung stammt aus dem Jahr 2013 und geht deshalb bereits von der 5-Tage-Woche aus. Danach stehen dem TVöD-Beschäftigten pro Kalenderjahr **30 Arbeitstage** Erholungsurlaub zu.

Beide Ansprüche beziehen sich auf das Urlaubsjahr.

Dabei gilt: Urlaubsjahr ist das Kalenderjahr.

Schaubild:

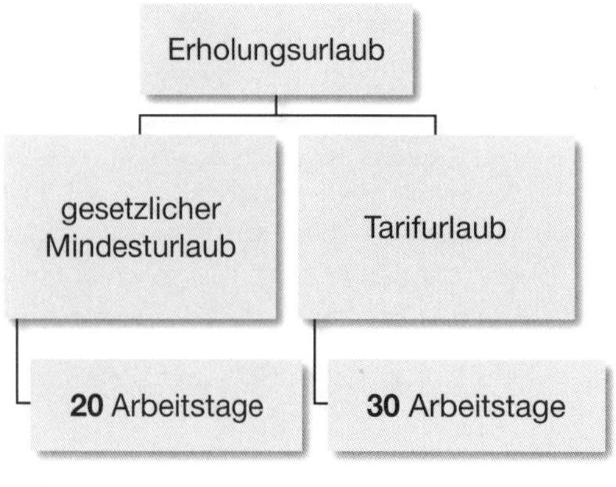

Der Vollständigkeit halber sei noch auf tarifliche **Besitzstandsregelungen** hingewiesen:

So beinhaltet z. B. der für **Kommunen in Hessen** maßgebende „Landesbezirkliche Tarifvertrag zur Regelung der Urlaubsdauer über 50-jähriger Beschäftigter" vom 28.06.2010 großzügige Übergangsregelungen:
- ab 2011 **neu eingestellte** Beschäftigte erhalten 30 Tage Erholungsurlaub,
- die **Bestandskräfte** des Jahres 2010 der Geburtsjahrgänge **1960 und älter** erhalten für die Dauer des ununterbrochen fortbestehenden Arbeitsverhältnisses bei demselben Arbeitgeber jährlich 33 Tage,
- die Bestandskräfte des Jahres 2010 der Geburtsjahrgänge **1961 – 1970** erhalten für die Dauer des ununterbrochen fortbestehenden Arbeitsverhältnisses bei demselben Arbeitgeber ab Vollendung des 50. Lebensjahres ebenfalls 33 Tage (dies gilt z. B. für den Geburtsjahrgang 1968 ab dem Urlaubsjahr 2018)

Daneben wurden in dem o. g. Tarifvertrag noch besondere Regelungen für Bestandskräfte des Jahres 2010 im Fall eines **Arbeitgeberwechsels** unter Mitgliedern des KAV Hessen (z. B. von der Stadt Kassel zur Gemeinde Habichtswald) getroffen:
- Für die Geburtsjahrgänge 1960 und älter ist ein solcher Wechsel unschädlich, sie behalten also ihre 33 Tage.
- Für die Geburtsjahrgänge 1961 – 1970 kann der neue Arbeitgeber frei entscheiden, ob 30 oder 33 Tage gewährt werden.

Beispiel:
Neueinstellung 2017, Beschäftigter (Jahrgang 1967, 5-Tage-Woche) war zuvor in der Privatwirtschaft.
➔ Die besonderen Voraussetzungen des o. g. landesbezirklichen Tarifvertrages sind nicht erfüllt (keine Stammkraft 2010).
➔ Somit stehen 30 Arbeitstage tariflicher Erholungsurlaub zu.

Für Beschäftigte des **Landes Hessen** gilt abweichend § 15 Abs. 5 TVÜ-H, der für die dort genannten Beschäftigten bis einschließlich Geburtsjahrgang 1969 auf § 17 Abs. 1 der Hessischen Urlaubsverordnung[237] verweist (im Ergebnis ebenfalls 33 Tage Erholungsurlaub).

Doch in welchem **Verhältnis** stehen gesetzlicher Mindesturlaub und Tarifurlaub zueinander?

Kann ich zuerst meinen Tarifurlaub beantragen, weil der gesetzliche Mindesturlaub durch Europarecht besser geschützt ist?

Hierzu hat die Rechtsprechung[238] klar Stellung bezogen: Beide Ansprüche stehen **nebeneinander**. Am ersten Urlaubstag verbraucht der Beschäftigte sowohl einen gesetzlichen

[237] Nähere Informationen zum Urlaubsrecht für Beamte siehe Band 1 der HVSV-Schriftenreihe „Beamtenrecht in Hessen", dort unter Nr. 8.2.1

[238] Urteil des LAG Hessen vom 26.04.2010 - 1772/09

als auch einen tariflichen Urlaubstag. Nach 20 Tagen bleiben dann im Regelfall noch 10 Tage Tarifurlaub übrig; der gesetzliche Mindesturlaub ist verbraucht.

Auch hieraus ergibt sich die Notwendigkeit, dass **stets zwei Berechnungen** durchgeführt werden müssen.

Dabei gilt:

Gesetzlicher Mindesturlaub > Tarifurlaub = Rangprinzip Gesetzlicher Mindesturlaub < Tarifurlaub = Günstigkeitsprinzip

Dies wird Ihnen zunächst seltsam vorkommen; schließlich sind 30 Tage Tarifurlaub selbstverständlich günstiger für den Beschäftigten als der gesetzliche Mindesturlaub. Es gilt aber Konstellationen (und diese sind gar nicht mal so selten), in denen der gesetzliche Mindesturlaub ungekürzt zusteht, während der Tarifurlaub nur anteilig erworben wird. Diese „Feinheiten" lesen Sie weiter unten.

Übrigens: Benötigt man für eine **Nachtschicht** von Dienstag 20 Uhr bis Mittwoch 6 Uhr zwei Tage Urlaub?

➔ Nein! Bei Schichtarbeit gilt als Arbeitstag immer der Kalendertag, an dem die Arbeitsschicht begonnen hat. Dass die Arbeitsschicht in den folgenden Kalendertag (hier Mittwoch) hineinreicht, spielt keine Rolle.[239]

5.12.1.4 Wartezeit

Gemäß § 4 BUrlG wird der volle Urlaubsanspruch „erstmalig nach **sechsmonatigem** Bestehen des Arbeitsverhältnisses erworben".

Beispiel:

15.12.2016	Beidseitige Unterzeichnung eines Arbeitsvertrages zum 01.01.2017
01.01.2017	Beginn des Arbeitsverhältnisses
02.01.2017	erster Arbeitstag

➔ 01.07.2017 Erwerb des vollen Urlaubsanspruchs (01.01.2017 plus sechs Monate).

Streng genommen, darf der Arbeitnehmer in den ersten sechs Monaten des Arbeitsverhältnisses keinen Erholungsurlaub nehmen. In der Praxis werden von dieser Gesetzesnorm jedoch häufig Ausnahmen gemacht, etwa wenn der Arbeitnehmer eine Urlaubsreise bereits fest gebucht hat. Trotzdem wollen wir uns – neben dem Anspruch auf 20 Arbeitstagen gesetzlichen Mindesturlaubs – diese sechsmonatige Wartezeit gut merken.

Der TVöD enthält keine eigene Regelung zur Wartezeit. Die sechsmonatige Wartezeit des § 4 BUrlG gilt aber auch für den Tarifurlaub.

[239] Das LAG München sieht dies anders, vgl. Urteil vom 15.01.2014 – 11 S. 659/13 (auch hier bleibt die weitere Entwicklung abzuwarten)

Die urlaubsrechtliche Wartezeit ist übrigens unabhängig von der tariflichen Probezeit; sie fällt auch an, wenn auf eine Probezeit ganz verzichtet wird (§ 2 Abs. 4 TVöD).

Im Falle der unmittelbaren Übernahme eines **Auszubildenden** in ein Arbeitsverhältnis nach erfolgreicher Berufsausbildung entsteht keine neue Wartezeit. Vielmehr geht man hier von einer rechtlichen Einheit der beiden Vertragsverhältnisse zu demselben Arbeitgeber aus.

5.12.1.5 Entstehen des Anspruchs

Wie entsteht eigentlich der Anspruch auf Erholungsurlaub? Genauer gesagt: Wie entstehen die beiden Ansprüche auf gesetzlichen Mindesturlaub und Tarifurlaub?

Früher nahm man an, der Erholungsurlaub sei eine Gegenleistung für die geleistete Arbeit und diene der wohlverdienten Erholung des Arbeitnehmers. Doch davon hat sich die Rechtsprechung inzwischen längst verabschiedet. Heute wird einhellig angenommen, dass der Anspruch (besser: die Ansprüche) auf Erholungsurlaub gerade keine Gegenleistung für eine erbrachte Arbeitsleistung darstellt bzw. darstellen. Ausreichend ist vielmehr der **rechtliche Bestand** eines Arbeitsverhältnisses. Wenn das mal keine gute Nachricht (für die Arbeitnehmer) ist!

Der Erholungsurlaub entsteht erstmals nach Beendigung der Wartezeit (siehe oben) und sodann jeweils am 1. Januar eines jeden Urlaubsjahres.

Daraus folgt, dass Urlaubsansprüche auch dann entstehen, wenn der Arbeitnehmer
- arbeitsunfähig erkrankt,
- sich in Sonderurlaub[240] befindet oder
- Elternzeit beansprucht[241].

5.12.1.6 Unterjähriger Ein- und Austritt

Die bei unterjährigem Eintritt und Austritt maßgebenden Regelungen sind unterschiedlich. Es kommt hier entscheidend darauf an, ob es sich um den gesetzlichen Mindesturlaub oder den Tarifurlaub handelt.

Beginnen wir beim **gesetzlichen Mindesturlaub**:
§ 5 Abs. 1 BUrlG regelt abschließend, in welchen drei Fallkonstellationen eine Kürzung **(„Zwölftelung")** des gesetzlichen Mindesturlaubs in Höhe von 20 Arbeitstagen ausnahmsweise erlaubt ist. Wenn man den § 5 Abs. 1 BUrlG erstmalig liest, wird man erfahrungsgemäß nicht allzu viel verstehen. Deshalb erhalten Sie direkt hinter den Gesetzesauszügen entsprechende Erläuterungen.

Also: Nach § 5 Abs. 1 BUrlG steht einem Arbeitnehmer lediglich ein Zwölftel des Jahresurlaubs für jeden vollen Monat des Bestehens des Arbeitsverhältnisses zu:
a) für Zeiten eines Kalenderjahrs, für die er wegen Nichterfüllung der Wartezeit in diesem Kalenderjahr keinen vollen Urlaubsanspruch erwirbt;

[240] Mehr zum Sonderurlaub siehe Nr. 5.12.3
[241] Zur Kürzung der Ansprüche siehe aber Nr. 5.12.1.10

(Erläuterung: Bei „Nichterfüllung der Wartezeit“, also bei Neueinstellung im zweiten Kalenderhalbjahr, ist der gesetzliche Urlaub also zu zwölfteln.
Umkehrschluss: Bei **Einstellung im ersten Kalenderhalbjahr** steht der **volle** gesetzliche Urlaub zu, in der 5-Tage-Woche somit 20 Arbeitstage.)

b) wenn er vor erfüllter Wartezeit aus dem Arbeitsverhältnis ausscheidet;
(Erläuterung: Betrifft **Kurzzeitarbeitsverhältnisse**, z.B. vom 1.4. bis 31.5. eines Jahres.)

c) wenn er nach erfüllter Wartezeit in der **ersten** Hälfte eines Kalenderjahrs aus dem Arbeitsverhältnis ausscheidet.
(Erläuterung: Bei Ausscheiden im ersten Kalenderhalbjahr ist der gesetzliche Urlaub also zu zwölfteln.
Umkehrschluss: Bei **Ausscheiden im zweiten Kalenderhalbjahr** steht der **volle** gesetzliche Urlaub zu, in der 5-Tage-Woche somit 20 Arbeitstage.)

Beispiel:
Einstellung am 1. Dezember.

➔ Zwölftelung nach § 5 Abs. 1 Buchstabe a BUrlG (die sechsmonatige Wartezeit wird in diesem Kalenderjahr nicht mehr erfüllt, sondern erst mit Ablauf des 31. Mai des Folgejahres)
➔ 20 x 1/12 = 1,67 ergibt gerundet[242] 2 Arbeitstage
➔ Hinweis: Im Falle einer Einstellung am 02.12. bestünde kein Urlaubsanspruch („für jeden vollen Monat…“)

Beispiel:
Einstellung am 1. Juni.

➔ Erfüllung der sechsmonatigen Wartezeit „in diesem Kalenderjahr“, nämlich mit Ablauf des 30. November. Damit sind die Voraussetzungen des § 5 Abs. 1 Buchstabe a BUrlG gerade nicht erfüllt. Vielmehr handelt es sich fallbezogen um eine Einstellung im **ersten** Kalenderhalbjahr.
➔ Im Ergebnis steht der volle gesetzliche Mindesturlaub, somit **20 Arbeitstage**, zu.

Merke: Bei einer Einstellung kommt es bezüglich des gesetzlichen Mindesturlaubs entscheidend darauf an, ob diese in der **ersten** (dann **voller** Anspruch) oder in der **zweiten** Hälfte des Kalenderjahres (dann **Zwölftelung**) erfolgt.

Beispiel:
Einstellung am 1. Juli.
➔ Hier sind die Voraussetzungen des § 5 Abs. 1 Buchstabe a BUrlG erfüllt. Der 1. Juli liegt zweifellos im zweiten Kalenderhalbjahr.
➔ Im Ergebnis steht ein anteiliger gesetzlicher Mindesturlaub in Höhe von (20 x 6/12 =) **10 Arbeitstagen** zu.[243]

---

242 Zur Rundung siehe Nr. 5.12.1.8
243 Vgl. BAG-Urteil vom 17.11.2015 – 9 AZR 179/15

Betrachten wir uns nun Fälle, in denen Beschäftigte vor Jahresende aus dem Arbeitsverhältnis **ausscheiden**:

Beispiel:
Ausscheiden am 15. Juni.
➔ Ausscheiden in der ersten Hälfte eines Kalenderjahres,
➔ Zwölftelung nach § 5 Abs. 1 Buchstabe c BUrlG,
➔ 20 x 5/12 = 8,3 ergibt gerundet **8 Arbeitstage.**

Beispiel:
Ausscheiden am 2. Juli.
➔ Ausscheiden in der zweiten Hälfte eines Kalenderjahres,
➔ Somit keine Zwölftelung nach § 5 Abs. 1 Buchstabe c BUrlG,
➔ Im Ergebnis stehen **volle 20 Arbeitstage** Erholungsurlaub zu.

Merke: Bei einem Ausscheiden kommt es bezüglich des gesetzlichen Mindesturlaubs entscheidend darauf an, ob dies in der **ersten** (dann **Zwölftelung**) oder in der **zweiten** Hälfte des Kalenderjahres (dann **voller** Anspruch) erfolgt.

Alles klar?

Gut, dann widmen wir uns nun dem **Tarifurlaub.**

Aber keine Angst, hier ist alles viel leichter:

Nach § 26 Abs. 2 Buchstabe b TVöD erhält der Beschäftigte bei unterjährigem Ein- oder Austritt „für jeden vollen Monat des Arbeitsverhältnisses ein Zwölftel" des jährlich zustehenden Tarifurlaubs.

Merke: Tarifurlaub wird **stets** gezwölftelt.*

*bei unterjährigem Ein- und Austritt

Beispiel:
Einstellung am 1. Juni.
➔ Der Tarifurlaub steht hier für volle sieben Monate zu
➔ 30 x 7/12 = 17,5 ergibt gerundet **18 Arbeitstage** Tarifurlaub
➔ Zum Vergleich: der (hier ungekürzt zustehende) gesetzliche Mindesturlaub beträgt **20 Arbeitstage**, siehe oben
➔ Dem Beschäftigten stehen nach dem Rangprinzip **20 Arbeitstage** Erholungsurlaub zu. Der Tarifurlaub fällt in diesem Beispiel „unter den Tisch".

Wie bereits ausgeführt, müssen also pro Arbeitnehmer und Urlaubsjahr stets zwei Urlaubsberechnungen durchgeführt werden. Doch es wird noch komplizierter:

5.12.1.7 Berücksichtigung des Vorarbeitgebers

In der Praxis kommt bei unterjährigem Ein- und Austritt erschwerend hinzu, dass der Beschäftigte in diesem Kalenderjahr oftmals noch ein weiteres Arbeitsverhältnis zu einem anderen Arbeitgeber eingeht. Dabei gilt:

- Schließt der Beschäftigte **nach Ausscheiden** bei uns ein Arbeitsverhältnis bei einem anderen Arbeitgeber ab, so hat dies für uns keine Auswirkungen. Der in dem ersten Arbeitsverhältnis zustehende (Teil-)Urlaub wird gewährt und genommen. Anderenfalls ist er unter den Voraussetzungen des § 7 Abs. 4 BUrlG abzugelten.[244]
- Hatte der Beschäftigte **vor Einstellung** bei uns in diesem Kalenderjahr bereits ein Arbeitsverhältnis zu einem anderen Arbeitgeber, so gilt Folgendes:
  - Hat der Beschäftigte im vorherigen Arbeitsverhältnis mehr Urlaub erhalten, als ihm zustand, so **verringert** sich der Anspruch gegenüber dem neuen Arbeitgeber entsprechend (§ 6 Abs. 1 BUrlG).
  - Hat der Beschäftigte im vorherigen Arbeitsverhältnis weniger Urlaub erhalten, als ihm zustand, so erfolgt **keine Nachgewährung** durch den neuen Arbeitgeber.

Beispiel:
Einstellung am 1. Mai, der vorherige Arbeitgeber gewährte bis 30. April zwölf von insgesamt 30 Arbeitstagen.

➔ Alter Anspruch 30 x 4/12 = 10 Arbeitstage
➔ Es wurden somit (12 minus 10 =) zwei Tage **zu viel** gewährt
➔ Gegenüber dem neuen Arbeitgeber entsteht ein Anspruch von eigentlich 30 x 8/12 = 20 Arbeitstagen
➔ Jedoch werden die zwei im vorherigen Arbeitsverhältnis zu viel gewährten Tage in Abzug gebracht
➔ Im Ergebnis stehen dem Beschäftigten noch (20 minus 2 =) **18 Arbeitstage** Erholungsurlaub zu.

Galt bei dem vorherigen Arbeitgeber eine andere Anzahl an Urlaubstagen im Jahr, so gelten die obigen Grundsätze entsprechend.

Beispiel:
Einstellung am 1. September, der vorherige Arbeitgeber gewährte bis 31. August 23 von insgesamt 33 Arbeitstagen.

➔ Alter Anspruch 33 x 8/12 = 22 Arbeitstage
➔ Es wurde somit (23 minus 22 =) ein Tag **zu viel** gewährt
➔ Gegenüber dem neuen Arbeitgeber entsteht ein Anspruch von eigentlich 30 x 4/12 = 10 Arbeitstagen
➔ Jedoch wird der eine im vorherigen Arbeitsverhältnis zu viel gewährte Tag in Abzug gebracht
➔ Im Ergebnis stehen dem Beschäftigten noch (10 minus 1 =) **9 Arbeitstage** Erholungsurlaub zu.

---

[244] Siehe dazu unten Nr. 5.12.1.12

Nun noch ein abschließendes Beispiel für den Fall, dass der vorherige Arbeitgeber zu wenig Erholungsurlaub gewährt hat:

Beispiel:
Einstellung am 1. Oktober, der vorherige Arbeitgeber gewährte bis 30. September 15 von insgesamt 26 Tagen.

- ➔ Alter Anspruch 26 x 9/12 = 19,5 ergibt gerundet 20 Arbeitstage.
- ➔ Es wurden somit (20 minus 15 =) fünf Tage **zu wenig** gewährt.
- ➔ Gegenüber dem neuen Arbeitgeber entsteht ein Anspruch von eigentlich 30 x 3/12 = 7,5 ergibt gerundet 8 Arbeitstage.
- ➔ Hier greift der Grundsatz, dass keine Nachgewährung durch den neuen Arbeitgeber erfolgt.
- ➔ Im Ergebnis verbleibt es damit bei einem Anspruch von **8 Arbeitstagen** Erholungsurlaub.

In diesem Zusammenhang wird auf die Pflicht des Arbeitgebers hingewiesen, dem Beschäftigten bei Beendigung des Arbeitsverhältnisses eine **Urlaubsbescheinigung** auszuhändigen, vgl. § 6 Abs. 2 BUrlG.

Muster einer Urlaubsbescheinigung:

Herrn ______ standen im Urlaubsjahr 2017 ______ Arbeitstage an Erholungsurlaub zu. Rechtsgrundlage hierfür ist § 26 Abs. 1 Satz 2 TVöD. Auf Grund der vorzeitigen Beendigung seines Arbeitsverhältnisses mit Ablauf des ______ reduzierte sich dieser Anspruch auf ______ Arbeitstage. Hiervon hat der Beschäftigte ______ Arbeitstage Erholungsurlaub genommen. Ferner wurden ihm ______ Arbeitstage finanziell abgegolten (§ 7 Abs. 4 BUrlG).

Im Auftrag

Unterschrift

Im Umkehrschluss wird Arbeitgebern empfohlen, bei unterjähriger Einstellung eine solche Urlaubsbescheinigung von dem Beschäftigten **anzufordern**. Stellen Sie sich vor, Sie stellen jemanden am 1. März ein, der zuvor zwei Monate bei einem anderen Arbeitgeber beschäftigt war. Ohne Vorlage einer Urlaubsbescheinigung könnte man auf die Idee kommen, dem Beschäftigten (30 x 10/12 =) 25 Arbeitstage Erholungsurlaub zu gewähren. Diese Person könnte aber bei dem vorherigen Arbeitgeber bereits seinen gesamten Jahresurlaub beansprucht haben (ausgedehnter Skiurlaub im Januar und Februar für z. B. 30 Arbeitstage). Dann hätte der Beschäftigte im Kalenderjahr insgesamt 55 Arbeitstage Erholungsurlaub genossen.

Um dies zu verhindern, sollte der neue Arbeitgeber in jedem Fall eine solche Urlaubsbescheinigung vom Beschäftigten anfordern. Der Beschäftigte hat einen **Anspruch** auf

Erteilung einer Urlaubsbescheinigung gegen den alten Arbeitgeber, siehe § 6 Abs. 2 BUrlG. Nach der Rechtsprechung des Bundesarbeitsgerichts[245] trägt der Arbeitnehmer die Beweislast, dass der Urlaub nicht bereits vom vorherigen Arbeitgeber gewährt wurde. Mit anderen Worten: Ohne Urlaubsbescheinigung keine Urlaubsgewährung!

5.12.1.8 Rundung

In den obigen Beispielen habe ich mir bereits mehrfach erlaubt, Rundungen vorzunehmen. Nun betrachten wir die Spielregeln zum Runden von Zwischenergebnissen etwas genauer. Diesmal beginnen wir mit der **tariflichen** Rundungsregelung in § 26 Abs. 1 Satz 4 TVöD. Danach wird – kurz gesagt – kaufmännisch gerundet. Also: 11,4 = 11; 11,5 = 12.

Daneben enthält auch das Bundesurlaubsgesetz eine Rundungsnorm. § 5 Abs. 2 BUrlG lautet: „Bruchteile von Urlaubstagen, die mindestens einen halben Tag ergeben, sind auf volle Urlaubstage aufzurunden." Daraus folgert die Rechtsprechung, dass eine Ermächtigung zur Abrundung von Bruchteilen bis 0,49 fehlt. Diese Bruchteile sind somit in Stunden umzurechnen und „**spitz**" zu gewähren.

In der Praxis wird allerdings häufig anders verfahren. Oftmals stellt sich dieses Problem auch gar nicht, weil in den meisten Fällen der Tarifurlaub maßgebend ist, während der gesetzliche Mindesturlaub „unter den Tisch fällt".

5.12.1.9 Teilzeit

Welche Auswirkung hat eine Teilzeitbeschäftigung auf den Urlaubsanspruch? Es kommt drauf an!

Es kommt nämlich nicht etwa auf den Umfang der Teilzeitarbeit an, sondern einzig auf die Frage, an wie vielen Tagen in der Woche Arbeitspflicht besteht (sog. **Tagewoche**). Nachlesen können Sie dies in § 26 Abs. 1 Satz 3 TVöD.

Wer also 30 Wochenstunden an vier Tagen arbeitet, hat im Kalenderjahr (20 x 4/5 =) 16 Arbeitstage gesetzlichen Mindesturlaub und daneben (30 x 4/5 =) 24 Arbeitstage Tarifurlaub.

Wer fünf Wochenstunden an fünf Tagen arbeitet, dem steht der volle gesetzliche Mindesturlaub in Höhe von 20 Arbeitstagen[246] bzw. der volle Tarifurlaub in Höhe von 30 Arbeitstagen zu.

In der Praxis finden sich Fallgestaltungen, bei denen sich die Urlaubsberechnung mitunter schwierig gestaltet: Nehmen wir zum Beispiel einen kommunalen Leichengräber, der immer nur dann arbeiten muss, wenn ein Grab ausgehoben werden muss. Tut er dies an 26 Samstagen im Kalenderjahr, so arbeitet er in der 0,5-Tagewoche (es gibt 52 Samstage im Kalenderjahr; er hat rechnerisch an jedem zweiten Samstag gearbeitet).

Daraus folgt: 30 x 0,5/5 = **3 Arbeitstage** Erholungsurlaub im Kalenderjahr.

---

[245] BAG-Urteil vom 16.12.2004 – 9 AZR 295/13

[246] Zur Berechnung siehe oben Nr. 5.12.1.3

Es empfiehlt sich, in derartigen Fällen zu Beginn eines Jahres eine zurückhaltende Schätzung vorzunehmen, bevor dann zum Jahresende eine korrigierende Nachberechnung erfolgt.

In der Praxis ist oft zu beobachten, dass derartigen Beschäftigten gar kein Erholungsurlaub gewährt wird. Dies stellt einen Verstoß sowohl gegen das Bundesurlaubsgesetz als auch gegen Tarifrecht dar.

Wechsel der Tagewoche
Wenden wir uns nun Fallkonstellationen zu, in denen die „Tagewoche" verändert wird, also z. B. im Falle einer Aufstockung bzw. Reduzierung der Arbeitszeit.

Beispiel:
Wechsel am 1. Januar 2017 von einer 3-Tage-Woche in eine 5-Tage-Woche. Der Beschäftigte hat von seinen (30 x 3/5 =) 18 Arbeitstagen Erholungsurlaub aus dem Vorjahr wegen Arbeitsunfähigkeit nur 9 Arbeitstage genommen (somit drei von sechs Wochen).[247]

➔ Der Rest von (18 – 9 =) 9 Arbeitstagen wird an den neuen Arbeitsrhythmus angepasst: 9 x 5/3 = 15 Arbeitstage
➔ Damit wurden die drei Wochen Resturlaub aus der 3-Tage-Woche angepasst auf drei Wochen in der 5-Tage-Woche

So weit, so gut. Nun kehren wir den Sachverhalt um: Der Beschäftigte wechselt von der 5-Tage-Woche in die 3-Tage-Woche. Da müsste man doch im Prinzip gleich verfahren. Dies hat die Praxis auch über Jahrzehnte getan. Doch nun gibt es eine Entscheidung des Bundesarbeitsgerichts, die eine Umrechnung in diesen Fällen verbietet.[248]

Beispiel:
Wechsel am 1. Januar 2017 von einer **5**-Tage-Woche in eine **3**-Tage-Woche.
Der Beschäftigte hat von seinen 30 Arbeitstagen Erholungsurlaub aus dem Vorjahr wegen Arbeitsunfähigkeit nur 15 Arbeitstage genommen (somit drei von sechs Wochen).

➔ Der Rest von (30 – 15 =) 15 Arbeitstagen wird an den neuen Arbeitsrhythmus angepasst: 15 x 3/5 = 9 Arbeitstage, oder?
➔ Nein! Genau dies verbietet das BAG in dem oben genannten Urteil. Bei Wechsel in eine Teilzeittätigkeit mit weniger Wochentagen darf der auf die Vollzeitphase[249] entfallende Urlaubsteil nicht umgerechnet werden.
➔ Dies gilt selbst dann, wenn der Beschäftigte den Teilurlaub noch vor dem Wechsel hätte realisieren können.
➔ Damit verbleiben die ungekürzten 15 Arbeitstage Resturlaub. Dies entspricht in der 3-Tage-Woche nunmehr fünf Wochen (!) Resturlaub.

[247] Zu den Voraussetzungen der Übertragbarkeit von Erholungsurlaub siehe Nr. 5.12.1.11
[248] BAG-Urteil vom 10.02.2015 – 9 AZR 53/14
[249] Hinweis des Verfassers: bzw. auf die Teilzeitphase mit einer höheren „Tagewoche"

Unterjähriger Wechsel
Dies gilt auch bei **unterjährigem** Wechsel der „Tagewoche“:

Beispiel:
Wechsel **am 1. Juli** von 5-Tage-Woche in die **2**-Tage-Woche. Es wurde in diesem Kalenderjahr noch kein Erholungsurlaub genommen.

➔ Januar bis Juni: 30 x 6/12 = 15 Arbeitstage
Juli bis Dezember: 30 x 2/5 x 6/12 = 6 Arbeitstage
➔ Im Ergebnis stehen dem Beschäftigten (15 + 6 =) 21 Arbeitstage Erholungsurlaub zu. Dies entspricht in der 2-Tage-Woche mehr als zehn Wochen(!).

Weiterhin erlaubt ist also die Umrechnung der Urlaubstage für die Zeit nach der Verringerung der Arbeitszeit.

Arbeitgebern sei empfohlen, die Beschäftigten möglichst anzuhalten, etwaige Teilurlaubsansprüche (im obigen Beispiel 15 Arbeitstage) vor der Verringerung der Arbeitszeit zu verbrauchen. Eine entsprechende Verpflichtung besteht jedoch regelmäßig nicht.

Weiterhin sollte darauf geachtet werden, die Anzahl der in das Folgejahr übertragenen Resturlaubstage möglichst gering zu halten, denn ansonsten könnte sich das oben beschriebene Problem noch entsprechend verschärfen.

Hinzu kommt, dass das Urlaubs**entgelt** (hier: für die 15 Arbeitstage) nicht geringer sein darf, als wenn der Beschäftigte den Erholungsurlaub noch in der Vollzeitphase genommen hätte.

5.12.1.10 Ruhendes Arbeitsverhältnis
In der Praxis kommt es vor, dass der Beschäftigte während seines Arbeitslebens Phasen durchlebt, in denen er nicht arbeitet. Beispielhaft genannt seien
- die Elternzeit,
- eine Rentengewährung auf Zeit,[250]
- ein Sonderurlaub oder
- eine Pflegezeit.

Nun könnte man meinen, dass sich die Urlaubsansprüche für solche Zeiträume entsprechend verringern. Doch so einfach ist es – mal wieder – nicht.

Beginnen wir hier beim Tarifurlaub. Hier bestätigt sich unsere Vermutung. § 26 Abs. 2 Buchstabe c TVöD ordnet an, dass sich die Höhe des Tarifurlaubs für jeden vollen Kalendermonat (des Ruhens) um ein Zwölftel verringert.

[250] Siehe § 33 Abs. 2 Sätze 5 und 6 TVöD

Merke: Tarifurlaub wird **stets** gezwölftelt.*

* für jeden vollen Kalendermonat des Ruhens des Arbeitsverhältnisses

Achten Sie in diesem Zusammenhang auf die Feinheiten: Im Gegensatz zu dem uns bereits bekannten Monatsbegriff[251] geht es hier um den „Kalendermonat".

Kalendermonat ist z.B. der Zeitraum vom 1. bis 31. Mai. Ruht das Arbeitsverhältnis an 30 von 31 Tagen im Mai (z.B. ab dem 2. Mai), so darf der Tarifurlaub für diesen Kalendermonat nicht gekürzt (gezwölftelt) werden. Die Tarifnorm spricht ausdrücklich vom „vollen Kalendermonat".

So weit, so gut. Schauen wir uns nun den **gesetzlichen Mindesturlaub** an. Aus welchen Gründen auch immer, enthält das Bundesurlaubsgesetz für ruhende Arbeitsverhältnisse überhaupt keine Regelung.

Jedoch enthalten bestimmte Spezialgesetze entsprechende Kürzungsregelungen. Zu nennen sind hier insbesondere
- § 17 Abs. 1 BEEG (bei Elternzeit) und
- § 4 Abs. 4 PflZG (bei Pflegezeit).

Dagegen bestehen in den Fällen
- eines Sonderurlaubs und
- einer Rente auf Zeit

keine gesetzlichen Kürzungsregelungen (weder im Bundesurlaubsgesetz noch in einem Spezialgesetz).

Daraus folgt, dass der gesetzliche Mindesturlaub in diesen Fällen **ungekürzt** zu gewähren ist![252] In der Praxis wurde der gesetzliche Mindesturlaub früher mit § 26 Abs. 2 Buchstabe c TVöD gekürzt. Dies ist jedoch rechtswidrig, weil mit einer Tarifnorm keine gesetzlich garantierten Ansprüche gekürzt werden können (Rangprinzip)[253].

Beispiel mit Spezialgesetz:
Elternzeit vom 01.01. bis 30.11.2017 (im Anschluss an die mutterschutzrechtlichen Beschäftigungsverbote)

➔ Die mutterschutzrechtlichen Beschäftigungsverbote führen gemäß § 24 MuSchG zu keinem Nachteil
  TVöD: 30 x 1/12 = 3 Arbeitstage[254]

➔ §§ 3, 5 BUrlG: 20 Arbeitstage,
  aber Kürzung nach § 17 Abs. 1 BEEG auf 2 Arbeitstage

➔ Im Ergebnis stehen dem Beschäftigten **3 Arbeitstage** zu (Günstigkeitsprinzip).[255]

---

[251] Vgl. oben Nr. 5.12.1.6
[252] BAG-Urteil vom 06.05.2014 – 9 AZR 678/12
[253] Zur Vertiefung siehe oben 2.9
[254] Aufgerundet gemäß § 26 Abs. 1 Satz 4 TVöD
[255] Zum Günstigkeitsprinzip siehe oben Nr. 2.10

Beispiel ohne Spezialgesetz:
Sonderurlaub vom 01.01. bis 30.11.2017
➔ TVöD: 30 x 1 /12 = 3 Arbeitstage
➔ §§ 3, 5 BUrlG: 20 Arbeitstage, (hier gibt es kein Spezialgesetz!)
➔ Im Ergebnis stehen dem Beschäftigten **20 Arbeitstage** zu (Rangprinzip)!

Ein solches Ergebnis erscheint aus Arbeitgebersicht unbefriedigend. Hier sei empfohlen, einen solchen Sonderurlaub nicht zu gewähren. Schließlich besteht nach § 28 TVöD ein Ermessensspielraum des Arbeitgebers. Zwar wird dieser Ermessensspielraum z. B. im Falle einer Kinderbetreuung eingeschränkt; gleichwohl stellt nach Auffassung des Verfassers ein Antrag für einen solchen Zeitraum einen Rechtsmissbrauch dar.

Praxistipp: Wird der Sonderurlaub dagegen bis einschließlich 31. Dezember gewährt, so entsteht der gesetzliche Mindesturlaub zunächst, verfällt aber am Jahresende restlos.[256]

5.12.1.11 Übertragung

Nicht genommener Erholungsurlaub wird vorbehaltlos auf das Folgejahr übertragen, oder? Viele Beschäftigte denken so und „hamstern" Resturlaubstage für den „Fall der Fälle".

Doch wie ist eigentlich die Rechtslage?

Auch hier finden wir – wie so oft – gesetzliche und tarifliche Bestimmungen.

Beginnen wir mal wieder mit dem Bundesurlaubsgesetz:

Die vier Sätze des § 7 Abs. 3 BUrlG treffen folgende Aussagen:

1. Der Urlaub muss **im laufenden Kalenderjahr** gewährt und genommen werden.
2. Eine Übertragung des Urlaubs auf das nächste Kalenderjahr ist nur statthaft, wenn dringende **betriebliche** oder in der **Person** des Arbeitnehmers liegende Gründe dies rechtfertigen.
3. Im Fall der Übertragung muss der Urlaub in den ersten **drei Monaten** des folgenden Kalenderjahrs gewährt und genommen werden.
4. Auf Verlangen des Arbeitnehmers ist ein nach § 5 Abs. 1 Buchstabe a entstehender Teilurlaub jedoch auf das nächste Kalenderjahr zu übertragen.[257]

Aus Satz 1 folgert die herrschende Meinung (h. M.), dass nicht beantragter Urlaub eines arbeitsfähigen Beschäftigten mit Ablauf eines jeden Kalenderjahres **verfällt**. Das LAG München ist hier jedoch anderer Meinung: Es geht davon aus, dass der Arbeitgeber im Zweifel von sich aus den Urlaub zu gewähren hat; anderenfalls erfolge ein Schadensersatzanspruch in Form eines Ersatzurlaubs, der sich im Fall der Beendigung des Arbeits-

[256] Zum Verfall von Resturlaub siehe Nr. 5.12.1.11
[257] Diese Regelung betrifft Einstellungen im zweiten Kalenderhalbjahr. Hier wird der volle Urlaubsanspruch erstmalig im Folgejahr erworben, wodurch diese besondere Übertragungsregelung notwendig wurde

verhältnisses in einen Abgeltungsanspruch umwandelt.[258] Hier bleibt letztlich abzuwarten, wie sich das Bundesarbeitsgericht positionieren wird.

Schließen wir uns der h. M. an, so bedarf es also zur Übertragung von Resturlaub entweder

- eines dringenden betrieblichen Grundes
  Zeitliche **Wünsche des Arbeitnehmers** sind zu berücksichtigen, es sei denn, es entstünden erhebliche Beeinträchtigungen im Betriebsablauf (vor allem in Saisonbetrieben wie Freibädern), oder Urlaubswünsche anderer Arbeitnehmer verdienen den Vorrang. Hier gewinnt nicht „der Schnellere“; maßgebend sind vielmehr Aspekte wie das Lebensalter, die Dauer der Betriebszugehörigkeit, eine Schwerbehinderung und die Anzahl schulpflichtiger Kinder. Ein Urlaubswunsch ist hingegen zwingend zu gewähren im Anschluss an eine Reha-Maßnahme; vgl. § 40 Abs. 3 SGB V und nach einer Wiedereingliederungsmaßnahme nach § 74 SGB V.
- oder eines in der **Person** des Arbeitnehmers liegenden Grundes.

Als solcher kommt in erster Linie krankheitsbedingte Arbeitsunfähigkeit in Frage.

Hierzu hat der Europäische Gerichtshof bereits im Jahr 2009[259] entschieden, dass **krankheitsbedingt** nicht genommener Urlaub nicht verfallen darf. Diese Entscheidung betraf nur den gesetzlichen Mindesturlaub (nicht den Tarifurlaub) und sorgte in der Praxis für viel Unruhe. Inzwischen wissen wir mehr: Das Bundesarbeitsgericht[260] hat unter Berücksichtigung inzwischen ergangener ergänzender Rechtsprechung des EuGH entschieden, dass krankheitsbedingt nicht genommener Urlaub **spätestens 15 Monate** nach Ablauf des Urlaubsjahres verfällt.

Der Vollständigkeit halber blicken wir noch kurz in den **TVöD**. Nach § 26 Abs. 2 Buchstabe a TVöD muss der Resturlaub „im Falle der Übertragung“[261] spätestens am 31. März des Folgejahres angetreten (nicht: genommen) werden. Kann der Erholungsurlaub wegen Arbeitsunfähigkeit oder aus betrieblichen/dienstlichen Gründen nicht bis 31. März angetreten werden, so ist er bis zum **31. Mai** anzutreten.

Somit gelten im Falle krankheitsbedingter Arbeitsunfähigkeit folgende Übertragungsfristen:

- BUrlG 15 Monate (gemäß Rechtsprechung)
- TVöD: 5 Monate[262]

Beispiel:
Ein Beschäftigter ist in der Zeit vom 01.01.2015 bis 10.01.2017 arbeitsunfähig krank. Am 11.01.2017 erscheint er wieder zur Arbeit.

➔ 2015: Tarifurlaub ist am 31.05.2016 verfallen, gesetzlicher Mindesturlaub steht noch zu (der 15-Monats-Zeitraum endet am 31.03.2017). Damit stehen 20 Arbeitstage zu.

[258] Urteil des LAG München vom 06.05.2015 – 8 Sa 982/14 (Revision zugelassen)
[259] Entscheidung des EuGH vom 20.01.2009 – C-350/06 (Schultz-Hoff)
[260] BAG-Urteil vom 07.08.2012 – 9 AZR 353/10
[261] Damit verweist der TVöD im Wesentlichen auf § 7 Abs. 3 BUrlG
[262] Für Beschäftigte, die unter den **TV-H** fallen, gilt abweichend eine **neunmonatige** Übertragungsregelung, § 26 Abs. 1 Satz 8 TV-H

➔ 2016: Tarifurlaub ist noch nicht verfallen, gesetzlicher Mindesturlaub steht daneben ebenfalls noch zu. Nach dem Günstigkeitsprinzip stehen 30 Arbeitstage zu.

➔ Ergebnis: Der Beschäftigte hat Resturlaub in Höhe von insgesamt (20 + 30 =) 50 Arbeitstagen aus den Vorjahren. Diesen Resturlaub sollte er baldmöglichst beanspruchen, damit er nicht verfällt.

Nähere Informationen über den Verfall von **übertragenem** Resturlaub entnehmen Sie bitte der folgenden Übersicht.

Verfall von Resturlaub: Übersicht 2017

Vorbemerkungen:

1. Man unterscheidet **gesetzlichen** Urlaub (z. B. nach BUrlG und SGB IX) und tariflichen Urlaub (z. B. nach § 26 TVöD).
2. Nachfolgend wird der Resturlaub eines TVöD-Beschäftigten dargestellt, der seit dem **01.01.2015 arbeitsunfähig** erkrankt ist. Eine Schwerbehinderung liegt nicht vor. **Maßgebend** für den Anspruch auf Resturlaub ist **der Zeitpunkt der Arbeitsaufnahme in 2017 …**

		Arbeitsaufnahme …					
		bis 31. März		**vom 1. April bis 31. Mai**		**ab 1. Juni**	
Resturlaub 2015	gesetzlich	verfällt am 31.03.2017 (BAG)	20	siehe links	0	siehe links	0
	tariflich	verfiel am 31.05.2016 (§ 26 II a TVöD)	0	siehe links	0	siehe links	0
	Ergebnis		**20**		**0**		**0**
Resturlaub 2016	gesetzlich	verfällt am 31.03.2017 (§ 7 III BUrlG)	20	verfällt am 31.05.2017 (§ 26 II a TVöD)	20	verfällt am 31.12.2017 (BAG)	20
	tariflich	verfällt am 31.05.2017 (§ 26 II a TVöD)	30	verfällt am 31.05.2017 (§ 26 II a TVöD)	30	siehe links	0
	Ergebnis		**30**		**30**		**20**
Resturlaub gesamt:			**50***		**30****		**20*****

* Wird der Resturlaub von 50 Tagen erst im April 2017 beantragt, so ist er restlos verfallen!

** Der Resturlaub muss spätestens am 31.05.2017 angetreten werden, ansonsten verfällt er restlos.

***Infolge späterer Arbeitsaufnahme steht zwar nur ein Resturlaub von 20 Tagen zu, dafür aber bis zum 31.12.2017. Dieser Resturlaub teilt das Schicksal des Urlaubs für das laufende Urlaubsjahr.

Daneben sind spezialgesetzliche Übertragungsregelungen zu beachten.

So regelt z. B. § 17 Abs. 2 BEEG eine Übertragung bis zum Ende des auf die Elternzeit folgenden Urlaubsjahres.

<u>Beispiel</u>:
Elternzeit vom 01.02.2016 bis 31.01.2018
➔ Der in 2016 nicht beanspruchte Erholungsurlaub verfällt mit Ablauf des 31.12.2019(!).

5.12.1.12 Abgeltung

Sagt ein Beschäftigter zu seinem Arbeitskollegen: „Ich habe mir meinen Resturlaub auszahlen lassen. Das lohnt sich!“

Geht dies so einfach?

Während der TVöD zu dieser Frage schweigt, regelt § 7 Abs. 4 BUrlG die finanzielle Abgeltung von Urlaub nur für Fälle „wegen **Beendigung** des Arbeitsverhältnisses“.

Damit scheidet jede Abgeltung im laufenden Arbeitsverhältnis aus. Der Erholungsurlaub soll letztlich der Erholung dienen. Im Vordergrund steht somit eindeutig der Gesundheitsschutz des Beschäftigten. Und Gesundheit kann man seinem Körper schließlich nicht „abkaufen“.

Der Abgeltungsanspruch nach § 7 Abs. 4 BUrlG umfasst indes auch den **Tarifurlaub**.[263] Für jeden bei Beendigung des Arbeitsverhältnisses noch nicht erfüllten Urlaubstag erhält der Beschäftigte das Entgelt nach § 21 TVöD (siehe hierzu Nr. 5.8.5).

Eine spezialgesetzliche Sonderregelung enthält auch hier das BEEG, und zwar in § 17 Abs. 3 für die Beendigung des Arbeitsverhältnisses während bzw. nach der Elternzeit.

5.12.1.13 Vererbbarkeit

Ist der Urlaubsanspruch eigentlich vererbbar? Stellen Sie sich vor, ein Beschäftigter erwirbt sich Urlaubsansprüche und stirbt, bevor er diese beanspruchen kann. Früher sind derartige Ansprüche regelmäßig „unter den Tisch“ gefallen. Der Europäische Gerichtshof[264] sieht die Sache aber inzwischen anders: Danach muss auch bei Tod des Arbeitnehmers die praktische Wirksamkeit des Urlaubsanspruchs durch einen **finanziellen Ausgleich** sichergestellt werden.

---

[263] BAG-Urteil vom 22.10.2009 – 8 AZR 865/08
[264] EuGH-Urteil vom 12.06.2014 – C-118/13

Das BAG reagierte und entschied, dass ein bereits entstandener Urlaubsabgeltungsanspruch vererbbar ist.[265] In derartigen Fällen sollte der Arbeitgeber warten, ob sich ein anspruchsberechtigter Erbe innerhalb der tariflichen Ausschlussfrist des § 37 TVöD meldet.[266] Noch nicht entschieden hat das BAG die Frage der Vererbbarkeit von Urlaubsansprüchen, wenn der Beschäftigte während des **laufenden** Arbeitsverhältnisses verstirbt. Das LAG Düsseldorf bejaht dies in seinem Urteil vom 13.01.2016 – 4 Sa 888/15 (Revision zugelassen). Auch hier bleibt also die weitere Entwicklung abzuwarten.

5.12.2 Zusatzurlaub

Wie auch beim Erholungsurlaub unterscheiden wir gesetzliche und tarifliche Ansprüche auf Zusatzurlaub. Doch keine Angst: Hier ist die Rechtslage überschaubarer. Aus Gründen der Transparenz möchte ich mich auf die wichtigsten Anspruchsgrundlagen beschränken:

Dies sind
- gesetzlicher Zusatzurlaub für schwerbehinderte Menschen und
- tariflicher Zusatzurlaub nach § 27 TVöD.

Beginnen möchte ich auch hier mit dem gesetzlichen Anspruch auf Zusatzurlaub:

5.12.2.1 § 125 SGB IX

§ 125 SGB IX lautet:

(1) **Schwerbehinderte Menschen** haben Anspruch auf einen bezahlten zusätzlichen Urlaub von **fünf** Arbeitstagen im Urlaubsjahr; verteilt sich die regelmäßige Arbeitszeit des schwerbehinderten Menschen auf mehr oder weniger als fünf Arbeitstage in der Kalenderwoche, erhöht oder vermindert sich der Zusatzurlaub entsprechend. Soweit tarifliche, betriebliche oder sonstige Urlaubsregelungen für schwerbehinderte Menschen einen längeren Zusatzurlaub vorsehen, bleiben sie unberührt.

(2) Besteht die **Schwerbehinderteneigenschaft nicht während des gesamten Kalenderjahres**, so hat der schwerbehinderte Mensch für jeden vollen Monat der im Beschäftigungsverhältnis vorliegenden Schwerbehinderteneigenschaft einen Anspruch auf ein Zwölftel des Zusatzurlaubs nach Absatz 1 Satz 1. Bruchteile von Urlaubstagen, die mindestens einen halben Tag ergeben, sind auf volle Urlaubstage **aufzurunden**. Der so ermittelte Zusatzurlaub ist dem Erholungsurlaub hinzuzurechnen und kann bei einem nicht im ganzen Kalenderjahr bestehenden Beschäftigungsverhältnis nicht erneut gemindert werden.

(3) Wird die Eigenschaft als schwerbehinderter Mensch nach § 69 Abs. 1 und 2 **rückwirkend** festgestellt, finden auch für die Übertragbarkeit des Zusatzurlaubs in das nächste Kalenderjahr die dem Beschäftigungsverhältnis zugrunde liegenden urlaubsrechtlichen Regelungen Anwendung.

[265] BAG-Urteil vom 22.09.2015 – 9 AZR 170/14
[266] Näheres zur Ausschlussfrist siehe Nr. 5.9

Wie Sie sehen, hat der Gesetzgeber für diesen Personenkreis in § 125 Abs. 2 Satz 1 SGB IX eine besondere Zwölftelungsregelung geschaffen für den Fall, dass die Schwerbehinderteneigenschaft nicht ganzjährig besteht. Diese greift aber nicht in Fällen, in denen das Arbeitsverhältnis an sich nicht ganzjährig besteht. Hier gelten vielmehr die gleichen Grundsätze wie beim gesetzlichen Mindesturlaub. Dies bedeutet konkret, dass ein in der zweiten Hälfte des Kalenderjahres nach erfüllter Wartezeit ausscheidender Arbeitnehmer Anspruch auf den vollen Zusatzurlaub hat.[267]

Im Übrigen wird empfohlen, Erholungs- und Zusatzurlaub jeweils **getrennt** voneinander zu ermitteln und ggf. getrennt voneinander zu runden.

Beispiel:
Ein schwerbehinderter Beschäftigter (5-Tage-Woche) scheidet mit Ablauf des 31. Oktober aus dem Arbeitsverhältnis aus.
➔ Tarifurlaub 30 x 10/12 = 25 Arbeitstage (günstiger als ungekürzter gesetzlicher Mindesturlaub).
➔ Zusatzurlaub steht in voller Höhe (5 Arbeitstage) zu, weil der Beschäftigte in der zweiten Jahreshälfte ausgeschieden ist, vgl. § 5 Abs. 1 Buchstabe c BUrlG.

Doch welchem **Personenkreis** steht der Zusatzurlaub nach § 125 SGB IX eigentlich zu? Nach dem Wortlaut des Gesetzes gilt diese Norm für schwerbehinderte Menschen. Dies sind solche, die einen Grad der Behinderung (**GdB**) von mindestens **50** haben, § 2 Abs. 2 SGB IX. Zuständig für die Feststellung der Schwerbehinderung sind in Hessen die Versorgungsämter, in den anderen Ländern die durch Landesregelung jeweils bestimmten Behörden.

Gleichgestellte behinderte Menschen im Sinne von § 2 Abs. 3 SGB IX haben dagegen keinen Anspruch auf Zusatzurlaub, vgl. § 68 Abs. 3 SGB IX.

In **Hessen** besteht jedoch eine Besonderheit für **Landes**bedienstete[268]: diesen stehen bis zu drei Tage Zusatzurlaub zu, § 27 Abs. 1 Satz 1 TV-H i. V. m. § 13 Abs. 1 HUrlVO.

Im Übrigen gelten die zum Erholungsurlaub genannten **Grundsätze** auch für den Zusatzurlaub nach § 125 SGB IX. Der 15-monatige Übertragungszeitraum bei fortdauernder Arbeitsunfähigkeit (siehe oben Nr. 5.12.1.11) für gesetzlichen Erholungsurlaub gilt also auch für den gesetzlichen Zusatzurlaub für schwerbehinderte Menschen.[269]

5.12.2.2 § 27 TVöD

Welcher Personenkreis kann tariflichen Zusatzurlaub verlangen?

§ 27 TVöD beinhaltet einen Zusatzurlaub insbesondere für Beschäftigte, die Anspruch auf (Wechsel-)Schichtzulage haben.[270]

[267] BAG-Urteile vom 08.03.1994 – 9 AZR 49/93 sowie vom 24.10.2006 – 9 AZR 669/05
[268] Gilt nicht für Beschäftigte kommunaler Arbeitgeber
[269] BAG-Urteile vom 13.12.2011 – 9 AZR 399/10 sowie vom 07.08.2012 – 9 AZR 353/10
[270] Zu den tariflichen Voraussetzungen dieser Zahlungen siehe unten Nr. 5.14.1 und 5.14.2

Wer ganzjährig Wechselschichtarbeit leistet, hat in der 5-Tage-Woche neben 30 Arbeitstagen Erholungsurlaub auch Anspruch auf zusätzliche sechs Tage Zusatzurlaub. Weil man dies aber zu Beginn des Urlaubsjahres noch nicht mit Gewissheit sagen kann, ist sinnvollerweise eine **nachträgliche Gesamtbetrachtung** vorzunehmen. Dabei besteht zwar ein Vorrang von Zusatzurlaubstagen für ständige Wechselschichtarbeit gegenüber solchen für ständige Schichtarbeit; liegen die Voraussetzungen für Zusatzurlaub für ständige Wechselschichtarbeit aber nicht vor (z. B. weil es an zwei zusammenhängenden Monaten mangelt), so erfüllen solche Monate zugleich die Voraussetzungen für Zusatzurlaub für ständige Schichtarbeit.

Beispiel:

Oktober:	ständige Schichtarbeit
November:	ständige Wechselschichtarbeit
Dezember:	ständige Schichtarbeit
Januar:	ständige Schichtarbeit

➔ Im Ergebnis wurde ein Tag Zusatzurlaub für 4 zusammenhängende Monate ständiger Schichtarbeit erarbeitet.

In den Tarifbereichen TVöD-**K** und TVöD-**B** steht daneben auch Zusatzurlaub für geleistete **Nachtarbeitsstunden** zu. Dies allerdings nur für solche Monate, in denen kein Zusatzurlaub nach § 27 Abs. 1 zusteht.[271] Hier besteht überdies eine besondere Begrenzung auf das Kalenderjahr.

§ 27 Abs. 4 TVöD enthält **Begrenzungsregelungen** von Zusatzurlaubstagen. Die dort genannte Höchstgrenze von 36 Tagen gilt nach Auffassung des Verfassers auch in den Fällen, in denen (z. B. für Besitzstandsfälle in Hessen) 33 Tage Erholungsurlaub zusteht. Diese Beschäftigten können sich somit maximal drei Tage Zusatzurlaub nach § 27 TVöD erarbeiten. Hierin wird wohl keine Ungleichbehandlung im Sinne des AGG zu sehen sein.

Ausgenommen von tariflichen Höchstgrenzen ist der gesetzliche Anspruch auf Zusatzurlaub für schwerbehinderte Menschen (siehe oben Nr. 5.12.2.1). Dieser Anspruch kann nämlich nicht mittels einer Tarifnorm gekürzt werden (Rangprinzip).

Zur Vertiefung des Urlaubsrechts lösen Sie bitte Fall 22 im Übungsteil.

5.12.3 Sonderurlaub

Nachdem wir die Ansprüche auf Erholungsurlaub und Zusatzurlaub kennengelernt haben, widmen wir uns der Vollständigkeit halber noch dem Sonderurlaub. Wer die Nr. 5.12.1.10 (Erholungsurlaub im ruhenden Arbeitsverhältnis) durchgearbeitet hat, hatte bereits Kontakt zum Sonderurlaub.

271 BAG-Urteil vom 07.07.2015 – 10 AZR 939/13

Dieser ist in § 28 TVöD geregelt und beinhaltet auf Rechtsfolgenseite einen Ermessensspielraum des Arbeitgebers. Tatbestandliche Voraussetzung ist ein „**wichtiger Grund**"; dies ist ein unbestimmter Rechtsbegriff. Der in der Praxis am häufigsten vorkommende Grund für einen unbezahlten Sonderurlaub ist die Erziehung eigener Kinder.

Während des Sonderurlaubs läuft die **Stufenlaufzeit** des Tabellenentgelts nicht weiter, § 17 Abs. 3 TVöD.[272]

Die Zeit des Sonderurlaubs ist auch **keine Beschäftigungszeit**, § 34 Abs. 3 Satz 2 TVöD.

Beispiel:
Beginn der Beschäftigungszeit am 01.01.2014. Sonderurlaub vom 01.01. bis 31.12.2015.
➔ Zum Zeitpunkt der Rückkehr aus dem Sonderurlaub am 01.01.2016 erfolgt eine Neufestsetzung der Beschäftigungszeit auf den 01.01.2015 (Verschiebung um das eine Jahr des Sonderurlaubs).
➔ Diese Neufestsetzung betrifft sowohl die Beschäftigungszeit „im engeren Sinn" als auch die Beschäftigungszeit „im weiteren Sinn"

Nur ausnahmsweise erfolgt keine Neufestsetzung der Beschäftigungszeit, nämlich bei Anerkennung eines **dienstlichen Interesses** (z. B. wenn sich ein Arbeiter auf eigene Kosten zum Techniker weiterbildet und anschließend als Techniker eingesetzt wird).

5.13 Wechsel des Arbeitsplatzes

© Cornelia Menichelli/PIXELIO

Wir leben in sehr bewegten Zeiten. Da muss es dem Arbeitgeber möglich sein, seine Beschäftigten zielgenau dort einzusetzen, wo gerade Bedarf besteht. In der Praxis werden Beschäftigte z. B. in einer anderen Abteilung eingesetzt. Mitunter kann der künftige Einsatz auch an einem anderen Ort erfolgen. Im Rahmen der interkommunalen Zusammenarbeit kommt es in letzter Zeit sogar verstärkt vor, dass man bei einem anderen Arbeitgeber arbeiten muss. Denken Sie nur an die zahlreichen **Zweckverbände**, die in den vergangenen Jahren gegründet wurden und mittels Personalgestellung personell bestückt wurden.

---

[272] Näheres siehe oben Nr. 5.7.4

Nachstehend erhalten Sie einen **Überblick** über die verschiedenen Personalsteuerungsmaßnahmen, die sodann voneinander abgegrenzt werden:

- Versetzung (Nr. 5.13.1),
- Abordnung (Nr. 5.13.2),
- Personalgestellung (Nr. 5.13.3),
- Zuweisung (Nr. 5.13.4),
- Umsetzung (Nr. 5.13.5) und
- Betriebsübergang (Nr. 5.13.6).

5.13.1 Versetzung

Am Stammtisch beschwert sich Rudi Ruhe, dass der Bürgermeister ihn von seinem geliebten Gewerbeamt zur Stadtkasse versetzen will. Er fragt sich, ob dies „einfach so" möglich ist; schließlich arbeitet er schon dreißig Jahre im Gewerbeamt.

Wie ist die Rechtslage?

Zunächst ist zu klären, ob es sich tatsächlich um eine Versetzung handelt. Hier hilft uns die Protokollnotiz Nr. 2 zu § 4 Abs. 1 TVöD weiter, in der es heißt:

> **Versetzung** ist die Zuweisung einer auf Dauer bestimmten Beschäftigung bei einer **anderen Dienststelle** ... **desselben Arbeitgebers** unter Fortsetzung des bestehenden Arbeitsverhältnisses.

Als Nächstes müssen wir klären, was eine Dienststelle ist.

> Merke: **Dienststelle** ist jede organisatorisch verselbstständigte Verwaltungseinheit, die – mit persönlichen und sächlichen Mitteln ausgestattet – einen örtlich und gegenständlich abgrenzbaren Aufgabenbereich versieht.

Die Dienststelleneigenschaft verlangt, dass der Leiter der Einrichtung einen Entscheidungs- und Handlungsspielraum in personellen, sozialen und organisatorischen innerdienstlichen Angelegenheiten hat. Nur dann kann er dem Personalrat als verantwortlicher Partner gegenübertreten. Darf er in diesem Sinne nicht selbstständig handeln, so ist die Dienststelleneigenschaft zu verneinen.[273]

Damit sind **Außenstellen** keine Dienststellen in diesem Sinne.

Eine Schule ist regelmäßig eine eigene Dienststelle.

Im **Kommunalbereich** beachte die personalvertretungsrechtliche Definition einer Dienststelle in § 7 Abs. 1 Satz 2 HPVG, wonach z. B. die gesamte Kreisverwaltung des Land-

[273] Urteil des BVerwG vom 26.11.2008 – 6 P 7.08

kreises Kassel als eine gemeinsame Dienststelle zu qualifizieren ist. Eine Versetzung zu einer Außenstelle (z. B. Hofgeismar, Sylt) kann somit nicht stattfinden. Vielmehr wäre eine solche Maßnahme – trotz Dienstortwechsels – eine Umsetzung.[274] Als eigene Dienststellen im Kommunalbereich gelten lediglich **Eigenbetriebe** und Krankenanstalten.

➔ Damit können wir Herrn Rudi Ruhe schon mal sagen, dass er nicht versetzt, sondern umgesetzt werden soll.

➔ Ob und unter welchen Voraussetzung eine solche Umsetzung erfolgen kann, klären wir dann unter Nr. 5.13.5.

Zurück zur Versetzung: Wir wissen nun, dass der oben definierte Versetzungsbegriff erfüllt ist, wenn ein Beschäftigter künftig dauerhaft bei einer anderen Dienststelle **desselben Arbeitgebers** arbeitet.

Damit scheiden alle Maßnahmen aus, die den Einsatz bei einem **anderen Arbeitgeber** zur Folge haben.

Beispiel:
Christian Offermann arbeitet bei der Stadt Rotenburg. Diese hat gemeinsam mit einer Nachbargemeinde einen Zweckverband gegründet, in dem Herr Offermann künftig arbeiten soll.

➔ Eine Versetzung scheidet fallbezogen aus, weil der Zweckverband ein eigener Arbeitgeber ist.

➔ Herr Offermann kann auch nicht direkt zu der Nachbargemeinde versetzt werden (ebenfalls eigener Arbeitgeber).

➔ Der Beschäftigte könnte das bisherige Arbeitsverhältnis zur Stadt beenden (z. B. durch Kündigung oder Auflösungsvertrag).

➔ In der Praxis erfolgt in derartigen Fällen aber eher eine Personalgestellung.[275]

Voraussetzung für eine Versetzung ist also, dass ein Arbeitgeber mehrere Dienststellen hat. Damit scheiden Versetzungen eines Beschäftigten bei einer **Gemeinde** aus. In Frage kommen vielmehr größere Arbeitgeber, die landes- oder bundesweit aufgestellt sind.

Beispiel:
Ein TVöD-Beschäftigter des Landeswohlfahrtsverbandes Hessen[276] arbeitet laut Arbeitsvertrag in der Hauptverwaltung Kassel. Der Arbeitgeber möchte ihn künftig dauerhaft in der Regionalverwaltung Wiesbaden (eigene Dienststelle) einsetzen, weil dort krankheitsbedingt große Arbeitsrückstände aufgelaufen sind. Ist dies möglich?

Nun, zunächst ist festzustellen, dass der Arbeitsort „Kassel" im Arbeitsvertrag vereinbart wurde (vgl. auch § 2 Abs. 1 Nr. 4 Nachweisgesetz). Andererseits regelt § 106 Satz 1 GewO, dass der Arbeitgeber den Arbeitsort nach billigem Ermessen bestimmen kann. Es bedarf

---

274 Mehr zur Umsetzung siehe unten Nr. 5.13.5

275 Mehr zur Personalgestellung siehe Nr. 5.13.3

276 Der LWV Hessen ist eine Körperschaft des öffentlichen Rechts und verfügt über mehrere Dienststellen in Hessen

also einer Auslegung des Arbeitsvertrages. Das Direktionsrecht des Arbeitgebers gilt nur innerhalb der Gesetze, Tarifverträge, Dienstvereinbarungen und des Arbeitsvertrages. Zwar steht im Arbeitsvertrag als Arbeitsort „Kassel“, jedoch regelt der Arbeitsvertrag auch, dass der TVöD in seiner jeweiligen Fassung gilt (siehe Musterarbeitsvertrag, Nr. 4.1.3). Gemäß § 4 Abs. 1 TVöD können Beschäftigte aus dienstlichen Gründen versetzt werden. Als dienstlicher Grund kommen vorliegend die großen Arbeitsrückstände in Wiesbaden in Betracht. Im Ergebnis kann der Beschäftigte zur Regionalverwaltung Wiesbaden versetzt werden.

Hierzu passt auch eine Entscheidung des LAG Berlin-Brandenburg,[277] wonach ein Versetzungsvorbehalt im Arbeitsvertrag die Beschränkung des Arbeitsortes auf einen im Vertrag genannten Ort regelmäßig verhindert.

Werden Aufgaben verlagert, so besteht regelmäßig ein berechtigtes Interesse des Arbeitgebers, diese Aufgaben weiterhin durch das bereits eingearbeitete Personal wahrnehmen zu lassen. Abzuwägen ist dieses Interesse mit dem Interesse des Arbeitnehmers an einer Weiterbeschäftigung am bisherigen Arbeitsort, wobei Letzteres regelmäßig zurückzutreten hat.

Bei einer Versetzung außerhalb des Arbeitsortes ist der Beschäftigte vorher zu **hören**, § 4 Abs. 1 Satz 2 TVöD.

Vor einer Versetzung bedarf es der Mitbestimmung des **Personalrates** gemäß § 77 Abs. 1 Nr. 2 Buchstabe c, § 69 Abs. 1 HPVG. Bei Versetzungen von Mitgliedern des Personalrates beachte überdies § 64 Abs. 2 HPVG (Zustimmungserfordernis des Personalrates). Entsprechendes gilt auch für Mitglieder der Jugend- und Auszubildendenvertretung, § 56 Satz 2 HPVG.

Die **Frauen- und Gleichstellungsbeauftragte** ist ebenfalls zu beteiligen, § 17 Abs. 1 Satz 3 Nr. 2 HGlG. Zum Schutz dieses Personenkreises vor Versetzungen siehe § 21 Abs. 4 Satz 4 HGlG.

Bei **schwerbehinderten Menschen** bedarf es außerdem der Anhörung der Schwerbehindertenvertretung, § 95 Abs. 2 SGB IX.[278]

Hinweis: Vom arbeitsrechtlichen Versetzungsbegriff abzugrenzen ist die beamtenrechtliche Versetzung. Hier kann sogar der Dienstherr gewechselt werden.[279]

5.13.2 Abordnung

Um zu klären, was man unter einer Abordnung versteht, bedienen wir uns der tariflichen Definition in der Protokollerklärung Nr. 1 zu § 4 Abs. 1 TVöD:

---

277 Urteil vom 24.04.2015 – 6 Sa 2360/14 (Revision nicht zugelassen)

278 Mehr zu diesem Personenkreis siehe unten Nr. 7.1

279 Nähere Informationen hierzu erhalten Sie in Band 1 der HVSV-Schriftenreihe „Beamtenrecht in Hessen“, dort im Kapitel 6

Abordnung ist die Zuweisung einer vorübergehenden Beschäftigung bei einer **anderen Dienststelle** ... desselben **oder** eines anderen Arbeitgebers unter Fortsetzung des bestehenden Arbeitsverhältnisses.

Was eine Dienststelle ist, wissen wir bereits aus Nr. 5.13.1.

Im Unterschied zur Versetzung handelt es sich bei der Abordnung also zunächst um eine **vorübergehende** Maßnahme (z. B. für die Dauer von sechs Monaten). Dieses Instrument der Personalsteuerung kann also im obigen Beispielsfall (Arbeitsrückstände Wiesbaden) ebenfalls verwendet werden.

Hinzu kommt, dass eine Abordnung **auch** zu einer Dienststelle eines **anderen Arbeitgebers** erfolgen kann.

Beispiel:
Die Stadt Korbach richtet den Hessentag 2018 aus. Zur Unterstützung dieses Großereignisses werden Beschäftigte der umliegenden Gemeinden für die Dauer von mehreren Wochen zur Stadt Korbach abgeordnet. Das Arbeitsverhältnis dieser Beschäftigten zu ihrem jeweiligen Arbeitgeber wird dabei ununterbrochen fortgeführt. Da die Arbeitsleistung jedoch vorübergehend für einen anderen Arbeitgeber erbracht wird, erfolgt in derartigen Fällen regelmäßig eine Personalkostenerstattung.

Bei einer länger als drei Monate dauernden Abordnung ist der Beschäftigte vorher zu **hören**, § 4 Abs. 1 Satz 2 TVöD.

Vor einer Abordnung bedarf es der Mitbestimmung des **Personalrates** gemäß § 77 Abs. 1 Nr. 2 Buchstabe d, § 69 Abs. 1 HPVG, sofern die Maßnahme länger als sechs Monate dauert.

Bei Abordnungen von Mitgliedern des Personalrates beachte überdies § 64 Abs. 2 HPVG (Zustimmungserfordernis des Personalrates). Entsprechendes gilt auch für Mitglieder der Jugend- und Auszubildendenvertretung, § 56 Satz 2 HPVG.

Die **Frauen- und Gleichstellungsbeauftragte** ist im Vorfeld einer Abordnung ebenfalls zu beteiligen, § 17 Abs. 1 Satz 3 Nr. 2 HGlG. Zum Schutz dieses Personenkreises vor Abordnungen siehe § 21 Abs. 4 Satz 4 HGlG.

Bei **schwerbehinderten Menschen** bedarf es außerdem der Unterrichtung und Anhörung der Schwerbehindertenvertretung, § 95 Abs. 2 SGB IX.[280]

Zu prüfen ist, ob eine Abordnung der Erlaubnispflicht des Arbeitnehmerüberlassungsgesetzes (AÜG) unterliegt. Dies war zumindest bis 2016 regelmäßig der Fall. Seit 01.04.2017 ist

[280] Näheres siehe Nr. 1.8

die Abordnung zwischen zwei juristischen Personen des öffentlichen Rechts erlaubnisfrei, § 1 Abs. 3 Nr. 2 Buchstabe c AÜG.

Hinweis: Vom arbeitsrechtlichen Abordnungsbegriff abzugrenzen ist die beamtenrechtliche Abordnung.[281]

5.13.3 Personalgestellung

Zurück zu Herrn Offermann aus Nr. 5.13.1: Er soll künftig – als weiterhin städtischer Bediensteter – dauerhaft bei einem Zweckverband arbeiten. Hintergrund ist, dass Aufgaben verlagert werden (hier: von der Stadt auf den Zweckverband). Dabei wendet der Zweckverband ebenfalls den TVöD an (ist also auch Mitglied des Kommunalen Arbeitgeberverbandes, der ZVK usw.). Eine Abordnung als vorübergehende Maßnahme kommt deshalb nicht in Frage. Auch eine Versetzung scheidet – wie bereits geprüft – aus.

Die Tarifvertragsparteien haben für diese Zwecke die Personalgestellung in den TVöD aufgenommen.

Erneut bedienen wir uns einer tariflichen Definition, diesmal finden wir diese in der Protokollerklärung zu § 4 Abs. 3 TVöD:

Personalgestellung ist – unter Fortsetzung des bestehenden Arbeitsverhältnisses – die auf Dauer angelegte Beschäftigung bei einem **Dritten.** Die Modalitäten der Personalgestellung werden zwischen dem Arbeitgeber und dem Dritten vertraglich geregelt.

Bei einer Personalgestellung, die in der Praxis durch einen Personalgestellungsvertrag zwischen (hier) der Stadt und dem Zweckverband begleitet wird, bleibt unser Herr Offermann somit Beschäftigter der Stadt Rotenburg. Auf das Einverständnis des Beschäftigten kommt es nicht an. Das weiterhin bestehende Arbeitsverhältnis bildet allerdings nur noch eine „leere Hülle“, denn das fachliche Direktionsrecht wird die Stadt auf den Zweckverband übertragen. Damit unterliegt der „gestellte“ Herr Offermann im Tagesgeschäft den Anweisungen des Zweckverbandes. Der Zweckverband erteilt ihm Arbeitsaufträge, genehmigt ihm Erholungsurlaub usw.

In der Praxis stellt sich in derartigen Konstellationen die Frage, ob gestellte Beschäftigte wahlberechtigt sind für den **Personalrat** ihrer Stammdienststelle (hier: der Stadt Rotenburg). Die Rechtsprechung verneint dies! Nach Auffassung des Bundesverwaltungsgerichts ist dieser Personenkreis nicht berechtigt, an der Wahl zum Personalrat der gestellenden Dienststelle teilzunehmen.[282] Das Gericht begründet seine Entscheidung vor allem damit, dass die Wahlberechtigung die **Dienststellenzugehörigkeit** voraussetzt. Bei einer Personalgestellung gehe aber genau diese Dienststellenzugehörigkeit mit Beginn

[281] Nähere Informationen erhalten Sie in Band 1 der HVSV-Schriftenreihe „Beamtenrecht in Hessen“, dort im Kapitel 6

[282] Beschluss des BVerwG vom 22.09.2015 – 5 P 12.14

der Gestellung verloren. Zugleich erwirbt der Beschäftigte die Wahlberechtigung für den anderen Personalrat (hier des Zweckverbandes). Dies erscheint folgerichtig; schließlich entscheidet der Personalrat des Zweckverbandes über wichtige Dienstvereinbarungen, z. B. über die künftige Lage der Arbeitszeit des Herrn Offermann.

Ein **Anhörungsrecht** sehen die Tarifvorschriften in Fällen der Personalgestellung übrigens nicht vor.

Ein Mitbestimmungsrecht des städtischen Personalrates sieht das HPVG nicht vor. Allerdings besteht ein Mitbestimmungsrecht als „Einstellung" seitens der aufnehmenden Stelle (hier: des Zweckverbandes).

Ein gesetzlicher Schutz von Mitgliedern des Personalrates, der Jugend- und Auszubildendenvertretung, der Frauen- und Gleichstellungsbeauftragten und Mitgliedern der Schwerbehindertenvertretung gegen eine Personalgestellung besteht nicht.

Auch in Fällen der Personalgestellung bedurfte es oftmals einer Erlaubnis nach dem AÜG. Diese Erlaubnispflicht wird künftig voraussichtlich wegfallen (siehe Hinweis unter Nr. 5.13.2).

5.13.4 Zuweisung

Im Gegensatz zur beamtenrechtlichen Zuweisung nach § 20 BeamtStG, die sich in der Praxis großer Beliebtheit erfreut, kommt der arbeitsrechtlichen Zuweisung keine nennenswerte Bedeutung zu. Dies liegt daran, dass hier eine Beschäftigung bei einem Dritten stattfindet, „bei dem der allgemeine Teil des TVöD keine Anwendung findet". Im Übrigen wird auf den Tariftext verwiesen.

5.13.5 Umsetzung

Nicht ausdrücklich geregelt ist das Recht des Arbeitgebers zur Umsetzung von Beschäftigten. Eine Umsetzung findet in Abgrenzung zur Versetzung **innerhalb** der Dienststelle statt.

Beispiel:
Herr Müller arbeitet als Personalsachbearbeiter (EG 8 TVöD) bei der Stadt Wiesbaden. Der Oberbürgermeister möchte ihn innerhalb der Stadtverwaltung in das Bauamt (EG 8 TVöD) umsetzen. Ist eine solche Umsetzung ohne weiteres möglich?

Wie wir oben in Nr. 2.6 bereits festgestellt haben, ist im Arbeitsvertrag des Herrn Müller sinnvollerweise die Tätigkeit „Verwaltungsangestellter" vereinbart. Deshalb ist eine Umsetzung problemlos möglich.

In der Praxis denken viele Beschäftigte, sie hätten einen Anspruch auf ihren jeweiligen Arbeitsplatz. Diese Annahme geht jedoch fehl. Vielmehr ist eine Umsetzung im Rahmen des Direktionsrechts jederzeit möglich; dies gilt auch nach Jahren oder Jahrzehnten mit denselben Tätigkeiten.

Damit haben wir auch unsere Frage von Nr. 5.13.1 beantwortet: Für Rudi Ruhe ist es vorbei mit der Gemütlichkeit. Er muss nach dreißig Jahren Gewerbeamt seine Arbeitsleistung künftig in der Stadtkasse erbringen. Dies „verdankt" er dem Direktionsrecht des Arbeitgebers.

Nach § 106 Satz 1 i. V. m. § 6 Abs. 2 Gewerbeordnung kann der Arbeitgeber Inhalt, Zeit und Ort der Arbeitsleistung nach billigem Ermessen bestimmen, soweit die Arbeitsbedingungen nicht durch den Arbeitsvertrag, Bestimmungen einer Dienstvereinbarung, eines Tarifvertrages oder durch gesetzliche Vorschriften festgelegt sind. Damit ist – wie bereits unter Nr. 2.6 gelernt – das Direktionsrecht des Arbeitgebers gesetzlich geregelt.

Vor einer Umsetzung bedarf es der Mitbestimmung des **Personalrates** gemäß § 77 Abs. 1 Nr. 2 Buchstabe c, § 69 Abs. 1 HPVG, sofern die Maßnahme länger als sechs Monate dauert und mit einem Wechsel des Arbeitsortes verbunden ist.

Bei Umsetzungen von Mitgliedern des Personalrates beachte überdies § 64 Abs. 2 HPVG (Zustimmungserfordernis des Personalrates).

Die **Frauen- und Gleichstellungsbeauftragte** ist ebenfalls zu beteiligen, § 17 Abs. 1 Satz 3 Nr. 2 HGlG.

Bei **schwerbehinderten Menschen** bedarf es außerdem der Anhörung der Schwerbehindertenvertretung, § 95 Abs. 2 SGB IX.[283]

Zur Veranschaulichung soll die nebenstehende Übersicht dienen ▶:

Hinweise:
1. Sofern eine „Dienststelle" bzw. „dienstliche Gründe" aufgeführt sind, so sind jeweils auch der „Betrieb" bzw. „betriebliche Gründe" gemeint.
2. In allen o. g. Fallgestaltungen bleibt das bestehende Arbeitsverhältnis bestehen; die Maßnahmen sind jeweils auch während der Probezeit möglich.
3. Beachte auch die jeweiligen **Mitbestimmungsrechte** des Personalrats nach § 77 Abs. 1 Nr. 2 HPVG.
4. Bestimmte Spezialgesetze bieten einen **Schutz für bestimmte Personenkreise** vor einigen der oben aufgeführten Maßnahmen:
   - Schwerbehinderte Beschäftigte: Anhörung der SB-Vertretung gemäß § 95 Abs. 2 SGB IX.
   - Personalratsmitglieder: Zustimmungserfordernis des PR vor Versetzungen/Abordnungen, vgl. § 64 Abs. 2 HPVG.

283 Mehr zu diesem Personenkreis siehe unten Nr. 7.1

Wechsel des Arbeitsplatzes

(Vorbemerkung: Durch § 4 TVöD wird das Direktionsrecht des Arbeitgebers konkretisiert)

	Abordnung	Versetzung	Zuweisung	Personalgestellung	Umsetzung
geregelt in	§ 4 Abs. 1	§ 4 Abs. 1	§ 4 Abs. 2	§ 4 Abs. 3	§ 6 Abs. 2, § 106 GewO
Dauer der Maßnahme	vorübergehend	auf Dauer	vorübergehend	auf Dauer	i. d. R. auf Dauer
Einsatz wo?	bei anderer Dienststelle desselben AG oder bei anderem AG (**im** TVöD)	bei anderer Dienststelle **desselben** AG (zum Dienststellenbegriff siehe § 7 Abs. 1 HPVG)	bei einem Dritten (z. B. GmbH), der den TVöD **nicht** anwendet (auch Ausland)	bei einem Dritten, wenn **Aufgaben verlagert** werden (z.B. Klinik GmbH)	auf einem anderen Arbeitsplatz in derselben Dienststelle
Voraussetzungen	aus betrieblichen Gründen (billiges Ermessen gemäß § 315 BGB, Interessenabwägung)		im dienstlichen oder **öffentlichen** Interesse	Verlagerung von Aufgaben, auf Verlangen des AG	Direktionsrecht des AG (z. T. eingeschränkt durch Abrede im Arbeitsvertrag)
Anhörung oder Zustimmung erforderlich?	Anhörung, wenn länger als 3 Monate	Anhörung, bei Wechsel des Arbeitsortes	Zustimmung des AN erforderlich (Verweigerung nur aus wichtigem Grund)	nein (Organisationsentscheidung des AG)	nein
Sonstiges	I. d. R. innerhalb einer Entgeltgruppe (sonst Änderungskündigung nötig); Grenzen des Direktionsrechts		mindestens gleich vergütete Tätigkeit	bisheriges AV bleibt mit allen Rechten und Pflichten bestehen; es bildet quasi die „Hülle“	z. B. innerhalb des Rathauses
Beamtenrecht (zum Vergleich)	§ 14 BeamtStG bzw. § 25 HBG	§ 15 BeamtStG bzw. § 26 HBG V. auch zu einem anderen Dienstherrn (!)	§ 20 BeamtStG (z. B. Stadtwerke GmbH)	–	ergibt sich aus der Organisationsgewalt des Dienstherrn

- Jugend- und Auszubildendenvertreter: siehe Verweis in § 56 Satz 2 HPVG
- SB-Vertretung: vgl. § 96 Abs. 3, § 97 Abs. 7 SGB IX.
- Frauen- und Gleichstellungsbeauftragte: vgl. § 21 Abs. 4 Satz 4 HGIG.

Haben Sie alles verstanden? Dann lösen Sie bitte den Fall 23 im Übungsteil.

Daneben ist schließlich zu beachten, dass auch das Bürgerliche Gesetzbuch (BGB) eine wichtige Personallenkungsmaßnahme regelt: den Betriebsübergang nach § 613a BGB.

5.13.6 Betriebsübergang

Definition: Nach der Rechtsprechung des BAG liegt ein Betriebs(teil-)übergang im Sinne des § 613a BGB vor, wenn ein neuer Rechtsträger eine bestehende wirtschaftliche Einheit unter Wahrung ihrer Identität fortführt.

Beispiel:
Eine Stadt gliedert einen Eigenbetrieb/Regiebetrieb gemäß § 168 Umwandlungsgesetz aus ihrem Vermögen aus und gründet eine GmbH (z. B. Kreiskrankenhaus, Stadtwerke, ...). Nachstehend erhalten Sie als Schnellüberblick schlagwortartige Informationen zum Thema Betriebsübergang:

- Der neue Betriebsinhaber **tritt in die Rechte und Pflichten** der bestehenden Arbeitsverhältnisse **ein**.
- Erfasst werden alle **Arbeits- und Ausbildungsverhältnisse** (keine Beamten).
- Dadurch **erlischt** das Arbeitsverhältnis zu dem bisherigen Inhaber.
- Somit findet ein **Vertragspartnerwechsel** auf Arbeitgeberseite statt, der das Arbeitsverhältnis an sich unverändert lässt (keine neuen Arbeitsverträge nötig).
- Es besteht eine **Unterrichtungspflicht** des bisherigen Arbeitgebers über die Auswirkungen des Betriebsübergangs.
- Es bedarf nicht der Zustimmung des Arbeitnehmers; dieser hat aber ein **Widerspruchsrecht**.
- Wenn ordentlich unterrichtet wurde, beträgt die Widerspruchs**frist** 1 Monat (§ 613a Abs. 6 BGB); anderenfalls gemäß Rechtsprechung 1 Jahr.
- Im Falle eines Widerspruchs **verbleibt** der Arbeitnehmer bei dem bisherigen Arbeitgeber. Problem: der Arbeitsplatz ist auf den neuen Inhaber übergegangen; somit entsteht regelmäßig ein Arbeitskräfte-Überhang mit der möglichen Folge einer betriebsbedingten Kündigung.
- Der Widerspruch des Arbeitnehmers ist **bedingungsfeindlich** (z. B. Vorbehalt, dass Widerspruch dann nicht gelten soll, wenn der bisherige Arbeitgeber eine betriebsbedingte Kündigung aussprechen sollte).
- Die konkrete Personalüberleitung erfolgt in der Praxis durch einen landesbezirklichen Personalüberleitungs-**Tarifvertrag** zwischen dem Kommunalen Arbeitgeberverband und den im Betrieb vorhandenen Gewerkschaften (möglicher Inhalt: Anrechnung der Beschäftigungszeiten, Weiteranwendung der Dienstvereinbarungen, Ausschluss betriebsbedingter Kündigungen, Mitgliedschaft im KAV und bei der ZVK usw.).

- Eine bereits erteilte Zusage z. B. über Elternzeit oder Altersteilzeit gilt weiter; der neue Inhaber ist hieran gebunden.
- Zur **Befristungsmöglichkeit** nach § 14 Abs. 2 TzBfG: Nach Betriebsübergang kann unter bestimmten Voraussetzungen erneut für zwei Jahre sachgrundlos befristet werden.

Im öffentlichen Dienst ist zudem zu beachten, dass ein Betriebsübergang bei der Übertragung wirtschaftlicher Tätigkeiten, nicht jedoch bei **hoheitlichen Befugnissen** stattfindet.[284]

Wichtig ist auch, dass ein gesetzlicher Betriebsübergang **zwingend** ist, also nicht etwa in Form eines Personalgestellungsvertrages verhindert werden kann. Dies hat das Bundesarbeitsgericht in einem Urteil aus 2014 entschieden. Was die beteiligten Arbeitgeber und Arbeitnehmer sich dabei vorgestellt und gewollt haben, spielt keine Rolle.[285]

5.14 Sonderformen der Arbeit

In dem folgenden Abschnitt widmen wir uns Beschäftigten, die ihre Arbeitsleistung auch zu ungewohnten Zeiten erbringen. Denken Sie z. B. an die Leitstelle des Rettungsdienstes, den Streifendienst der Polizei oder den Winterdienst auf unseren Straßen.

5.14.1 Schichtarbeit

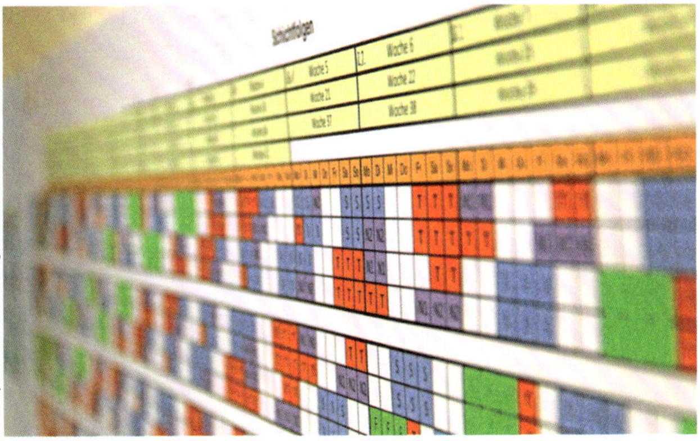

Schichtzulage nach § 8 Abs. 6 Satz 1 TVöD steht dem Beschäftigten zu, der ständig Schichtarbeit leistet.

Bei Schichtarbeit arbeiten im Allgemeinen nicht sämtliche Beschäftigte einer Dienststelle zur gleichen Zeit. Vielmehr arbeitet nur der eine Teil, während der andere Teil frei hat.

Eine genauere Definition von Schichtarbeit im Tarifsinne enthält § 7 Abs. 2 TVöD:

> **Schichtarbeit** ist die Arbeit nach einem Schichtplan, der einen regelmäßigen Wechsel des **Beginns** der täglichen Arbeitszeit um mindestens zwei Stunden in Zeitabschnitten von längstens einem Monat vorsieht, und die innerhalb einer **Zeitspanne** von mindestens 13 Stunden geleistet wird.

[284] Siehe BAG-Urteil vom 10.05.2012 – 8 AZR 434/11

[285] Nähere Hinweise entnehmen Sie bitte dem BAG-Urteil vom 20.03.2014 – 8 AZR 1/13

Um festzustellen, ob Schichtarbeit vorliegt, müssen
- betriebliche und
- persönliche

Voraussetzungen erfüllt sein.

Betriebliche Voraussetzungen
Zunächst muss die Arbeit nach einem **Schichtplan** organisiert sein. Dabei ist es nicht zwingend notwendig, dass der Schichtplan vom Arbeitgeber vorgegeben wird. Es reicht aus, wenn z. B. bestimmte Zeiten der Erreichbarkeit eigenverantwortlich durch die Beschäftigten festgelegt werden können.[286] Allerdings fallen großzügige Gleitzeitregelungen nicht hierunter.

Des Weiteren muss der Schichtplan einen regelmäßigen Wechsel des **Beginns** der täglichen Arbeitszeit um mindestens zwei Stunden vorsehen (z. B. Schicht A ab 6 Uhr, Schicht B ab 8 Uhr).

Dabei bedarf es eines **Wechsels** zwischen den einzelnen Schichtarten („von längstens einem Monat"). In der Praxis erfolgt ein Wechsel zwischen Früh- und Spätschicht oftmals täglich oder wöchentlich (je nach den betrieblichen Gegebenheiten).

Schließlich muss eine **Zeitspanne** von 13 Stunden bestehen. Als Zeitspanne gilt die Zeit vom Beginn der Frühschicht bis zum Ende der Spätschicht (z. B. Schicht A ab **6** Uhr, Schicht B bis **19** Uhr).

Beispiel:

Schicht A	6 bis 14 Uhr
Schicht B	10 bis 18 Uhr (wöchentlicher Wechsel)

➔ Beginn mindestens **2 Stunden** auseinander?	Ja (sogar vier Stunden)
➔ Wechsel nach längstens **einem Monat?**	Ja (sogar wöchentlich)
➔ Zeitspanne mindestens **13 Stunden?**	Nein!

➔ Damit liegt keine Schichtarbeit vor; es besteht kein Anspruch auf Schichtzulage.

Beispiel:

Schicht A	6 bis 14 Uhr
Schicht B	13 bis 21 Uhr (wöchentlicher Wechsel)

➔ Beginn mindestens **2 Stunden** auseinander?	Ja
➔ Wechsel nach längstens **einem Monat**?	Ja
➔ Zeitspanne mindestens **13 Stunden**?	Ja

➔ Die betrieblichen Voraussetzungen für Schichtarbeit sind erfüllt. Zu den persönlichen Voraussetzungen siehe unten.

286 BAG-Urteil vom 08.07.2009 – 10 AZR 598/08

Dabei ist es nicht zwingend erforderlich, dass die Zeitspanne von 13 Stunden an demselben Wochentag erreicht wird.

Beispiel:

Schicht A	8 bis 16 Uhr	montags bis freitags
Schicht B	11:30 bis 20 Uhr	montags bis freitags
Schicht C	7 bis 21 Uhr	samstags

➔ Die betrieblichen Voraussetzungen für Schichtarbeit sind erfüllt (siehe insbesondere die Zeitspanne von 8 bis 21 Uhr, somit 13 Stunden).

Sinn und Zweck der Schichtzulage ist es, einen Ausgleich dafür zu gewähren, dass die Schichtarbeit erheblich auf den Lebensrhythmus einwirkt und ihr Beginn und Ende außerhalb der allgemein üblichen Arbeits- und Geschäftszeiten liegt.[287]

„Geteilte Dienste" allein stellen keine Schichtarbeit im Tarifsinne dar.[288]

Beispiel:
8 bis 13 Uhr Arbeit,
13 bis 18 Uhr Pause,
18 bis 21 Uhr Arbeit.

Begründet wird dies damit, dass die tägliche Arbeitszeit nachmittags (hier: um 18 Uhr) nicht „neu" beginnt, weil sie nur einmal am Tag beginnen kann. Hier wird sie um 18 Uhr lediglich fortgesetzt.

Persönliche Voraussetzungen
Nach § 8 Abs. 6 TVöD muss Schichtarbeit **„geleistet"** werden, um Anspruch auf Schichtzulage zu generieren. Dem Wortsinn entsprechend bedarf es somit eines tatsächlichen Einsatzes in den geforderten Schichten.

Das Bundesarbeitsgericht hat jedoch auch hier für Klarheit gesorgt: Fällt eine Schicht nur deshalb aus, weil der Beschäftigte z. B. wegen **Urlaubs** oder **Arbeitsunfähigkeit** von der Verpflichtung zur Erbringung der Arbeitszeit frei ist, so steht dies dem Anspruch auf Schichtzulage nicht entgegen. Entscheidend sei vielmehr, ob der Beschäftigte ohne die Arbeitsbefreiung die geforderten Schichten geleistet **hätte**.[289]

Daraus folgt für die Praxis, dass der Anspruch auf Schichtzulage in erster Linie abhängig ist von der Dienstplangestaltung.

---

287 BAG-Urteil vom 21.10.2009 – 10 AZR 70/09
288 BAG-Urteil vom 12.12.2012 – 10 AZR 354/11
289 BAG-Urteil vom 24.03.2010 – 10 AZR 58/09

Beispiel:

1. bis 10. Juni	Frühschicht geleistet
11. Juni	Spätschicht geplant, aber arbeitsunfähig
12. bis 30. Juni	Frühschicht geleistet

➔ Zwar liegt hier kein „Schichtwechsel" im Wortsinne vor, aber ohne die Arbeitsunfähigkeit **wäre** die erforderliche Spätschicht geleistet worden. Damit liegt Schichtarbeit vor; es besteht Anspruch auf Schichtzulage.

Nun wissen Sie, was der TVöD unter „Schichtarbeit" versteht. Bleibt die Frage, wann „**ständig**" Schichtarbeit anfällt, vgl. § 8 Abs. 6 Sätze 1 (ständig) bzw. 2 (nicht ständig).

Das Merkmal „ständig" ist erfüllt, wenn dem Beschäftigten ein Arbeitsplatz zugewiesen ist, der auf Grund organisatorischer Gegebenheiten die Arbeitsabläufe auf Dauer nach einem Schichtplan regelt, der die Voraussetzungen des § 7 Abs. 2 TVöD erfüllt.

Arbeitet ein Beschäftigter z. B. als Bademeister im Schwimmbad nach einem solchen Schichtplan, so leistet er grundsätzlich Schichtarbeit mit der Folge, dass ihm die monatliche (ständige) Schichtzulage zusteht.

Hilft dagegen ein Bauhofmitarbeiter während der Urlaubszeit ausnahmsweise mal im Schwimmbad aus und arbeitet nur einige Wochen nach dem dort maßgebenden Schichtplan, so ist das Merkmal „ständig" nicht erfüllt. Da der Beschäftigte aber Schichtarbeit leistet, hat er Anspruch auf die Schichtzulage für nicht ständige Schichtarbeit nach § 8 Abs. 6 Satz 2 TVöD.

Die **Höhe** der Schichtzulage beträgt 40 € (Teilzeitbeschäftigte anteilig, § 24 Abs. 2 TVöD); bei nicht ständiger Schichtarbeit 0,24 € pro Stunde.

Die Voraussetzungen der Schichtzulage sind sinnvollerweise immer am Ende eines Kalendermonats für diesen Kalendermonat zu prüfen. Dabei kann die nicht ständige Schichtzulage auch einem Beschäftigten zustehen, der z. B. für einige Wochen in einem Schichtbetrieb aushilft.[290]

Fällig wird die ständige Schichtzulage am **Zahltag** des Monats, für den der Anspruch besteht. Es handelt sich nämlich um einen in Monatsbeträgen festgelegten sonstigen Entgeltbestandteil.
Werden die tariflichen Voraussetzungen in einem Monat mal ausnahmsweise nicht erfüllt (z. B. kein Schichtwechsel, etwa nur Frühschicht), so erfolgt bezüglich der Zulage eine nachträgliche Rückrechnung.[291]

Die nicht ständige (also stundenweise) Schichtzulage wird mit zweimonatigem Versatz fällig, § 24 Abs. 1 Satz 4 TVöD.

[290] BAG-Urteil vom 13.06.2012 – 10 AZR 351/11

[291] BAG-Urteil vom 24.03.2014 – 10 AZR 152/09

§ 6 Abs. 8 TVöD verhindert die Kombination von Schichtarbeit mit täglicher Rahmenzeit bzw. wöchentlichem Arbeitszeitkorridor.

Der Zeitzuschlag für Arbeit an **Samstagen** steht für in Schichtarbeit tätige Arbeitnehmer nicht zu, § 8 Abs. 1 Satz 1 Buchstabe f TVöD.

Zur Frage, ob während einer Nachtschicht von 22 bis 6 Uhr ein oder zwei Tage Erholungsurlaub eingebracht werden müssen, vgl. Nr. 5.12.1.3.

5.14.2 Wechselschichtarbeit

Die tarifliche Definition des § 7 Abs. 1 TVöD lautet:

> **Wechselschichtarbeit** ist die Arbeit nach einem Schichtplan, der einen regelmäßigen Wechsel der täglichen Arbeitszeit in Wechselschichten vorsieht, bei denen Beschäftigte durchschnittlich[292] **längstens nach Ablauf eines Monats erneut zur Nachtschicht**[293] herangezogen werden. Wechselschichten sind wechselnde Arbeitsschichten, in denen **ununterbrochen** bei Tag und Nacht, werktags, sonntags und feiertags gearbeitet wird. Nachtschichten sind Arbeitsschichten, die mindestens zwei Stunden Nachtarbeit umfassen.

Auch bei der Frage, wann Wechselschichtarbeit im Sinne des TVöD vorliegt, ist zwischen
- betrieblichen und
- persönlichen

Voraussetzungen zu unterscheiden.

<u>Betriebliche Voraussetzungen</u>:
Der Beschäftigte muss in einem Bereich (z. B. Betrieb, Abteilung) eingesetzt sein, in dem „Vollarbeit rund um die Uhr“ gefordert wird.

<u>Beispiel</u>:

Frühschicht	6 bis 14 Uhr
Spätschicht	14 bis 22 Uhr
Bereitschaftsdienst	22 bis 24 Uhr
Nachtschicht	0 bis 6 Uhr

➔ Keine Vollarbeit rund um die Uhr, weil ein Bereitschaftsdienst nicht ausreichend ist. Damit kann keine Wechselschichtarbeit vorliegen.

➔ Hier wäre zu prüfen, ob die Voraussetzungen zur Gewährungen der Schichtzulage vorliegen (siehe Nr. 5.14.1).

---

292 Achtung: im TVöD-K und TVöD-B heißt es nicht durchschnittlich längstens, sondern längstens nach Ablauf …

293 Achtung: im TVöD-K und TVöD-B werden mindestens zwei Nachtschichten gefordert

Weiteres Beispiel:

Frühschicht	6 bis 14 Uhr
Spätschicht	14 bis 22 Uhr
Nachtschicht	22 bis 6 Uhr

➔ Hier liegt Vollarbeit rund um die Uhr vor.
➔ Die betrieblichen Voraussetzungen der Wechselschichtarbeit sind erfüllt. Zu den persönlichen Voraussetzungen siehe unten.

Dabei muss der Arbeitsanfall nicht in allen Schichten gleich groß sein (z. B. zehn Beschäftigte in der Früh- und Spätschicht, zwei Beschäftigte in der Nachtschicht).

Auch ein **zusätzlicher** Tagdienst bzw. Bereitschaftsdienst ist unschädlich. Entscheidend ist, dass Vollarbeit rund um die Uhr geleistet wird.

Persönliche Voraussetzungen
Sind die betrieblichen Voraussetzungen erfüllt, so muss der einzelne Beschäftigte auch in allen Schichten **eingesetzt** werden (im TVöD-K und TVöD-B betrifft dies somit mindestens zwei Nachtschichten pro Monat).[294]

Es reicht also nicht aus, wenn im Betrieb rund um die Uhr gearbeitet wird, der einzelne Beschäftigte aber z. B. nur Früh- und Spätschichten leistet.

Beispiel:
Ein Beschäftigter leistet in einem Monat 17 Frühschichten,
2 Spätschichten und
2 Nachtschichten.

➔ Die persönlichen Voraussetzungen sind erfüllt. Bei Vorliegen der betrieblichen Voraussetzungen liegt Wechselschichtarbeit vor.

Auch hierbei ist es unschädlich, wenn der Beschäftigte eine geplante Schicht wegen Urlaubs oder Arbeitsunfähigkeit nicht leisten kann. Hier gelten die unter Nr. 5.14.1 beschriebenen Grundsätze entsprechend.

Was genau unter einer **Nachtschicht** zu verstehen ist, regelt § 7 Abs. 1 Satz 3 TVöD. Danach gilt als Nachtschicht im Tarifsinne also auch
- eine frühe Frühschicht (z. B. 4 bis 12 Uhr) oder
- eine späte Spätschicht (15 bis 23 Uhr).

Noch ein Beispiel:
In einem Betrieb werden 23 Stunden Vollarbeit und eine Stunde Bereitschaftsdienst geleistet. Herr Fleißig arbeitet täglich wechselnd in Früh-, Spät- und Nachtschichten. Sind die tariflichen Voraussetzungen der Wechselschichtarbeit erfüllt?

[294] BAG-Urteil vom 24.09.2008 – 10 AZR 140/08

➔ Die betrieblichen Voraussetzungen der Wechselschichtarbeit sind nicht erfüllt.
➔ Auf die persönlichen Voraussetzungen kommt es deshalb nicht an.
➔ Zu prüfen wäre hier, ob Schichtarbeit vorliegt.

Unschädlich ist außerdem, wenn ein Beschäftigter (z. B. aus familiären Gründen) seine drei Schichtarten montags bis freitags erbringt, während die Kollegen die Schichten an Wochenenden abdecken.

Die **Höhe** der Wechselschichtzulage beträgt 105 € (Teilzeitbeschäftigte anteilig, § 24 Abs. 2 TVöD); bei nicht ständiger Schichtarbeit 0,63 € pro Stunde.

Die unter Nr. 5.14.1 beschriebenen Ausführungen über den Zahltag sowie das Merkmal „ständig" gelten in Bezug auf die Wechselschichtzulage entsprechend.

§ 6 Abs. 1 Satz 2 TVöD bestimmt, dass bei Wechselschichtarbeit die gesetzlich vorgeschriebenen **Pausen**[295] in die Arbeitszeit eingerechnet werden. Eine solche Anrechnung findet dagegen weder im TVöD-K noch im TVöD-B statt. Hier ist somit entscheidend, unter welchen Tarifvertrag der jeweilige Beschäftigte fällt.

§ 6 Abs. 8 TVöD verhindert die Kombination von Wechselschichtarbeit mit täglicher Rahmenzeit bzw. wöchentlichem Arbeitszeitkorridor.

Der Zeitzuschlag für Arbeit an **Samstagen** steht für in Wechselschichtarbeit tätige Arbeitnehmer nicht zu, § 8 Abs. 1 Satz 1 Buchstabe f TVöD.

Zu der komplexen Frage, wann eine Überstunde bei Wechselschichtarbeit zusteht, beachte die Tarifregelung des § 7 Abs. 8 Buchstabe c TVöD sowie die hierzu ergangene Rechtsprechung.[296]

Zur Verhinderung von Überstunden empfiehlt sich aus Arbeitgebersicht ein möglichst langer Schichtplanturnus (z. B. Vierteljahres-, Halbjahres- oder Jahrespläne).

5.14.3 Bereitschaftsdienst

Der Arbeitgeber darf zusätzlich zur Vollarbeit Bereitschaftsdienst anordnen, wenn zu erwarten ist, dass zwar Arbeit anfällt (z. B. in Höhe von 49 %), erfahrungsgemäß aber die Zeit ohne Arbeitsleistung überwiegt (z. B. 51 %).

Eine tarifliche Definition bietet § 7 Abs. 3 TVöD:

> Bereitschaftsdienst leisten Beschäftigte, die sich auf Anordnung des Arbeitgebers außerhalb der regelmäßigen Arbeitszeit an einer **vom Arbeitgeber bestimmten Stelle** aufhalten, um im Bedarfsfall die Arbeit aufzunehmen.

[295] Siehe Nr. 5.4.1
[296] Insbesondere BAG-Urteil vom 25.04.2013 – 6 AZR 800/11

Klassischer Fall in der Praxis ist der Arzt, der sich nachts in einem sog. Bereitschaftsdienstzimmer im Krankenhaus (also nicht zu Hause) aufhalten muss. Er darf dort so lange schlafen, bis er durch den Arbeitgeber (z. B. mittels eines Piepsers) geweckt wird. Sodann hat er die Arbeit aufzunehmen.

Die **Verpflichtung**, solche Bereitschaftsdienste zu leisten, ergibt sich aus § 6 Abs. 5 Satz 1 TVöD. Für **Teilzeitbeschäftigte** gilt dies jedoch nur, wenn sie eine entsprechende Klausel im Arbeitsvertrag vereinbart haben[297] oder ihre Zustimmung erteilen.

Bezüglich der Vergütung von Bereitschaftsdiensten gehen die Tarifbereiche weit auseinander, vgl. z. B.:

- § 8 Abs. 4 TVöD-V verweist auf § 15 Abs. 6a BAT (Bewertung von Bereitschaftsdienst als Arbeitszeit regelmäßig 15 %),
- § 8.1 TVöD-B (Bewertung von Bereitschaftsdienst als Arbeitszeit bis zu 55 %) und
- § 8.1 TVöD-K (Bewertung von Bereitschaftsdienst als Arbeitszeit bis zu 90 %).

Hinsichtlich weiterer Einzelheiten muss an dieser Stelle auf den jeweils einschlägigen Tarifvertrag verwiesen werden.

Nicht zu verwechseln ist der Bereitschaftsdienst mit der **Bereitschaftszeit**. Diese ist gleichzusetzen mit Arbeitsbereitschaft, was nach Auffassung des BAG so viel bedeutet wie „wache Aufmerksamkeit im Zustand der Entspannung“.

Bereitschaftszeit findet innerhalb der Arbeitszeit statt. Man geht hier davon aus, dass nicht die ganze Zeit über Vollarbeit anfällt. Als Beispiele seien der Schulhausmeister, aber auch der Pförtner im Krankenhaus genannt. Während der Bereitschaftszeit darf der Beschäftigte also nicht schlafen, sondern er muss wach bleiben (z. B. Zeitung lesen). Im Bedarfsfall hat er von sich aus die Arbeit aufzunehmen.

§ 9 TVöD sieht eine Faktorisierung derartiger Zeiten zu 50 % vor.

Beispiel:

30 Stunden Vollarbeit entspricht	30 Stunden
18 Stunden Bereitschaftszeit * 50 % =	9 Stunden
48 Stunden	39 Stunden (§ 6 Abs. 1 Satz 1 TVöD)

5.14.4 Rufbereitschaft

Auch Rufbereitschaft wird zusätzlich zur Vollarbeit angeordnet. Eine tarifliche Definition enthält § 7 Abs. 4 Satz 1 TVöD:

[297] Zum Musterarbeitsvertrag siehe Nr. 4.1.3; Überleitungsfälle können ggf. anderslautende Abreden vereinbart haben

Rufbereitschaft leisten Beschäftigte, die sich auf Anordnung des Arbeitgebers außerhalb der regelmäßigen Arbeitszeit an einer dem Arbeitgeber **anzuzeigenden** Stelle aufhalten, um auf Abruf die Arbeit aufzunehmen.

Im Unterschied zu Bereitschaftsdienst muss sich der Rufbereitschaft leistende Beschäftigte nicht an einem bestimmten Ort aufhalten. Er kann seinen **Aufenthaltsort** vielmehr **selbst bestimmen** und muss diesen dem Arbeitgeber lediglich anzeigen. Der Beschäftigte darf also z. B. zu Hause im Garten grillen oder Verwandte besuchen. Lediglich der Verzehr von Alkohol ist untersagt.

Rufbereitschaft darf nur angeordnet werden, wenn nur **in Ausnahmefällen** Arbeit anfällt (zum Vergleich: Bereitschaftsdienst bis 49 %, siehe oben).

Doch wo ist die **Grenze** zwischen Rufbereitschaft und Bereitschaft?

Das LAG Rheinland-Pfalz hatte den folgenden Fall zu entscheiden:
- Der Arbeitgeber stellte dem Beschäftigten frei, wo er sich aufhält.
- Der Arbeitgeber machte die Vorgabe, dass der Beschäftigte im Bedarfsfall innerhalb von **15 bis 20 Minuten** am Arbeitsort sein musste.
- Diese Zeit wurde jahrelang als „Rufbereitschaft" angesehen und bezahlt.

Das Gericht kam hier zu dem Ergebnis, dass es sich tatsächlich um **Bereitschaftsdienst** handelt! Der Arbeitgeber musste in diesem Einzelfall ca. 100.000 € Entgelt nachzahlen. In der Begründung führte das Gericht aus, ein Beschäftigter müsse während der Rufbereitschaft die Möglichkeit haben, sich um persönliche und familiäre Angelegenheiten zu kümmern. Bei einer zeitlichen Vorgabe von 15 bis 20 Minuten sei dies aber nicht möglich. Er sei faktisch gezwungen, sich in unmittelbarer Nähe des Arbeitsortes aufzuhalten. Dies ist mit dem Wesen der Rufbereitschaft nicht vereinbar.[298]

Arbeitgebern sei deshalb empfohlen, auf eine **feste zeitliche Vorgabe** während der Rufbereitschaft möglichst **zu verzichten**. Andererseits erscheint es auch unglücklich, gegenüber einem Beschäftigten, der z. B. 90 Minuten vom Arbeitsort entfernt wohnt, Rufbereitschaft anzuordnen. Solche Fälle gibt es in der Praxis. Hier wird es entscheidend darauf ankommen, welche Tätigkeit im Bedarfsfall auszuüben ist. Im Winterdienst einer Straßenverkehrsbehörde z. B. erscheint eine solche Konstellation als nicht praktikabel.

[298] Urteil des LAG Rheinland-Pfalz vom 20.09.2012 – 11 Sa 81/12 (Revision nicht zugelassen)

Die Anordnung von Rufbereitschaft bedarf der **Zustimmung des Personalrates** bzw. des Betriebsrates.[299]

Die **Verpflichtung**, Rufbereitschaftsdienste zu leisten, ergibt sich aus § 6 Abs. 5 TVöD. Für Teilzeitbeschäftigte gelten die Ausführungen in Nr. 5.14.3 entsprechend.

Bezüglich der **Bezahlung** von Rufbereitschaftsdiensten gilt:
- unter 12 Stunden: 12,5 % des individuellen Stundenentgelts
- ab 12 Stunden: Pauschale
- daneben werden für die Zeiten der Rufbereitschaft an sich keine Zeitzuschläge gewährt.

Zur Pauschale: Maßgebend ist die Anzahl der Tage einer Rufbereitschaft (unabhängig von den Stunden pro Tag). Abzustellen ist auf den Tag des Beginns der Rufbereitschaft. Dabei gilt: Bei Beginn der Rufbereitschaft montags bis freitags steht dem Beschäftigten zweifaches Stundenentgelt zu, an Wochenenden und feiertags sogar das vierfache Stundenentgelt.

Beispiel:
16 Stunden Rufbereitschaft vom 30. April (14 Uhr) bis 1. Mai (6 Uhr)
➔ Anspruch auf Pauschale, da die Rufbereitschaft länger als zwölf Stunden andauert,
➔ Anspruch auf zweifaches Stundenentgelt.
➔ Im Falle einer Rufbereitschaft 24 Stunden später stünde das vierfache Stundenentgelt zu (Beginn am Feiertag).

Überschreitet die Rufbereitschaft auch den Folgetag (z. B. an **Wochenenden**), so wird für jeden weiteren vollen Kalendertag die Pauschale gezahlt.

Beispiel:
Rufbereitschaft von Freitag 15 Uhr bis Montag 7 Uhr
➔ Eine Rufbereitschaft, aber folgende Pauschalen:
➔ Freitag zweifach
➔ Samstag vierfach
➔ Sonntag vierfach
➔ Montag kein Anspruch (kein voller Kalendertag)
➔ Ergebnis: zehnfaches Stundenentgelt

Damit haben wir die Bezahlung der Rufbereitschaft an sich geklärt. Kommt nun auch noch ein Arbeitseinsatz hinzu, so unterscheiden die Tarifverträge des öffentlichen Dienstes zwischen
- einem Einsatz am Aufenthaltsort (z. B. telefonisch während des Grillens zu Hause) und
- einem Einsatz außerhalb des Aufenthaltsortes (z. B. im Krankenhaus).

Beachte dabei auch die sehr unterschiedlichen tariflichen Rundungsregelungen.

[299] Siehe Urteil des BVerwG vom 04.09.2012 – 6 P 10.11

5.14.5 Nachtarbeit

Was versteht man unter Nachtarbeit? Wir haben bereits unter Nr. 5.4.1 gelernt, dass als Nachtzeit im Sinne des ArbZG die Zeit von 23 bis 6 Uhr gilt. Dies ist aber nur eine **arbeitsschutzrechtliche** Norm.

Als Nachtarbeit im Sinne der Tarifverträge des öffentlichen Dienstes gilt die Arbeit zwischen 21 und 6 Uhr, § 7 Abs. 5 TVöD. Hier geht es um den **finanziellen** Umgang mit Nachtarbeit.

Arbeitet z. B. ein Beschäftigter bis 22 Uhr (etwa am Wahlabend), so gilt er nicht als Nachtarbeitnehmer im Sinne des Arbeitszeitgesetzes. Jedoch steht ihm ein Zeitzuschlag nach § 8 Abs. 1 Satz 1 Buchstabe b i. V. m. § 7 Abs. 5 TVöD in Höhe von 20 % des auf eine Stunde entfallenden Anteils des Tabellenentgelts der Stufe 3 der jeweiligen Entgeltgruppe zu.

Die **Verpflichtung** zur Leistung von Nachtarbeit ergibt sich aus § 6 Abs. 5 TVöD.[300]

5.14.6 Mehrarbeit

Die Mehrarbeit ist in § 7 Abs. 6 TVöD definiert. Nach dieser Definition kann Mehrarbeit nur von Teilzeitbeschäftigten geleistet werden.

<u>Beispiel</u>:
Ein Beschäftigter (TVöD-V, 39 Wochenstunden) arbeitet gemäß Arbeitsvertrag 20 Wochenstunden.
➔ Arbeitet er darüber hinaus, so gelten die ersten 19 zusätzlichen Stunden als Mehrarbeit.
➔ Erst die 20. und jede weitere zusätzliche Stunde kann als Überstunde gelten.[301]

Zeitzuschläge für Überstunden stehen für Mehrarbeit nicht zu. Kritiker sehen deshalb in dieser Tarifnorm eine mittelbare Benachteiligung im Sinne des AGG (mittelbare Benachteiligung von Frauen, da diese weitaus häufiger als Männer in Teilzeit arbeiten). Auch hier bleibt die weitere Entwicklung abzuwarten.

Die **Verpflichtung** zur Leistung von Mehrarbeit ergibt sich auch aus § 6 Abs. 5 TVöD.

Zur Mehrarbeit im Sinne von § 124 SGB IX vgl. Nr. 7.1.

5.14.7 Überstunden

Kürzlich sagte ein Teilnehmer zu mir: „Ich habe nun schon fast 40 Überstunden auf meinem Gleitzeitkonto. Wie soll das nur weitergehen?“

---

[300] Vgl. Ausführungen in Nr. 5.14.3
[301] Zu den Voraussetzungen siehe Nr. 5.14.7

© Thomas Arnold/PIXELIO

Doch Vorsicht: Handelt es sich hierbei wirklich um Überstunden im Tarifsinne?

Hier hilft uns die Definition des § 7 Abs. 7 TVöD weiter:
Danach sind Überstunden
- auf **Anordnung des Arbeitgebers** geleistete Arbeitsstunden,
- die über die im Rahmen der regelmäßigen Arbeitszeit von Vollbeschäftigten (§ 6 Abs. 1 Satz 1 TVöD) für die Woche dienstplanmäßig bzw. betriebsüblich festgesetzten Arbeitsstunden hinausgehen und
- die **nicht** bis zum Ende der folgenden Kalenderwoche (Sonntag 24:00 Uhr) **ausgeglichen** werden.

In Fällen von **Gleitzeitarbeit**, welche in der öffentlichen Verwaltung sehr häufig vorkommt, scheitert die „Überstunde" zumeist bereits an der fehlenden Anordnung des Arbeitgebers. Gleitzeitregelungen sind damit ein wirksames Instrument zur Vermeidung von Überstunden.

Dabei muss der Arbeitgeber nicht ausdrücklich Überstunden **anordnen**. Es reicht vielmehr aus, wenn sie vom Arbeitgeber gebilligt, geduldet oder zumindest zur Erledigung der geschuldeten Arbeit notwendig gewesen sind. Es genügt, dass ein Arbeitsauftrag mit der Weisung verbunden wird, ihn innerhalb einer bestimmten Zeit ohne Rücksicht auf die regelmäßige Arbeitszeit auszuführen.

Selbst wenn ich als Vollzeitbeschäftigter heute auf Anordnung des Arbeitgebers länger an der Arbeit bleiben muss, sind die Voraussetzungen für das Vorliegen einer Überstunde noch nicht erfüllt. Genauer gesagt, weiß ich heute noch gar nicht, ob sie erfüllt sind. Abschließend beurteilen kann man dies nämlich erst am Ende der folgenden Kalenderwoche.

Ausnahmen zum Überstunden-Begriff bestehen für
- den wöchentlichen Arbeitszeitkorridor (§ 6 Abs. 6 TVöD),
- die tägliche Rahmenzeit (§ 6 Abs. 7 TVöD) sowie
- bei Schicht- oder Wechselschichtarbeit, vgl. § 7 Abs. 8 TVöD.

Die **Verpflichtung** zur Leistung von Überstunden ergibt sich aus § 6 Abs. 5 TVöD. Diese Verpflichtung betrifft überwiegend Vollzeitbeschäftigte. Teilzeitbeschäftigte sind nur dann zur Leistung von Überstunden verpflichtet, wenn dies im Arbeitsvertrag geregelt ist oder wenn sie ihre Zustimmung hierzu erteilen (vgl. Nr. 5.14.3).

Nachdem die „Sonderformen der Arbeit" ausführlich erläutert wurden, folgen nun weitere Hinweise zur Durchführung eines Arbeitsverhältnisses:

5.15 Schweigepflicht

© D. Braun/PIXELIO

Aussage eines Sachbearbeiters am Stammtisch: „Alle mal herhören. Stellt Euch vor, unser Nachbar Erwin erhält Hartz IV. Das muss aber unter uns bleiben!"
Möchten Sie bei einem solchen Sachbearbeiter der Nachbar sein? Natürlich nicht. Ein solches Verhalten ist selbstverständlich inakzeptabel. § 3 Abs. 1 TVöD stellt dies ausdrücklich klar. Im Falle eines derartigen Fehlverhaltens erscheint eine verhaltensbedingte Kündigung,[302] ggf. nach einer vorherigen Abmahnung, folgerichtig.

5.16 Nichtannahme von Belohnungen und Geschenken

Die öffentliche Verwaltung ist nicht „käuflich". Sie handelt ausschließlich nach Recht und Gesetz. Dies sollte eine Selbstverständlichkeit sein.

Deshalb untersagt § 3 Abs. 2 TVöD die Annahme von Belohnungen und Geschenken aller Art. Einzelne Verwaltungen konkretisieren dieses Verbot oder regeln sehr eng begrenzte Ausnahmen (z. B. Erlaubnis zur Annahme von geringwertigen Geschenken bis zum Wert von 10 €).

5.17 Nebentätigkeiten

Grundsätzlich ist jeder Beschäftigte berechtigt, neben seinem Arbeitsverhältnis im öffentlichen Dienst eine bezahlte Nebentätigkeit auszuüben. Denn durch seinen Arbeitsvertrag verpflichtet sich der Beschäftigte lediglich zur Leistung von regelmäßig 39 Wochenstunden. Er muss also nicht seine gesamte Arbeitskraft zur Verfügung stellen, sondern er darf Nebentätigkeiten ausüben. Deshalb besteht für Tarifbeschäftigte – im Gegensatz zum Beamtenrecht – auch nur eine **Anzeigepflicht**, § 3 Abs. 3 TVöD.

Wer also abends im Supermarkt Regale auffüllen möchte oder sich durch Austragen von Zeitungen ein zusätzliches Taschengeld verdienen möchte, darf dies selbstverständlich tun. Wichtig ist, dass diese Nebentätigkeit dem Arbeitgeber rechtzeitig vorher (ca. zwei Wochen vor Abschluss des Arbeitsvertrages) **schriftlich** angezeigt wird. Viele Arbeitgeber reagieren auf derartige Anzeigen gar nicht. Nach einigen Wochen wird der Beschäftigte wohl davon ausgehen können, dass arbeitgeberseitig keine Bedenken

302 Näheres zur Kündigung siehe Abschn. 6.9

gegen die angezeigte Nebentätigkeit bestehen. Zu empfehlen ist jedoch eine kurze Bestätigung der Anzeige, verbunden mit bestimmten Auflagen (z. B. hinsichtlich der Lage der Arbeitszeit).

Als Nebentätigkeit gilt neben abhängigen Beschäftigungen als Arbeitnehmer[303] auch jede **selbstständige Tätigkeit.**[304]

Es gibt aber auch Situationen, in denen der Arbeitgeber eine angezeigte Nebentätigkeit versagen bzw. eine bereits ausgeübte Nebentätigkeiten für die Zukunft **untersagen** kann: In Frage kommen etwa Fälle, in denen eine zeitliche Überanstrengung verbunden mit einer Übermüdung des Beschäftigten zu befürchten ist.

Auch werden Nebentätigkeiten in der Praxis nicht selten verboten, weil ein Verstoß gegen das Arbeitszeitgesetz zu befürchten ist (vgl. § 2 Abs. 1 Satz 1 zweiter Halbsatz ArbZG). Wer z. B. am Mittwochabend kellnern möchte, wird wohl am Donnerstag zu Arbeitsbeginn im Rathaus seine gesetzliche Ruhezeit (§ 5 ArbZG) nicht eingehalten haben.

Wird hingegen am Samstag gekellnert, dürften bei einem Verwaltungsangestellten regelmäßig keine Bedenken bestehen. Eine Untersagung ist auch angezeigt, wenn der Beschäftigte bei einem Arbeitgeber arbeiten möchte, der im Wettbewerb zu seinem (Haupt-)Arbeitgeber steht. Auch die Tätigkeit als Leichenbestatter erscheint für einen Krankenpfleger nicht angezeigt, so dass eine entsprechend angezeigte Nebentätigkeit untersagt werden kann.[305]

Entscheidet sich der Arbeitgeber für eine Untersagung, so empfiehlt sich aus Gründen der Beweissicherung die Schriftform der Untersagung.

Im Falle von Verstößen gegen das Arbeitszeitgesetz handelt der Arbeitgeber ordnungswidrig, § 22 Abs. 1 Nr. 3 ArbZG. Hier droht abweichend von § 17 Abs. 1 OWiG eine **Geldbuße** im Höchstmaß von 15.000 €.

Bestehen arbeitgeberseitig Bedenken, können auch entsprechende **Auflagen** erteilt werden. Verstößt der Beschäftigte gegen diese Auflagen, so kommt eine Untersagung der Nebentätigkeit in Frage.

Bitte lösen Sie nun den Fall 24 im Übungsteil. Viel Erfolg!

---

[303] Zum Arbeitnehmer-Begriff siehe Nr. 1.1
[304] Zum Begriff siehe ebenfalls Nr. 1.1
[305] BAG-Urteil vom 28.02.2002 – 6 AZR 357/01

5.18 Haftung

Wer zahlt den Schaden, den ein Arbeitnehmer seinem Arbeitgeber während der Arbeitszeit verursacht?

Beispiel:
Sachbearbeiter Hastig kommt versehentlich mit dem Handrücken an seine Bürotasse, so dass der heiße Kakao einen unschönen Flecken auf dem Teppich verursacht (Schaden: 100 €).

Schadensersatzansprüche sind in § 280 BGB geregelt. Im Arbeitsrecht gilt ergänzend § 619a BGB, wonach Arbeitnehmer nur dann zum Schadensersatz verpflichtet sind, wenn sie die Pflichtverletzung zu vertreten haben. **Zu vertreten** haben sie gemäß § 276 BGB Vorsatz und Fahrlässigkeit.

Die Rechtsprechung hat hier mangels konkreter gesetzlicher Vorschriften folgende Kriterien aufgestellt:

Leichte Fahrlässigkeit[306]	keine Haftung des Arbeitnehmers
Normale Fahrlässigkeit[307]	i. d. R. Quotelung des Schadens[308]
Grobe Fahrlässigkeit[309]	volle Haftung des Arbeitnehmers bzw. Quotelung (Richtschnur: Quotelung erfolgt, wenn der Schaden drei Bruttomonatsentgelte übersteigt)
Vorsatz	volle Haftung des Arbeitnehmers.

Hinzu kommen die tariflichen Vorschriften. § 3 Abs. 6 TVöD begrenzt die Schadenshaftung der Arbeitnehmer auf Vorsatz und grobe Fahrlässigkeit.

Im Ergebnis wird der Kakaofleck wohl auf leichter Fahrlässigkeit beruhen. Eine Schadenshaftung des Herrn Hastig scheidet damit aus.

Abzugrenzen von diesen allgemeinen arbeitsrechtlichen Grundsätzen sind Schäden, die bei Ausübung **hoheitlicher Tätigkeiten** entstehen. Hier gilt abweichend die sog. **Amtshaftung** (Art. 34 GG i. V. m. § 839 BGB). Dabei gelten Beschäftigte des öffentlichen Dienstes als „Beamte im haftungsrechtlichen Sinn."[310]

---

306 Kleine Unaufmerksamkeiten, die jedem mal passieren können

307 Auch „mittlere Fahrlässigkeit" genannt

308 D. h., der Schaden wird aufgeteilt

309 Hier wird die „im Verkehr erforderliche Sorgfalt in hohem Maße verletzt", z. B. Betanken eines Lkw mit Benzin statt Diesel

310 Näheres siehe Band 1 der HVSV-Schriftenreihe „Beamtenrecht in Hessen", dort unter Nr. 1.4

Schaubild:

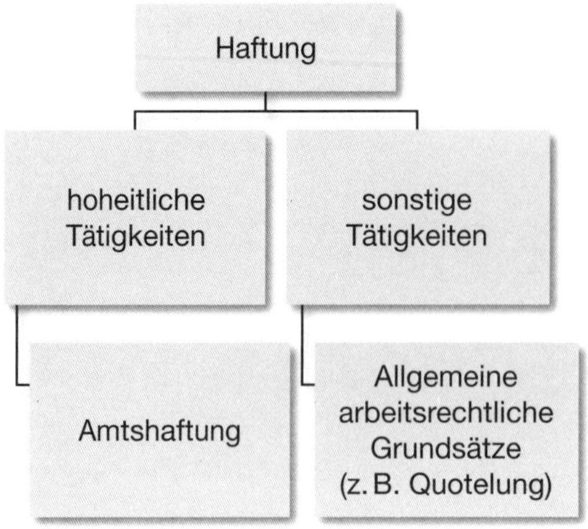

Zur Abrundung dieses Themas dient der Fall 25 im Übungsteil.

6 Die Beendigung des Arbeitsverhältnisses

Nachdem wir in den vorherigen Kapiteln das Entstehen und die Durchführung eines Arbeitsverhältnisses mit zahlreichen Rechten und Pflichten kennen gelernt haben, kommen wir nun zu den arbeitsrechtlichen Beendigungsarten:

6.1 Arten der Beendigung

Ein Arbeitsverhältnis kann wie folgt beendet werden:
- Zweckerfüllung,
- Zeitablauf (z. B. Zeitvertrag bis 31.12.2018),
- Renteneintritt,
- Anfechtung/Nichtigkeit (z. B. bei arglistiger Täuschung, §§ 119 ff. BGB),
- Arbeitsauflösungsvertrag,
- Tod des Arbeitnehmers,
- Ernennung zum Beamten, § 9 Abs. 5 HBG,
- Kündigung.

Die einzelnen Beendigungsarten werden nachstehend im Einzelnen erläutert:

6.2 Zweckerfüllung

Ein befristeter Arbeitsvertrag kann bekanntlich kalendermäßig bestimmt oder zweckbefristet sein, § 3 Abs. 1 TzBfG.
Ein zweckbefristeter Arbeitsvertrag endet mit Erreichen des Zwecks (z. B. „Fertigstellung einer Datenbank"), frühestens jedoch zwei Wochen nach Zugang der schriftlichen Unterrichtung des Arbeitnehmers durch den Arbeitgeber, § 15 Abs. 2 TzBfG.

Nähere Informationen erhalten Sie unter Nr. 4.5.10.

6.3 Zeitablauf

Ist ein Arbeitsvertrag kalendermäßig, also z. B. „bis zum 31.12.2018", befristet, so endet er mit Ablauf dieses Tages, § 15 Abs. 1 TzBfG. Ein etwaiger besonderer Kündigungsschutz ändert hieran nichts.
Im Übrigen wird auf die Ausführungen in Nr. 4.5.10 verwiesen.

6.4 Renteneintritt

Im Prinzip sind auch alle unbefristeten Arbeitsverhältnisse in gewisser Weise befristet: § 33 Abs. 1 Buchstabe a TVöD bestimmt nämlich, dass das Arbeitsverhältnis mit Ablauf des

Monats endet, „in dem der Beschäftigte das gesetzlich festgelegte Alter zum Erreichen der Altersgrenze vollendet“ hat.

An dieser Stelle erhalten Sie eine **Übersicht** über die wichtigsten gesetzlichen Rentenarten und ihre Auswirkungen auf die einzelnen Geburtsjahrgänge:
(AR = Altersrente)

Jahrgang	Regel-AR	AR für **besonders** langjährig Versicherte	AR für langjährig Versicherte			AR für **schwerbehinderte** Menschen		
	reguläres Eintritts-alter	reguläres Eintritts-alter	reguläres Eintritts-alter	vorzeitig in Rente ab Alter	vorzeitig in Rente Abschlag	reguläres Eintritts-alter	vorzeitig in Rente ab Alter	vorzeitig in Rente Abschlag
1951	65+5[311]	63	65+5	63	8,7 %	63	60	10,8 %
01/1952	65+6	63	65+6	63	9,0 %	63+1	60+1	10,8 %
02/1952	65+6	63	65+6	63	9,0 %	63+2	60+2	10,8 %
03/1952	65+6	63	65+6	63	9,0 %	63+3	60+3	10,8 %
04/1952	65+6	63	65+6	63	9,0 %	63+4	60+4	10,8 %
05/1952	65+6	63	65+6	63	9,0 %	63+5	60+5	10,8 %
06–12/1952	65+6	63	65+6	63	9,0 %	63+6	60+6	10,8 %
1953	65+7	63+2	65+7	63	9,3 %	63+7	60+7	10,8 %
1954	65+8	63+4	65+8	63	9,6 %	63+8	60+8	10,8 %
1955	65+9	63+6	65+9	63	9,9 %	63+9	60+9	10,8 %
1956	65+10	63+8	65+10	63	10,2 %	63+10	60+10	10,8 %
1957	65+11	63+10	65+11	63	10,5 %	63+11	60+11	10,8 %
1958	66	64	66	63	10,8 %	64	61	10,8 %
1959	66+2	64+2	66+2	63	11,4 %	64+2	61+2	10,8 %
1960	66+4	64+4	66+4	63	12,0 %	64+4	61+4	10,8 %
1961	66+6	64+6	66+6	63	12,6 %	64+6	61+6	10,8 %
1962	66+8	64+8	66+8	63	13,2 %	64+8	61+8	10,8 %
1963	66+10	64+10	66+10	63	13,8 %	64+10	61+10	10,8 %
ab 1964	67	65	67	63	14,4 %	65	62	10,8 %
Wartezeit	5 Jahre	45 Jahre	35 Jahre			35 Jahre		
SGB VI	§ 35, § 135	§ 38, § 236 b	§ 36, § 236			§ 37, § 236a		

Ein am 25. März 1958 geborener Arbeitnehmer (nicht schwerbehindert) kann somit – bei Erfüllung der sonstigen Voraussetzungen – (von links nach rechts)

- am 1. April 2024[312] in Altersrente,
- am 1. April 2022 in Altersrente für besonders langjährige Versicherte oder
- am 1. April 2024 in Altersrente für langjährig Versicherte (abschlagsfrei; frühestens mit 10,8 % Abschlägen am 1. April 2021)

gehen. Das Arbeitsverhältnis endet jeweils mit Ablauf des vorangehenden Kalendermonats.

311 Bedeutet: nach Vollendung von 65 Lebensjahren und 5 Lebensmonaten
312 1958 + 66

Arbeitgebern sei übrigens empfohlen, ihren Beschäftigten keine rentenrechtlichen **Auskünfte** zu erteilen. Vielmehr sollte – vor dem Hintergrund dieses sehr komplexen Rechtsgebietes – auf den jeweils zuständigen Rentenversicherungsträger verwiesen werden.[313]

Außerdem endet das Arbeitsverhältnis im Falle der Zustellung eines Rentenbescheides wegen voller oder teilweiser **Erwerbsminderung**, vgl. § 33 Abs. 2 Sätze 1 bis 4 TVöD.

Wird hingegen nur eine **Rente auf Zeit** gewährt, so endet das Arbeitsverhältnis nicht. In diesen Fällen ruht es vielmehr, § 33 Abs. 2 Sätze 5 und 6 TVöD.[314]

Liegt nur eine **teilweise Erwerbsminderung**[315] vor, so kann der Beschäftigte nach § 33 Abs. 3 TVöD zur Vermeidung des Ruhens seine Weiterbeschäftigung beantragen. Dies muss schriftlich innerhalb von zwei Wochen nach Zugang des Rentenbescheides erfolgen. Sodann benötigt der Arbeitgeber dringende dienstliche Gründe, um die Teilzeitbeschäftigung abzulehnen. Das Bundesarbeitsgericht hat entschieden, dass diese Tarifnorm die gesetzlich garantierten Rechte schwerbehinderter Menschen nicht einschränken kann[316]. Dieser Personenkreis kann deshalb unabhängig von der in § 33 Abs. 3 TVöD angeordneten Form und Frist gemäß § 81 Abs. 4 und 5 Satz 3 SGB IX eine behinderungsgerechte Beschäftigung verlangen.

6.5 Anfechtung/Nichtigkeit

Wie bereits in Nr. 4.4.2 beschrieben, unterscheidet man die folgenden Anfechtungsgründe:

- Irrtum (§ 119 BGB),
- arglistige Täuschung (§ 123 BGB) und
- Drohung (§ 123 BGB).

Im Falle der Anfechtung erfolgt die Nichtigkeit des Arbeitsvertrages, § 142 BGB.

Parallel wird in der Praxis oftmals eine Kündigung ausgesprochen nach dem Motto: doppelt hält besser.

6.6 Auflösungsvertrag

Ein Arbeitsauflösungsvertrag ist quasi das Gegenteil von einem Arbeitsvertrag. Arbeitgeber und Arbeitnehmer vereinbaren nicht den Beginn, sondern die Beendigung des Arbeitsverhältnisses.

---

[313] Hinzu kommt, dass für die in 2017 beginnende Legislaturperiode des Bundestags bereits verschiedene Ideen einer Rentenreform diskutiert werden

[314] Zum Urlaubsanspruch vgl. Nr. 5.12.1.10

[315] Ist der Beschäftigte also noch in der Lage, zwischen drei und sechs Stunden täglich zu arbeiten

[316] BAG-Urteil vom 17.03.2016 – 6 AZR 221/15

Im Gegensatz zu einer (einseitigen) Kündigung ist der (zweiseitige) Auflösungsvertrag nicht fristgebunden und bedarf auch nicht der Mitbestimmung des Personalrates. Die **Schriftform** des Auflösungsvertrages ergibt sich aus § 623 BGB.

Muster:

Arbeitsauflösungsvertrag

Zwischen der ______________________________,
diese vertreten durch ______________________________,
und
Frau Miriam Mustermann, geb. am ____________, nachfolgend „Beschäftigte" genannt, wird folgender Arbeitsauflösungsvertrag geschlossen:

§ 1

Das zwischen den unterzeichnenden Vertragsparteien durch Arbeitsvertrag vom ____________ begründete unbefristete Arbeitsverhältnis wird auf Veranlassung des Arbeitgebers im Rahmen der tariflichen Probezeit mit Ablauf des ____________ aufgelöst.

§ 2

Die Beschäftigte nimmt bis zum Zeitpunkt ihres Ausscheidens den restlichen Erholungsurlaub in der Zeit von ______ bis ______ in Anspruch.

§ 3

Die Beschäftigte wird ausdrücklich darauf hingewiesen, dass sie zur Aufrechterhaltung möglichst ungekürzter Ansprüche auf Arbeitslosengeld I verpflichtet ist, sich unverzüglich, d. h. ohne schuldhaftes Zögern, nach Abschluss dieses Auflösungsvertrages persönlich bei der zuständigen Agentur für Arbeit arbeitsuchend zu melden. Weiterhin besteht die Verpflichtung, aktiv nach einer Beschäftigung zu suchen.

§ 4

Die unterzeichnenden Vertragsparteien sind sich über sämtliche sich aus der Auflösung des Arbeitsverhältnisses ergebenden tatsächlichen und rechtlichen Folgen und insbesondere darüber einig, dass mit Abschluss dieses Auflösungsvertrages alle gegenseitigen Ansprüche ausgeglichen sind, mit Ausnahme des Anspruches auf Ausstellung der Arbeitspapiere und der Erteilung eines Zeugnisses.

§ 5

Dieser Vertrag ist in zwei gleichlautenden Exemplaren ausgefertigt. Jeder Beteiligte erhält eine Ausfertigung.

Kassel, den . .2017
Für den Arbeitgeber:

____
(xxxxxxxxxxxxxx)
Unterschrift Arbeitgeber

Kassel, den . .2017
Unterschrift der Beschäftigten:
(gilt zugleich als Empfangsbestätigung für eine Vertragsausfertigung)

____
(Miriam Mustermann)

In der Praxis werden Arbeitsauflösungsverträge überwiegend in folgenden Situationen geschlossen:

- Der Arbeitgeber hat einen **wichtigen Grund**, das Arbeitsverhältnis außerordentlich zu kündigen. Um eine solche Kündigung einschließlich Prozessrisiko zu vermeiden, einigt man sich vertraglich auf eine einvernehmliche Beendigung. Dabei bekommt der Beschäftigte die Möglichkeit, „sein Gesicht zu wahren".
- Der Beschäftigte möchte baldmöglichst eine **Stelle bei einem anderen Arbeitgeber** antreten. Dies wäre unter Beachtung der Kündigungsfristen des § 34 Abs. 1 TVöD kurzfristig oftmals nicht möglich. Um dem Beschäftigten „keine Steine in den Weg zu legen", kommt der Arbeitgeber dem Wunsch des Beschäftigten auf Beendigung des Arbeitsverhältnisses nach. Dabei gehört der konkrete Beendigungstermin natürlich zur „Verhandlungsmasse".

6.7 Tod des Arbeitnehmers

Das Arbeitsverhältnis ist ein **höchstpersönliches** Rechtsverhältnis, § 613 BGB. Daraus folgt, dass im Falle des Todes des Beschäftigten gerade keine Vererbbarkeit des Arbeitsvertrages vorliegt. Ein arbeitsloser „Alleinerbe" würde im Todesfall seines Vaters somit Rechtsnachfolger hinsichtlich sämtlicher Sparverträge werden; er bliebe aber weiterhin arbeitslos.

Zum Anspruch auf das tarifliche **Sterbegeld** beachte § 23 Abs. 3 TVöD.

Zur Vererbbarkeit von Urlaubs(abgeltungs)ansprüchen siehe Nr. 5.12.1.13.

6.8 Ernennung zum Beamten

Stellen Sie sich vor, ein Beschäftigter wird zum Beamten ernannt. Muss er zuvor für die Beendigung seines unbefristeten Arbeitsverhältnisses sorgen, z. B. durch Kündigung oder Auflösungsvertrag?

Es kommt drauf an! In Hessen regelt § 9 Abs. 5 HBG, dass dies im Falle einer Ernennung bei **demselben** Arbeitgeber (der dadurch zum Dienstherrn wird) gerade nicht nötig ist. In diesen Fällen endet das Arbeitsverhältnis kraft Gesetzes. Es empfiehlt sich, im Begleitschreiben zur Ernennung hierauf hinzuweisen.

Ist dagegen eine Ernennung bei einem **anderen** Dienstherrn vorgesehen, greift diese Norm nicht.

In diesen Fällen bedarf es einer Kündigung durch den Beschäftigten bzw. eines Arbeitsauflösungsvertrages.
In Hessen beachte § 40a Abs. 4 HGO, wonach das Arbeitsverhältnis im öffentlichen Dienst für die Zeit als hauptamtlicher Bürgermeister oder hauptamtlicher Beigeordneter bei einer anderen Kommune ruht.

6.9 Kündigung

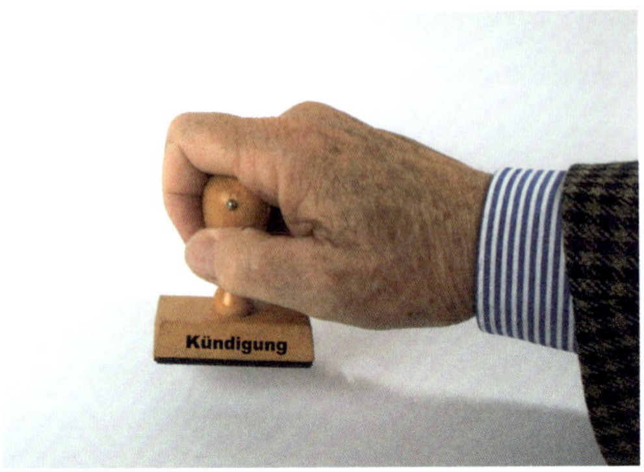

© Rainer Sturm/PIXELIO

Kommen wir nun zu der wohl wichtigsten Beendigungsart von Arbeitsverhältnissen: der Kündigung.

6.9.1 Allgemeines

Jede Vertragspartei kann grundsätzlich kündigen. Dies gilt nicht nur im Arbeitsrecht, sondern z. B. auch im Mietrecht. Deshalb sind Kündigungen dem Beamtenrecht fremd (kein Vertragsverhältnis, sondern öffentlich-rechtliches Dienst- und Treueverhältnis). Kündigt der **öffentliche** Arbeitgeber das Arbeitsverhältnis, so bedarf es hierzu eines entsprechenden Beschlusses der zuständigen Stelle.[317]

6.9.1.1 Definition

Kündigung ist die **einseitige** Erklärung einer Vertragspartei, durch die das Arbeitsverhältnis für die Zukunft **aufgelöst** werden soll. Sie muss in den „Machtbereich des Empfängers“ gelangen.

6.9.1.2 Arten

Man unterscheidet drei Arten der Kündigung:

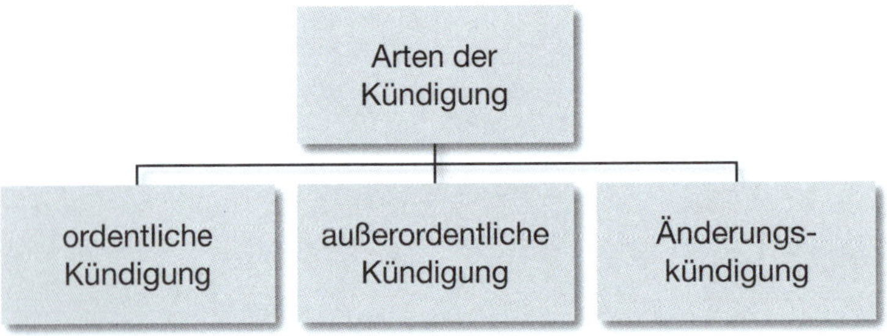

Dabei ist die ordentliche (fristgebundene) Kündigung die am häufigsten vorkommende Art. Aber auch die beiden anderen Arten der Kündigung werden unten noch eingehend erläutert.

[317] Siehe auch Nr. 6.9.1.5

6.9.1.3 Form

Jede Kündigung bedarf zu ihrer Wirksamkeit der **Schriftform**, § 623 BGB. Eine E-Mail oder eine WhatsApp-Nachricht genügt der Schriftform nicht. Zu beachten ist vielmehr § 126 BGB. Bei Verstoß gegen das Schriftformgebot ist das Rechtsgeschäft nichtig, § 125 BGB.

Einer **Begründung** der Kündigung bedarf es regelmäßig nicht. Eine Ausnahme bildet § 17 Abs. 2 Satz 2 MuSchG (siehe Nr. 6.9.8.2).

6.9.1.4 Bestimmtheit

Eine Kündigung muss – wegen ihrer einschneidenden Auswirkungen – inhaltlich hinreichend bestimmt sein. Aus ihr muss also klar hervorgehen, wer was von wem will. Deshalb ist das Kündigungsschreiben **bedingungsfeindlich**.

Eine Kündigung „unter der Bedingung, dass …" ist somit nichtig. Entweder wird gekündigt oder eben nicht.

6.9.1.5 Kündigungsberechtigung

Kündigt der öffentliche Arbeitgeber, so bedarf es hierzu eines entsprechenden Beschlusses der zuständigen Stelle. Für Gemeinden in Hessen ist der Gemeindevorstand zuständig, § 73 Abs. 1 HGO. Sodann setzt regelmäßig der Leiter der Dienststelle den Beschluss um, indem er die schriftliche Kündigung ausfertigt. Im Falle einer Delegation, z. B. auf den Büroleiter, beachte § 164 BGB.

6.9.1.6 Zugang

Wie oben bereits erwähnt, muss die Kündigung in den Machtbereich des Empfängers gelangen, § 130 BGB. Dies kann im Zweifel eine große Schwierigkeit darstellen, z. B. wenn der Arbeitnehmer die Kündigung befürchtet, sich arbeitsunfähig krank meldet und weder an das Telefon noch an die Haustür geht.

In der Praxis empfiehlt es sich, möglichst eine **Empfangsbestätigung** unterschreiben zu lassen. Alternativ kann auch ein Bote eingesetzt werden. Zu beachten ist, dass die **Beweislast** über den Zugang stets bei dem Kündigenden liegt.

Im Übrigen kann immer und überall gekündigt werden, sogar am 1. April, an Heiligabend oder auf der Herrentoilette.[318]

Dabei bedarf es nicht zwingend des Begriffs „Kündigung"; etwaige Unklarheiten gehen aber zu Lasten des Erklärenden.

Dem Zeitpunkt des **Zugangs** der Kündigung kommt eine herausragende Rolle zu. Beispielsweise greifen zahlreiche Tatbestände des Sonderkündigungsschutzes erst ab Zugang der Kündigung.

---

[318] Dies ist wirklich schon so passiert!

Wer also z. B. heute die Kündigung durch den Arbeitgeber erhält (Zugang) und morgen Elternzeit verlangt, bei dem greift der Sonderkündigungsschutz des § 18 BEEG nicht. Dieser greift nämlich erst „ab dem Zeitpunkt, von dem an Elternzeit verlangt worden ist".

6.9.1.7 Prinzipien

Das Recht der Kündigung ist geprägt von drei wichtigen Prinzipien:

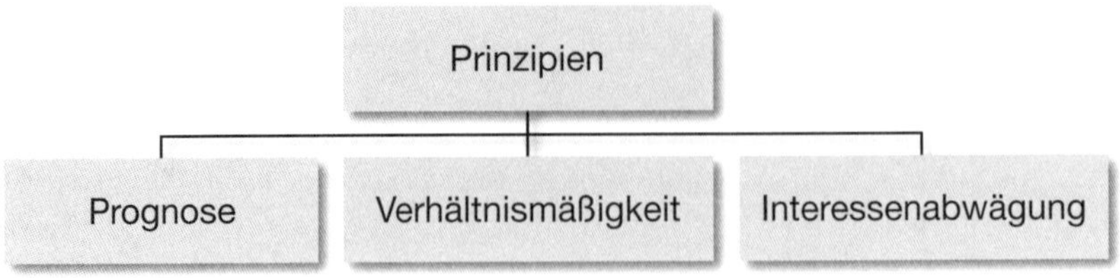

Diese Prinzipien werden im Folgenden näher erläutert:

6.9.1.7.1 Prognose

Oftmals werden Kündigungen auf Grund von Tatsachen ausgesprochen, die es dem Kündigenden unmöglich erscheinen lassen, das Arbeitsverhältnis als Dauerschuldverhältnis fortbestehen zu lassen.

In derartigen Fällen ist stets eine Prognose für die Zukunft abzugeben. Beispielhaft genannt sei hier die Gesundheitsprognose bei krankheitsbedingter Kündigung (Negativprognose, siehe Nr. 6.9.4.1).

6.9.1.7.2 Verhältnismäßigkeit

Der Grundsatz der Verhältnismäßigkeit besagt, dass eine Kündigung nur als das **letzte Mittel**[319] in Frage kommen kann. Im Regelfall soll also zuvor mit allen Mitteln versucht werden, eine Kündigung zu verhindern. In Frage kommen – je nach Sachverhalt – z. B. eine Umsetzung des Beschäftigten auf einen anderen Arbeitsplatz oder eine Abmahnung.

6.9.1.7.3 Interessenabwägung

Interessenabwägung besagt, dass stets dem Interesse des Arbeitgebers an einer Beendigung des Arbeitsverhältnisses das Interesse des Arbeitnehmers an einer Fortsetzung des Arbeitsverhältnisses gegenübergestellt wird. Sodann erfolgt eine Abwägung der entgegenstehenden Interessen. Welches Interesse dabei überwiegt, bedarf stets einer Entscheidung im Einzelfall.

6.9.1.8 Kündigungsfrist

Die ordentliche Kündigung ist fristgebunden. Als Kündigungsfrist versteht man den Zeitraum zwischen dem Zugang der Kündigung und deren Wirksamwerden. Dabei gelten die gesetzlichen Kündigungsfristen im Bereich der Tarifverträge des öffentlichen Dienstes nicht, § 622 Abs. 4 BGB.

---

[319] Sog. ultima ratio

Vielmehr ist § 34 Abs. 1 TVöD zu beachten.
Danach beträgt die zu beachtende Kündigungsfrist

- bis zum Ende des sechsten Monats seit Beginn des Arbeitsverhältnisses **zwei Wochen** zum Monatsschluss (§ 34 Abs. 1 Satz 1 TVöD);
- danach gelten **längere** Kündigungsfristen in Abhängigkeit von der Beschäftigungszeit (§ 34 Abs. 1 Satz 2 TVöD).

Dabei kommt es auf den Zeitpunkt des **Zugangs** der Kündigung an. Wird dem Beschäftigten also am letzten Tag der o. g. Sechsmonatsfrist das Kündigungsschreiben ausgehändigt, so beträgt die Kündigungsfrist zwei Wochen zum Monatsschluss. Auf die Frage, ob die tarifliche Probezeit abgekürzt wurde, kommt es regelmäßig nicht an.

Die Tarifvorschrift des § 34 Abs. 1 TVöD stellt auf die Beschäftigungszeit im engeren Sinn ab, also auf die Zeit im Arbeitsverhältnis bei **demselben** Arbeitgeber.[320]

Beispiel:
Einstellung am 15. Januar 2017
Zugang der Kündigung am **14. Juli 2017**

➔ Kündigungsfrist zwei Wochen zum Monatsschluss, somit zum 31. Juli 2017.
➔ Bei Verzögerung des Zugangs der Kündigung um einen Tag (**15. Juli 2017**) ergäbe sich eine Kündigungsfrist von einem Monat zum Monatsschluss, somit zum 31. August 2017.
➔ Erfolgt der Zugang der Kündigung erst am **15.01.2018**, so beträgt die Kündigungsfrist sechs Wochen zum Schluss eines Kalendervierteljahres, somit endet das Arbeitsverhältnis mit Ablauf des 31.03.2018.

Die **Nichtwahrung** der Kündigungsfrist führt nicht etwa zur Unwirksamkeit der Kündigung. Vielmehr führt eine Auslegung nach § 133 BGB zu dem Ergebnis, dass die (wirksame) Kündigung zum frühestmöglichen Zeitpunkt erfolgt.

In Ausnahmefällen gelten anstelle der tariflichen Fristen **spezialgesetzliche** Kündigungsfristen, z. B. bei Kündigung durch den Beschäftigten zum Ende der Elternzeit, vgl. § 19 BEEG.

Nach § 86 SGB IX gilt bei ordentlicher Kündigung eines schwerbehinderten Menschen eine Kündigungsfrist von mindestens vier Wochen, die neben der tariflichen Kündigungsfrist zu beachten ist.

6.9.1.9 Ordentliche Unkündbarkeit

§ 34 Abs. 2 TVöD regelt die ordentliche Unkündbarkeit von Beschäftigten des Tarifgebiets West. Diese müssen zwei Voraussetzungen erfüllen:

- Vollendung des **40. Lebensjahres** und
- Vollendung einer Beschäftigungszeit von mehr als **15 Jahren**.

[320] Näheres siehe Nr. 4.7

Auch hier ist die Beschäftigungszeit im engeren Sinn maßgebend. Sie erkennen dies übrigens an der Information in der Klammer (Absatz 3 Satz 1 und 2).

Beispiel:
Helmut Halle, geb. am 22.11.1978, war bereits zehn Jahre Beschäftigter der Stadt Frankfurt am Main. Am 01.12.2003 wechselte er unmittelbar zur Stadt Offenbach. Wann ist er ordentlich unkündbar?

➔ Sein 40. Lebensjahr vollendet Herr Halle mit Ablauf des 21.11.2018, § 188 Abs. 2 BGB. Damit wäre er frühestens am **22.11.2018** unkündbar, wenn er über die nötige Beschäftigungszeit verfügen würde.
➔ Als Beschäftigungszeit gilt fallbezogen nur die im Arbeitsverhältnis bei der Stadt Offenbach zurückgelegte Zeit. Über 15 Jahre verfügt der Beschäftigte am **01.12.2018.**
➔ Das **spätere** Datum[321] ist für die ordentliche Unkündbarkeit maßgebend. Im Ergebnis gilt Herr Halle somit am 01.12.2018 als „ordentlich unkündbar".
➔ Der Arbeitgeber könnte das Arbeitsverhältnis somit noch am 30.11.2018 ordentlich kündigen. Maßgebend ist der **Zugang** der Kündigung, nicht etwa der Beendigungszeitpunkt nach Ablauf der Kündigungsfrist.

Die ordentliche Unkündbarkeit betrifft den Schutz von Beschäftigten vor **Kündigungen des Arbeitgebers**. Der Beschäftigte selbst kann selbstverständlich jederzeit eine Kündigung aussprechen.

Selbst wenn ein Beschäftigter ordentlich unkündbar ist, so verliert er diesen Status, wenn er danach den **Arbeitgeber wechselt**. Beim neuen Arbeitgeber wird er frühestens nach 15 Jahren unkündbar.

Das Recht zur **außerordentlichen** Kündigung besteht völlig unabhängig von der ordentlichen Unkündbarkeit.

In eng begrenzten Ausnahmefällen kann der Arbeitgeber ordentlich unkündbaren Beschäftigten, bei denen eigentlich eine ordentliche Kündigung angezeigt wäre, außerordentlich kündigen. Die Rechtsprechung verlangt in derartigen Fällen die Einhaltung einer notwendigen Auslauffrist (analog der Kündigungsfrist nach § 34 Abs. 1 TVöD). Ein solches **„sinnentleertes Arbeitsverhältnis** liegt z. B. regelmäßig vor, wenn ein Beschäftigter über mehrere Jahre zwei Drittel bis drei Viertel der jährlichen Arbeitstage arbeitsunfähig erkrankt ist. Eine solche Situation erscheint nämlich aus Sicht des Arbeitgebers dauerhaft unzumutbar. Deshalb darf er in solchen Ausnahmefällen außerordentlich kündigen.

---

[321] Gemeint sind die beiden fettgedruckten Daten in diesem Beispiel

6.9.2 Allgemeiner Kündigungsschutz

Eines der wichtigsten Schutzgesetze des deutschen Arbeitsrechts ist das Kündigungsschutzgesetz (KSchG). Bevor wir dieses genauer betrachten, müssen wir prüfen, unter welchen Voraussetzungen das Gesetz überhaupt anwendbar ist:

6.9.2.1 Anwendbarkeit des KSchG

Die Frage der Anwendbarkeit des Kündigungsschutzgesetzes wird in zwei Schritten geprüft:

- Gemäß § 1 Abs. 1 KSchG ist das Gesetz nur anwendbar, wenn das Arbeitsverhältnis zum Zeitpunkt des Zugangs der Kündigung länger als **sechs Monate** bestanden hat.[322] Hier kommt es auf den rechtlichen Bestand des Arbeitsverhältnisses an. Etwaige Arbeitsunfähigkeiten oder Beurlaubungen sind unschädlich. Gemäß Rechtsprechung ist die Zeit einer Berufsausbildung bei demselben Arbeitgeber hier anzurechnen.[323]
- Die zweite Voraussetzung findet sich in § 23 KSchG. Danach gelten wesentliche Bestandteile des Gesetzes nicht in „**Kleinstbetrieben**", also in Verwaltungen mit fünf oder weniger Beschäftigten. Derartige Konstellationen kommen aber in der öffentlichen Verwaltung nur sehr selten vor (kleine Gemeinde ohne Bauhof und Kindergarten).

Übrigens ist eine Kündigung durch den Arbeitnehmer jederzeit problemlos möglich. Hier spielt das Kündigungsschutzgesetz also keine Rolle. Zu beachten sind dann nur die Fristen des § 34 Abs.1 TVöD, die oben in Nr. 6.9.1.8 erläutert wurden.

6.9.2.2 Soziale Rechtfertigung

Nachdem wir diese beiden Schritte geprüft haben, kommen wir nun zum „Herzstück" des Gesetzes: gemäß § 1 Abs. 1 KSchG ist eine Kündigung gegenüber einem Arbeitnehmer rechtsunwirksam, wenn sie **sozial ungerechtfertigt** ist.

§ 1 Abs. 2 KSchG regelt, dass eine Kündigung dann sozial ungerechtfertigt (also rechtsunwirksam) ist, wenn sie nicht durch einen personenbedingten, verhaltensbedingten oder betriebsbedingten Grund bedingt ist.

Schaubild:

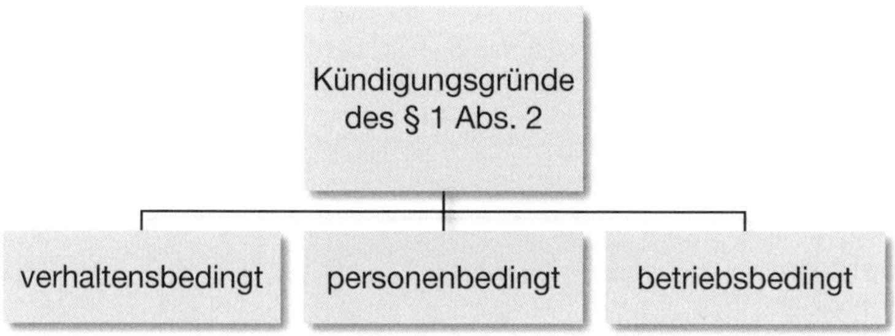

[322] Zur Wartezeitkündigung siehe Nr. 6.9.2.3
[323] BAG-Urteil vom 26.08.1976

6.9.2.3 Wartezeitkündigung

Kündigt der Arbeitgeber das Arbeitsverhältnis innerhalb der ersten sechs Monate seines Bestehens, so spricht man von einer Wartezeitkündigung. Maßgebend ist der Zeitpunkt des Zugangs der Kündigung. Der Arbeitgeber kann somit auch noch am letzten Tag der Sechsmonatsfrist die Kündigung aussprechen, sofern sie dem Beschäftigten noch an diesem Tag zugeht.

In diesen Fällen genießt der Arbeitgeber weitgehende **Kündigungsfreiheit**. Es bedarf hier gerade keiner sozialen Rechtfertigung im Sinne des § 1 Abs. 2 KSchG. Allerdings herrscht auch hier kein rechtsfreier Raum. Nach ständiger Rechtsprechung des Bundesarbeitsgerichts[324] dient die sechsmonatige Wartezeit dazu, dem Arbeitgeber Gelegenheit zu geben, sich eine subjektive Meinung über Leistung und Führung des Beschäftigten zu bilden, die nicht einer Überprüfung nach objektiven Maßstäben unterliegt. Fällt diese subjektive Meinung negativ aus, kann der Arbeitgeber das Arbeitsverhältnis frei kündigen. Der Arbeitnehmer ist lediglich vor sitten- und treuwidriger Ausübung des Kündigungsrechts geschützt.

Eine Fallbearbeitung zur Wartezeitkündigung finden Sie im Fall 26 im Übungsteil.

Zu den einzelnen Wartezeiten der **besonderen** Kündigungsschutztatbestände (z. B. § 90 Abs. 1 Nr. 1 SGB IX) siehe Nr. 6.9.8 ff.

Doch wenden wir uns wieder den o. g. Kündigungsgründen zu, von denen der Arbeitgeber für eine Kündigung außerhalb der Wartezeit zumindest einen Kündigungsgrund benötigt. Nachstehend werden die drei gesetzlich genannten Kündigungsgründe erläutert:

6.9.3 Verhaltensbedingte Kündigung

Hier liegt der Grund für die Kündigung – wie der Name schon sagt – im Verhalten des Arbeitnehmers. Es muss sich also um irgendein **steuerbares** und vorwerfbares Fehlverhalten des Beschäftigten handeln.

Beispiele:
- Zuspätkommen zur Arbeit,
- Arbeitsverweigerung,
- Beleidigung eines Vorgesetzten,
- vorgetäuschte Arbeitsunfähigkeit,
- Diebstahl.

In der Praxis ist oftmals strittig, ob ein Kündigungsgrund überhaupt vorliegt. Da liegen die Auffassungen der beteiligten Akteure naturgemäß weit auseinander, so dass letztlich die Rechtsprechung für Klarheit sorgen muss.

[324] Siehe z. B. BAG-Urteil vom 23.04.2009 – 6 AZR 516/08

Was meinen Sie: Stellt es einen Kündigungsgrund dar, wenn man morgens seinen Chef im Treppenhaus nicht grüßt, obwohl dieser freundlich „Guten Morgen" sagt?

➔ Die Rechtsprechung verneint diese Frage.

➔ Anders sähe es natürlich im Fall einer beleidigenden Antwort aus.

Bei der Beurteilung der Frage, ob ein Kündigungsgrund vorliegt, müssen sämtliche Emotionen außen vor bleiben. Maßstab ist deshalb der ruhig und verständig (**objektiv**) urteilende Arbeitgeber. Nur ein Verhalten, das einen solchen Arbeitgeber zu einer Kündigung veranlassen würde, kann einen verhaltensbedingten Kündigungsgrund darstellen.

Auch **außerdienstliches** Fehlverhalten kann einen Kündigungsgrund darstellen. Im Falle einer Verurteilung durch ein Strafgericht kommt hier die sog. Tatkündigung in Betracht. Besteht „nur" ein begründeter Tatverdacht, so kommt auch eine **Verdachtskündigung** in Frage. Wichtig ist in jedem Fall, dass der Arbeitgeber durch das außerdienstliche Verhalten irgendwie beeinträchtigt ist.

Beispiele:

- Bankraub eines Kassierers,
- Kindesmissbrauch durch einen Erzieher,
- Drogenhandel: Geldübergabe im dienstlichen Büro,[325]
- Private Trunkenheitsfahrt eines Kraftfahrers.[326]

Bei (inner- und außerdienstlichem) Fehlverhalten von Arbeitnehmern sind stets folgende **Prüfungsschritte** zu beachten:

Prüfungsschritte:
1. objektiver Kündigungsgrund
2. Verhältnismäßigkeit
3. Interessenabwägung

Im ersten Schritt muss natürlich geprüft werden, ob überhaupt ein objektiver Kündigungsgrund vorliegt (siehe oben).

Im Rahmen der Verhältnismäßigkeit[327] wird geprüft, ob die Kündigung erforderlich ist oder ob ein milderes Mittel ausreichend wäre.

Sehr häufig, aber eben nicht immer, bedarf es in Fällen von Fehlverhalten einer vorherigen Abmahnung:

6.9.3.1 Abmahnung

Als Abmahnung bezeichnet man die Rüge eines Verhaltens des Arbeitnehmers durch den Arbeitgeber unter Androhung arbeitsrechtlicher Konsequenzen für den Wiederholungsfall.

325 Siehe BAG-Urteil vom 10.04.2014 – 2 AZR 684/13

326 Urteil des LAG Hamm vom 01.07.2011 – 10 Sa 245/11

327 Siehe Nr. 6.9.1.7.2

Muster einer Abmahnung:

> Sehr geehrter Herr Spätzünder,
>
> Ihr nachfolgend dargestelltes Verhalten gibt uns Veranlassung, Sie auf die ordnungsgemäße Erfüllung Ihrer arbeitsvertraglichen Pflichten hinzuweisen:
>
> Sie sind bekanntlich verpflichtet, Ihren Dienst spätestens um 9:00 Uhr im Rathaus anzutreten. Am Dienstag, den 15. November 2016, sind Sie unentschuldigt nicht zum Dienst erschienen. Erst am Nachmittag dieses Tages um 15:30 Uhr haben Sie Ihrer Kollegin, Frau Frühauf, mitgeteilt, Sie seien arbeitsunfähig und deshalb nicht zur Arbeit erschienen.
>
> Gemäß § 5 Abs. 1 Satz 1 Entgeltfortzahlungsgesetz wären Sie aber verpflichtet gewesen, Ihre Arbeitsunfähigkeit dem Arbeitgeber unverzüglich mitzuteilen.
>
> Mit Ihrem Verhalten haben Sie gegen Ihre arbeitsvertraglichen Pflichten verstoßen.
>
> Wir können dieses Fehlverhalten nicht unbeanstandet hinnehmen. Deshalb erteilen wir Ihnen hiermit eine Abmahnung. Wir fordern Sie auf, in Fällen künftiger Arbeitsunfähigkeit bis spätestens 7:00 Uhr Ihren Vorgesetzten Herrn Süß, bei dessen Abwesenheit Herrn Sauer, anzurufen und Ihre Arbeitsunfähigkeit sowie deren voraussichtliche Dauer mitzuteilen. Nur so kann ein ordnungsgemäßer Arbeitsablauf im Interesse unserer Bürgerinnen und Bürger gewährleistet werden.
>
> Sollte Ihre Arbeitsleistung weiterhin Anlass zu Beanstandungen geben, müssen Sie mit der Kündigung Ihres Arbeitsverhältnisses rechnen.
>
> Wir beabsichtigen, diese Abmahnung zu Ihrer Personalakte zu nehmen. Sie erhalten hiermit Gelegenheit, sich zu den Vorwürfen zu äußern. Sollten wir bis zum ... nichts von Ihnen gehört haben, gehen wir davon aus, dass Sie von Ihrem Anhörungsrecht keinen Gebrauch machen möchten.
>
> Den Empfang dieser Abmahnung bestätigen Sie bitte auf der beigefügten Empfangsbestätigung.
>
> Hochachtungsvoll
> ...
>
> Anlage: Empfangsbestätigung

Die Abmahnung ist gesetzlich in § 314 Abs. 2 BGB verankert und wurde im Übrigen weitestgehend von der **Rechtsprechung** entwickelt.

Sie beinhaltet eine kündigungsrechtliche **Hinweis-, Rüge- und Warnfunktion.** Auch hier geht es nicht um Bestrafung. Vielmehr soll der Arbeitnehmer die Chance bekommen, sein Verhalten künftig ändern zu können.

Die Abmahnung ist – wie oben bereits angedeutet – eine Ausgestaltung des **Verhältnismäßigkeitsprinzips** (ultima ratio).

Es empfiehlt sich eine möglichst **genaue** Beschreibung des tatsächlichen Vorgangs. Dabei kommt es auf eine gute Dokumentation an (siehe Muster). Schwammige Formulierungen sind hier völlig fehl am Platze.

Beispiel:
„Wegen der Ihnen bekannten Vorkommnisse in letzter Zeit ..."

Auch sollte die Abmahnung eine rechtliche Würdigung enthalten. Es sollte also erläutert werden, warum der Sachverhalt **beanstandet** wird.

Außerdem bedarf es einer **Aufforderung**, das beanstandete Verhalten abzustellen.

Schließlich sollte sie die **Androhung** arbeitsrechtlicher Konsequenzen für den Wiederholungsfall beinhalten (z. B. die Kündigung).

Wer ist abmahnungsberechtigt?
Die Unterzeichnung durch einen kündigungsberechtigten Mitarbeiter wird unbedingt empfohlen. Dies kann – je nach Organisation – der **Bürgermeister**, Hauptamtsleiter oder Personaldezernent sein.

Die **Schriftform** ist keine Wirksamkeitsvoraussetzung, aus Beweisgründen vor dem Arbeitsgericht aber dringend zu empfehlen. Der Arbeitgeber trägt nämlich die Nachweispflicht, dass dem Arbeitnehmer Gelegenheit gegeben wurde, sein Verhalten ändern zu können. Hierzu bedient man sich in der Praxis zweckmäßigerweise einer **Empfangsbestätigung**.

Das **Wort** „Abmahnung" muss nicht zwingend, sollte aber verwendet werden.

Spätestens vier Wochen nach Bekanntwerden des Vorkommnisses sollte abgemahnt werden. Dabei kann der Zeitraum je nach Einzelfall variieren.

Zahlreiche gleichartige (echter Fall: 15!) Abmahnungen mit Kündigungsandrohung können u. U. dazu führen, dass die anschließende Kündigung als **nicht ernstlich**, somit unwirksam einzustufen ist. Es wird daher empfohlen, nach einer oder zwei Abmahnungen wegen des gleichen Fehlverhaltens die Kündigung folgen zu lassen.

Die Rechtsprechung geht von einem **Zeitablauf** der Rechtswirkung von Abmahnungen je nach Einzelfall nach ca. zwei bis vier Jahren vertragsgemäßen Verhaltens aus. Damit verbunden bestand früher eine sog. Abmahnungsentfernungspflicht des Arbeitgebers. Seit der „Emmely-Entscheidung" des BAG[328] spricht jedoch viel dafür, Abmahnungen dauerhaft in der Personalakte zu belassen.

[328] BAG-Urteil vom 10.06.2010 – 2 AZR 541/09

Eine Abmahnung ist nur erforderlich bei Bestehen des allgemeinen Kündigungsschutzes (somit nicht während der sechsmonatigen Wartezeit des § 1 Abs. 1 KSchG).

Bei **schweren** Verstößen im Betriebs- oder Vertrauensbereich (z. B. tätlicher Angriff auf Kollegen, Arbeit bei anderem Arbeitgeber während krankheitsbedingter Arbeitsunfähigkeit) kann eine Abmahnung auch entbehrlich sein (Einzelfallprüfung).

Dabei gilt folgender Maßstab: Wenn eine Verhaltensänderung in Zukunft selbst nach Abmahnung nicht zu erwarten ist oder es sich um eine so **schwere Pflichtverletzung** handelt, dass eine Hinnahme durch den Arbeitgeber offensichtlich – auch für den Arbeitnehmer erkennbar – ausgeschlossen ist, so bedarf es keiner Abmahnung.

Wichtig ist auch, dass die Abmahnung und die darauf folgende Kündigung einen zumindest **gleichartigen** Sachverhalt betreffen müssen. Liegt nämlich ein gänzlich anderes Fehlverhalten vor (z. B. im Januar beleidigendes Verhalten, im Februar unpünktliches Erscheinen), ist ggf. eine erneute Abmahnung erforderlich.

Übrigens ist nach Ausspruch einer Abmahnung eine anschließende Kündigung wegen desselben (bereits beanstandeten) Verhaltens nicht möglich; das Kündigungsrecht gilt dann als verbraucht.

Auch eine formell unwirksame Abmahnung kann kündigungsrechtlich wirksam sein, wenn sie sachlich berechtigt ist und ihr der Hinweis zu entnehmen ist, der Arbeitgeber erwäge im Wiederholungsfall die Kündigung.

Der Ausspruch einer Abmahnung unterliegt nicht der Mitbestimmung des Personalrates. Im Rahmen der Mitbestimmung vor Ausspruch einer ordentlichen Kündigung sind Abmahnungen jedoch dem Personalrat vorzulegen.

6.9.4 Personenbedingte Kündigung

Die zweite Möglichkeit des Arbeitgebers, eine „sozial gerechtfertigte" Kündigung im Sinne von § 1 Abs. 2 KSchG auszusprechen, ist das Vorliegen eines personenbedingten Grundes. Hier liegt der Kündigungsgrund gerade nicht in einem steuerbaren, vorwerfbaren Verhalten, sondern in der **Person** des Arbeitnehmers. Dies kann etwa darin begründet sein, dass der Arbeitnehmer dauerhaft Schlechtleistungen erbringt. Wir erinnern uns an die Definition der Arbeitsleistung aus Nr. 1.1: Der Arbeitnehmer muss „tun, was er soll, und dies so gut, wie er kann". Doch Vorsicht: Beruhen diese mangelhaften Leistungen auf fehlender Motivation, so handelt es sich um einen (steuerbaren) verhaltensbedingten Kündigungsgrund.

Ist die Schlechtleistung dagegen in der Person des Arbeitnehmers begründet (z. B. fehlende IT-Kenntnisse, nachlassende Konzentrationsfähigkeit, krankheitsbedingte Arbeitsunfähigkeit), so kommt ein personenbezogener Kündigungsgrund in Betracht.

Wichtig: Auf ein Verschulden kommt es hier nicht an.

Hieraus wird deutlich, dass eine Abmahnung in Fällen der personenbedingten Kündigung keine Rolle spielt, weil z. B. eine Krankheit gerade „nicht steuerbares Verhalten" darstellt.

Bei personenbedingten Kündigungsgründen sind stets folgende **Prüfungsschritte** zu beachten:

Prüfungsschritte:
1. negative Gesundheitsprognose
2. erhebliche Beeinträchtigung der betrieblichen Interessen
3. umfassende Interessenabwägung

So liegt ein personenbezogener Grund für eine ordentliche Kündigung grundsätzlich vor, wenn der Arbeitnehmer im Kündigungszeitpunkt noch eine **Gefängnisstrafe** von mehr als zwei Jahren zu verbüßen hat.[329]

Häufigster Fall eines personenbedingten Kündigungsgrundes ist jedoch die krankheitsbedingte Arbeitsunfähigkeit des Arbeitnehmers, auf die im Folgenden näher eingegangen wird:

6.9.4.1 Krankheitsbedingte Kündigung

© Erich Westendarp/PIXELIO

Die häufigste Form der personenbedingten Kündigung ist die Kündigung wegen krankheitsbedingter Arbeitsunfähigkeit. Es geht hier nicht um Sanktionen für vergangene Fehlzeiten, sondern um die Realisierung des Prognoseprinzips.

Das Bundesarbeitsgericht hat hierzu die sog. „**Drei-Stufen-Theorie**" entwickelt, die entweder an häufige Kurzerkrankungen oder an länger dauernde Erkrankungen anknüpft:

1. Stufe:
Zunächst ist eine **negative Gesundheitsprognose** erforderlich.

Zum Zeitpunkt des Zugangs der Kündigung müssen objektive Tatsachen vorliegen, die die Besorgnis weiterer Erkrankungen im bisherigen Umfang rechtfertigen. Dabei entfalten Fehlzeiten aus der Vergangenheit eine Indizwirkung für die Zukunft, sofern die Krankheit nicht ausgeheilt ist.

[329] Vgl. BAG-Urteil vom 22.10.2015 – 2 AZR 381/14

Hier empfiehlt es sich, die verbindliche Aussage eines Amts- oder Betriebsarztes über voraussichtliche künftige Fehlzeiten einzuholen. Alternativ kann der Arbeitnehmer auch seinen Hausarzt oder die Krankenkasse von der Schweigepflicht entbinden.

2. Stufe:
Die vorhergesagten Fehlzeiten können eine krankheitsbedingte Kündigung nur dann rechtfertigen, wenn sie zu einer **erheblichen Beeinträchtigung** der betrieblichen Interessen führen.

Diese Beeinträchtigung ist Teil des Kündigungsgrundes. Sie kann dann vorliegen, wenn wiederholte kurzfristige Ausfallzeiten zu Betriebsablaufstörungen führen, die nicht durch mögliche und zumutbare Überbrückungsmaßnahmen vermieden werden können. Zum anderen können die betrieblichen Interessen dann beeinträchtigt sein, wenn die krankheitsbedingten Fehlzeiten des Arbeitnehmers zu erheblichen wirtschaftlichen Belastungen des Arbeitgebers führen. Davon ist auszugehen, wenn für die Zukunft mit immer neuen, außergewöhnlich hohen Entgeltfortzahlungskosten zu rechnen ist, die jährlich jeweils für einen Zeitraum von mehr als sechs Wochen aufzuwenden sind.

3. Stufe:
Schließlich ist eine **Interessenabwägung** vorzunehmen.

Dabei ist zu berücksichtigen, ob die Erkrankung auf betriebliche Ursachen zurückzuführen ist und ob bzw. wie lange das Arbeitsverhältnis bisher ungestört verlaufen ist; ferner sind das Lebensalter und der Familienstand sowie eine etwaige Schwerbehinderteneigenschaft des Arbeitnehmers zu berücksichtigen. Außerdem ist zu prüfen, welche weiteren Überbrückungsmaßnahmen dem Arbeitgeber zuzumuten sind. Hier kommt es natürlich auf den Einzelfall an. Ggf. kommt eine Umsetzung auf eine andere Stelle oder eine Versetzung in eine andere Dienstelle des Arbeitgebers in Betracht.

Im Falle einer beabsichtigten Kündigung wegen einer **Alkoholkrankheit** ist der Arbeitgeber verpflichtet, dem Arbeitnehmer zunächst die Durchführung einer (und wohl auch einer zweiten) Entziehungskur zu ermöglichen. Im Falle einer Weigerung des Arbeitnehmers, eine Entziehungskur durchzuführen, rechtfertigt dies wohl in den meisten Fällen eine Kündigung. Dringend zu empfehlen ist schließlich in jedem Fall die standardmäßige Durchführung des betrieblichen Eingliederungsmanagements (BEM), siehe unten.

Wenn Sie einen ausführlichen Fall zur krankheitsbedingten Kündigung lösen möchten, sei Ihnen der Fall 27 im Übungsteil empfohlen.

6.9.4.2 Betriebliches Eingliederungsmanagement (BEM)

§ 84 Abs. 2 SGB IX greift in Fällen, in denen ein Arbeitnehmer innerhalb eines Jahres[330] **länger als sechs Wochen** ununterbrochen oder wiederholt **arbeitsunfähig** ist.

---

[330] nicht: innerhalb eines Kalenderjahres

Obwohl diese Regelung im SGB IX verankert ist, gilt sie für **alle Arbeitnehmer**, also auch für nicht schwerbehinderte Menschen.

Das Gesetz verpflichtet den Arbeitgeber in den o. g. Krankheitsfällen, die Möglichkeiten zu klären, wie die Arbeitsunfähigkeit überwunden und der Arbeitsplatz erhalten werden kann. Er arbeitet dabei eng mit dem Personalrat und der Schwerbehindertenvertretung zusammen. Es empfiehlt sich, auch die Frauen- und Gleichstellungsbeauftragte sowie den Betriebsarzt[331] hinzuzuziehen. Größere Arbeitgeber haben inzwischen ein „BEM-Team" eingerichtet, welches sich auf die Behebung derartiger Probleme spezialisiert hat. Oftmals wurden auf diese Weise Arbeitsunfähigkeitszeiten verringert und Kündigungen vermieden.

Im Kündigungsschutzprozess vor dem Arbeitsgericht hat der Arbeitgeber darzulegen, ob er alle zumutbaren Maßnahmen zur Verhinderung einer krankheitsbedingten Kündigung unternommen hat. Dabei ist das Angebot eines BEM-Verfahrens zwar keine Wirksamkeitsvoraussetzung einer Kündigung; gleichwohl empfiehlt sich, ein solches Verfahren unbedingt **anzubieten**. Den Arbeitgeber trifft diesbezüglich die Initiativlast.

Um dieser Initiativlast nachzukommen, muss er den Arbeitnehmer
- auf die Ziele des BEM sowie
- die Art und den Umfang der dabei zu erhebenden Daten

hinweisen.

Dem Arbeitnehmer muss deutlich werden, dass es um die Grundlage seiner Weiterbeschäftigung geht und dazu ein ergebnisoffenes Verfahren durchgeführt werden soll, in das auch er Vorschläge einbringen kann.

Der Arbeitnehmer kann das BEM-Angebot auch **ablehnen**, ohne unmittelbare Nachteile befürchten zu müssen. Mittelbar droht ihm dann jedoch ggf. die Kündigung seines Arbeitsverhältnisses.

6.9.5 Betriebsbedingte Kündigung

Die dritte und letzte Möglichkeit des Arbeitgebers, eine „sozial gerechtfertigte" Kündigung im Sinne von § 1 Abs. 2 KSchG auszusprechen, ist das Vorliegen eines betriebsbedingten Grundes. Hier liegt der Kündigungsgrund weder im Verhalten noch in der Person des Arbeitnehmers. Notwendig sind vielmehr betriebliche Erfordernisse, die einer Weiterbeschäftigung in diesem Betrieb entgegenstehen.

Als Beispiele dienen die Schließung einer Krankenstation, eines Kindergartens oder eines Schwimmbades. Hier trifft der Arbeitgeber eine **unternehmerische Entscheidung,** bestimmte Dienstleistungen nicht mehr anbieten zu wollen. In der öffentlichen Verwaltung spielen dabei regelmäßig haushaltsrechtliche Zwänge eine große Rolle.

[331] Siehe BAG-Urteil vom 20.11.2014 – 2 AZR 755/13

Es sind folgende **Prüfungsschritte** zu beachten:

Prüfungsschritte:
1. dringende betriebliche Erfordernisse (z. B. Schließung einer Abteilung)
2. mögliche Weiterbeschäftigung
3. Sozialauswahl, § 1 Abs. 3 KSchG

Eine mögliche **Weiterbeschäftigung** kommt z. B. in Betracht, wenn der Arbeitnehmer auf eine andere Stelle umgesetzt[332] werden kann. Dies wäre eine mildere Alternative im Vergleich zur Kündigung.

Kommt eine solche Umsetzung nicht in Betracht, so hat eine **Sozialauswahl** stattzufinden, § 1 Abs. 3 KSchG.

Als Kriterien nennt das Gesetz:
- Dauer der Betriebszugehörigkeit,
- Lebensalter,
- Unterhaltspflichten und
- Schwerbehinderung.

Der **Sozialplan** entsteht nach Verhandlungen zwischen Arbeitgeber und Personalrat. Er hat die Wirkung einer Dienstvereinbarung, vgl. § 112 Abs. 1 BetrVG. Dabei werden den o. g. Kriterien Punktwerte zugeordnet.

Beispiel:
Die Stadt Wasserkirchen betreibt fünf Hallenbäder, in denen insgesamt zehn Bademeister beschäftigt sind. Aus finanziellen Gründen entscheidet man sich, das Schillerbad in einem Stadtteil zu schließen. Für die beiden im Schillerbad beschäftigten Bademeister, Herrn See und Herrn Pferdchen, bedeutet dies aber keineswegs die zwingende Kündigung. Vielmehr wird ein Sozialplan aufgestellt, wonach – einfach gesagt – die jungen, gesunden und ledigen Beschäftigten die schlechtesten Karten haben. Einbezogen in diesen Sozialplan werden alle vergleichbaren Beschäftigten, hier also alle zehn Bademeister der Stadt Wasserkirchen.

Stellt sich dabei heraus, dass zwei andere Bademeister (die Herren Grün und Schnabel, beide ledig und jung) weniger Punkte erhalten haben, so erhalten diese die betriebsbedingte Kündigung. Die Tatsache, dass deren Arbeitsplatz gar nicht von der Schließung betroffen ist, spielt dabei keine Rolle. Der Gesetzgeber geht davon aus, dass junge, gesunde Beschäftigte eher eine andere Stelle finden als z. B. ein älterer, schwerbehinderter Familienvater von drei Kindern. Für die Herren See und Pferdchen bedeutet dies, sie werden auf die freigekündigten Arbeitsplätze der Herren Grün und Schnabel umgesetzt.

Nähere Informationen entnehmen Sie bitte dem Gesetzestext des § 1 Abs. 3 KSchG.

[332] Zur Umsetzung siehe Nr. 5.13.5

§ 1a KSchG beinhaltet daneben eine gesetzliche Abfindungsregelung in Höhe eines halben Monatsentgelts pro Beschäftigungsjahr.

Abschließend erhalten Sie einen zusammenfassenden Überblick über die drei Kündigungsgründe des § 1 Abs. 2 KSchG:

Schaubild:

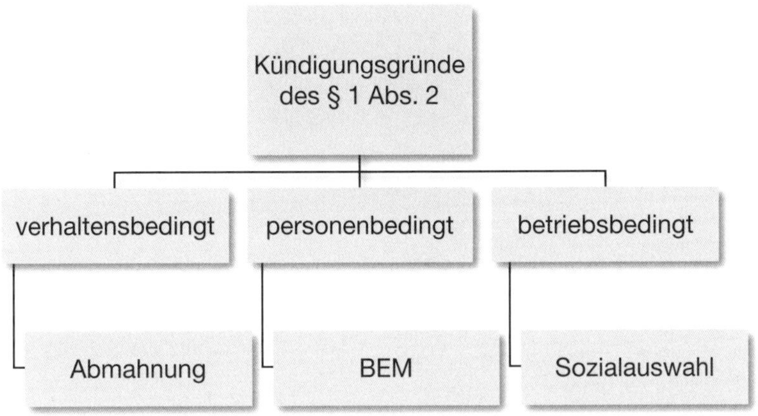

Eine betriebsbedingte Kündigung im Kindergarten erwartet Sie im Fall 28 im Übungsteil.

6.9.6 Änderungskündigung

Nachdem wir uns intensiv mit der ordentlichen Kündigung von Arbeitsverhältnissen beschäftigt haben, kommen wir nun zur Änderungskündigung. Diese ist in § 2 KSchG definiert. Einfach gesagt, ist dies eine Kündigung durch den Arbeitgeber, in der gleichzeitig ein neues Arbeitsverhältnis zu veränderten Konditionen angeboten bzw. abgeschlossen wird. Beispielsweise erfolgt die Kündigung der Tätigkeit „Personalsachbearbeiter", während gleichzeitig die Tätigkeit „Verwaltungsangestellter" vereinbart wird.

In der Privatwirtschaft erfolgen Änderungskündigungen nicht selten mit Bezug auf das Entgelt (z. B. Kündigung des Entgelts von 5.000 €, Angebot über 4.000 €). Auch ist denkbar, einen anderen Arbeitsort (Düsseldorf statt Magdeburg) zu vereinbaren.

Die Änderungskündigung ist eine „normale" Kündigung, gegen die Kündigungsschutzklage eingelegt werden kann.

Als Alternative kommt ein **Änderungsvertrag** in Betracht, für den es allerdings des Einverständnisses des Beschäftigten bedarf.

6.9.7 Außerordentliche Kündigung

Damit wären wir bei der dritten und letzten Kündigungsart im Arbeitsrecht:
Die **außerordentliche Kündigung** ist in § 626 BGB geregelt. Sie erfolgt in der Regel **fristlos**. Denkbar ist aber auch, eine außerordentliche Kündigung unter Gewährung einer „sozialen Auslauffrist“ zu erklären.

§ 626 BGB verlangt auf Tatbestandsseite einen **wichtigen Grund** (unbestimmter Rechtsbegriff). Ein solcher wichtiger Grund liegt vor, wenn dem Kündigenden unter Berücksichtigung aller Umstände des Einzelfalls und unter Abwägung der Interessen beider Vertragspartner die Fortsetzung des Arbeitsverhältnisses bis zum Ablauf der Kündigungsfrist nicht zumutbar ist. Die Kündigungsfristen haben wir bereits unter Nr. 6.9.1.8 kennengelernt.

Ausnahmsweise kann auch der Arbeitnehmer außerordentlich kündigen, z. B. bei wiederholtem Ausbleiben der vereinbarten Entgeltzahlung. Dies soll hier aber nicht näher erörtert werden.

Denn meistens ist es der Arbeitgeber, der eine außerordentliche Kündigung ausspricht. Als „wichtiger Grund“ kommen insbesondere schwere Verstöße gegen die arbeitsvertraglichen Pflichten in Frage, z. B. Diebstahl.

Im Rahmen der Abwägung der gegenseitigen Interessen ist zu berücksichtigen, dass der Arbeitgeber regelmäßig ein Interesse an der baldmöglichen Beendigung des Arbeitsverhältnisses hat, während der Arbeitnehmer seinen Arbeitsplatz naturgemäß behalten möchte.

Dabei sind auch

- die Dauer der Betriebszugehörigkeit,
- die ordentliche Kündigungsfrist,
- die Art und Schwere der Verfehlung,
- der Verschuldungsgrad,
- die Wiederholungsgefahr,
- das Lebensalter des Arbeitnehmers,
- die Betriebsgröße und
- die Folgen einer Auflösung des Arbeitsverhältnisses

zu beachten. Es ist also oftmals gar nicht klar, ob ein wichtiger Grund zur außerordentlichen (fristlosen) Kündigung oder (nur) ein Kündigungsgrund für eine ordentliche Kündigung vorliegt.

Deshalb wird in der Praxis nicht selten „außerordentlich, hilfsweise ordentlich“ gekündigt in der Hoffnung, dass zumindest eine der beiden Kündigungen erfolgreich sein wird. In diesen Fällen ist der Personalrat zweimal zu beteiligen, siehe Nr. 6.9.10.

Das Gesetz beinhaltet bei der außerordentlichen Kündigung eine Ausschlussfrist von **zwei Wochen**. Die Frist beginnt ab vollständiger Kenntnis der kündigungsberechtigten Person

(z. B. Dienststellenleiter) über den Sachverhalt. Während der Ermittlung des Sachverhalts (z. B. durch die Personalabteilung) läuft diese Frist somit noch nicht.

Beispiel:
Verdacht am 28.10., vollständige Kenntnis am 01.11.

➔ Fristbeginn am 02.11., § 187 Abs. 1 BGB
➔ Fristende mit Ablauf des 15.11., § 188 Abs. 2 BGB
➔ Beachte aber § 193 BGB (Fristverlängerung, wenn das Ende der Frist auf Wochenende oder gesetzlichen Feiertag fällt)
➔ Innerhalb dieser Zweiwochenfrist muss die Kündigung dem Arbeitnehmer **zugegangen** sein; auch hier reicht das Verlassen des Machtbereichs des Erklärenden nicht aus.

6.9.8 Besonderer Kündigungsschutz

Nachdem wir den allgemeinen Kündigungsschutz des Kündigungsschutzgesetzes kennengelernt haben[333], widmen wir uns nun dem besonderen Kündigungsschutz. Dieser ist in zahlreichen **Spezialgesetzen** geregelt und tritt zu dem allgemeinen Kündigungsschutz hinzu. Er schützt jeweils einen besonders schützenswert erscheinenden Personenkreis. Nachfolgend sind die wohl wichtigsten Regelungen aufgeführt:[334]

6.9.8.1 Schwerbehinderte Menschen

Gemäß § 85 SGB IX bedarf die Kündigung eines schwerbehinderten Menschen durch den Arbeitgeber der vorherigen Zustimmung des Integrationsamtes. Welche Behörde die Aufgaben des Integrationsamtes wahrnimmt, ist landesrechtlich geregelt. In Hessen nimmt diese Aufgaben der Landeswohlfahrtsverband Hessen wahr.

Zu dem geschützten **Personenkreis** gehören neben schwerbehinderten Menschen (ab GdB 50, vgl. § 2 Abs. 2 SGB IX) auch die sog. **Gleichgestellten** (ab GdB 30, vgl. § 2 Abs. 3 SGB IX). Dies ergibt sich aus § 68 Abs. 3 SGB IX (bitte lesen!).

Inhaltlich handelt es sich hier nicht um ein absolutes Kündigungsverbot im eigentlichen Sinne. Vielmehr knüpft das Gesetz die Kündigung an eine behördliche Erlaubnis. Diese Erlaubnis stellt einen **Verwaltungsakt** dar, gegen den die Beteiligten Widerspruch einlegen können.[335] Wir befinden uns hier also – obwohl es inhaltlich um eine Kündigung im (privatrechtlichen) Arbeitsrecht geht – mitten in einem Verwaltungsverfahren. Im Falle einer Zustimmung durch das Integrationsamt darf nun die arbeitsrechtliche Kündigung innerhalb eines Monats nach Zustellung der Entscheidung ausgesprochen werden.

Zu beachten ist die besondere **Kündigungsfrist** des § 87 SGB IX in Höhe von mindestens vier Wochen. Diese Frist steht neben der tariflichen Kündigungsfrist.

---

333 Siehe Nummern 6.9.2 bis 6.9.5
334 Die Aufzählung ist nicht abschließend
335 Ein solcher Widerspruch hat allerdings keine aufschiebende Wirkung, § 88 Abs. 4 SGB IX

Das **Antragsverfahren** ist in § 87 SGB IX geregelt. Sodann entscheidet das Integrationsamt nach den Vorgaben des § 88 SGB IX. Es wird maßgebend darauf ankommen, ob die Kündigung aus einem Grund erfolgt, der mit der Behinderung zusammenhängt (dann wohl Ablehnung der Zustimmung) oder ob sie aus einem anderen Grund (z. B. Arbeitszeitbetrug) erfolgen soll (dann wohl Zustimmung der Behörde).

Bei **außerordentlichen** Kündigungen gelten die Sondervorschriften des § 91 SGB IX.

Zu beachten ist noch, dass dieser besondere Kündigungsschutz nicht während der ersten sechs Beschäftigungsmonate greift, § 90 Abs. 1 Satz 1 SGB IX. Diese Frist geht einher mit der gesetzlichen Wartezeit des § 1 Abs. 1 KSchG.

Doch wie ist die Rechtslage, wenn die Schwerbehinderteneigenschaft zum Zeitpunkt des Zugangs der Kündigung dem Arbeitgeber nicht mitgeteilt wurde?

➔ Eine dem § 17 MuSchG vergleichbare Regelung[336] enthält § 85 SGB IX nicht. Vielmehr gilt, dass das **offensichtliche** Vorliegen einer Schwerbehinderung grundsätzlich ausreicht, um diesen Sonderkündigungsschutz gelten zu lassen. Die amtliche Feststellung des Grades der Behinderung hat nämlich nur deklaratorischen Charakter, § 69 SGB IX. Ist die Schwerbehinderung also „offensichtlich" (etwa im Falle eines Rollstuhlfahrers), so greift der Sonderkündigungsschutz in jedem Fall. Anderenfalls, also bei nicht offensichtlicher Schwerbehinderung (z. B. im Falle einer chronischen Darmerkrankung) muss der Arbeitnehmer die Anerkennung der Schwerbehinderteneigenschaft mindestens **drei Wochen** vor dem Zugang der Kündigung bei der Behörde beantragt haben (vgl. § 90 Abs. 2a SGB IX). Zusätzlich muss dem Arbeitgeber die Antragstellung zu diesem Zeitpunkt bekannt gewesen oder ihm kurz danach mitgeteilt worden sein.

6.9.8.2 Schwangere, Mütter

Völlig anders aufgebaut als der besondere Kündigungsschutz für schwerbehinderte Menschen ist der Kündigungsschutz des § 17 MuSchG. Dieser gilt für in einem **Arbeitsverhältnis** stehende Frauen.[337] Hier ist zunächst keine Zustimmung durch eine Behörde normiert. Vielmehr besteht ein **absolutes Verbot** jedweder Kündigung[338]

- während der Schwangerschaft,
- bis zum Ablauf von vier Monaten nach der Entbindung und
- bis zum Ablauf von vier Monaten nach einer Fehlgeburt nach der zwölften Schwangerschaftswoche.

Verboten sind damit sowohl die ordentliche als auch die außerordentliche und die Änderungskündigung.

Bei Freigabe des Kindes zur Adoption endet der Kündigungsschutz.

---

336 Siehe unten Nr. 6.9.8.2
337 Erfasst sind u. a. auch weibliche Auszubildende
338 Zu den (seltenen) Ausnahmen siehe unten

Wie ist die Rechtslage, wenn dem Arbeitgeber zum Zeitpunkt des Ausspruchs der Kündigung die Schwangerschaft **nicht bekannt** ist? Schließlich besteht ja nur eine Obliegenheit, also keine zwingende Verpflichtung zur Offenbarung der Schwangerschaft (siehe § 15 Abs. 1 Satz 1 MuSchG).[339]

➔ In diesen Fällen darf der Arbeitgeber das Arbeitsverhältnis kündigen, denn die Schwangerschaft war ihm ja gerade nicht „bekannt".

➔ Ab Zugang einer solchen Kündigung kann die Arbeitnehmerin ihren Zustand jedoch innerhalb von **zwei Wochen** dem Arbeitgeber mitteilen. Tut sie dies, so ist die Kündigung unwirksam.

Dagegen löst eine erst während der Kündigungsfrist **einsetzende** Schwangerschaft das Kündigungsverbot nicht aus.

Bei Überschreiten der Zweiwochenfrist siehe § 17 Abs. 1 Satz 2 MuSchG.

Eine verbotswidrig erklärte Kündigung ist nichtig (§ 134 BGB). Das Arbeitsverhältnis und damit der Entgeltanspruch der Arbeitnehmerin bestehen fort. Voraussetzung hierfür ist jedoch, dass die Arbeitnehmerin rechtzeitig Kündigungsschutzklage vor dem zuständigen Arbeitsgericht erhebt, vgl. Nr. 6.9.9.

Eine **Wartezeit** ist im Mutterschutzgesetz übrigens nicht normiert. Daraus folgt, dass dieser besondere Kündigungsschutz – im Gegensatz zum Kündigungsschutzgesetz und § 85 SGB IX – bereits ab Beginn des Arbeitsverhältnisses greift.

In diesem Zusammenhang wird noch einmal daran erinnert, dass im Vorstellungsgespräch nicht nach dem Bestehen einer Schwangerschaft gefragt werden darf. Tut der Arbeitgeber dies trotzdem, so darf die Bewerberin lügen, vgl. Nr. 3.3. Wird anschließend ein Arbeitsverhältnis abgeschlossen, so gilt der besondere Kündigungsschutz des § 17 MuSchG ab dem ersten Tag. Hieran sieht man, wie stark dieser Kündigungsschutz ausgestaltet ist.

Nun ist es aber nicht so, dass es sich um ein Kündigungsverbot ohne Ausnahme handeln würde. § 17 Abs. 2 MuSchG bestimmt, dass die zuständige oberste Landesbehörde oder die von ihr bestimmte Stelle[340] in **besonderen Fällen** eine Kündigung ausnahmsweise für zulässig erklären kann.

So wurden z. B. in Hessen die „Richtlinien für die Zulässigkeitserklärung von Kündigungen nach § 9 Abs. 3 Satz 1 Mutterschutzgesetz" des Hessischen Ministers für Arbeit, Umwelt und Soziales vom 04.03.1985 veröffentlicht.[341] Diese sind zwar inzwischen durch Zeitablauf außer Kraft getreten, können aber weiterhin zur Orientierung herangezogen werden.

[339] Vgl. auch Nr. 7.2
[340] Dies sind in Hessen die Regierungspräsidien Kassel, Gießen und Darmstadt
[341] Staatsanzeiger für das Land Hessen 13/1985 S. 630

Danach kann eine Ausnahme insbesondere in Fällen der Schließung des Betriebes, nachweisbarer strafbarer Handlung der Arbeitnehmerin im Betrieb sowie bei besonders schwerem und beharrlichem Fehlverhalten der Arbeitnehmerin vorliegen.

Nach § 17 Abs. 2 Satz 2 MuSchG ist – ausnahmsweise – der **Kündigungsgrund** im Kündigungsschreiben anzugeben.

Wichtig ist, dass es sich bei § 17 MuSchG um einen Schutz vor Kündigungen handelt. Daraus folgt, dass ein **befristetes** Arbeitsverhältnis auch bei Vorliegen einer Schwangerschaft enden kann (Schutz vor Kündigung, nicht vor sonstiger Beendigung des Arbeitsverhältnisses).[342]

Wurde jedoch eine Zusicherung über die Verlängerung des Arbeitsvertrages ausgesprochen, die dann wegen der eingetretenen Schwangerschaft nicht eingehalten wird, so liegt eine **Diskriminierung** wegen des Geschlechts vor.[343]

Eigenkündigung

Eine dem bisherigen § 10 Abs. 2 MuSchG vergleichbare Regelung (Sonderbestimmung für den Fall, dass die Beschäftigte das Arbeitsverhältnis kündigt und innerhalb eines Jahres erneut eingestellt wird) enthält das neue Gesetz nicht. Hintergrund hierfür ist, dass die meisten Frauen ihr Arbeitsverhältnis nach der Geburt eines Kindes gerade nicht beenden, sondern zumeist Elternzeit beanspruchen.

6.9.8.3 während Elternzeit

Arbeitnehmer haben unter den Voraussetzungen des § 15 BEEG Anspruch auf Gewährung von Elternzeit. Nähere Informationen hierzu erhalten Sie in Nr. 7.3.

Für diesen Personenkreis beinhaltet § 18 BEEG einen besonderen Kündigungsschutz.

Dieser ist ähnlich dem mutterschutzrechtlichen Kündigungsschutz aufgebaut und gilt grundsätzlich

- ab Verlangen der Elternzeit sowie
- während der Elternzeit.

Dieser Sonderkündigungsschutz **beginnt**:

- bei Elternzeit bis zur Vollendung des dritten Lebensjahres des Kindes **acht Wochen** vor Beginn der Elternzeit und
- bei Elternzeit ab dem dritten Geburtstag des Kindes **vierzehn Wochen** vor Beginn der Elternzeit.

Wird z. B. eine einjährige Elternzeit für das erste Lebensjahr des Kindes neun Wochen vor ihrem Beginn verlangt, so besteht dieser Kündigungsschutz noch nicht. Er würde

342 BAG-Urteil vom 23.10.1991 – 7 AZR 56/91

343 Urteil des EuGH vom 04.10.2001 – C 438/99

dann erst nach Ablauf einer weiteren Woche (9 Wochen minus 8 Wochen) einsetzen. Dem Arbeitgeber stünde in diesem Fall genau diese eine Woche zur Verfügung, um das Arbeitsverhältnis – bei Erfüllung der sonstigen Voraussetzungen – wirksam zu kündigen. Zu beachten ist aber, dass in derartigen Fällen oftmals noch der viermonatige Sonderkündigungsschutz des § 17 MuSchG (siehe oben) zusteht.

Voraussetzung für das Vorliegen dieses Sonderkündigungsschutzes ist, dass zum Zeitpunkt des Zugangs der Kündigung sämtliche **Anspruchsvoraussetzungen** für die Elternzeit gemäß §§ 15 und 16 BEEG vorliegen.[344]

Ähnlich wie bei dem oben erläuterten Sonderkündigungsschutz des § 17 MuSchG besteht auch hier die Möglichkeit, in begrenzten Ausnahmefällen eine **Zulässigkeitserklärung** durch eine Behörde zu erhalten. Die Voraussetzungen hierfür sind vergleichbar mit denen des § 17 MuSchG (insbesondere die Stilllegung von Betrieben). Hierzu wird auf die „Allgemeine **Verwaltungsvorschrift** zum Kündigungsschutz bei Elternzeit" des Bundesministeriums für Familie, Senioren, Frauen und Jugend vom 03.01.2007 verwiesen.[345]

Spricht der Arbeitgeber in einem solchen Ausnahmefall eine Kündigung aus, können Beschäftigte nur innerhalb von **drei Wochen** eine Kündigungsschutzklage erheben. Der Lauf dieser Frist beginnt mit Zugang der schriftlichen Kündigung. Dies aber nur unter der Voraussetzung, dass die Kündigung von der zuständigen Behörde für zulässig erklärt und diese Zulässigkeitserklärung auch dem Beschäftigten bekanntgegeben wurde, vgl. § 4 Abs. 4 KSchG. Wird dem Beschäftigten erst nach Zugang der rechtmäßigen Kündigung die Zulässigkeitserklärung bekanntgegeben, beginnt der Lauf der Dreiwochenfrist erst mit dieser Bekanntgabe. Unterbleibt die Klageerhebung, gilt die Kündigung als rechtswirksam.

Eine gegenüber dem Beschäftigten verbotswidrig ohne vorherige Bekanntgabe der Zulässigkeitserklärung der zuständigen Behörde ausgesprochene Kündigung setzt den Lauf der Dreiwochenfrist wegen § 4 Abs. 4 KSchG hingegen nicht in Gang. Der Beschäftigte kann dann ohne die Begrenzung der Dreiwochenfrist das Fehlen der Zulässigkeitserklärung – bis zur Grenze der Verwirkung – jederzeit geltend machen.[346]

Gemäß § 18 Abs. 2 BEEG gilt der Kündigungsschutz des § 18 Abs. 1 BEEG entsprechend, wenn Beschäftigte

- während der Elternzeit bei demselben Arbeitgeber **Teilzeitarbeit** von bis zu 30 Wochenstunden leisten oder
- ohne Elternzeit in Anspruch zu nehmen, Teilzeitarbeit leisten und Anspruch auf Elterngeld haben.

---

344 BAG-Urteil vom 12.05.2011 – 2 AZR 384/10
345 Siehe Bundesanzeiger vom 03.01.2007 Seite 247
346 BAG-Urteil vom 03.07.2003 – 2 AZR 487/02

Eigenkündigung
Gemäß § 19 BEEG kann der Arbeitnehmer das Arbeitsverhältnis zum Ende der Elternzeit nur mit einer Kündigungsfrist von drei Monaten kündigen. Diese besondere gesetzliche Kündigungsfrist geht der tariflichen Kündigungsfrist vor.

Kündigt der Arbeitnehmer das Arbeitsverhältnis dagegen zu irgendeinem anderen Zeitpunkt, so gelten die tariflichen Kündigungsfristen.[347]

6.9.8.4 Personalratsmitglieder und JAV-Mitglieder

Die Tätigkeit als Mitglied des Personalrates bzw. als Jugend- und Auszubildendenvertreter ist nicht immer frei von Konflikten mit dem Arbeitgeber. Deshalb genießt auch dieser Personenkreis einen Sonderkündigungsschutz. Dieser ist aufgegliedert:

- § 15 Abs. 2 KSchG schützt vor **ordentlicher Kündigung**. Dieser Sonderkündigungsschutz endet ein Jahr nach Beendigung der Amtszeit. Für Mitglieder der Wahlvorstände und für Wahlbewerber gilt § 15 Abs. 3 KSchG.
- § 66 Abs. 1 Satz 1 HPVG schützt diesen Personenkreis in gewissem Maße vor **außerordentlicher Kündigung**. Danach bedarf eine solche außerordentliche Kündigung der Zustimmung des Personalrates. Der betroffene Arbeitnehmer darf an der Sitzung des Personalrates nicht teilnehmen, § 34 Abs. 3 HPVG. § 66 Abs. 1 Satz 2 HPVG regelt für den Fall der Ablehnung der Maßnahme durch den Personalrat das sog. Zustimmungsersetzungsverfahren vor dem Verwaltungsgericht.

Für privatrechtlich geführte Betriebe gilt § 15 Abs. 1 KSchG i. V. m. § 103 BetrVG.

6.9.8.5 Schwerbehindertenvertretung

Gemäß § 96 Abs. 3 SGB IX genießen Vertrauenspersonen (Mitglieder der Schwerbehindertenvertretung) „den gleichen Kündigungsschutz … wie ein Mitglied des Personalrates“. Insoweit wird auf Nr. 6.9.8.4 verwiesen.

[347] Siehe Nr. 6.9.1.8

6.9.8.6 während Pflegezeit

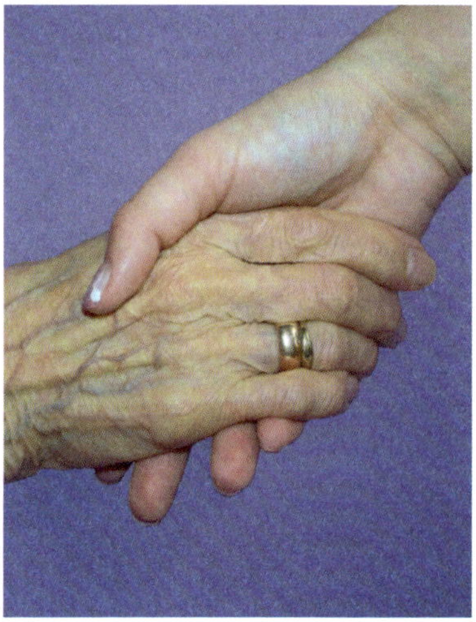

© Rike/PIXELIO

Ein weiterer Sonderkündigungsschutz mit zunehmender Bedeutung ist in § 5 Pflegezeitgesetz verankert. Danach darf der Arbeitgeber das Beschäftigungsverhältnis von der Ankündigung, höchstens jedoch **zwölf Wochen** vor dem angekündigten Beginn, bis zur Beendigung der kurzzeitigen Arbeitsverhinderung nach § 2 oder der Pflegezeit nach § 3 nicht kündigen. Eine Unterscheidung zwischen ordentlichen und außerordentlichen Kündigungen wird hier nicht getroffen.

In besonderen Fällen kann auch hier eine Kündigung von der für den Arbeitsschutz zuständigen obersten Landesbehörde oder der von ihr bestimmten Stelle ausnahmsweise für zulässig erklärt werden.

6.9.8.7 während Familienpflegezeit

Im Bereich der Vereinbarkeit von Beruf und Familie war der Bundesgesetzgeber in den vergangenen Jahren besonders eifrig. Neben dem Pflegezeitgesetz, welches weiterhin Bestand hat, wurde das Familienpflegezeitgesetz (FamPfZG) beschlossen und verkündet.

Gemäß § 2 Abs. 3 Familienpflegezeitgesetz gilt § 5 Pflegezeitgesetz entsprechend, so dass der unter Nr. 6.9.8.6 beschriebene Sonderkündigungsschutz auch von der Ankündigung, höchstens jedoch **zwölf Wochen** vor dem angekündigten Beginn einer Familienpflegezeit greift.

Nähere Informationen zur Familienpflegezeit entnehmen Sie bitte Nr. 7.5.

6.9.8.8 ehrenamtliche Arbeits- und Sozialrichter

§ 26 ArbGG enthält ein Benachteiligungsverbot ehrenamtlicher Richter. Diese dürfen wegen Übernahme oder Ausübung dieses Ehrenamtes nicht benachteiligt (also z. B. gekündigt, versetzt oder herabgruppiert) werden.

Hieraus ergibt sich nach Auffassung des Verfassers aber kein Anspruch auf Entgeltzahlung während der Ausübung dieses Ehrenamtes. Bei gleitender Arbeitszeit wird vielmehr auf die Ausführungen unter Nr. 5.10.2 (Arbeitsbefreiung) verwiesen.

6.9.8.9 Wehrdienst, Reservedienstleistung

In Deutschland wurde die Wehrpflicht bekanntlich mit Wirkung vom 01.07.2011 ausgesetzt. Seither gilt der freiwillige Wehrdienst. Arbeitnehmer, die einen solchen freiwilligen Wehrdienst leisten, genießen mit der Zustellung der „Dienstantrittsaufforderung“[348] bis zum Ende des Wehrdienstes einen besonderen Schutz vor **ordentlicher** Kündigung. Entsprechendes gilt bei **Reservedienstleistung**.

[348] Früher: Einberufungsbescheid

Das Recht zur außerordentlichen Kündigung bleibt unberührt; jedoch stellt der „Dienstantritt“ keinen wichtigen Kündigungsgrund dar.

6.9.8.10 Auszubildende nach der Probezeit
Die Kündigungsmöglichkeiten eines Berufsausbildungsverhältnisses ergeben sich aus § 22 BBiG. Nach § 22 Abs. 2 BBiG besteht ein Verbot ordentlicher Kündigungen durch den Ausbildenden außerhalb der Probezeit.

Der Auszubildende selbst dagegen darf jederzeit kündigen. Hier gilt es also, in der dreimonatigen Probezeit (§ 20 BBiG, § 3 TVAöD-BBiG) genau zu prüfen, ob der Auszubildende geeignet erscheint, das Ausbildungsziel erreichen zu können.

6.9.8.11 nach Betriebsübergang
Der Betriebsübergang wurde bereits eingehend unter Nr. 5.13.6 beschrieben. § 613a BGB enthält ein Kündigungsverbot durch den Arbeitgeber „wegen“ des Übergangs eines Betriebs. Unberührt bleiben Kündigungen aus anderen Gründen.

6.9.8.12 Frauen- und Gleichstellungsbeauftragte
Ob es Frauenbeauftragte, Gleichberechtigungs- oder Gleichstellungsbeauftragte gibt, ist abhängig von dem jeweiligen Landesrecht. In **Hessen** regelt das zum 01.01.2016 in Kraft getretene (neue) Hessische Gleichberechtigungsgesetz, dass Frauen- und Gleichstellungsbeauftragte einen Sonderkündigungsschutz genießen, § 21 Abs. 4 Satz 5 HGlG. Danach bedarf eine ordentliche Kündigung gegenüber einer Frauen- und Gleichstellungsbeauftragten oder ihrer Stellvertreterin insbesondere der Zustimmung des zuständigen Gemeindevorstands, Kreisausschusses usw., vgl. § 19 Abs. 3 HGlG.

6.9.8.13 Gemeindevertreter
Abschließend machen wir einen kurzen Abstecher in das Kommunalverfassungsrecht. In Hessen beinhaltet § 35a Abs. 2 Satz 1 HGO einen Sonderkündigungsschutz für Gemeindevertreter. Dieser schützt vor ordentlicher Kündigung außerhalb der Probezeit. Dieser Sonderkündigungsschutz gilt gemäß § 86 Abs. 6 Satz 2 HGO auch für Ausländerbeiräte.

Nach § 35a Abs. 1 Satz 4 HGO gilt dies jedoch nur für „außerhalb des öffentlichen Dienstes beschäftigte“ Personen.

§ 28a HKO enthält entsprechende Regelungen auf der Ebene der Landkreise.

Nachstehend werden alle in diesem Buch aufgeführten Personenkreise mit spezialgesetzlichem Sonderkündigungsschutz auf einen Blick zusammengefasst.

<u>Schaubild</u>: Sonderkündigungsschutz

- Schwerbehinderte Menschen
- Schwangere, Mütter
- während Elternzeit
- Personalratsmitglieder und JAV-Mitglieder
- Schwerbehindertenvertretung
- während Pflegezeit
- während Familienpflegezeit
- ehrenamtliche Arbeits- und Sozialrichter
- Wehrdienst, Reservedienstleistung
- Auszubildende nach der Probezeit
- nach Betriebsübergang
- Frauen- und Gleichstellungsbeauftragte
- Gemeindevertreter

Damit wollen wir den Bereich des Sonderkündigungsschutzes verlassen. Widmen wir uns nun dem kündigungsschutzrechtlichen Verfahren:

6.9.9 Das Kündigungsschutzverfahren

Wie reagieren Sie, wenn Sie eine Kündigung Ihres Arbeitsverhältnisses erhalten?
- Sie sind überrascht?
- Sie sind enttäuscht?
- Sie glauben, dass kein verhaltens-, personen- oder betriebsbedingter Grund vorliegt?
- Sie genießen sogar Sonderkündigungsschutz?

Egal! Entscheidend ist, dass Sie innerhalb von **drei Wochen** nach Zugang der Kündigung Klage beim Arbeitsgericht einlegen, § 4 Satz 1 KSchG. Solche Kündigungsschutzklagen werden von den Arbeitsgerichten relativ zeitnah bearbeitet.

Wird diese Dreiwochenfrist versäumt, so ist die Kündigung **wirksam**!

Dies gilt auch, wenn z. B.
- der Arbeitgeber eigentlich über keinen verhaltens-, personen- oder betriebsbedingten Kündigungsgrund verfügt oder
- ein Sonderkündigungsschutz vorliegt, weil z. B. einem Mitglied des Personalrates gekündigt wird. Zwar wäre eine solche Kündigung nach § 66 Abs. 2 HPVG nichtig; dies aber nur, wenn der Arbeitnehmer innerhalb von drei Wochen nach Zugang Kündigungsschutzklage erhebt.

Wird dagegen die **Schriftform** des § 623 BGB nicht eingehalten, so beginnt die Dreiwochenfrist des 4 KSchG nicht zu laufen („drei Wochen nach Zugang der schriftlichen Kündigung“).

In Fällen, in denen die Kündigung der **Zustimmung einer Behörde** bedarf, läuft die Dreiwochenfrist erst ab der Bekanntgabe der behördlichen Entscheidung an den Arbeitnehmer, § 4 Satz 4 KSchG.

Im Übrigen richtet sich das Verfahren vor dem Arbeitsgericht nach dem ArbGG. Danach gilt ein **dreistufiger Aufbau** der Arbeitsgerichtsbarkeit:

Arbeitsgericht → Landesarbeitsgericht → Bundesarbeitsgericht

Zu unterscheiden sind
- das **Urteilsverfahren** (Beibringungsgrundsatz, §§ 46 ff. ArbGG) und
- das **Beschlussverfahren** (Untersuchungsgrundsatz, §§ 80 ff. ArbGG).

Gegen Entscheidungen der Arbeitsgerichte findet im Urteilsverfahren die Berufung, im Beschlussverfahren die Beschwerde an das Landesarbeitsgericht statt. In eng begrenzten

Fällen erfolgen die Revision bzw. Rechtsbeschwerde an das in Erfurt ansässige Bundesarbeitsgericht.

6.9.10 Beteiligungsrechte

Die Beteiligungsrechte des Personalrates sind in den einzelnen Landespersonalvertretungsgesetzen geregelt. In Hessen gilt das HPVG.

Nach § 77 Abs. 1 Nr. 2 Buchstabe i HPVG bedarf eine **ordentliche** Kündigung außerhalb der Probezeit der Mitbestimmung des Personalrates. Mitbestimmung erfordert nach § 69 Abs. 1 HPVG eine vorherige Zustimmung des Personalrates.

Vor **außerordentlichen** Kündigungen sowie ordentlichen Kündigungen während der Probezeit besteht nach § 78 Abs. 2 HPVG ein Anhörungsrecht des Personalrates. Der Dienststellenleiter hat in diesen Fällen die beabsichtigte Maßnahme zu begründen.

Gemäß § 66 Abs. 2 HPVG ist eine durch den Arbeitgeber ausgesprochene Kündigung unwirksam, wenn die Personalvertretung **nicht beteiligt** worden ist. Dabei ist „Beteiligung" der Oberbegriff von Zustimmung und Anhörung. Es spielt also keine Rolle, ob gegen das Mitbestimmungsrecht nach § 77 Abs. 1 Nr. 2 Buchstabe i oder gegen das Anhörungsrecht nach § 78 Abs. 2 HPVG verstoßen wurde. In beiden Fällen spricht das Gesetz von Unwirksamkeit der Kündigung. Dies gilt allerdings nur, wenn der Arbeitnehmer innerhalb der oben beschriebenen Dreiwochenfrist Kündigungsschutzklage beim Arbeitsgericht eingelegt hat, § 4 Satz 1 KSchG.

Alles klar zum Thema „Kündigung"?

Gut, dann betrachten wir nun eine wichtige Folge der Beendigung eines Arbeitsverhältnisses: Es geht um den Anspruch des Beschäftigten auf ein Arbeitszeugnis.

6.9.11 Arbeitszeugnis

§ 109 Abs. 1 Satz 1 GewO gibt dem Arbeitnehmer bei Beendigung des Arbeitsverhältnisses einen Anspruch auf ein (einfaches) Zeugnis. Nach Satz 3 dieser Vorschrift kann der Arbeitnehmer ein **qualifiziertes** Zeugnis verlangen.

Dabei sind die folgenden **Zeugnisgrundsätze** zu beachten:

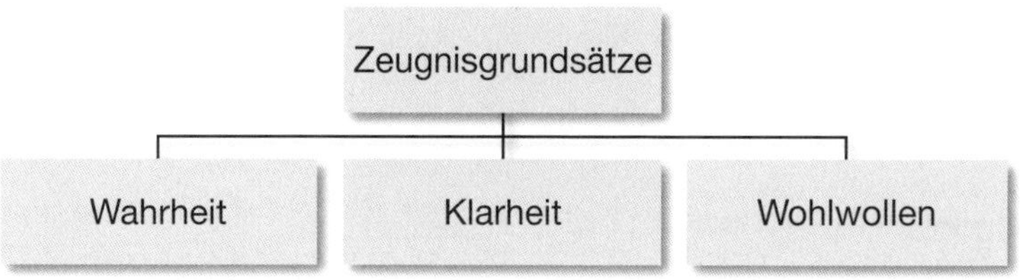

§ 35 TVöD Abs. 1 TVöD beinhaltet ebenfalls einen Anspruch auf ein qualifiziertes Endzeugnis.

Nach § 35 Abs. 2 TVöD kann der Beschäftigte auch während des Arbeitsverhältnisses ein **Zwischenzeugnis** verlangen, wenn er hierfür triftige Gründe hat. In der Praxis wird dies zumindest immer dann gegeben sein, wenn

- ein Vorgesetztenwechsel ansteht,
- ein Betriebsübergang[349] ansteht oder
- der Arbeitnehmer sich auf eine andere Stelle bewerben möchte.

Zu beachten ist, dass sich im Laufe der Zeit eine eigene **„Zeugnissprache“** herausgebildet hat. Dies liegt auch darin begründet, dass ein Arbeitszeugnis nicht nur wahr und klar, sondern auch **wohlwollend** formuliert werden muss. So bedeutet z. B. die Formulierung „Er hat sich im Rahmen seiner Fähigkeiten eingesetzt“ so viel wie „Er zeigte eine äußerst schwache Leistung“. Die Formulierung „Er hat sich stets bemüht“ bedeutet im Ergebnis die Note „ungenügend“.

Weitere Beispiele:	Schulnote
Zu unserer vollen Zufriedenheit	3
Stets zu unserer vollen Zufriedenheit	2
Stets zu unserer **vollsten** Zufriedenheit	1

Bei der Beurteilung von Leistungen steht dem Arbeitgeber natürlich ein gewisser **Beurteilungsspielraum** zu. Doch wer muss hier was beweisen? Nach der Rechtsprechung des BAG kommt es für die Verteilung der Darlegungs- und Beweislast nicht auf die in der Verwaltung am häufigsten vergebene Note an. Vielmehr geht man grundsätzlich von der mittleren Note 3 aus. Möchte der Bewerber ein besseres als befriedigendes Zeugnis, so muss er darlegen und notfalls beweisen, dass seine Leistungen gut oder besser waren. Anderenfalls muss der Arbeitgeber darlegen und beweisen, dass die Leistungen nur ausreichend oder gar schlechter waren.[350]

Ein Anspruch auf eine (in der Praxis durchaus übliche) **Dankesformel** besteht nicht.[351]

---

349 Siehe Nr. 5.13.6

350 Vgl. BAG-Urteil vom 18.11.2014 – 9 AZR 584/13

351 BAG-Urteil vom 11.12.2012 – 9 AZR 227/11

Musterzeugnis:

Zeugnis

Herr Joachim Gerlach, geb. 08.08.1988, war in der Zeit vom 01.02.2010 bis 31.12.2016 als Tarifbeschäftigter bei der Stadt Notenberg tätig. Er wurde als Personalsachbearbeiter im Fachdienst Personal eingesetzt.

Herr Gerlach wurde mit im Wesentlichen folgenden Aufgaben betraut:
- Personalsachbearbeitung für Beamte, Tarifbeschäftigte und Auszubildende der Stadt Notenhausen (insbesondere Einstellung, Eingruppierung, Entgeltfestsetzung, Kündigung und Zeugnisse),
- Bearbeitung von Personalvorlagen an den Magistrat (Ernennungen und Höhergruppierungen),
- Einzelfallsachbearbeitung Kindergeldrecht sowie Wahrnehmung von Grundsatzangelegenheiten der Familienkasse.

Ab Januar 2012 übernahm Herr Gerlach zusätzlich die Aufgaben eines Ausbilders von Auszubildenden für den Beruf „Verwaltungsfachangestellte/-r“.

Herr Gerlach hat sich sehr schnell in seine Aufgaben eingearbeitet und die anfallenden Arbeiten selbstständig, engagiert und gewissenhaft erledigt. Dabei kam ihm seine rasche Auffassungsgabe sehr entgegen, welche er in systematisches, planvolles und zügiges Arbeiten umsetzte. Auch in neuen Situationen fand er sich stets sicher und gut zurecht. Auch sein Arbeitstempo und die Arbeitsmenge lagen deutlich über unseren Erwartungen.

Zusammenfassend ist festzustellen, dass Herr Gerlach die ihm übertragenen Aufgaben stets zu unserer vollsten Zufriedenheit erledigt hat. Basierend auf einem freundlichen, verbindlichen und hilfsbereiten Wesen war er ein allseits geschätzter Mitarbeiter.

Herr Gerlach verlässt unsere Stadtverwaltung auf eigenen Wunsch, um eine neue berufliche Herausforderung anzunehmen. Seinen Weggang bedauern wir sehr.

Wir wünschen Herrn Gerlach auf seinem weiteren Berufs- und Lebensweg alles erdenklich Gute und weiterhin viel Erfolg.

Notenberg, den 30.12.2016

(Rake)
Bürgermeister

7 Besondere Personengruppen

In den ersten sechs Kapiteln dieses Buches wurden die wesentlichen Spielregeln rund um das Arbeitsverhältnis im öffentlichen Dienst beschrieben. Abschließend widmen wir uns nun spezialgesetzlichen Besonderheiten, die jeweils nur für bestimmte Personengruppen gelten.

7.1 Schwerbehinderte Menschen

© Querschnitt/PIXELIO

Schwerbehinderte Menschen verdienen einen besonderen Schutz im Arbeitsleben. Deshalb beinhaltet das Sozialgesetzbuch (SGB) IX eine Reihe von Bestimmungen, die bestehende Nachteile dieses Personenkreises ausgleichen sollen.

Dabei definiert § 2 Abs. 1 SGB IX den Begriff des **behinderten** Menschen.

§ 2 Abs. 2 SGB IX regelt, dass Menschen **schwerbehindert** sind, wenn bei ihnen ein Grad der Behinderung (**GdB**) von mindestens **50** vorliegt. Die Feststellung des Grades der Behinderung (oder deren Ablehnung) ist ein Verwaltungsakt, der in Hessen durch das örtlich zuständige Amt für Versorgung und Soziales (Versorgungsamt) ausgesprochen wird. Bei behinderten Menschen, die weder schwerbehindert noch „gleichgestellt" sind, sind die Bestimmungen des **AGG** zu beachten (siehe Nr. 5.3).[352]

Dabei muss die **Art der Behinderung** dem Arbeitgeber natürlich nicht mitgeteilt werden. In Frage kommen körperliche, aber auch geistige und seelische Krankheiten. Mitunter kann man in diesem Zusammenhang auch schon mal zum Schmunzeln kommen: So hat eine Frau, bei der ein GdB von 40 amtlich festgestellt war, eine Anerkennung als schwerbehinderter Mensch (GdB 50) verlangt, weil sie täglich 90 Minuten Sport treiben müsse, um ihren Gesundheitszustand zu verbessern. Das Landessozialgericht Berlin-Brandenburg[353] hat ihr Recht gegeben mit der Begründung, die sportliche Betätigung sei als „medizinisch notwendiger Therapieaufwand" zu werten, was einen höheren Grad der Behinderung rechtfertige (!).

352 Vgl. BAG-Urteil vom 27.01.2011 – 8 AZR 580/09
353 Urteil vom 28.09.2009 – L 13 SG 294/07

Nach § 2 Abs. 3 SGB IX sollen behinderte Menschen mit einem GdB von 30 bis unter 50 unter bestimmten Voraussetzungen gleichgestellt werden (sog. **Gleichgestellte**). Die Gleichstellung kann bei der örtlich zuständigen Agentur für Arbeit beantragt werden.

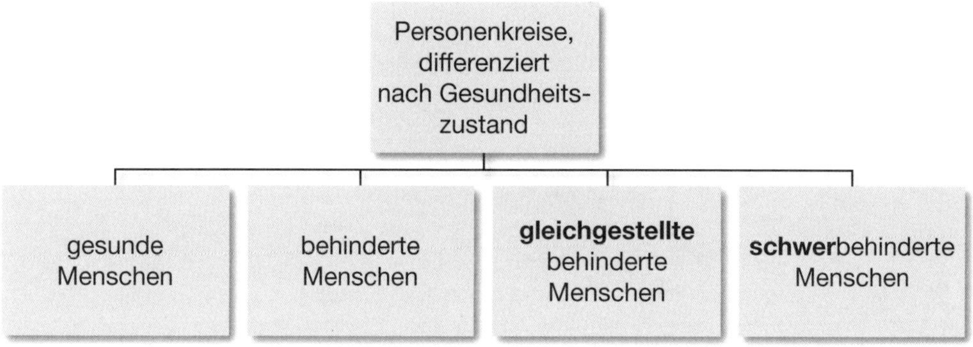

Nachdem wir diese Begriffe geklärt haben, springen wir in den **Teil 2** des Gesetzes, der 14 Kapitel umfasst und in § 68 SGB IX beginnt.
Die Regelungen dieses Teils 2 gelten gemäß § 68 Abs. 1 SGB IX für

- schwerbehinderte Menschen und
- gleichgestellte behinderte Menschen.

Allerdings enthält **§ 68 Abs. 3 SGB IX** die wichtige Einschränkung, dass für gleichgestellte behinderte Menschen die Regelungen über

- den Zusatzurlaub nach § 125 SGB IX[354] und
- die unentgeltliche Beförderung im öffentlichen Personennahverkehr

nicht gelten.

Ein gleichgestellter behinderter Mensch genießt also z. B. Sonderkündigungsschutz (§ 85 SGB IX), aber eben keinen Anspruch auf gesetzlichen Zusatzurlaub nach § 125 SGB IX.

§ 71 SGB IX enthält die gesetzliche Verpflichtung für Arbeitgeber, einen bestimmten Anteil der Arbeitsplätze mit schwerbehinderten Menschen oder Gleichgestellten zu besetzen.

Kleine Arbeitgeber mit weniger als 40 Arbeitsplätzen haben jahresdurchschnittlich einen Arbeitsplatz entsprechend zu besetzen. Arbeitgeber mit weniger als 60 Arbeitsplätzen müssen jahresdurchschnittlich zwei Arbeitsplätze entsprechend besetzen. Größere Arbeitgeber haben **5 %** ihrer Arbeitsplätze mit schwerbehinderten Menschen oder Gleichgestellten zu besetzen.

Dabei zählen Stellen, auf denen **Auszubildende** beschäftigt werden, nicht als Arbeitsplätze in diesem Sinne (§ 74 Abs. 1 Satz 1 SGB IX).

[354] Siehe Nr. 5.12.2.1

Beispiel:
Eine Stadt hat 300 Arbeitsplätze im Sinne von § 73 SGB IX.
➔ Sie hat jahresdurchschnittlich (300 x 5 % =) 15 schwerbehinderte Menschen bzw. Gleichgestellte zu beschäftigen.

Dabei können auch – z. B. in Fällen schwerbehinderter Auszubildender – **Mehrfachanrechnungen** erfolgen, vgl. § 76 SGB IX.

Erfüllt ein Arbeitgeber seine gesetzliche Quote nicht, so hat er eine sog. **Ausgleichsabgabe** zu zahlen, § 77 SGB IX. Diese beträgt für jeden unbesetzten Pflichtarbeitsplatz pro Monat bis zu 260 €.

§ 81 Satz 1 SGB IX verpflichtet den Arbeitgeber zur Prüfung, ob freie Arbeitsplätze mit schwerbehinderten oder gleichgestellten behinderten Menschen besetzt werden können. Dies geschieht in enger Zusammenarbeit mit der Agentur für Arbeit.

Über Bewerbungen schwerbehinderter oder gleichgestellter behinderter Menschen muss die Schwerbehindertenvertretung unterrichtet werden, § 81 Abs. 1 Satz 4 SGB IX.

§ 81 Abs. 4 SGB IX gibt den schwerbehinderten und gleichgestellten behinderten Menschen besondere **Ansprüche** gegenüber ihrem Arbeitgeber, z. B. auf bevorzugte Berücksichtigung bei innerbetrieblichen Maßnahmen der betrieblichen Bildung, zur Förderung ihres beruflichen Fortkommens und auf Ausstattung ihres Arbeitsplatzes mit den erforderlichen technischen Arbeitshilfen.

§ 81 Abs. 5 beinhaltet einen besonderen Anspruch auf **Teilzeitbeschäftigung**.[355]

Gemäß § 82 Satz 2 SGB IX sind schwerbehinderte und gleichgestellte behinderte Bewerber zwingend zu einem **Vorstellungsgespräch** einzuladen. Eine solche Einladung ist nach Satz 3 der Vorschrift nur dann entbehrlich, wenn die fachliche Eignung des Bewerbers offensichtlich fehlt. Erfüllt also ein Bewerber das in der Stellenausschreibung geforderte Anforderungsprofil, so ist er einzuladen.

Beispiel zur Wiederholung:
Ein Landkreis sucht einen Volljuristen für das Rechtsamt. Man verständigt sich intern darauf, dass nur Bewerber mit der Mindestnote „befriedigend“ zu einem Vorstellungsgespräch eingeladen werden. Es bewerben sich ein schwerbehinderter Gärtner und ein gleichgestellter Volljurist mit der Note „ausreichend“. Dürfen zwei Absagen vorbereitet werden?
➔ Nein! Der Volljurist ist zu einem Vorstellungsgespräch einzuladen. Anderenfalls droht dem Arbeitgeber eine Entschädigungszahlung gemäß § 15 Abs. 2 AGG in empfindlicher Höhe.

[355] Siehe auch Nr. 5.5.2

§ 84 Abs. 2 SGB IX regelt das Betriebliche Eingliederungsmanagement (**BEM**), welches für alle Arbeitnehmer gilt und bereits in Nr. 6.9.4.2 erläutert wurde.

Ebenfalls schon beschrieben wurde der **Sonderkündigungsschutz** schwerbehinderter und gleichgestellter behinderter Menschen der §§ 85 ff. SGB IX, siehe Nr. 6.9.8.1. Ebenso bereits aufgeführt wurde der Sonderkündigungsschutz von Mitgliedern der Schwerbehindertenvertretung nach § 96 Abs. 3 SGB IX, vgl. Nr. 6.9.8.5.

Die Wahl einer **Schwerbehindertenvertretung** ist in § 94 SGB IX verankert. Voraussetzung ist, dass in der Dienststelle mindestens fünf schwerbehinderte oder gleichgestellte behinderte Menschen beschäftigt sind. Die Amtszeit dauert regelmäßig vier Jahre.

Aus § 95 SGB IX ergeben sich die Aufgaben der Schwerbehindertenvertretung. Diese hat u. a. bei Vorliegen mindestens einer Bewerbung eines schwerbehinderten oder gleichgestellten behinderten Menschen ein Recht auf **Teilnahme an Vorstellungsgesprächen**, Abs. 2 Satz 3.

Nach § 98 SGB IX bestellt der Arbeitgeber einen **Beauftragten** des Arbeitgebers, der ihn in Angelegenheiten schwerbehinderter Menschen verantwortlich vertritt. Wenn möglich, soll diese Funktion von einem schwerbehinderten Menschen wahrgenommen werden.

Nach § 124 SGB IX werden schwerbehinderte Menschen auf ihr Verlangen von **Mehrarbeit** freigestellt. Mehrarbeit in diesem Sinne ist jede über acht Stunden (vgl. § 3 Abs. 1 ArbZG) pro Werktag hinausgehende Arbeit.

Abschließend sei auf die ausführlichen **Teilhaberichtlinien** des Hessischen Ministeriums des Innern und für Sport vom 12.06.2013 verwiesen, welche umfangreiche Erläuterungen zum Umgang mit schwerbehinderten und gleichgestellten Menschen in der hessischen Landesverwaltung beinhalten.[356]

Bitte lösen Sie nun den Fall 29 im Übungsteil.

(Hinweis zur weiteren Rechtsentwicklung:
Das zurzeit entstehende Bundesteilhabegesetz (BTHG) wird das SGB IX voraussichtlich spürbar verändern. Dies wird voraussichtlich mit Wirkung vom 01.01.2018 der Fall sein. Die weitere Entwicklung bleibt abzuwarten.)

[356] StAnz. 27/2013 S. 838

7.2 Mutterschutz für Schwangere und Stillende

Ein weiteres wichtiges arbeitsrechtliches Schutzgesetz ist das Mutterschutzgesetz (MuSchG) vom 23.05.2017, welches im Wesentlichen am 01.01.2018 in Kraft getreten ist.

Dieses gilt nach § 1 insbesondere für **Frauen**, die in einem **Arbeits- oder Ausbildungsverhältnis** stehen. Daneben ist das Gesetz auf bestimmte **Praktikantinnen** anzuwenden.

§ 2 enthält wichtige Definitionen, so z. B. des Arbeitgebers, einer Beschäftigung und des Arbeitsentgelts im Sinne dieses Gesetzes.

§ 3 Abs. 1 MuSchG regelt ein **generelles** Beschäftigungsverbot vor der Entbindung. Danach dürfen werdende Mütter in den letzten sechs Wochen **vor** der Entbindung nicht beschäftigt werden. Hierbei handelt es sich um ein **relatives** Beschäftigungsverbot, denn die Arbeitnehmerin kann sich ausdrücklich zur Arbeitsleistung bereit erklären.[357] Ist dem Arbeitgeber die Schwangerschaft bekannt (siehe unten), so hat er dieses Beschäftigungsverbot von sich aus zu berücksichtigen. Es gelten die Fristen des § 187 Abs. 2 Satz 1, § 188 Abs. 2 BGB.

Beispiel:
Eine Arbeitnehmerin offenbart dem Arbeitgeber ihre Schwangerschaft. Voraussichtlicher Entbindungstermin ist Mittwoch, der 21. Juni.
➔ Daraus folgt, dass das vorgeburtliche Beschäftigungsverbot in der Zeit von Mittwoch, dem 10. Mai bis einschließlich Dienstag, den 20. Juni besteht (sechs volle Wochen).

Gemäß § 15 Abs. 1 MuSchG „sollen" werdende Mütter ihrem Arbeitgeber die Schwangerschaft und den voraussichtlichen Tag der Entbindung mitteilen. Dies geschieht durch Vorlage eines ärztlichen Zeugnisses. Der Arbeitgeber hat in diesem Fall die örtlich zuständige **Aufsichtsbehörde**[358] unverzüglich entsprechend zu informieren, § 27 Abs. 1 Satz 1 Nr. 1 Buchstabe a MuSchG.

Der Arbeitgeber kann seine mutterschutzrechtlichen Verpflichtungen nur erfüllen, wenn ihm die Schwangerschaft mitgeteilt wurde.

Im Falle einer **vorzeitigen Beendigung** der Schwangerschaft ist die Arbeitnehmerin verpflichtet, dies dem Arbeitgeber unverzüglich mitzuteilen.[359]

[357] Diese Erklärung kann jederzeit widerrufen werden
[358] In Hessen: Regierungspräsidium
[359] BAG-Urteil vom 13.11.2001 – 9 AZR 590/99

§ 3 Abs. 2 MuSchG regelt die Beschäftigungsverbote **nach** der Entbindung.

Danach gilt ein weiteres Beschäftigungsverbot bis zum Ablauf von

- **acht Wochen** bzw.
- bei Frühgeburten[360] und Mehrlingsgeburten **zwölf Wochen**

nach der Entbindung.

Wird bei dem Kind eine Behinderung ärztlich festgestellt, so gilt ein zwölfwöchiges Beschäftigungsverbot, wenn die Mutter dies beantragt.

Das nachgeburtliche Beschäftigungsverbot ist – anders als das in § 3 Abs. 1 MuSchG genannte – **absolut**; hierauf kann nicht verzichtet werden. Dies gilt auch für Sonderformen der Arbeit, z. B. für die Leistung von Rufbereitschaftsdiensten.

Eine Ausnahme von diesem Beschäftigungsverbot besteht bei Tod des Kindes, vgl. § 3 Abs. 4 MuSchG.

In Fortsetzung des obigen Beispiels bedeutet dies: Kommt das Kind termingerecht am 21. Juni zur Welt, so besteht das nachgeburtliche Beschäftigungsverbot von Donnerstag, den 22. Juni bis einschließlich Mittwoch, den 16. August (bzw. bei Früh- oder Mehrlingsgeburt bis einschließlich Mittwoch, den 13. September).

Bei der Fristberechnung in diesem Musterfall gilt somit, dass

- der Beginn des vorgeburtlichen Beschäftigungsverbotes,
- der Tag der Entbindung und
- das Ende des nachgeburtlichen Beschäftigungsverbotes

stets auf denselben Wochentag (hier: Mittwoch) fallen.

> Merke: Die Beschäftigungsverbote vor und nach der Entbindung ergeben immer **mindestens 14 Wochen**.

Doch welche Rechtsfolge tritt ein, wenn das Kind **früher** zur Welt kommt?

➔ Hierzu regelt § 3 Abs. 2 MuSchG, dass die Tage des vorgeburtlichen Beschäftigungsverbotes, die nicht beansprucht wurden, zu einer entsprechenden Verlängerung des nachgeburtlichen Beschäftigungsverbotes führen (z. B. 5 + 9 = 14 Wochen).

➔ In diesem Fall tritt für die Arbeitnehmerin **kein Nachteil** ein.

---

[360] Unter einer Frühgeburt versteht man eine Entbindung, bei der das Kind ein Geburtsgewicht von unter 2500 g hat oder einer wesentlich erweiterten Pflege bedarf, vgl. BAG-Urteil vom 12.03.1997 – 5 AZR 329/96

Und wenn das Kind **später** zur Welt kommt?

➔ Dann verlängert sich das vorgeburtliche Beschäftigungsverbot entsprechend, während das nachgeburtliche Beschäftigungsverbot unverändert bei 8 bzw. 12 Wochen verbleibt (z. B. 7 + 8 = 15 Wochen).

➔ Im Ergebnis **verlängert sich** also **der Gesamtzeitraum** der Beschäftigungsverbote.

Die §§ 4 bis 6 MuSchG verbieten grundsätzlich die Beschäftigung schwangerer und stillender Frauen

- mit Mehrarbeit,
- in der Nacht zwischen 20 und 6 Uhr,
- an Sonntagen und
- an Feiertagen.

Dabei gilt als **Mehrarbeit** in diesem Sinne jede Arbeit von mehr als 8,5 Stunden täglich. Siehe hierzu auch das Schaubild in Nr. 5.4.1.

§ 7 MuSchG enthält Bestimmungen zum Schutz **stillender** Mütter. So sind diese z. B. auf ihr Verlangen für notwendige Stillzeiten (max. eine Stunde pro Arbeitstag) von der Arbeitsverpflichtung zu befreien. Doch wie lange steht stillenden Arbeitnehmerinnen dieses Recht zu?

➔ § 7 Abs. 2 Satz 1 begrenzt diesen Zeitraum auf zwölf Monate nach der Entbindung.

Die §§ 9 bis 14 MuSchG regeln den betrieblichen Gesundheitsschutz. Ziel des Gesetzes ist, der Frau auch während der Schwangerschaft die Fortführung ihrer Tätigkeit zu ermöglichen. Die Arbeitsbedingungen sind entsprechend zu gestalten. Wichtig ist in diesem Zusammenhang die in § 10 verankerte Gefährdungsbeurteilung. Eine solche Beurteilung sollte prophylaktisch für jeden Arbeitsplatz durchgeführt werden. Zur Dokumentation siehe § 14 MuSchG.

Die in § 15 Abs. 1 Satz 1 MuSchG verankerte Obliegenheit der schwangeren Frau, die Schwangerschaft ihrem Arbeitgeber mitzuteilen, wurde bereits oben erwähnt.

§ 16 Abs. 1 MuSchG beinhaltet ein individuelles Beschäftigungsverbot im Fall einer Gesundheitsgefährdung der Schwangeren. Derartige Beschäftigungsverbote werden in Einzelfällen durch ärztliches Zeugnis verordnet.

Zum **Sonderkündigungsschutz** des § 17 MuSchG siehe Nr. 6.9.8.2.

§ 18 MuSchG regelt das Arbeitsentgelt, welches in den Fällen bestimmter individueller Beschäftigungsverbote zusteht. Doch Vorsicht: Hierbei handelt es sich nicht um die „generellen“ Beschäftigungsverbote nach § 3 Abs. 1 und 2 MuSchG.

§ 19 MuSchG regelt den Anspruch auf **Mutterschaftsgeld**. Dieses steht gesetzlich krankenversicherten Arbeitnehmerinnen während der Beschäftigungsverbote nach § 3 Abs. 1 und 2 MuSchG zu und beträgt kalendertäglich **13 €**, § 24i SGB V.

Zusätzlich erhalten diese Arbeitnehmerinnen einen **Zuschuss zum Mutterschaftsgeld** durch ihren Arbeitgeber in Höhe der Differenz zum Nettoentgelt, § 20 MuSchG.

Vereinfachtes Beispiel:
Eine Beschäftigte verdient monatlich 3.000 € netto. Dies entspricht im April kalendertäglich 100 €.

➔ Für die Dauer der Beschäftigungsverbote des § 3 Abs. 1 und 2 MuSchG (zusammen mindestens 14 Wochen) sowie für den Entbindungstag erhält sie kalendertäglich Mutterschaftsgeld von ihrer gesetzlichen Krankenkasse in Höhe von 13 €, § 19 MuSchG i.V.m. § 24i SGB V.
➔ Zusätzlich erhält sie durch ihren Arbeitgeber einen Zuschuss zum Mutterschaftsgeld in Höhe (100 € – 13 €) von 87 €.

Die Kosten, die dem Arbeitgeber infolge der Gewährung des Zuschusses zum Mutterschaftsgeld entstehen, bekommt er auf Antrag von der gesetzlichen Krankenkasse der Arbeitnehmerin **erstattet** nach den Bestimmungen des AAG.

Während der Elternzeit für ein anderes Kind steht Zuschuss zum Mutterschaftsgeld nicht zu, § 22 MuSchG. Zur vorzeitigen Beendigung einer Elternzeit vgl. Nr. 7.3.1.

§ 24 MuSchG enthält spezialgesetzliche Bestimmungen zum **Urlaubsrecht**. Nach Satz 1 gelten die Ausfallzeiten wegen mutterschutzrechtlicher Beschäftigungsverbote urlaubsrechtlich als Beschäftigungszeiten. Es erfolgt deswegen also keine Urlaubskürzung (im Gegensatz zur Elternzeit, siehe unten). Satz 2 stellt eine spezielle Norm zur Übertragung von Resturlaub dar, die dem § 7 Abs. 3 BUrlG vorgeht.

Ihr Wissen zum Mutterschutzgesetz können Sie nun im Fall 30 des Übungsteils überprüfen.

7.3 Elternzeit für Mütter und Väter

Nach Ablauf des nachgeburtlichen Beschäftigungsverbotes folgt in der Praxis häufig eine Elternzeit der jungen Mutter. Zuvor nehmen viele Arbeitnehmerinnen noch ihren (anteiligen) Erholungsurlaub in Anspruch. Ein solches Vorgehen ist auch aus Arbeitgebersicht empfehlenswert, um komplizierte urlaubsrechtliche Übertragungs- und Umrechnungsfragen zu vermeiden (vgl. Abschn. 5.12).

Nachfolgend wird der Anspruch auf Elternzeit und deren Auswirkungen auf das Arbeitsverhältnis einer genaueren Betrachtung unterzogen. Dabei wurde die Rechtslage für ab dem 01.07.2015 geborene Kinder zugrunde gelegt.[361]

7.3.1 Anspruch auf Elternzeit

Gemäß § 15 Abs. 1 BEEG haben Arbeitnehmer Anspruch auf Elternzeit, wenn sie mit ihrem Kind bzw. Stiefkind in einem Haushalt leben und dieses Kind selbst betreuen und erziehen. Dieser Anspruch ist absolut und völlig unabhängig von der Zustimmung des Arbeitgebers.

[361] Für ältere Kinder gilt abweichend die bisherige Rechtslage weiter, § 27 BEEG

Während der Elternzeit **ruhen** die arbeitsvertraglichen Rechte und Pflichten.

Der **Personenkreis** der Berechtigten umfasst auch hier den Arbeitnehmer[362] (hier übrigens auch den geringfügig Beschäftigten genauso wie den Auszubildenden).

Die **Dauer** der Elternzeit beträgt max. **36 Monate**, die auf bis zu **drei Zeitabschnitte**[363] verteilt werden können. Der Anspruch besteht für **beide Elternteile**, auch gleichzeitig. Zu berücksichtigen ist, dass das nachgeburtliche Beschäftigungsverbot des § 3 Abs. 2 MuSchG auf die Elternzeit angerechnet wird. Damit können also der Vater 36 Monate und die Mutter ca. 34 Monate (36 Monate abzüglich rd. 8 Wochen) Elternzeit beanspruchen. Auf einen Anspruch auf Elterngeld kommt es dabei überhaupt nicht an.

Dritter Geburtstag
Der Anspruch auf Elternzeit besteht zunächst bis zur Vollendung des dritten Lebensjahres des Kindes.

Beispiel:
Für ein am 15.11.2016 geborenes Kind kann Elternzeit bis einschließlich 14.11.2019 genommen werden.

Es ist aber auch möglich, hiervon bis zu 24 Monate später zu nehmen, nämlich bis zur Vollendung des achten Lebensjahres des Kindes (siehe unten). Der Zustimmung des Arbeitgebers hierzu bedarf es nicht.

Bei **mehreren Kindern** besteht der Anspruch auf Elternzeit für jedes Kind.

Beispiel:
Am 01.01.2016 werden die Zwillinge Paul und Pauline geboren. Der Vater kann wie folgt Elternzeit beanspruchen:

➔ 2016 Vater für Paul
➔ 2017 Vater für Paul (12 Monate Übertragung von Paul)
➔ 2018 Vater für Pauline (24 Monate Übertragung von Pauline)
➔ 2019 Vater für Paul (siehe Übertragung aus 2017)
➔ 2020 Vater für Pauline (siehe Übertragung aus 2018)
➔ 2021 Vater für Pauline (siehe Übertragung aus 2018).

Im Ergebnis kann der Vater in diesem Beispiel volle sechs Jahre Elternzeit nehmen. Parallel kann auch die Mutter sechs Jahre[364] Elternzeit nehmen.

---

362 Zum Begriff siehe Nr. 1.1

363 Eine Verteilung auf weitere Zeitabschnitte ist nur mit Zustimmung des Arbeitgebers möglich, § 16 Abs. 1 Satz 6 BEEG

364 Abzüglich des hier zwölfwöchigen nachgeburtlichen Beschäftigungsverbotes nach § 3 Abs. 2 MuSchG

Bei der Inanspruchnahme einer Elternzeit sind folgende Anmeldefristen zu beachten:

- für Elternzeit bis zum dritten Geburtstag des Kindes **sieben Wochen** vor deren Beginn und
- für Elternzeit zwischen dem dritten und achten Geburtstag des Kindes **dreizehn Wochen** vor deren Beginn.

Bei **Nichteinhaltung** dieser Anmeldefristen verschiebt sich der Beginn der Elternzeit auf den fristgemäßen Zeitpunkt. In der Praxis wird von einer allzu strengen Anwendung dieser Fristen jedoch oftmals abgesehen.

Wichtig ist, dass der Arbeitnehmer die gesetzliche **Schriftform** des § 16 Abs. 1 Satz 1 BEEG einhält. Ein Telefonat oder eine E-Mail wahrt diese Schriftform gerade nicht. Eine solche Erklärung ist vielmehr nichtig.[365]

Oftmals meinen Arbeitnehmerinnen, „erst mal ein Jahr Elternzeit zu nehmen, um danach vielleicht ein zweites dranzuhängen“. Sie wollen sich „alle Optionen offen“ halten. Wenn der Arbeitgeber dies mitmacht, mag es funktionieren. Das Gesetz sieht dagegen in § 16 Abs. 1 Satz 2 BEEG vor, dass man sich bei Elternzeit bis zum dritten Geburtstag verbindlich festlegen muss, für welche Zeiten innerhalb von zwei Jahren Elternzeit in Anspruch genommen werden soll.

Beantragt der Beschäftigte innerhalb dieser zwei Jahre also nur für ein Jahr Elternzeit, so erklärt er damit implizit, in dem anderen Jahr auf die Elternzeit verzichten und wieder arbeiten zu wollen. Eine **Verlängerung** der Elternzeit in diesen Fällen ist nur mit Zustimmung des Arbeitgebers möglich, § 16 Abs. 3 Satz 1 BEEG.[366] Nur ausnahmsweise muss der Arbeitgeber einer Verlängerung der Elternzeit zustimmen, nämlich wenn ein vorgesehener Wechsel zwischen Vater und Mutter aus einem wichtigen Grund nicht erfolgen kann, § 16 Abs. 3 Satz 4 BEEG.

<u>Vorzeitige Beendigung</u>
Im Normalfall ist eine vereinbarte Elternzeit bindend. Sie kann nicht „einfach so“ abgebrochen werden. Sie endet auch nicht, wenn der Anspruch auf Elterngeld entfällt.

Das BEEG kennt jedoch auch die vorzeitige Beendigung und unterscheidet dabei vier Arten der vorzeitigen Beendigung:

<u>Schaubild</u>:

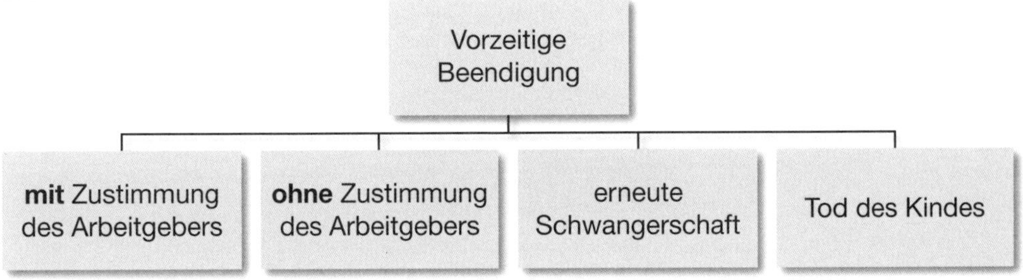

[365] BAG-Urteil vom 10.05.2016 – 9 AZR 145/15
[366] Siehe auch BAG-Urteil vom 18.10.2011 – 9 AZR 315/10

Im Einzelnen:
Mit Zustimmung des Arbeitgebers ist die Beendigung einer Elternzeit jederzeit möglich, § 16 Abs. 3 Satz 1 BEEG.

Ohne Zustimmung des Arbeitgebers endet eine Elternzeit vorzeitig gemäß § 16 Abs. 3 Satz 2 BEEG

- wegen der Geburt eines weiteren Kindes oder
- in Fällen besonderer Härte (z. B. bei schwerer Krankheit des Kindes oder eines Elternteils).

Dem Arbeitgeber steht in derartigen Fällen nur ein eingeschränktes form- und fristgebundenes Ablehnungsrecht zu.

Bei **erneuter Schwangerschaft** ermöglicht § 16 Abs. 3 Satz 3 BEEG die vorzeitige Beendigung einer Elternzeit, um die **Schutzfristen** des § 3 Abs. 1 und 2 MuSchG in Anspruch zu nehmen. Eine Zustimmung des Arbeitgebers ist hier nicht erforderlich. Dies geschieht jedoch nicht automatisch. Vielmehr muss die Arbeitnehmerin die Beendigung der Elternzeit ihrem Arbeitgeber rechtzeitig mitteilen. Eine verspätete Mitteilung wirkt nicht in die Vergangenheit zurück. Eine Auskunftspflicht des Arbeitgebers besteht indes nicht.

Der Vorteil einer solchen vorzeitigen Beendigung ist aus Sicht einer Arbeitnehmerin finanzieller Natur: Es entstehen hierdurch nämlich Ansprüche auf

- Mutterschaftsgeld,
- Zuschuss zum Mutterschaftsgeld,
- Jahressonderzahlung[367] und
- Erholungsurlaub.[368]

Schließlich endet eine Elternzeit spätestens drei Wochen nach dem **Tod des Kindes,** § 16 Abs. 4 BEEG.

Hinsichtlich des **Sonderkündigungsschutzes** während der Elternzeit wird auf die Erläuterungen in Nr. 6.9.8.3 verwiesen.

7.3.2 Auswirkungen einer Elternzeit

Nachdem wir uns ausführlich mit dem Anspruch auf Elternzeit und deren vorzeitiger Beendigung beschäftigt haben, betrachten wir nun die konkreten Auswirkungen einer Elternzeit:

Während der Elternzeit läuft die **Beschäftigungszeit** des § 34 Abs. 3 TVöD weiter. Es ist also nach Beendigung der Elternzeit keine Neuberechnung der Beschäftigungszeit – wie im Falle eines Sonderurlaubs[369] – durchzuführen. Daraus folgt, dass während der Eltern-

---

[367] Vgl. § 20 Abs. 4 Satz 2 Nr. 1 Buchstabe b TVöD
[368] Vgl. § 23 Satz 1 MuSchG
[369] Siehe Nr. 5.12.3

zeit auch Anspruch auf **Jubiläumsgeld** besteht, wenn während der Elternzeit z. B. eine Beschäftigungszeit von 25 Jahren vollendet wird.

Anspruch auf Entgelt besteht während einer Elternzeit natürlich nicht, schließlich wird ja auch nicht gearbeitet. Steht jedoch die Zahlung **unständiger** Entgeltbestandteile aus, so werden diese mit zwei Monaten Versatz gezahlt, § 24 Abs. 1 Satz 4 TVöD. Dies gilt auch während einer Elternzeit.

Hinsichtlich der Auswirkungen einer Elternzeit auf die tarifliche **Stufenlaufzeit** wird auf die Ausführungen in Nr. 5.7.2 verwiesen.

Da das Arbeitsverhältnis während einer Elternzeit weiterhin besteht, verbleibt es auch bei dem grundsätzlichen Anspruch auf **Jahressonderzahlung,** § 20 Abs. 1 TVöD. Bezüglich der Auswirkungen auf die Höhe der Jahressonderzahlung wird auf die Erläuterungen in Nr. 5.8.4.3 verwiesen.

Erkrankt der Arbeitnehmer arbeitsunfähig, so steht ihm während einer Elternzeit kein Anspruch auf **Entgeltfortzahlung** im Krankheitsfall zu.[370]

Ist der Arbeitnehmer **bei Beendigung** der Elternzeit arbeitsunfähig, so erhält er ab dem Tag nach Ablauf der Elternzeit Entgelt im Krankheitsfall. Die Sechswochenfrist für die Entgeltfortzahlung beginnt mit dem Tag nach Ablauf der Elternzeit. Dauert diese Arbeitsunfähigkeit länger, so steht dem Arbeitnehmer – bei Erfüllung der tariflichen Voraussetzungen – Krankengeldzuschuss zu. Für die Berechnung der Fristen für den Bezug des Krankengeldzuschusses ist jedoch vom Beginn der Arbeitsunfähigkeit während der Elternzeit auszugehen.

Stirbt der Arbeitnehmer während einer Elternzeit, steht kein Anspruch auf **Sterbegeld** nach § 23 Abs. 3 Satz 2 TVöD zu.

Die Auswirkungen einer Elternzeit auf den **Urlaubsanspruch** wurden bereits in Nr. 5.12.1.10 beschrieben.

Auch die besondere urlaubsrechtliche Übertragungsregelung des § 17 Abs. 2 BEEG wurde bereits in 5.12.1.11 erläutert. Im Falle zweier unmittelbar aufeinanderfolgenden Elternzeiten erfolgt übrigens eine weitere Übertragung des Resturlaubs.[371]

Ist ein Arbeitsverhältnis **befristet,** so verschiebt sich der Beendigungszeitpunkt des Arbeitsverhältnisses nicht wegen einer Elternzeit. Das Arbeitsverhältnis endet vielmehr nach den Bestimmungen des § 15 TzBfG.

---

[370] Vgl. BAG-Urteil vom 22.06.1988 – 5 AZR 526/87
[371] BAG-Urteil vom 20.05.2008 – 9 AZR 219/07

7.3.3 Teilzeitbeschäftigung während der Elternzeit

Die unter Nr. 7.3.2 aufgeführten Konsequenzen einer Elternzeit gelten nur, wenn der Arbeitnehmer keine Teilzeitbeschäftigung während der Elternzeit ausübt. Im Folgenden wollen wir uns näher mit einer solchen Teilzeitbeschäftigung beschäftigen. Die beiden Möglichkeiten, eine solche Teilzeitarbeit zu vereinbaren, wurden bereits in Nr. 5.5.2 beschrieben (Konsensverfahren des § 15 Abs. 4 und 5 BEEG und Anspruchsverfahren nach § 15 Abs. 6 und 7 BEEG).

Zu beachten ist dabei, dass auch beide Eltern **gleichzeitig** während der Elternzeit in Teilzeit bei ihrem Arbeitgeber arbeiten können (z. B. 30 + 30 Stunden, nicht hingegen 35 + 25 Stunden).

Möchte der Arbeitnehmer während der Elternzeit bei einem **anderen Arbeitgeber** arbeiten, so bedarf es hierfür der Zustimmung des (eigentlichen) Arbeitgebers, § 15 Abs. 4 Satz 3 BEEG. Eine Ablehnung bedarf dringender betrieblicher Gründe und muss innerhalb von vier Wochen nach Antragstellung schriftlich erfolgen.

Fühlen Sie sich fit im Umgang mit Elternzeit? Dann bearbeiten Sie bitte den Fall 31 im Übungsteil.

7.4 Pflegezeit für Pflegende

Neben der Betreuung von Kindern rückt auch die Pflege von Angehörigen immer mehr in den Fokus des Gesetzgebers. In diesem Zusammenhang bemühen sich viele Arbeitgeber um die Vereinbarkeit von Beruf und Familie.

Das Pflegezeitgesetz enthält zwei wichtige Anspruchsgrundlagen für Arbeitnehmer:
- Kurzzeitige Arbeitsverhinderung, § 2 und
- Pflegezeit, § 3.

Während die kurzzeitige **Arbeitsverhinderung** spontan auftretende Pflegesituationen abdecken will (bis zu zehn Tage Freistellung, davon bis zu einem Tag unter Fortzahlung des Entgelts, § 29 Abs. 1 Buchstabe e Doppelbuchstabe aa) TVöD, ist die Pflegezeit längerfristig angelegt:
§ 3 PflZG beinhaltet einen Anspruch auf vollständige oder teilweise Freistellung von der Arbeit, wenn der Arbeitnehmer einen pflegebedürftigen nahen Angehörigen in häuslicher Umgebung pflegt **(Pflegezeit)**. Die Pflegebedürftigkeit ist entsprechend nachzuweisen, vgl. § 7 Abs. 4 PflZG.

Der Begriff des **„nahen Angehörigen“** ist in § 7 Abs. 3 PflZG definiert (z. B. Eltern, Ehegatten, Kinder).

§ 4 PflZG begrenzt die Dauer der Pflegezeit auf **höchstens sechs Monate.** Werden zunächst z. B. vier Monate beantragt, so kann eine **Verlängerung** (um hier max. zwei Monate) mit Zustimmung des Arbeitgebers stattfinden.

Allerdings gibt es einen großen Unterschied zur Elternzeit: Pflegezeit kann gerade nicht in mehreren Zeitabschnitten genommen werden.[372]

§ 4 Abs. 4 PflZG enthält eine spezialgesetzliche **Kürzungsnorm,** mittels derer auch der gesetzliche Mindesturlaub für jeden vollen Kalendermonat einer Pflegezeit gekürzt werden kann.

Zum **Sonderkündigungsschutz** während einer Pflegezeit siehe Nr. 6.9.8.6 (§ 5 PflZG).

Zudem enthält § 6 PflegeZG einen spezialgesetzlichen Sachgrund zur **Befristung** eines Arbeitsvertrages für eine Vertretungskraft, während die Stammkraft ihre (vollständige oder teilweise) Pflegezeit beansprucht. Näheres siehe Nr. 4.5.5.

Bei mehreren nahen Angehörigen kann ein Arbeitnehmer auch mehrere Pflegezeiten beanspruchen (z. B. Mutter, danach Ehemann).

Lösen Sie nun den Fall 32 im Übungsteil.

7.5 Familienpflegezeit

Wie soeben festgestellt wurde, kann eine (vollständige oder teilweise) Pflegezeit nach Nr. 7.4 also nur für höchstens sechs Monate beansprucht werden. Da sich die Pflege kranker Menschen im wirklichen Leben aber oftmals über Jahre hinzieht, hat der Gesetzgeber nachgebessert.

Mit dem am 01.01.2015 neu in Kraft getretenen Familienpflegezeitgesetz (FamPFZG)[373] wurde – neben der Pflegezeit – ein weiterer spezialgesetzlicher Anspruch auf Familienpflegezeit geschaffen. Hier geht es gerade nicht um eine vollständige Freistellung von der Arbeit.

Vielmehr kann der Arbeitnehmer, der einen pflegebedürftigen nahen Angehörigen in häuslicher Umgebung pflegt, eine **teilweise Freistellung** verlangen. Im Prinzip haben wir also auch hier einen spezialgesetzlichen Anspruch auf Teilzeitarbeit, bei dem die verringerte Arbeitszeit **mindestens 15 Stunden** pro Woche betragen muss. Deshalb wird an dieser Stelle auf die Ausführungen in Nr. 5.5.2 sowie das Schaubild in Nr. 5.5.3 verwiesen.

Das FamPfZG enthält umfangreiche Bestimmungen zur finanziellen **Förderung** von Arbeitnehmern, die Familienpflegezeit beanspruchen. Diese können beim Bundesamt

[372] BAG-Urteil vom 15.11.2011 – 9 AZR 348/10

[373] Das erste Familienpflegezeitgesetz 2012 wurde in der Praxis nicht wirklich angenommen

für Familie und zivilgesellschaftliche Aufgaben ein Darlehen erhalten. Den Arbeitgeber trifft in diesem Zusammenhang keine nennenswerte Mitwirkungspflicht außer der in § 4 FamPfZG normierten Bescheinigungspflicht.

Werden von einem Beschäftigten Pflegezeit (max. 6 Monate) und Familienpflegezeit (max. 24 Monate) für denselben nahen Angehörigen beansprucht, so gilt die **Höchstdauer von insgesamt 24 Monaten** (also 6 Monate plus 18 Monate), § 4 Abs. 1 Satz 3 PflegeZG.

7.6 Mitglieder des Personalrates

© Karin Jung/PIXELIO

Wie wird man eigentlich Mitglied des Personalrates? Dies ist landesrechtlich geregelt. Während außerhalb des öffentlichen Dienstes das BetrVG gilt, existieren im öffentlichen Dienst 16 verschiedene Landespersonalvertretungsgesetze sowie das Bundespersonalvertretungsgesetz.

Nachfolgend wird auf die in **Hessen** gültige Rechtslage eingegangen. Die wesentlichen inhaltlichen Aussagen gelten aber sinngemäß auch für andere Personalvertretungsgesetze.

Nach § 12 Abs. 1 HPVG werden in allen Dienststellen[374] mit mindestens **fünf Wahlberechtigten,**[375] von denen drei wählbar[376] sind, Personalräte gebildet.

In Anbetracht des Dienststellenbegriffs in § 7 HPVG wird somit bei einer Stadtverwaltung regelmäßig ein Personalrat gewählt, ggf. haben Eigenbetriebe einen eigenen Personalrat.

Gemäß § 15 HPVG wird der Personalrat alle **vier Jahre** im Kalendermonat **Mai** gewählt, siehe auch § 23 HPVG.

Spätestens acht Wochen vor der nächsten Wahl bestellt der amtierende Personalrat einen **Wahlvorstand** (§ 17 HPVG), der die Wahl einleitet (§ 20 HPVG).

Das weitere Verfahren ist in einer gesonderten **Wahlordnung** geregelt (WO-HPVG).

§ 26 HPVG regelt das **Erlöschen der Mitgliedschaft** im Personalrat. Dies kann z.B. durch Beendigung des Dienstverhältnisses geschehen.

---

[374] Zum Dienststellenbegriff siehe Nr. 5.13.1

[375] Zur Wahlberechtigung siehe § 9 HPVG

[376] Zur Wählbarkeit siehe § 10 HPVG

Nach § 28 HPVG können auch nicht gewählte Kandidaten (zeitweilig oder dauerhaft) als **Ersatzmitglieder** in den Personalrat aufrücken. Dies kommt vor, wenn ein Mitglied des Personalrates zeitweilig verhindert ist (z. B. wegen Erholungsurlaub, Arbeitsunfähigkeit, Teilnahme an einer Fortbildungsmaßnahme oder wegen Elternzeit). Bei längerer Arbeitsunfähigkeit kommt es nicht selten vor, dass eine **Wiedereingliederungsmaßnahme** nach § 74 SGB V durchgeführt wird (z. B. zwei Stunden arbeitstäglich). Während einer solchen Wiedereingliederungsmaßnahme besteht das Arbeitsverhältnis weiter, die Hauptrechte und -pflichten ruhen aber. Im Vordergrund steht nicht die Erbringung einer Arbeitsleistung, sondern die Rehabilitation. Deshalb darf ein Mitglied eines Personalrates während einer solchen Wiedereingliederungsmaßnahme nicht an Sitzungen des Personalrates teilnehmen. Berechtigt hierzu ist allein sein Vertreter.

Die §§ 29 bis 43 HPVG regeln die **Geschäftsführung** des Personalrates, also z. B. die Frage, wie der Vorsitzende gewählt wird, dass die Sitzungen nicht öffentlich sind und wann der Personalrat als Gremium **beschlussfähig** ist.

Ist ein Mitglied des Personalrates selbst von einer Maßnahme (z. B. Höhergruppierung) betroffen, so ist die **Befangenheitsregelung** des § 34 Abs. 3 HPVG zu beachten. Nimmt ein Mitglied an der Abstimmung über die Vergabe einer höherwertigen Stelle teil, obwohl es sich selbst um diese Stelle beworben hat, so ist der Beschluss des Personalrates nichtig.[377]

Gemäß § 45 Abs. 1 HPVG hat der Personalrat mindestens einmal im Kalenderjahr in einer **Personalversammlung** einen Tätigkeitsbericht zu erstatten.

Nach § 60 Abs. 1 HPVG haben Personalrat und Dienststelle **vertrauensvoll** zusammenzuarbeiten. Dies findet nach den Erfahrungen des Verfassers in vielen, wenn auch nicht in allen Dienststellen statt.

Das sog. **Monatsgespräch** zwischen Dienststellenleitung und Personalrat ist in § 60 Abs. 4 HPVG verankert.

Die **Aufgaben** des Personalrates ergeben sich aus § 62 HPVG. Danach hat er u. a. darüber zu wachen, dass die zugunsten der Beschäftigten geltenden

- Gesetze,
- Verordnungen,
- Tarifverträge,
- Dienstvereinbarungen und
- Verwaltungsanordnungen

durchgeführt werden.

Um seine gesetzlichen Aufgaben in geeigneter Weise wahrnehmen zu können, bedarf es somit umfassender Kenntnisse des Arbeits- und Tarifrechts des öffentlichen Dienstes. Hierzu möchte dieses Buch einen hilfreichen Beitrag leisten.

---

377 Beschluss des BVerwG vom 19.10.2015 – 5 P 11.14

§ 64 Abs. 1 HPVG enthält ein allgemeines **Benachteiligungsverbot** von Mitgliedern des Personalrates.

§ 64 Abs. 2 Satz 1 HPVG wird konkreter: Danach dürfen
- Mitglieder des Personalrates,
- Mitglieder der Wahlvorstände und
- Wahlbewerber

gegen ihren Willen nur **versetzt** oder **abgeordnet** werden, wenn dies aus wichtigen dienstlichen Gründen unvermeidbar ist und der Personalrat zustimmt (beachte auch in diesen Fällen § 34 Abs. 3 HPVG).

Nach § 64 Abs. 2 Satz 2 HPVG gilt dies auch für **Umsetzungen**, wenn sie mit einem Wechsel des Dienstortes verbunden sind.

Mitglieder des Personalrates führen ihr Amt unentgeltlich als **Ehrenamt** aus, § 40 Abs. 1 HPVG. Weiterhin geht das Gesetz von einer anlassbezogenen Freistellung von der Arbeit aus, z. B. während der regelmäßig stattfindenden Sitzungen des Personalrates.

§ 60 Abs. 4 HPVG beinhaltet sogar einen **Freistellungskatalog,** nach dem z. B. in Dienststellen mit 700 Beschäftigten zwei Mitglieder des Personalrates ganz freizustellen sind.

Die **außerordentliche Kündigung** von Mitgliedern des Personalrates, der Wahlvorstände sowie von Wahlbewerbern bedarf der Zustimmung des Personalrates, § 66 Abs. 1 Satz 1 HPVG. Das in der Praxis nicht selten vorkommende Zustimmungsersetzungsverfahren vor dem Verwaltungsgericht ist in den Sätzen 2 und 3 dieser Vorschrift beschrieben.

Der Schutz vor **ordentlichen Kündigungen** (§ 15 Abs. 2 KSchG) wurde bereits in Nr. 6.9.8.4 erläutert.

In den §§ 69 ff. HPVG werden insbesondere die zahlreichen **Beteiligungstatbestände** des Personalrates als Gremium geregelt.

So bedarf z. B. die Einstellung eines Beschäftigten der vorherigen Zustimmung des Personalrates, § 77 Abs. 1 Nr. 2 Buchstabe a, § 69 Abs. 1 HPVG. In diesen Bestimmungen geht es jedoch jeweils um kollektive Rechte und Pflichten, so dass an dieser Stelle nicht näher darauf eingegangen wird.

Eine **Übersicht** der fünf Stufen der Beteiligung (Mitbestimmung – Mitwirkung – Anhörung – Unterrichtung – Initiativrecht) finden Sie oben in Nr. 1.5.

7.7 Jugend- und Auszubildendenvertreter

Nach § 54 Abs. 1 Satz 1 HPVG wählen
- jugendliche Beschäftigte,
- alle Beamtenanwärter und
- alle Auszubildenden

eine Jugend- und Auszubildendenvertretung (JAV), wenn in der Dienststelle mindestens **fünf** dieser Personen vorhanden sind. Satz 2 der Vorschrift bestimmt die Größe der JAV. Auch hier bereitet ein vom Personalrat bestimmter Wahlvorstand die Wahl vor. Die Amtszeit der JAV dauert zwei Jahre, § 54 Abs. 3 Satz 1 HPVG.

Aus § 55 HPVG ergeben sich die **Aufgaben** der JAV. Wichtig ist in diesem Zusammenhang eine enge Zusammenarbeit mit dem Personalrat.

§ 57 HPVG verpflichtet die JAV zur Einberufung einer **Jugendversammlung**, in der ein Tätigkeitsbericht zu erstatten ist.

Das HPVG geht davon aus, dass Jugend- und Auszubildendenvertreter nach erfolgreicher Beendigung ihres Berufsausbildungsverhältnisses in ein **unbefristetes** Arbeitsverhältnis übernommen werden. Beabsichtigt der Arbeitgeber dies nicht zu tun, so bedarf es spätestens drei Monate vor Beendigung der Ausbildung einer entsprechenden Mitteilung, § 65 Abs. 1 HPVG.[378]

Verlangt ein solcher Auszubildender jedoch innerhalb der letzten drei Monate vor Ausbildungsende schriftlich seine Weiterbeschäftigung, so gilt gemäß § 65 Abs. 2 HPVG im Anschluss an die Berufsausbildung ein unbefristetes Arbeitsverhältnis als begründet.[379]

Hat der Arbeitgeber Einwendungen gegen diese gesetzliche Rechtsfolge, so hat er gemäß § 65 Abs. 3 HPVG einen entsprechenden Antrag beim Verwaltungsgericht stellen.

Nach der Rechtsprechung besteht für den Arbeitgeber aber keine Verpflichtung, zwecks Übernahme eines JAV-Mitglieds den Arbeitsplatz einer Stammkraft freizukündigen.

Hinsichtlich des Schutzes vor ordentlichen und außerordentlichen **Kündigungen** wird auf Nr. 7.6 verwiesen. Die dortigen Ausführungen gelten für Mitglieder der JAV entsprechend.

7.8 Mitglieder der Schwerbehindertenvertretung

Die Aufgaben der Schwerbehindertenvertretung sind in diesem Buch schon mehrfach angeklungen. So hat der Arbeitgeber dieses Gremium in allen Angelegenheiten, die einen einzelnen oder die schwerbehinderten Menschen als Gruppe berühren, unverzüglich und

---

378 Vgl. auch § 16 Abs. 3 TVAöD-BBiG

379 Ein Weiterbeschäftigungsverlangen, das früher als drei Monate vor Beendigung des Berufsausbildungsverhältnisses geäußert wird, ist unwirksam

umfassend zu unterrichten und vor einer Entscheidung anzuhören, § 95 Abs. 2 SGB IX. Die Pflicht zur Anhörung geht über die Unterrichtungspflicht hinaus. Sie verlangt, dass der Schwerbehindertenvertretung Gelegenheit zur Stellungnahme gegeben wird und der Arbeitgeber diese Stellungnahme auch zur Kenntnis nimmt. Die Anhörungspflicht bezieht sich aber nicht auf sämtliche, die schwerbehinderten Menschen betreffenden Angelegenheiten, sondern nur auf die diesbezüglichen **Entscheidungen** des Arbeitgebers. Im Übrigen wird auf die Ausführungen in Nr. 1.8 verwiesen.

An dieser Stelle wollen wir uns mit der persönlichen Rechtsstellung der Mitglieder dieses Gremiums, den sog. **Vertrauenspersonen**, beschäftigen. Natürlich gilt für sie zunächst die gesamte Bandbreite des Arbeits- und Tarifrechts, mithin der in den ersten sechs Kapiteln dieses Buches dargestellte Inhalt.

Zusätzlich ist § 96 SGB IX zu beachten:
Nach Abs. 1 führen Vertrauenspersonen ihr Amt als **Ehrenamt** aus.

Abs. 2 enthält ein Benachteiligungs-, aber auch ein Bevorzugungsverbot, auch hinsichtlich der beruflichen Entwicklung.

Gemäß Abs. 3 besitzen die Vertrauenspersonen die gleiche persönliche Rechtsstellung, insbesondere den gleichen **Schutz vor**

- **Kündigungen,**
- Versetzungen und
- Abordnungen

wie ein Mitglied des Personalrates. Insofern wird auf die Erläuterungen in Nr. 7.7 verwiesen.

Vertrauenspersonen werden im erforderlichen Umfang von ihrer beruflichen Tätigkeit **freigestellt,** ohne dass es hierdurch zu einer Minderung des Entgelts kommen darf (§ 96 Abs. 4 SGB IX).

In größeren Dienststellen (ab 200 schwerbehinderten bzw. gleichgestellten Menschen)[380] wird die Vertrauensperson auf Wunsch sogar ganz freigestellt.

7.9 Frauen- und Gleichstellungsbeauftragte

In Hessen regelt das Hessische Gleichberechtigungsgesetz die Rechte und Pflichten der Frauen- und Gleichstellungsbeauftragten. Deren Beteiligung wurde in diesem Buch an mehreren Stellen bereits thematisiert.

Weitere Informationen zur Frauen- und Gleichstellungsbeauftragten erhalten Sie in kompakter Form unter Nr. 1.7.

Die dienstliche Stellung der Frauen- und Gleichstellungsbeauftragten ist in § 21 HGlG geregelt. So ist sie beispielsweise direkt der Dienststellenleitung zugeordnet. Auch ist

[380] Der Entwurf des BTHG sieht eine Grenze von nur noch 100 entsprechenden Personen vor

sie frei von Weisungen. § 21 Abs. 4 Satz 2 HGlG beinhaltet einen Anspruch vollständig freigestellter Frauen- und Gleichstellungsbeauftragter auf fiktive Nachzeichnung ihres beruflichen Werdegangs; Satz 3 verpflichtet den Arbeitgeber auf Antrag zur Anfertigung einer Aufgabenbeschreibung. Satz 4 enthält einen Schutz der Frauen- und Gleichstellungsbeauftragten und ihrer Stellvertreterin gegen Versetzungen und Abordnungen.

Zum Sonderkündigungsschutz dieses Personenkreises siehe Nr. 6.9.8.12.

7.10 Auszubildende

Auszubildende sind keine Arbeitnehmer.

Wie bereits in Nr. 1.3 angedeutet, steht bei diesem Personenkreis nämlich nicht die Arbeitsleistung, sondern die Erlangung der **beruflichen Handlungsfähigkeit** im Vordergrund, vgl. § 1 Abs. 3 BBiG.

Andererseits gibt es zwischen Auszubildenden und Arbeitnehmern auch zahlreiche Parallelen. So erfolgt z. B. die Einstellung durch Abschluss eines zweiseitigen Vertrages (hier: des Berufsausbildungsvertrages).

Auf diesen Berufsausbildungsvertrag sind gemäß § 10 Abs. 2 BBiG die für den Arbeitsvertrag geltenden Vorschriften und Rechtsgrundsätze anzuwenden, soweit sich aus dem Wesen und Zweck des Berufsausbildungsvertrages bzw. dem BBiG nichts anderes ergibt.

Auch gelten Auszubildende als Beschäftigte im Sinne des Personalvertretungsgesetzes (§ 3 HPVG).

Vertragspartner des Auszubildenden ist nicht etwa ein Arbeitgeber, sondern der **Ausbildende.**

Oftmals ist der Auszubildende zu Beginn der Berufsausbildung noch **nicht volljährig.** In diesem Fall bedarf es zusätzlich der Unterschriften der gesetzlichen Vertreter (im Regelfall somit der Unterschriften beider Elternteile).

§ 11 BBiG verpflichtet den Ausbildenden, den wesentlichen Inhalt des Berufsausbildungsvertrages rechtzeitig vor Beginn der Ausbildung schriftlich niederzulegen. Damit einhergehend enthält auch § 2 Abs. 1 TVAöD-BBiG ein Schriftformgebot.

Gesetzliche Mindestbestandteile des Berufsausbildungsvertrages sind nach § 11 Abs. 1 Satz 2 BBiG:

- Art, sachliche und zeitliche Gliederung sowie Ziel der Berufsausbildung, insbesondere die **Berufstätigkeit,** für die ausgebildet werden soll,
- **Beginn** und Dauer der Berufsausbildung,
- Ausbildungsmaßnahmen außerhalb der Ausbildungsstätte,[381]
- Dauer der regelmäßigen täglichen Ausbildungszeit,[382]
- Dauer der **Probezeit,**
- Zahlung und Höhe der **Vergütung,**
- Dauer des **Urlaubs,**[383]
- Voraussetzungen, unter denen der Berufsausbildungsvertrag gekündigt werden kann, und
- ein in allgemeiner Form gehaltener Hinweis auf die anzuwendenden **Tarifverträge** und Dienstvereinbarungen.

Es empfiehlt sich, die von den jeweiligen kommunalen Arbeitgeberverbänden veröffentlichten **Musterverträge** zu verwenden. Auch der Bund und die Länder verwenden regelmäßig zumindest inhaltsähnliche Vertragsmuster.

§ 13 BBiG regelt das **Verhalten** der Auszubildenden während der Berufsausbildung, die sich insbesondere zu bemühen haben, die erforderliche berufliche Handlungsfähigkeit zu erwerben.

Die Pflichten des Ausbildenden ergeben sich aus den §§ 14 bis 16 BBiG (z. B. Ausbildungspflicht, Freistellungspflicht für die Teilnahme am Berufsschulunterricht sowie die Pflicht zur Erteilung eines Zeugnisses[384]).

Die Probezeit dauert nach § 20 BBiG mindestens einen Monat, höchstens vier Monate. § 3 Abs. 1 TVAöD-BBiG konkretisiert die Dauer der Probezeit für Berufsausbildungen im öffentlichen Dienst auf drei Monate.

Während im Tarifrecht des öffentlichen Dienstes eine sechsmonatige **Ausschlussfrist** gilt,[385] ist für Ansprüche aus dem Ausbildungsverhältnis abweichend eine dreimonatige Ausschlussfrist normiert, § 19 TVAöD-BBiG.

Das **Ausbildungsentgelt** ist tariflich geregelt. So gilt z. B. im kommunalen Verwaltungsdienst § 8 Abs. 1 TVAöD-BBiG. Danach beträgt das monatliche Ausbildungsentgelt

381 Vgl. § 10 TVAöD-BBiG
382 Vgl. § 7 TVAöD-BBiG
383 Vgl. § 9 TVAöD-BBiG
384 Siehe hierzu auch § 18 TVAöD-BBiG
385 Näheres siehe Nr. 5.9

	ab 1. März 2016	ab 1. Februar 2017	ab ...
im ersten Ausbildungsjahr	888,26 €	918,26 €	
im zweiten Ausbildungsjahr	938,20 €	968,20 €	
im dritten Ausbildungsjahr	984,02 €	1.014,02 €	
im vierten Ausbildungsjahr	1.047,59 €	1.077,59 €	

Hinsichtlich des **Zahltages** verweist § 8 Abs. 2 TVAöD-BBiG auf die für die Beschäftigten geltende Regelung (siehe hierzu Nr. 5.9).

Auch in Bezug auf den **Urlaubsanspruch** verweist § 9 TVAöD-BBiG auf die Bestimmungen des TVöD. Dies allerdings mit der Maßgabe, dass in der 5-Tage-Woche nicht 30, sondern **29 Ausbildungstage** im Kalenderjahr zustehen.[386]

Im Jahr der Einstellung in das Berufsausbildungsverhältnis erfolgt somit eine anteilige Urlaubsgewährung (z. B. für die Zeit vom 01.09. bis 31.12. eines Jahres 29 x 4/12 = 9,66; somit aufgerundet 10 Tage).

Unklar ist die Tariflage im Fall der **Übernahme** nach erfolgreich abgeschlossener Berufsausbildung. Hier stehen nämlich Ansprüche aus zwei Tarifverträgen zu, die inhaltlich nicht aufeinander abgestimmt wurden.

Beispiel:
Herr Fleißig beendet seine Berufsausbildung bei der Stadt Bebra mit Ablauf des 09.07.2017. Ab dem 10.07.2017 wird er durch die Stadt Bebra in ein TVöD-Arbeitsverhältnis übernommen.

- ➔ Nach § 9 TVAöD-BBiG steht ihm ein anteiliger Urlaubsanspruch von (29 x 6/12 =) 14,5 gerundet 15 Tagen zu (für jeden vollen Monat).
- ➔ Nach § 26 Abs. 2 Buchstabe b TVöD steht daneben ein anteiliger Urlaubsanspruch von (30 x 5/12 =) 12,5 gerundet 13 Tagen zu.
- ➔ Im Ergebnis ergäbe dies für 11 Monate 28 Tage Urlaub.
- ➔ Ein solches Ergebnis kann nicht richtig sein; schließlich war Herr Fleißig ganzjährig bei der Stadt Bebra beschäftigt. Deshalb ergibt eine Auslegung der Tarifnormen „nach Sinn und Zweck", dass in einem solchen Fall der Kalendermonat, in den der Wechsel fällt, wie ein voller „TVöD-Monat" angesehen wird. Verschiedene kommunale Arbeitgeberverbände empfehlen deshalb ihren Mitgliedern, entsprechend zu verfahren.[387] Dieser Empfehlung schließt sich der Verfasser an. Daraus ergibt sich folgende Übersicht:

386 Seit dem Urlaubsjahr 2016, zuvor waren es jährlich 28 Ausbildungstage
387 Vgl. z. B. Rundschreiben 32/2016 des KAV Hessen

Übersicht:

Wechsel im Laufe der Monate...	Gesamturlaubsanspruch im Jahr der Übernahme
Januar bis Juli	30 Tage
August bis Dezember	29 Tage

Übrigens bestünde in diesem Beispiel kein Anspruch auf Abgeltung des während der Berufsausbildung erdienten Urlaubs. Die Rechtsprechung begründet dies damit, dass die fortdauernden Rechtsbeziehungen zwischen den Vertragsparteien eine Urlaubsabgeltung ausschließen (sog. „rechtliche Einheit" zwischen Ausbildungs- und Arbeitsverhältnis).

Nach § 11 Abs. 2 TVAöD-BBiG hat der Ausbildende dem Auszubildenden erforderliche **Ausbildungsmittel** kostenlos zur Verfügung zu stellen (z. B. Gesetzessammlungen).

Neu eingeführt wurde zum 01.01.2016 ein pauschaler **Lernmittelzuschuss** (ohne Verwendungsnachweis) in Höhe von jährlich 50 € brutto, § 11 Abs. 3 TVAöD-BBiG. Dieser pauschale Zuschuss ist spätestens im September eines jeden Jahres fällig, zu versteuern und zu verbeitragen.

Nach § 13 TVAöD-BBiG erhalten Auszubildende auch **vermögenswirksame Leistungen.**

§ 14 regelt den Anspruch auf **Jahressonderzahlung**. Nach § 14 Abs. 4 TVAöD-BBiG steht im Jahr der Übernahme eines Auszubildenden in ein Arbeitsverhältnis sogar eine zusätzliche Jahressonderzahlung zu.

Beispiel:
Herr Fleißig beendet seine Berufsausbildung bei der Stadt Bebra mit Ablauf des 09.07.2017. Ab dem 10.07.2017 wird er durch die Stadt Bebra in ein Arbeitsverhältnis übernommen.
➔ Neben der Jahressonderzahlung nach § 20 TVöD (6/12) steht ihm eine weitere Jahressonderzahlung nach § 14 Abs. 4 TVAöD-BBiG (weitere 6/12) zu.

Im Falle des Bestehens der Abschlussprüfung im ersten Anlauf steht dem Auszubildenden eine **Abschlussprämie** in Höhe von einmalig 400 € zu, § 17 TVAöD-BBiG.

Gemäß § 21 Abs. 2 BBiG **endet** das Berufsausbildungsverhältnis regelmäßig mit Bekanntgabe des Ergebnisses der Abschlussprüfung durch den Prüfungsausschuss.

Eine ordentliche **Kündigung** durch den Ausbildenden kommt nach § 22 BBiG nur während der Probezeit in Betracht. Nach der Probezeit bedarf es zur Kündigung seitens des Ausbildenden eines wichtigen Grundes. Der Auszubildende selbst kann dagegen – bei entsprechender Begründung – auch nach der Probezeit ordentlich kündigen.

Besteht nach erfolgreicher Berufsausbildung eigentlich ein **Anspruch auf Übernahme** in ein Arbeitsverhältnis?

➔ Das Sächsische Landesarbeitsgericht geht unter Hinweis auf § 16a Satz 1 TVAöD-BBiG grundsätzlich von einem solchen Anspruch aus.[388]

➔ Möchte der Ausbildende eine solche Übernahme verhindern, so muss er hinreichend darlegen, dass entweder kein dienstlicher Bedarf besteht oder Gründe in der Person des Auszubildenden einer Übernahme entgegenstehen.

➔ Gelingt dies nicht, wird ein für die Dauer von zwölf Monate befristetes Arbeitsverhältnis abgeschlossen.

➔ Nähere Informationen zur Befristung von Arbeitsverhältnissen siehe Nr. 4.5 in diesem Buch. Hier kommt sowohl eine Befristung nach § 14 Abs. 1 Satz 2 Nr. 2 als auch nach § 14 Abs. 2 TzBfG in Betracht.

➔ Nach Ablauf dieser zwölf Monate werden diese Beschäftigten bei entsprechender Bewährung in ein unbefristetes Arbeitsverhältnis übernommen, § 16a Satz 2 TVAöD-BBiG.

Neben den Bestimmungen des BBiG und den jeweils maßgebenden tariflichen Vorschriften gilt für bestimmte Personen zusätzlich das **Jugendarbeitsschutzgesetz** (JArbSchG): Dieses Gesetz gilt – einfach ausgedrückt – für Personen, die jünger als 18 Jahre alt sind und

- in einem Berufsausbildungsverhältnis oder
- in einem Arbeitsverhältnis

stehen.

Es enthält besondere Schutzbestimmungen, die zwingend einzuhalten sind. So kommt in der Praxis insbesondere den längeren Ruhepausen des § 11 JArbSchG, der Sonntagsruhe des § 17 JArbSchG und der Erstuntersuchung des § 32 JArbSchG besondere Bedeutung zu.

Auch außerhalb des öffentlichen Dienstes kommt dem JArbSchG eine besondere Bedeutung zu. So z. B. im Profifußball: Stellen Sie sich einmal vor, eine Bundesligamannschaft steht in der K. O.-Runde des Europapokals. Wie lange darf ein 17-jähriger Stürmer dabei mitspielen?

➔ Betrachten wir hierzu § 14 Abs. 1 JArbSchG, so geht dies nur bis 20 Uhr. Er dürfte sich also gerade mal warmlaufen.

➔ Ziehen wir nun die Ausnahmeregelung des § 14 Abs. 7 JArbSchG hinzu („andere Aufführung"), so gilt als absolute Obergrenze 23 Uhr. In unserem Beispiel bedeutet dies, der Stürmer dürfte mitspielen, müsste aber – je nach Spielverlauf – im Zweifel kurz vor dem Elfmeterschießen ausgewechselt werden. Anderenfalls verhielte sich der Arbeitgeber ordnungswidrig gemäß § 58 Abs. 1 Nr. 11 JArbSchG, so dass eine Geldbuße von bis zu 15.000 € droht.

Zur Abrundung lösen Sie bitte den Fall 33 im Übungsteil, der von der Übernahme eines Auszubildenden handelt.

---

388 Siehe Urteil des LAG Sachsen vom 22.05.2015 – 5 Sa 98/14 (Revision zugelassen)

7.11 Praktikanten

Auch Praktikanten sind keine Arbeitnehmer. Sie gelten regelmäßig auch nicht als Beschäftigte im Sinne des Personalvertretungsrechts, vgl. § 3 Abs. 2 Nr. 5 HPVG.

Vielmehr unterzieht sich ein Praktikant für eine begrenzte Dauer einer betrieblichen Tätigkeit. Sein Ziel besteht darin, praktische Kenntnisse und Erfahrungen zu sammeln. Dabei handelt es sich jedoch nicht um eine Berufsausbildung im Sinne des BBiG.

Praktika reichen vom einfachen Schülerpraktikum (z. B. eine Woche „Berufswelt schnuppern") bis hin zu mehrmonatigen Maßnahmen im Rahmen oder im Anschluss an ein Hochschulstudium.

Hinzuweisen ist schließlich auf die Praktikanten-Richtlinien der VKA vom 13.11.2009, die aber nur für den dort genannten Personenkreis Anwendung finden.

Übungsteil

Fall 1: Die Arbeitnehmereigenschaft

Herr Leonhard Lehr ist Sachbearbeiter bei der hessischen Gemeinde Eichenzell. Auf das Arbeitsverhältnis ist gemäß Vereinbarung im Arbeitsvertrag der TVöD anzuwenden. Nebenberuflich beabsichtigt er, einen Lehrauftrag als Dozent an der Volkshochschule des Landkreises Fulda anzunehmen. Er möchte in den Sommermonaten Juli, August und September jeden Samstag in der Zeit von 15 Uhr bis 17 Uhr einen Kurs über bürgerliches Recht (Schwerpunkt Nachbarschaftsrecht) anbieten. Die Vergütung richtet sich nach den Bestimmungen der Volkshochschule. Inhaltlich bestehen seitens der Volkshochschule keine Vorgaben, so dass Herr Lehr den Unterricht selbstständig planen und gestalten kann. Vorgesehen ist, dass ein „Honorarvertrag" abgeschlossen wird.

Aufgabe 1:
Wird Herr Lehr durch den Lehrauftrag zum **Arbeitnehmer** des Landkreises Fulda (Träger der Volkshochschule)?

Aufgabe 2:
Welche arbeitsvertragliche Pflicht besteht für Herrn Lehr gegenüber der Gemeinde Eichenzell?

Lösung Aufgabe 1:
Nach ständiger Rechtsprechung des Bundesarbeitsgerichts (BAG) ist Arbeitnehmer, wer aufgrund eines privatrechtlichen Vertrages im Dienste eines anderen zur Leistung weisungsgebundener, fremdbestimmter Arbeit in persönlicher Abhängigkeit verpflichtet ist.

Herr Lehr wird mit dem Landkreis möglicherweise einen privatrechtlichen Vertrag abschließen.[389] Er ist dann auch im Dienste eines anderen, nämlich des Landkreises, tätig. Charakteristisch für die Arbeitnehmereigenschaft ist aber der Grad der persönlichen Abhängigkeit. Diese ergibt sich aus der **Weisungsgebundenheit** hinsichtlich Art, Ort und Zeit seiner Arbeitsleistung (vgl. § 106 GewO).

Ein Dozent an einer Volkshochschule ist grundsätzlich frei in der Gestaltung des Kursinhalts. Auch richtet sich die Arbeitszeit fallbezogen nach den Wünschen des Herrn Lehr. Es handelt sich somit nicht um ein Arbeitsverhältnis im rechtlichen Sinne. Somit besteht kein Anspruch auf Urlaub, Entgeltfortzahlung, Kündigungsschutz usw.

Der Honorarvertrag ist somit kein Arbeitsvertrag. Damit findet der TVöD auf die Nebentätigkeit keine Anwendung, vgl. § 1 Abs. 1 TVöD.

Lösung Aufgabe 2:
Die arbeitsvertragliche Pflicht gegenüber der Gemeinde Eichenzell könnte sich aus dem TVöD ergeben.

Da Herr Lehr laut Sachverhalt TVöD-Beschäftigter bei der Gemeinde Eichenzell ist, hat er

[389] Denkbar ist auch ein „öffentlich-rechtliches Dienstverhältnis besonderer Art"

die beabsichtigte Nebentätigkeit gemäß § 3 Abs. 3 TVöD rechtzeitig vor Arbeitsaufnahme schriftlich gegenüber dem Arbeitgeber **anzuzeigen**. Der Arbeitgeber kann die Nebentätigkeit ggf. untersagen oder mit Auflagen versehen. Vorliegend sind jedoch keine Anhaltspunkte für eine Versagung erkennbar, da Auswirkungen auf die dienstlichen Tätigkeiten schon wegen der beabsichtigten zeitlichen Lage (samstags) nicht zu befürchten sind.

Praxistipp:
In der Praxis kommt es nicht selten vor, dass Beschäftigte eine Nebentätigkeit ausüben möchten. Bei der Überprüfung derartiger Anträge ist vor allem zu prüfen, ob die Vorschriften des **Arbeitszeitgesetzes** eingehalten werden, vgl. hierzu § 2 Abs. 1 Satz 1 zweiter Halbsatz ArbZG, wonach z. B. die Arbeitszeiten der Haupttätigkeit und der Nebentätigkeit zusammenzurechnen sind.

Nähere Informationen zum Nebentätigkeitsrecht erhalten Sie in Fall 24.

Blick in das Beamtenrecht: Bei Beamten gilt übrigens grundsätzlich keine Anzeige-, sondern eine Genehmigungspflicht, vgl. § 40 BeamtStG, §§ 71 – 79 HBG.

Die Genehmigung bzw. Versagung der beantragten Nebentätigkeit eines Beamten stellt einen Verwaltungsakt im Sinne von § 35 Satz 1 HVwVfG dar, gegen den ggf. Widerspruch eingelegt werden kann.

Zur Vertiefung des Rechts von Beamten auf Ausübung einer Nebentätigkeit siehe Band 1 der HVSV-Schriftenreihe „Beamtenrecht in Hessen“, dort unter Nr. 8.2.2.

Fall 2: Gilt der TVöD auch für mich?

„Für wen gilt eigentlich der TVöD?“ Diese Frage stellt sich Arnd Abseits, der in einem Arbeitsverhältnis zur Stadt Frankfurt am Main steht. Grundlage dieses Arbeitsverhältnisses ist ein schriftlicher Arbeitsvertrag nach üblichem Muster. Herr Abseits legt großen Wert auf seine Unabhängigkeit. Er ist ledig, hat keine Freunde und legt Wert darauf, in seinem ganzen Leben weder Mitglied eines Sportvereins noch irgendeiner Gewerkschaft gewesen zu sein.

Aufgabe:
Gilt für ihn der TVöD?

Lösung:
Zu prüfen ist, ob der TVöD auf das Arbeitsverhältnis des Herrn Abseits anzuwenden ist. Eine solche Tarifbindung kann auf drei verschiedenen Wegen erreicht werden:

a) Der Tarifvertrag wird für allgemeinverbindlich erklärt, § 5 TVG. Im öffentlichen Dienst ist kein Tarifvertrag für allgemeinverbindlich erklärt worden. Damit scheidet diese Möglichkeit aus.

b) Beide Arbeitsvertragspartner sind tarifgebunden. Die Stadt Frankfurt am Main ist Mitglied des KAV Hessen, welcher unter dem Dachverband VKA (Vereinigung der kommunalen Arbeitgeberverbände) angesiedelt ist. Laut Sachverhalt ist Herr Abseits aber nicht Mitglied einer vertragsschließenden Gewerkschaft. Auch diese Möglichkeit ist somit nicht erfüllt.

c) Die Gültigkeit des TVöD wurde **arbeitsvertraglich** vereinbart. Die Arbeitsvertragsmuster, die von den öffentlichen Arbeitgebern regelmäßig verwendet werden, beinhalten stets eine Klausel, wonach der TVöD in seiner jeweiligen Fassung für das zu schließende Arbeitsverhältnis Anwendung findet. Hiervon ist auch in dem hier zu beurteilenden Fall auszugehen, denn lt. Sachverhalt wurde ein „übliches“ Arbeitsvertragsmuster verwendet.

Im Ergebnis ist festzustellen, dass der TVöD Anwendung auf das Arbeitsverhältnis des Herrn Abseits findet.

Hinweis:
Durch die o. g. Vertragsklausel wird erreicht, dass Arbeitsverträge im öffentlichen Dienst relativ kurz ausfallen, denn zahlreiche Feinheiten stehen im Tarifvertrag. In § 1 Abs. 2 TVöD findet sich übrigens ein Katalog, in welchen Fällen der TVöD keine Anwendung findet. Dies ist z. B. bei Chefärzten, Praktikanten und kurzfristig Beschäftigten im Sinne von § 8 Abs. 1 Nr. 2 SGB IV der Fall (Umkehrschluss: Für geringfügig Beschäftigte im Sinne von § 8 Abs. 1 Nr. 1 SGB IV findet der TVöD Anwendung).

Blick in das Beamtenrecht: Die Arbeitsbedingungen für Beamte finden Sie niemals in einem Tarifvertrag. Zwar gibt es auch Beamtengewerkschaften (z. B. Gewerkschaft der Polizei, Deutsche Steuergewerkschaft), aber für die Arbeitsbedingungen der Beamten gelten stets Gesetze und Verordnungen (z. B. Hessisches Besoldungsgesetz, Hessische Laufbahnverordnung). Deshalb dürfen Beamte nach Auffassung des Verfassers auch nicht streiken.

Fall 3: Das Rangprinzip

Die Bewerberin Elke Edelholz (19 Jahre) erhält erfreulicherweise eine Zusage auf ihre Bewerbung. Der künftige Arbeitgeber fertigt einen einseitig unterschriebenen Arbeitsvertrag aus, wonach Frau Edelholz als vollbeschäftigte Verwaltungsfachangestellte unbefristet eingestellt wird. Hierüber freut sie sich sehr. Außerdem enthält der Vertragsentwurf folgende Regelung: „Die Bestimmungen des Mutterschutzgesetzes finden auf dieses Arbeitsverhältnis keine Anwendung.“

Frau Edelholz ist erschrocken, denn irgendwann möchte sie vielleicht mal eigene Kinder haben.

Aufgabe:
Bitte geben Sie eine Empfehlung ab, ob Frau Edelholz diesen Arbeitsvertragsentwurf unterschreiben sollte.

Lösung:
Zu prüfen ist, ob Frau Edelholz empfohlen werden kann, diesen Arbeitsvertragsentwurf zu unterschreiben.

Im Rahmen der Vertragsfreiheit darf in einem Arbeitsvertrag grundsätzlich alles geregelt werden, was nicht gegen höherrangiges Recht verstößt, § 105 i. V. m. § 6 Abs. 2 GewO.

Vorliegend widersprechen sich die gesetzlichen Schutzvorschriften des Mutterschutzgesetzes und eine arbeitsvertragliche Vereinbarung. In derartigen Fällen ist zu prüfen, welche Regelung „stärker" ist. Grundsätzlich gilt, dass die ranghöhere Regelung der rangniederen vorgeht. Dies nennt man „Rangprinzip". Dabei gilt in der arbeitsrechtlichen Normenpyramide folgende Reihenfolge:

1. Europarecht
2. Grundgesetz (GG)
3. Gesetz
4. Rechtsverordnung
5. Tarifvertrag
6. Dienstvereinbarung
7. Arbeitsvertrag (+ Direktionsrecht, + betriebliche Übung)
8. Arbeitsrechtlicher Gleichbehandlungsgrundsatz

Normen, die gegen höherrangige Regelungen verstoßen, sind unwirksam.

Für den vorliegenden Fall folgt daraus, dass die arbeitsvertragliche Vereinbarung, welche in der Normenpyramide unterhalb des Gesetzes steht, unwirksam ist. Die anderen Regelungen des Arbeitsvertrages dagegen bleiben voll wirksam. Man spricht deshalb von der Teilnichtigkeit der mutterschutzrechtlichen Klausel im Arbeitsvertrag.

Es ist Frau Edelholz im Ergebnis also zu empfehlen, den Arbeitsvertag zu unterzeichnen. Sie wird dadurch zur unbefristeten Vollzeitarbeitnehmerin; die strittige Klausel dagegen erzielt keine Rechtswirkung. Im Falle einer späteren Schwangerschaft gilt deshalb das Mutterschutzgesetz uneingeschränkt.

Hinweis:
Das oben beschriebene Rangprinzip ist abzugrenzen vom Günstigkeitsprinzip.
Nähere Informationen zum Günstigkeitsprinzip enthält der folgende Fall 4. Doch lesen Sie bitte zuvor Nr. 2.10 in diesem Buch.

Fall 4: Das Günstigkeitsprinzip

Fred Feier ist bei der Stadt Freiburg beschäftigt und erkundigt sich nach seinem Urlaubsanspruch. Nach § 3 Bundesurlaubsgesetz (BUrlG) stehen ihm 24 Werktage (dies sind bei einer 5-Tage-Woche 24 x 5/6 = 20 Arbeitstage) zu, nach § 26 Abs. 1 TVöD stehen ihm 30 Arbeitstage zu. Er hat mal etwas von einem arbeitsrechtlichen „Rangprinzip" gehört, wonach stets die ranghöhere Regelung vorgeht. Er befürchtet deshalb, die tarifliche Regelung gehe ins Leere. Wie ist die Rechtslage?

Lösung:

Zu bewerten sind der gesetzliche und der tarifliche Urlaubsanspruch. Zwar steht das Gesetz in der arbeitsrechtlichen Normenpyramide über dem TVöD. Hier ist jedoch das **Günstigkeitsprinzip** zu erkennen, denn die tarifliche Regelung ist für den Arbeitnehmer zweifellos günstiger. Deshalb stehen Herrn Frei im Ergebnis jährlich 30 Arbeitstage Erholungsurlaub zu.

Hinweis:

Es gibt aber auch Fälle, in denen der gesetzliche Urlaubsanspruch für den Beschäftigten günstiger ist als der Tarifurlaub. Dies sind insbesondere die Fälle des unterjährigen Ein- bzw. Austritts.

Beispiel:

Vollzeitarbeitsverhältnis vom 1. Januar bis 31. Juli

➔ Gesetzlicher Urlaub: **20 Tage**, denn die Voraussetzungen für eine Kürzung sind nicht erfüllt, vgl. § 5 Abs. 1 Buchstabe c BurlG (hiernach Kürzung des Jahresurlaubs nur bei Ausscheiden in der ersten Hälfte des Kalenderjahres, also bis 30. Juni).

➔ Tariflicher Urlaub wird stets gekürzt, vgl. § 26 Abs. 2 Buchstabe b TVöD. Daraus ergibt sich die folgende Rechnung: 30 x 7/12 = 17,5 gerundet **18 Tage** (§ 26 Abs. 1 Satz 4 TVöD).

➔ Schließlich ist zu prüfen, welches Teilergebnis für den Beschäftigten günstiger ist. Vorliegend besteht Anspruch auf 20 Arbeitstage Erholungsurlaub (Rangprinzip).

Nähere Informationen zum Anspruch auf Erholungsurlaub siehe Abschn. 5.12 sowie Fall 22 im Übungsteil.

Blick in das Beamtenrecht: Das Bundesurlaubsgesetz gilt nicht für Beamte. Hier gelten die jeweiligen Urlaubsverordnungen des Bundes bzw. der Länder. Für Hessen gilt die Hessische Urlaubsverordnung. Nähere Informationen zum Urlaubsanspruch von Beamten erhalten Sie in Band 1 der HVSV-Schriftenreihe „Beamtenrecht in Hessen", dort unter Nr. 8.2.

Fall 5: Die fehlerhafte Ausschreibung

Die Gemeinde Starkenburg sucht mittels externer Stellenausschreibung „einen jungen, belastbaren Bauhofmitarbeiter, der auch schwere Gartengeräte (z. B. Rasenmäher) bewegen können muss". Der Bewerber sollte über eine abgeschlossene handwerkliche Berufsausbildung, idealerweise als Gärtner, verfügen.

Daraufhin bewirbt sich Frau Dora Dünn (49 Jahre, 49 kg). Frau Dünn wird nicht zu einem Vorstellungsgespräch eingeladen, sondern erhält sofort eine Absage. Später stellt sich heraus, dass sich die Gemeinde für den Mitbewerber Henrik Maske (29 Jahre, 99 kg), einen ehemaligen Amateurboxer, entschieden hat. Frau Dünn fühlt sich benachteiligt.

Aufgabe:
Welchen Fehler enthält die Stellenausschreibung?

Lösung:
Zu prüfen ist, welchen Fehler die Stellenausschreibung enthält. Zu beachten ist dabei, dass ein Arbeitsplatz gemäß § 11 AGG nicht unter Verstoß gegen § 7 Abs. 1 AGG ausgeschrieben werden darf.

§ 7 Abs. 1 AGG verbietet jede Ungleichbehandlung von Beschäftigten wegen eines in § 1 AGG genannten Grundes. Fallbezogen ist deshalb zu prüfen, ob die Eigenschaften „jung" und „belastbar" so hätten verwendet werden können.

Die Eigenschaft „**jung**" erfüllt zunächst das in § 1 AGG aufgeführte Merkmal „Alter". Es handelt sich hierbei somit um eine Benachteiligung von Frau Dünn wegen ihres (relativ hohen) Alters. Es ist nicht ersichtlich, weshalb ein älterer Bewerber das Stellenprofil nicht erfüllen sollte. Auch liegt weder eine berufliche Anforderung (§ 8 AGG) noch eine zulässige unterschiedliche Behandlung wegen des Alters (§ 10 AGG) vor. Damit hätte die Stellenausschreibung in dieser Form nicht erfolgen dürfen. Die Ausschreibung ist somit fehlerhaft.

Hingegen verstößt die Eigenschaft „**belastbar**" nicht gegen das AGG. Dies hat das LAG Nürnberg[390] entschieden. Eine Benachteiligung etwa wegen einer Behinderung liege hier nicht vor.

Hinweis:
Nähere Informationen zum AGG sowie zu möglichen Entschädigungsleistungen entnehmen Sie bitte dem Abschn. 5.3 in diesem Buch sowie dem Fall 13 im Übungsteil.

Das AGG gilt übrigens auch für Beamte, vgl. § 24 Nr. 1 AGG.

[390] Urteil vom 19.02.2008 – 6 Sa 675/07

Fall 6: Darf ich lügen?

Im Vorstellungsgespräch im Büro des Bürgermeisters wird die Bewerberin Birgit Bauch über ihre „Familienplanung“ befragt. Frau Bauch, die im dritten Monat schwanger ist, möchte in den nächsten Jahren mindestens drei Kinder zur Welt bringen. Da sie jedoch Angst hat, die erhoffte Arbeitsstelle nicht zu erhalten, lügt sie den Bürgermeister bewusst an. Sie berichtet, dass sie weder jetzt noch in den nächsten Jahren vorhabe, schwanger zu werden. Der Bürgermeister ist mit dem Verlauf des Gespräches zufrieden. Deswegen wird – nach ordnungsgemäßer Beteiligung des Personalrates und der Frauen- und Gleichstellungsbeauftragten – ein unbefristeter Arbeitsvertrag mit der Bewerberin abgeschlossen.

An ihrem ersten Arbeitstag offenbart Frau Bauch ihre Schwangerschaft und legt ein entsprechendes ärztliches Attest vor. Der Bürgermeister ist darüber so erzürnt, dass er das Arbeitsverhältnis wegen „arglistiger Täuschung“ anfechten möchte.

Aufgabe:
Durfte die Bewerberin lügen?

Lösung:
Fraglich ist, ob Frau Bauch den Bürgermeister im Vorstellungsgespräch anlügen durfte.

Grundsätzlich gilt: Es kommt darauf an!

Auf **zulässige** Fragen im Vorstellungsgespräch muss der Bewerber die Wahrheit sagen. Zulässige Fragen sind z. B. solche über den bisherigen Werdegang sowie über Fertigkeiten und Kenntnisse. Lügt der Bewerber, so kann der Arbeitgeber den Arbeitsvertrag regelmäßig wegen arglistiger Täuschung anfechten, § 123 BGB.

Auf **unzulässige** Fragen dagegen darf der Bewerber bedenkenlos die Unwahrheit sagen. Unzulässig sind z. B. Fragen über die Religionszugehörigkeit, die Mitgliedschaft in einer Gewerkschaft oder – wie hier – die Familienplanung.

Im Ergebnis durfte die Bewerberin deshalb bedenkenlos lügen. Eine Anfechtung nach § 123 BGB kommt fallbezogen gerade nicht in Betracht.

Hinweis: In der Praxis sollten sowohl die Frauen- und Gleichstellungbeauftragte als auch Mitglieder des Personalrats – sofern sie an dem Vorstellungsgespräch teilnehmen – darauf achten, dass ausnahmslos zulässige Fragen gestellt werden.

Übrigens würde in dem geschilderten Fall auch eine Wartezeitkündigung ausscheiden. Eine solche würde am Sonderkündigungsschutz des § 17 MuSchG scheitern.

Blick in das Beamtenrecht: Die Grundsätze über zulässige Fragen im Vorstellungsgespräch sind prinzipiell auf Beamte übertragbar. So gilt das AGG – wie bereits erwähnt – auch für diesen Personenkreis, vgl. § 24 Nr. 1 AGG.
Zwar gilt das Mutterschutzgesetz nicht für Beamtinnen, vgl. aber die ähnlichen Bestimmungen der HMuSchEltZVO.

Fall 7: Der vergessene Personalrat

Die Gemeinde Neudorf beabsichtigt, den Bewerber Sepp Tember mit Wirkung vom 1. September einzustellen. Der neue Personalleiter beeilt sich, den Arbeitsvertrag auszufertigen. Kurz vor Arbeitsaufnahme stellt sich heraus, dass der Personalrat bei dem Einstellungsverfahren „vergessen" wurde.

Aufgabe:
Welche **Rechtsfolge** ergibt sich hieraus bezüglich der Wirksamkeit des Arbeitsvertrages?

Lösung:
Zu prüfen ist, welche Rechtsfolge sich durch die unterbliebene Beteiligung des Personalrates bezüglich der Wirksamkeit des Arbeitsvertrages ergibt.

Vorliegend wurde das **Mitbestimmungsgebot** des § 77 Abs. 1 Nr. 2 Buchstabe a HPVG bei Einstellung verletzt. Hiernach bedurfte es der **vorherigen Zustimmung** des Personalrats, vgl. § 69 Abs. 1 HPVG.

Die Rechtsfolgen einer fehlenden (oder fehlerhaften) Mitbestimmung sind abhängig vom Rechtscharakter der beabsichtigten Maßnahme.

Der hier zu beurteilende Arbeitsvertrag ist voll wirksam. Allerdings darf Herr Tember nicht beschäftigt werden, solange die Zustimmung des Personalrats nicht vorliegt.[391]

Für die Zeit des Beschäftigungsverbots besteht Entgeltanspruch. Herr Tember kann also seine vermehrte Freizeit guten Gewissens nutzen, indem er z. B. ins Schwimmbad geht. Die Zeit läuft quasi „für ihn". Anders verhält es sich in Bezug auf den Arbeitgeber: Dieser erhält keine Arbeitsleistung, muss aber Personalkosten tragen. Dies erscheint folgerichtig, denn schließlich resultiert das Beschäftigungsverbot auf einem Fehler, den der Personalleiter als Vertreter des Arbeitgebers verursacht hat.

In der Praxis würde das personalvertretungsrechtliche Zustimmungsverfahren in einem solchen Fall schnellstmöglich nachgeholt werden. Kommt es zu weiteren Verzögerungen, so steht es dem Arbeitgeber grundsätzlich frei, eine Kündigung während der Probezeit auszusprechen (sog. Wartezeitkündigung).[392]

---

[391] BAG-Urteil vom 02.07.1980 -5 AZR 1241/79-

[392] Siehe hierzu auch Nr. 6.9.2.3

Hinweis:
Ganz anders stellt sich die Rechtslage im Fall einer arbeitgeberseitigen Kündigung dar: Eine solche Kündigung ist von Anfang an unwirksam, wenn die Personalvertretung nicht beteiligt worden ist, § 66 Abs. 2 HPVG. Voraussetzung ist hierfür jedoch, dass der gekündigte Arbeitnehmer innerhalb von drei Wochen nach Zugang der Kündigung Klage beim zuständigen Arbeitsgericht einlegt, § 4 KSchG.

Unter „Beteiligung" ist bei ordentlicher Kündigung außerhalb der Probezeit das Mitbestimmungsrecht nach § 77 Abs. 2 Buchstabe i HPVG zu verstehen; bei Kündigungen während der Probezeit sowie bei außerordentlichen Kündigungen besteht ein Anhörungsrecht nach § 78 Abs. 2 Satz 1 HPVG.

Im Übrigen gilt für das Zustimmungsverfahren § 69 Abs. 2 HPVG. Hiernach hat der Personalrat regelmäßig **zwei Wochen** Zeit, um eine Stellungnahme zu der von der Dienststellenleitung beabsichtigten Maßnahme abzugeben. Erfolgt innerhalb dieser Frist keine schriftlich begründete Verweigerung, so gilt die Maßnahme als gebilligt (**Zustimmungsfiktion**, § 69 Abs. 2 Satz 4 HPVG). Die Zustimmung verweigern kann der Personalrat indes nur unter den (engen) Voraussetzungen des § 77 Abs. 4 HPVG.

Blick in das Beamtenrecht: Eine ohne Beteiligung des Personalrates vorgenommene **Ernennung** eines Beamten ist rechtswidrig. Da die Voraussetzungen der (abschließend maßgebenden) §§ 11, 12 BeamtStG jedoch nicht erfüllt sind, ist die Ernennung[393] voll wirksam. Im Beamtenrecht erfolgt somit gerade kein „personalvertretungsrechtliches Beschäftigungsverbot".
Der Beamte hat vielmehr seine Dienstpflichten zu erfüllen. Hier liegt ein wesentlicher Unterschied zum Arbeitsrecht.

Fall 8: Der mündliche Arbeitsvertrag

Die Bewerberin Miriam Mund (18 Jahre) macht auf den Bürgermeister der hessischen Stadt Schnellhausen einen derart positiven Eindruck, dass er ihr kurz nach einem Vorstellungsgespräch ein Arbeitsverhältnis anbietet. Der Personalrat sowie die Frauen- und Gleichstellungsbeauftragte wurden zuvor ordnungsgemäß beteiligt. Frau Mund und der Bürgermeister einigen sich mündlich auf ein unbefristetes Arbeitsverhältnis, welches noch an demselben Tag wirksam werden soll. Das Entgelt soll auf Grundlage der EG 6 TVöD gezahlt werden, die Wochenarbeitszeit soll 30 Stunden betragen.

Am Abend, nachdem Frau Mund die ersten Arbeitsleistungen im Bürgerbüro bereits vollzogen hat, kommen ihr Zweifel über die Wirksamkeit dieses „mündlichen Arbeitsvertrages". Ihr Freund Fred Fuchs meint, im öffentlichen Dienst seien nur schriftliche Verträge wirksam.

[393] Verwaltungsakt im Sinne von § 35 Satz 1 HVwVfG

Aufgabe:
Wie ist die Rechtslage?

Lösung:
Im Arbeitsrecht herrscht grundsätzlich Formfreiheit, so dass auch ein mündlicher bzw. durch konkludentes Handeln abgeschlossener Arbeitsvertrag als **wirksam** anzusehen ist (vgl. § 105 i. V. m. § 6 Abs. 2 GewO).

Zu beachten ist hier zunächst das Nachweisgesetz, wonach der Arbeitgeber spätestens einen Monat nach Beginn des Arbeitsverhältnisses die wesentlichen Vertragsbedingungen (z. B. Arbeitsort, Tätigkeit, Entgelt, ggf. Hinweis auf Tarifvertrag) schriftlich niederzulegen hat. Diese Niederschrift muss der Arbeitgeber einseitig unterzeichnen und der Arbeitnehmerin aushändigen. Das Nachweisgesetz fordert demnach keinen schriftlichen Arbeitsvertrag, sondern lediglich eine einseitig unterzeichnete Niederschrift.

Gemäß § 2 Abs. 1 TVöD wird der Arbeitsvertrag schriftlich abgeschlossen; dieses tarifliche Schriftformerfordernis ist jedoch nur deklaratorischer Natur, d. h., es hat nur klarstellende, nicht auch rechtsbegründende Wirkung.[394] Ein mündlich abgeschlossener Arbeitsvertrag ist also auch im Geltungsbereich des TVöD wirksam; jedoch ergibt sich aus § 2 Abs. 1 TVöD ein Anspruch beider Vertragspartner, dass die Vertragsinhalte schriftlich niedergelegt werden.

Zu beachten ist schließlich auch § 71 Abs. 2 HGO, wonach der Schriftform von Arbeitsverträgen im kommunalen Bereich regelmäßig Wirksamkeitsvoraussetzung zukommt. Diese Schriftform kann jedoch auch später nachgeholt werden.

Im Ergebnis ist zwischen der Stadt Schnellhausen und Frau Mund somit ein wirksames Arbeitsverhältnis zustande gekommen.

Hinweis:
Zu beachten ist, dass eine **Befristung** zu ihrer Wirksamkeit zwingend der Schriftform bedarf, § 14 Abs. 4 TzBfG. Wird also z. B. ein bis 30. Juni befristeter Arbeitsvertrag mündlich verlängert und die Schriftform erst am 3. Juli nachgeholt, so ist der neue Arbeitsvertrag zwar wirksam (siehe oben), die Befristung aber gerade nicht. In diesem Fall liegt – in der Praxis oftmals völlig unbeabsichtigt – ein unbefristeter Arbeitsvertrag vor, § 16 TzBfG.

Außerdem bedürfen **Nebenabreden** zu ihrer Wirksamkeit zwingend der Schriftform.

Beispiele für eine Nebenabrede sind:
- Überstundenpauschale (vgl. § 24 Abs. 6 TVöD),
- Fahrtkostenersatz,
- Stufe des Bereitschaftsdienstes.

[394] BAG-Urteil vom 09.02.1972 – 4 AZR 149/71 -

Im Beamtenrecht sieht die Sache mal wieder völlig anders aus:
Die Einstellung erfolgt hier mittels einer Ernennung, zu deren Wirksamkeit es einer Ernennungsurkunde bedarf. Diese Ernennungsurkunde ist zwar ein Verwaltungsakt, aber ein streng formgebundener. Näheres siehe § 8 Beamtenstatusgesetz. Eine „mündliche Ernennung" kann es demnach nicht geben (sog. Nichternennung).

Fall 9: Dauer der Probezeit

Herr Reiner Zufall soll als vollzeitbeschäftigter Mitarbeiter des Bauhofes der Gemeinde Schaffhausen eingestellt werden. Er war zuvor noch nicht im öffentlichen Dienst tätig, ist aber dem Bürgermeister persönlich gut bekannt. Herr Zufall fragt an, ob es möglich wäre, im Arbeitsvertrag eine Probezeit von drei Monaten zu vereinbaren. Der Personalleiter Streng ist da skeptisch und bevorzugt eher eine siebenmonatige Probezeit.

Aufgabe:
Wie ist die Rechtslage?

Lösung:
Die Dauer der Probezeit ist in § 2 Abs. 4 TVöD geregelt. Danach beträgt die Probezeit sechs Monate. Ein Ausnahmefall des Satzes 2 (unmittelbare Übernahme eines Auszubildenden) liegt hier nicht vor.

Von dieser Tarifvorschrift kann nicht zu Ungunsten des Beschäftigten abgewichen werden, vgl. § 4 Abs. 3 TVG. Damit scheidet eine **siebenmonatige** Probezeit aus. Eine solche Vereinbarung wäre teilnichtig nach § 139 BGB, d. h., es würde eine sechsmonatige Probezeit gelten.

Eine **dreimonatige** Probezeit dagegen stellt eine Abweichung zugunsten des Beschäftigten dar. Ein gesetzliches Verbot ist nicht erkennbar. Vielmehr lässt die Tarifnorm eine kürzere Probezeit sogar ausdrücklich zu, so dass eine solche Abrede möglich wäre.

Hinweis:
In der Praxis verwendet man regelmäßig die von den kommunalen Arbeitgeberverbänden empfohlenen Arbeitsvertragsmuster.[395] In diesen Musterverträgen ist eine sechsmonatige Probezeit standardmäßig vorgesehen. Ausnahmen zu Gunsten des Beschäftigten kommen in begründeten Ausnahmefällen in Betracht.
Völlig anders ist die Rechtslage dagegen bei sachgrundlos befristeten Arbeitsverträgen: Hier regelt § 30 Abs. 4 Satz 1 TVöD eine Probezeit von nur sechs Wochen. Dies gilt aber nur für Beschäftigte mit „Angestelltentätigkeiten", nicht dagegen für Arbeitertätigkeiten, vgl. § 30 Abs. 1 TVöD. Früher unterschied man wie folgt: „Der Arbeiter arbeitet mit der Hand, der Angestellte mit dem Kopf." Diese Unterscheidung ist heute natürlich nicht mehr zeitgemäß, gleichwohl kann man sich hieran orientieren.

[395] Musterarbeitsvertrag siehe Nr. 4.1.3

Zu beachten ist in diesem Zusammenhang, dass eine etwaige Verkürzung der Probezeit keinerlei Auswirkungen auf gesetzlich normierte Wartezeiten hat. Diese Wartezeiten, die z. B. in § 4 BUrlG, § 1 Abs. 1 KSchG, § 8 Abs. 1 TzBfG und § 90 Abs. 1 Nr. 1 SGB IX geregelt sind, müssen somit – trotz Reduzierung der Probezeit – in jedem Fall beachtet werden. Der neu eingestellte Arbeitnehmer erwirbt also seinen Urlaubsanspruch erstmals nach sechsmonatigem Bestehen des Arbeitsverhältnisses, das Kündigungsschutzgesetz gilt erst danach, ein Anspruch auf Reduzierung der Arbeitszeit sowie ein besonderer Kündigungsschutz für schwerbehinderte Menschen kommen erst nach diesem Zeitraum in Betracht. Soll die gesetzliche Wartezeit des § 1 Abs. 1 KSchG nicht gelten, so müsste dies ausdrücklich im Arbeitsvertrag vereinbart werden. Eine solche Vereinbarung wäre möglich, ist aber in der Praxis unüblich.

Im Beamtenrecht kommt der Probezeit eine ungleich **höhere Bedeutung** zu: § 10 Beamtenstatusgesetz schreibt für Landes-, Kommunal- und Körperschaftsbeamte eine Probezeit von 6 Monaten bis 5 Jahren vor, deren Dauer durch die jeweiligen Länder konkretisiert wird. Erst nach **voller Bewährung** in der Probezeit kann ein Beamter auf Probe in das Beamtenverhältnis auf Lebenszeit berufen werden.

Um die genaue Dauer der Probezeit zu ermitteln, bedarf es eines Blickes in das jeweilige Landesbeamtenrecht. In vielen Ländern, so auch in Hessen, gilt eine **dreijährige Probezeit**, vgl. § 9 Abs. 2 HLVO. Dabei bestehen verschiedene Anrechnungsmöglichkeiten, z. B. für Zeiten im Arbeitsverhältnis innerhalb des öffentlichen Dienstes.

Hinsichtlich näherer Informationen wird auf das als Band 1 der HVSV-Schriftenreihe erschienene Buch „Beamtenrecht in Hessen“ verwiesen, siehe dort Abschn. 5.5.

Fall 10: Der Jahresvertrag im Kindergarten

Die Stadtverordnetenversammlung einer hessischen Kleinstadt hat angesichts der demografischen Entwicklung beschlossen, die „Pumuckl-Gruppe“ des örtlichen Kindergartens mit Ablauf des 30.06.2018 zu schließen. Die dort bislang beschäftigte Erzieherin scheidet in Kürze altersbedingt aus. Für die Zwischenzeit soll Frau Miriam Herbst bis einschließlich 30.06.2018 beschäftigt werden.

Aufgabe:
Liegt ein sachlicher Grund zur Befristung dieses Arbeitsverhältnisses vor?

Lösung:
Zu prüfen ist, ob ein sachlicher Grund zur Befristung des Arbeitsverhältnisses vorliegt. Ein solcher sachlicher Grund könnte gemäß § 14 Abs. 1 Satz 1 Nr. 1 TzBfG gegeben sein. Hierzu müsste der betriebliche Bedarf an der Arbeitsleistung der Frau Herbst nur **vorübergehend** bestehen.

Zum Zeitpunkt des Vertragsabschlusses muss der Arbeitgeber auf Grund greifbarer Tatsachen mit hinreichender Sicherheit annehmen können, dass der Arbeitskräftebedarf in Zukunft wegfallen wird. Der Arbeitgeber muss eine **Prognose** erstellen, in welchem Umfang und für welchen Zeitraum der vorübergehende Bedarf gegeben ist. Die bloße Unsicherheit über die künftige Entwicklung des Arbeitskräftebedarfs allein rechtfertigt die Befristung des Arbeitsverhältnisses nicht.

Im vorliegenden Fall liegen diese greifbaren Tatsachen in Form des Beschlusses der Stadtverordnetenversammlung vor. Der Arbeitskräftebedarf wird zweifellos ab dem 01.07.2018 sinken, so dass ein sachlicher Grund zur Befristung des Arbeitsverhältnisses gegeben ist.

Zur Schriftform der Befristung vgl. Fall 8.

Hinweis:
Der in der Praxis am häufigsten vorkommende Sachgrund ist die **Vertretung** eines anderen Arbeitnehmers, z. B. während einer Arbeitsunfähigkeit. Während man grundsätzlich in Zeit- und Zweckbefristungen unterscheidet, empfiehlt sich in solchen Fällen eine sog. Doppelbefristung (z. B. „während der Dauer der Arbeitsunfähigkeit des unter Personalnummer 0815 geführten Beschäftigten, längstens jedoch bis zum …“).

Die **Dauer** der Befristung muss sich nicht unbedingt an der Dauer eines Vertretungsgrundes orientieren. Das BAG hat z. B. mit Urteil vom 25.3.2009 eine Befristung bestätigt, obwohl die jeweiligen Vertragslaufzeiten deutlich hinter der ursprünglichen Beurlaubungsdauer zurückblieben (hier: 11 Verträge in 2 Jahren, Beurlaubung von vornherein für 2 Jahre).

Weitere sachliche Gründe für die Befristung von Arbeitsverhältnissen befinden sich in Spezialgesetzen, z. B. § 21 BEEG, § 6 PflZG. Diese konkretisieren den Sachgrund der Vertretung des § 14 Abs. 1 Satz 2 Nr. 3 TzBfG.

Dem Beamtenrecht sind Befristungen grundsätzlich fremd. Hier geht man vielmehr vom Regelfall, dem Beamtenverhältnis auf Lebenszeit, aus, § 4 Abs. 1 BeamtStG.

Lediglich eine Ausnahme hiervon bilden die Beamten auf Zeit nach § 6 BeamtStG, z. B. direkt gewählte Bürgermeister und Landräte in Hessen.

Beansprucht jedoch ein Beamter Elternzeit bzw. Beurlaubung aus familiären Gründen, so liegt hierin ein Sachgrund, um einen Arbeitnehmer zur Vertretung zu beschäftigen.

Fall 11: Die sachgrundlose Befristung

Der arbeitslose Bewerber Herbert Schnell (50 Jahre) soll mit Wirkung vom 01.06.2017 als Bauhofmitarbeiter bei der Stadt Homberg eingestellt werden. Er war dort bereits im Sommer 2013 für drei Monate als vollzeitbeschäftigter Arbeitnehmer im Freibad tätig. Angesichts der Möglichkeit, dass in den nächsten Jahren vielleicht ein/e geeigneter/e Bewerber/in gefunden werden könnte, soll Herr Schnell auf Wunsch des Bürgermeisters zunächst zeitlich befristet für die Dauer eines Jahres eingestellt werden. Hintergrund ist, dass er im Vorstellungsgespräch zwar einen guten, aber keinen sehr guten Eindruck hinterließ.

Aufgabe:
Prüfen Sie, ob ein sachlicher Grund zur Befristung des Arbeitsverhältnisses vorliegt, und sprechen Sie anschließend eine Empfehlung aus, das Arbeitsverhältnis rechtssicher zu befristen.

Lösung:
Zu prüfen ist zunächst, ob ein sachlicher Grund zur Befristung des Arbeitsverhältnisses vorliegt. § 14 Abs. 1 Satz 2 TzBfG beinhaltet hierzu einen (nicht abschließenden) Positivkatalog sachlicher Gründe. In Frage kommt hier § 14 Abs. 1 Satz 2 Nr. 3 TzBfG (Befristung zur Vertretung eines anderen Arbeitnehmers). Dazu ist jedoch erforderlich, dass sich der Arbeitgeber bereits vertraglich an eine Stammkraft gebunden hat und diese der Arbeit nur vorübergehend, z. B. aufgrund Arbeitsunfähigkeit, fernbleibt. Diese Voraussetzung ist vorliegend nicht erfüllt. Es ist nicht ausreichend, wenn der Arbeitgeber im Sinne eines „Rotationsprinzips" in Zukunft frei sein will, aus dem künftigen Bewerberangebot auszuwählen. Damit ist **kein sachlicher Grund** zur Befristung des Arbeitsverhältnisses gegeben. Des Weiteren ist eine Empfehlung auszusprechen, das Arbeitsverhältnis – trotz Nichtvorliegens eines Sachgrundes – rechtssicher zu befristen.

Dabei scheidet eine **Altersbefristung** nach § 14 Abs. 3 TzBfG schon deshalb aus, weil der Bewerber noch nicht 52, sondern erst 50 Jahre alt ist.

Zu prüfen ist daher, ob eine sachgrundlose Befristung nach § 14 Abs. 2 TzBfG möglich ist. Dies wäre der Fall, wenn die Dauer der Befristung maximal <u>2 Jahre</u> andauern würde. Herr Schnell soll für die Dauer eines Jahres eingestellt werden, so dass dieses Tatbestandsmerkmal erfüllt ist.[396]

Weitere Voraussetzung ist aber, dass Herr Schnell zuvor noch nicht bei demselben Arbeitgeber, also der Stadt Homberg, in einem Arbeitsverhältnis gestanden hat (sog. **Zuvorbeschäftigungsverbot**, § 14 Abs. 2 Satz 2 TzBfG). Zwar stand der Bewerber bereits im Jahr 2013 in einem Arbeitsverhältnis zu der Stadt Homberg, allerdings ist diese gesetzliche Norm gemäß Entscheidung des Bundesarbeitsgerichts nicht wörtlich, sondern nach ihrem

[396] Innerhalb dieses Zeitraums ist eine dreimalige Verlängerung möglich; eine Mindestdauer ist hier nicht zu beachten, da es sich vorliegend um eine <u>Arbeiter</u>tätigkeit handelt und § 30 TVöD schon deshalb nicht anwendbar ist; vgl. § 30 Abs. 1 Satz 2 TVöD

„Sinn und Zweck" auszulegen. Hiernach ist eine Zuvorbeschäftigung unschädlich, wenn zwischen dem Ende der alten und dem Beginn der neuen Beschäftigung bei demselben Arbeitgeber mindestens drei Jahre liegen. Dies ist hier der Fall, denn zwischen der früheren und der neuen Beschäftigung liegen rd. vier Jahre. Damit ist es möglich, (erneut) eine Befristung nach § 14 Abs. 2 TzBfG vorzunehmen.

Zusammenfassend ist festzustellen, dass eine Befristung nach § 14 Abs. 1 und Abs. 3 TzBfG ausscheiden, so dass im Ergebnis eine **sachgrundlose Befristung** in den Grenzen des § 14 Abs. 2 TzBfG **empfohlen** wird.

Hinweis:
Eine sachgrundlose Befristung stellt in der Praxis die einfachste Art der Befristung dar. Sie ist deshalb aus Arbeitgebersicht stets zu empfehlen. Während eine Kombination in der Reihenfolge „mit Sachgrund/ohne Sachgrund" an dem Zuvorbeschäftigungsverbot des § 14 Abs. 2 Satz 2 TzBfG scheitert, ist eine umgekehrte Kombination möglich. Auch dies unterstreicht die obige Empfehlung.

Ein sachgrundlos befristeter Arbeitsvertrag kann bis zur Höchstdauer von zwei Jahren max. dreimal **verlängert** werden (z. B. insgesamt vier Verträge zu je sechs Monaten = 24 Monate).

„Verlängerung" bedeutet nahtlose Weiterbeschäftigung; eine Unterbrechung von nur einem Tag ist hierbei schädlich. In diesem Fall greift § 16 TzBfG, da das Arbeitsverhältnis an sich wirksam, die Befristung dagegen unwirksam ist, § 14 Abs. 4 TzBfG.

Wichtig ist auch, dass die Verlängerung vor Ablauf des auslaufenden Zeitvertrages vereinbart wird und zum Zeitpunkt der Vertragsverlängerung keine inhaltliche Änderung des Arbeitsvertrages (z. B. Eingruppierung, Arbeitszeit) vorgenommen wird. Ansonsten handelt es sich nach Entscheidung des BAG nicht um eine Verlängerung, sondern um ein völlig neues Arbeitsverhältnis, für welches aber kein Sachgrund besteht.

Fall 12: Die Beschäftigungszeit

Herr Ben Ziehn wird am 01.01.2017 als Sachbearbeiter bei der Stadt Melsungen eingestellt. Er hatte bislang folgenden Werdegang:

a) 01.10.1994 – 30.04.1997 Ausbildung zum Kfz-Mechaniker
b) 01.05.1997 – 31.01.2001 Aushilfskellner in Robbys Tanzbar in Köln
c) 01.02.2001 – 31.12.2004 Verwaltungsangestellter bei der Stadt Bonn
d) 01.01.2005 – 30.09.2006 ohne Beschäftigung (Selbstfindungsphase)
e) 01.10.2006 – 30.09.2009 Verwaltungsangestellter bei der Stadt Köln
f) 01.10.2009 – 30.09.2015 Animateur auf Ibiza
g) 01.10.2015 – 31.12.2016 Beschäftigter bei der Stadt Kassel

Aufgabe 1:
Setzen Sie den **Beginn** der Beschäftigungszeit (im engeren und im weiteren Sinn) fest.

Aufgabe 2:
Nennen Sie vier tarifliche **Auswirkungen** der Beschäftigungszeit.

Lösung Aufgabe 1:
Als Beschäftigungszeit gilt gemäß § 34 Abs. 3 Satz 1 TVöD die bei demselben Arbeitgeber im Arbeitsverhältnis zurückgelegte Arbeitszeit.

Derselbe Arbeitgeber ist fallbezogen die Stadt Melsungen, so dass die Beschäftigungszeit am **01.01.2017** beginnt. Die Beschäftigungszeit nach § 34 Abs. 3 Satz 1 TVöD ist bei näherer Betrachtung die Beschäftigungszeit „im engeren Sinn".

Daneben regeln die Sätze 3 und 4 des § 34 Abs. 3 TVöD die Beschäftigungszeit „im weiteren Sinn". Hierunter fallen Zeiten im Arbeitsverhältnis bei einem anderen TVöD-Anwender (Satz 3) und bei einem anderen öffentlich-rechtlichen Arbeitgeber, sofern ein unmittelbarer Wechsel stattgefunden hat.

Dabei scheidet die unter a) genannte Zeit aus, weil es sich hierbei nur um eine Berufsausbildung handelt (kein Arbeitsverhältnis).

Auch die unter b), d) und f) genannten Zeiten scheiden aus, da diese außerhalb der Tarifverträge des öffentlichen Dienstes abgeleistet wurden.

Damit verbleiben die unter c), e) und g) aufgeführten Zeiten. Anrechenbar sind diese Zeiten nach dem Wortlaut der § 34 Abs. 3 Satz 3 TVöD jedoch nur bei einem „**Wechsel**", d. h. im Falle eines unmittelbaren Übertritts von einem öffentlich-rechtlichen Arbeitgeber zu einem anderen.[397] Dies ist nur bei der unter g) genannten Zeit der Fall, so dass die unter c) und e) aufgeführten Zeiten außer Betracht bleiben.

[397] Dabei dürften einzelne dazwischenliegende Tage unschädlich sein, z. B. Stadt A bis 30.04., Stadt B ab 02.05.

Anrechenbar ist somit nur die Zeit vom 01.10.2015 – 31.12.2016 bei der Stadt Kassel.

Die Beschäftigungszeit wird in **Jahren und Tagen** bemessen. Daraus folgt, dass 1 Jahr und (31 Tage + 30 Tage + 31 Tage =) 92 Tage anzurechnen sind.

Im Ergebnis beginnt die Beschäftigungszeit (im weiteren Sinn) damit am **01.10.2015**.

Lösung Aufgabe 2:
Die Beschäftigungszeit „im **engeren** Sinn" ist maßgebend für

- die Dauer der Kündigungsfrist (§ 34 Abs. 1 TVöD) und
- den Eintritt der ordentlichen Unkündbarkeit (§ 34 Abs. 2 TVöD).

Die Beschäftigungszeit „im **weiteren** Sinn" ist maßgebend für

- den Anspruch auf Krankengeldzuschuss (§ 22 Abs. 3 TVöD) und
- den Anspruch auf Jubiläumsgeld (§ 23 Abs. 2 TVöD).

Auch in Beamtengesetzen finden sich Regelungen zur Beschäftigungszeit.

So knüpft z. B. § 29 Abs. 3 Satz 1 HBG die Fristen einer Entlassung von Beamten auf Probe wegen Nichtbewährung in der Probezeit an eine Beschäftigungszeit. Als solche gilt gemäß § 29 Abs. 4 Satz 2 HBG die Zeit ununterbrochener Tätigkeit im Beamtenverhältnis auf Probe im Bereich desselben Dienstherrn.

Wechselt hingegen ein Beamter seinen Dienstherrn, so wird es sich regelmäßig um eine Versetzung handeln. In diesem Fall wird das Beamtenverhältnis bei dem neuen Dienstherrn fortgesetzt. Eine dem Tarifrecht vergleichbare Problematik (Beschäftigungszeit im engeren und im weiteren Sinn) besteht im Beamtenrecht somit nicht.

Hinsichtlich der Dienstjubiläen der hessischen Beamten gilt die Dienstjubiläumsverordnung (JVO).

Fall 13: Ich fühle mich diskriminiert!

Frau Elke Fröhlich, ausgebildete Verwaltungsfachangestellte, ist seit dem Jahr 2015 wegen eines Hüftleidens als schwerbehinderter Mensch im Sinne von § 2 Abs. 2 SGB IX anerkannt. Nun sucht sie eine neue berufliche Herausforderung und bewirbt sich deshalb unter Offenbarung ihrer Schwerbehinderung auf eine bei der hessischen Stadt Lauterbach ausgeschriebene Stelle einer Verwaltungsfachangestellten. Von dort bekommt sie eine freundliche Absage, ohne zu einem Vorstellungsgespräch eingeladen worden zu sein.

Aufgabe 1:
Prüfen und erläutern Sie, ob Frau Fröhlich fallbezogen „**diskriminiert**" wurde.
Aufgabe 2:
Prüfen und erläutern Sie, welche **Ansprüche** Frau Fröhlich daraus zustehen könnten.

Lösung Aufgabe 1:
Zunächst ist zu prüfen, ob Frau Fröhlich durch die Stadt Lauterbach diskriminiert wurde. Nach § 82 Satz 2 und 3 SGB IX hätte sie als schwerbehinderte Bewerberin zu einem Vorstellungsgespräch eingeladen werden müssen. Eine „offensichtliche Ungeeignetheit" liegt fallbezogen nicht vor, denn sie verfügt ja gerade über eine abgeschlossene Ausbildung als Verwaltungsfachangestellte.

Die sofortige Absage stellt eine unmittelbare Benachteiligung im Sinne von § 7 Abs. 1 AGG dar; Frau Fröhlich ist auch Beschäftigte im Sinne von § 6 Abs. 1 Satz 2 AGG.

Frau Fröhlich wurde somit ungerechtfertigt benachteiligt, also diskriminiert.

Lösung Aufgabe 2:
Der Bewerberin können folgende Ansprüche zustehen:
- Sie könnte von ihrem **Beschwerderecht** Gebrauch machen, § 13 AGG,[398]
- In Frage kommt auch die Geltendmachung von **Schadensersatz** in angemessener Höhe nach § 15 Abs. 1 AGG. Voraussetzung hierfür ist, dass sie die beste Bewerberin wäre, denn sonst wäre ja durch die Nichtberücksichtigung kein „Schaden" entstanden. Dies nachzuweisen dürfte in der Praxis schwierig sein; fallbezogen ergeben sich keine Hinweise hierzu.
- Der Bewerberin steht aber eine **Entschädigung** in Geld zu. Anspruchsgrundlage hierfür ist § 15 Abs. 2 AGG. Dieser Anspruch besteht in Höhe von bis zu drei Monatsentgelten.

Hinweis:
In der Praxis versuchen Bewerber oft, ihre Ansprüche außergerichtlich geltend zu machen (z. B. „Deal" auf zwei Monatsentgelte). Im Falle einer gerichtlichen Klage drohen dem Arbeitgeber zusätzliche Gerichtskosten.

---

[398] Das Leistungsverweigerungsrecht des § 14 AGG kommt fallbezogen nicht in Frage.

Es ist somit unbedingt darauf zu achten, schwerbehinderte Bewerber[399] zu einem Vorstellungsgespräch einzuladen, wenn keine „offensichtliche Ungeeignetheit“ vorliegt.

Blick in das Beamtenrecht: Gemäß § 24 Nr. 1 AGG gelten die Vorschriften dieses Gesetzes auch für in einem Beamtenverhältnis stehende Personen entsprechend.

Ergänzt werden die Vorschriften durch spezialgesetzliche Normen, vgl. z. B. § 9 BeamtStG. Hiernach sind Ernennungen „nach Eignung, Befähigung und fachlicher Leistung ohne Rücksicht auf Geschlecht, Abstammung, Rasse oder ethnische Herkunft, Behinderung, Religion oder Weltanschauung, politische Anschauungen, Herkunft, Beziehungen oder sexuelle Identität vorzunehmen“.
Das AGG ist also ein sehr wichtiges Gesetz, welches sowohl arbeits- als auch beamtenrechtlich unbedingt zu beachten ist.

Fall 14: Die Arbeitszeit

Aufgabe 1:
Der neu gewählte Bürgermeister möchte die Öffnungszeiten des Rathauses „bürgerfreundlicher“ gestalten. Er bittet Sie deshalb um Durchführung der folgenden Maßnahmen:
a) Flächendeckende Einführung der **40-Stunden-Woche** sowohl für die städtischen Beschäftigten als auch für die Auszubildenden,
b) Sofortige Abschaffung der bislang durch bestehende Dienstvereinbarung eröffneten **Gleitzeitmöglichkeiten** sowie
c) Öffnung des Rathauses an jedem **Sonntagnachmittag** und verpflichtende Besetzung sämtlicher Abteilungen.

Bitte nehmen Sie hierzu aus arbeitsrechtlicher Sicht Stellung.

Aufgabe 2:
Der Schichtplan für den Krankenpfleger Franz Fleißig sieht vor, dass eine Nachtschicht am Montag um 22.00 Uhr beginnt und am Dienstag um 10.00 Uhr endet (Pause von 6.00 Uhr bis 6.30 Uhr). Am Dienstag um 19.00 Uhr beginnt die nächste Nachtschicht für Herrn Fleißig.

Entspricht diese Arbeitszeitplanung den Vorgaben des **Arbeitszeitgesetzes**?

Aufgabe 3:
Der **17-jährige** Auszubildende Paul Panz soll heute fünf Stunden und morgen sieben Stunden ohne Pause arbeiten.

Haben Sie hiergegen Bedenken?

[399] Dies gilt auch für **gleichgestellte** behinderte Menschen im Sinne von § 2 Abs. 3 SGB IX, vgl. § 68 Abs. 3 SGB IX

Situation 4:
Die **schwangere** Krankenschwester Hildegard Heilegern wird dienstplanmäßig zur Nachtschicht eingeteilt.

Entspricht dies den arbeitszeitrechtlichen Vorgaben?

Lösung Aufgabe 1:
a) Der Bürgermeister als Dienstvorgesetzter hat keinerlei Einfluss auf die Dauer der regelmäßigen wöchentlichen Arbeitszeit. Diese ist für die **Beschäftigten** in § 6 Abs. 1 TVöD-V geregelt (zurzeit 39 Wochenstunden).
Für **Auszubildende** gilt im Ergebnis dasselbe, vgl. § 7 TVAöD-BBiG.
b) Eine sofortige Abschaffung der Dienstvereinbarung scheitert an deren Wirksamkeit. Nach § 113 Abs. 5 HPVG kann die Dienstvereinbarung regelmäßig mit einer Frist von drei Monaten gekündigt werden. Danach gilt – je nach konkreter Vereinbarung – eine **Nachwirkung** bis zu einer etwaigen Neuregelung.
c) Auch die Öffnung des Rathauses an Sonntagen kann nicht realisiert werden. § 9 ArbZG regelt das grundsätzliche Verbot der Sonntagsarbeit. Ein Ausnahmetatbestand des § 19 ArbZG liegt hier nicht vor.
Für Beschäftigte, die regelmäßig an Sonntagen arbeiten (z. B. Pflegeberufe), ist nach § 11 ArbZG schließlich noch zu berücksichtigen, dass jeder Arbeitnehmer Anspruch auf 15 arbeitsfreie Sonntage im Jahr hat.

Lösung Aufgabe 2:
Diese Arbeitszeitplanung entspricht nicht den Vorgaben des Arbeitszeitgesetzes. Es liegen folgende Verstöße vor:
- Verstoß gegen die tägliche **Höchstarbeitszeit** von 10 Stunden, § 6 Abs. 2 Satz 2 i. V. m. § 2 Abs. 1 ArbZG,
- Verstoß gegen die gesetzliche **Pausenregelung** (mindestens 45 Minuten), § 4 ArbZG,
- Verstoß gegen die gesetzliche **Ruhezeit** (11 Stunden, in Krankenhäusern 10 Stunden), § 5 ArbZG.

Lösung Aufgabe 3:
Nach § 11 Abs. 1 JArbSchG müssen heute 30 Minuten und morgen 60 Minuten Pause eingeplant und gewährt werden. Gegen die vorgesehene Arbeitszeitgestaltung des Auszubildenden bestehen somit arbeitsrechtliche Bedenken.

Lösung Aufgabe 4:
Hier ist das Verbot der Nachtarbeit (20 bis 6 Uhr) des § 5 Abs. 1 MuSchG zu erkennen. Ausnahmsweise darf Frau Heilegern bis 22 Uhr beschäftigt werden, wenn sie sich dazu ausdrücklich bereit erklärt.

Blick in das Beamtenrecht: Die Regelungen des Arbeitszeitgesetzes gelten nur für Arbeitnehmer und Auszubildende, § 2 Abs. 2 ArbZG.
Ausgenommen sind u. a. leitende Angestellte, § 18 Abs. 1 Nr. 1 ArbZG.

Für Beamte dagegen ist das ArbZG nicht anwendbar. Vielmehr gelten hier die jeweils einschlägigen landesrechtlichen Arbeitszeitregelungen.

In Hessen wird die Landesregierung durch § 60 Abs. 1 HBG ermächtigt, nähere Regelungen zur Arbeitszeit zu treffen.

Von dieser Ermächtigung hat die Landesregierung Gebrauch gemacht, indem sie die HAZVO in Kraft gesetzt hat. Hiernach müssen Beamte in Hessen – je nach Alter und Schwerbehinderung – zurzeit regelmäßig 42 Wochenstunden arbeiten. Eine Reduzierung dieser Stundenzahl wird derzeit diskutiert. Es ist vorgesehen, die Arbeitszeit zum 01.08.2017 auf 41 Wochenstunden zu reduzieren.

Fall 15: Anspruch auf Teilzeit?

Der TVöD-Beschäftigte Fritz Freitag ist seit dem 01.01.2015 als vollzeitbeschäftigter Verwaltungsfachangestellter bei der hessischen Gemeinde Freihausen (80 Beschäftigte) tätig. Er teilt der Personalabteilung im Mai 2016 schriftlich mit, dass er seine persönliche Arbeitszeit ab dem 01.01.2017 auf 80 % (Vier-Tage-Woche) reduzieren möchte, da er sich freitags verstärkt seinem neuen Hobby, der Imkerei, widmen möchte.

Dem Arbeitgeber liegen bereits mehrere Aufstockungswünsche teilzeitbeschäftigter, vergleichbar qualifizierter Kolleginnen und Kollegen des Herrn Freitag vor.

Aufgabe 1:
Prüfen und begründen Sie, ob und unter welchen Voraussetzungen Herr Freitag einen **Anspruch auf Reduzierung** seiner Arbeitszeit hat. Gehen Sie dabei auch auf die Beteiligung des Personalrates ein.

Aufgabe 2:
Nennen Sie weitere gesetzliche und tarifliche Anspruchsgrundlagen zur Reduzierung der Arbeitszeit, und skizzieren Sie deren jeweilige Tatbestandsvoraussetzungen.

Lösung Aufgabe 1:
Nach § 8 TzBfG besteht Anspruch auf die gewünschte Reduzierung der Arbeitszeit, wenn die gesetzlich normierten Voraussetzungen erfüllt sind.

Fallbezogen hat das Arbeitsverhältnis des Herrn Freitag am 01.01.2015 begonnen. Damit ist die sechsmonatige **Wartezeit**, um einen Antrag wirksam stellen zu können, zum Zeitpunkt der Antragstellung erfüllt.

Weiterhin müssten zwischen Antragstellung und dem gewünschten Beginn der Arbeitszeitreduzierung drei Monate liegen (**Antragsfrist**). Bei einer Antragstellung im Mai 2016 und der Verringerung ab 01.01.2017 ist auch diese Dreimonatsfrist gewahrt.

Der Gesetzgeber geht in solchen Fällen davon aus, dass die Arbeitsvertragsparteien die Frage der Arbeitszeitgestaltung gemeinsam „**erörtern**".
Arbeitgebern sei hier dringend empfohlen, zeitnah auf entsprechende Wünsche von Beschäftigten zu reagieren. Anderenfalls droht die Zustimmungsfiktion des § 8 Abs. 5 TzBfG einzutreten, wonach die Arbeitszeit als reduziert gilt.

Während der Beschäftigte seinen Antrag auch mündlich stellen kann, gilt für die Ablehnung durch den Arbeitgeber zwingend die **Schriftform**. Eine etwaige mündliche Ablehnung des Arbeitgebers wäre also unwirksam.
Da fallbezogen auch kein betrieblicher Ablehnungsgrund ersichtlich ist (im Gegenteil: schließlich liegen bereits mehrere Aufstockungswünsche teilzeitbeschäftigter, vergleichbar qualifizierter Kolleginnen und Kollegen des Herrn Freitag vor), besteht im Ergebnis **Anspruch** auf Reduzierung der Arbeitszeit ab dem 01.01.2017.

Ob dem **Personalrat** ein Beteiligungsrecht eingeräumt ist, muss anhand des jeweils maßgebenden (Landes-)Personalvertretungsgesetzes geprüft werden.

In Hessen gilt § 77 Abs. 1 Nr. 2 Buchstabe f HPVG, wonach dem Personalrat dann ein Mitbestimmungsrecht zusteht, wenn ein Antrag auf Teilzeitbeschäftigung abgelehnt werden soll.

Im Umkehrschluss besteht bei beabsichtigter Genehmigung eines solchen Antrages somit kein Mitbestimmungsrecht.

Lösung Aufgabe 2:
Neben dem o. g. gesetzlichen Anspruch auf Verringerung der Arbeitszeit bestehen in zahlreichen Spezialnormen weitere Regelungen, nach denen Beschäftigte Teilzeitarbeit verlangen bzw. beantragen können. Insbesondere sind in diesem Zusammenhang zu nennen:

- § 15 Abs. 6 und Abs. 7 BEEG
  (während einer Elternzeit, zweimal mindestens zwei Monate, 15 bis 30 Wochenstunden, keine entgegenstehenden dringenden betrieblichen Gründe, Antragsfrist sieben bzw. 13 Wochen)
- § 14 Abs. 2 Hessisches Gleichberechtigungsgesetz (HGlG)
  (bei Betreuung eines Kindes oder eines pflegebedürftigen Angehörigen, keine entgegenstehenden dringenden betrieblichen Belange; beachte auch personellen Ausgleich nach § 14 Abs. 4 HGlG)
- § 81 Abs. 5 SGB IX
  (Anspruch für schwerbehinderte Menschen[400] auf einen Teilzeitarbeitsplatz, wenn die kürzere Arbeitszeit wegen Art oder Schwere der Behinderung notwendig ist)

[400] Und gleichgestellte behinderte Menschen

- § 3 Pflegezeitgesetz
  (teilweise Freistellung im Rahmen einer max. sechsmonatigen Pflegezeit, ohne Mindestbeschäftigungszeit; erforderlich ist der Nachweis der Pflegebedürftigkeit eines nahen Angehörigen)
- Auch das Familienpflegezeitgesetz ermöglicht eine Arbeitszeitreduzierung auf die Hälfte der bisherigen Arbeitszeit (Untergrenze 15 Stunden) für die Dauer von max. zwei Jahren
- § 11 Abs. 2 TVöD
  (Anspruch lediglich auf Erörterung mit dem Ziel einer Teilzeitvereinbarung)
- § 11 Abs. 1 TVöD
  (Sollbestimmung zur Reduzierung der Arbeitszeit, Voraussetzung ist die Betreuung eines minderjährigen Kindes oder eines pflegebedürftigen Angehörigen, keine entgegenstehenden dringenden betrieblichen Belange, Möglichkeit der zeitlichen Begrenzung (!), Verlängerung ist möglich)

Wie man sieht, können sich die Beschäftigten oftmals aussuchen, nach welcher Rechtsgrundlage sie eine Reduzierung ihrer Arbeitszeit beantragen bzw. verlangen möchten. Zu beachten ist, dass manche Anspruchsnormen in nahezu jeder Lebensphase gelten (z. B. § 8 TzBfG), während andere Normen besondere Tatbestandsvoraussetzungen (z. B. die Betreuung eines Kindes oder die Pflege eines pflegebedürftigen nahen Angehörigen) verlangen. Hier gilt es, genau hinzuschauen.

Das Besondere an § 11 Abs. 1 TVöD ist die Möglichkeit der zeitlichen Befristung der Arbeitszeitreduzierung. In dem zu schließenden Änderungsvertrag wird in derartigen Fällen vereinbart: „ Die Arbeitszeit … beträgt in der Zeit vom … bis … 80 % ...“

Im Beamtenrecht ist mal wieder vieles völlig anders. Während im Arbeitsrecht allgemein der Grundsatz der Vertragsfreiheit herrscht, ein Arbeitnehmer also auch z. B. für eine Wochenstunde beschäftigt werden kann, gelten für Beamte gesetzliche Untergrenzen: Zunächst gebietet § 43 BeamtStG, dass Teilzeitbeschäftigung zu ermöglichen ist.
Für Beamte, die unter den Geltungsbereich des Hessischen Beamtengesetzes fallen, gilt § 62 Abs. 1 HBG, wonach eine Untergrenze von 50 % (zurzeit regelmäßig 21 Wochenstunden)[401] der Arbeitszeit zu beachten ist. Dies gilt auch für Beamte auf Widerruf. Daneben regelt § 63 HBG eine absolute Untergrenze der Arbeitszeit von 15 Wochenstunden für die Dauer von höchstens 17 Jahren. Hintergrund hierfür ist, dass sich Beamte „mit vollem persönlichem Einsatz“ ihrem Beruf widmen müssen, § 34 Satz 1 BeamtStG.

[401] Eine Reduzierung der Arbeitszeit ab 01.08.2017 ist vorgesehen

Fall 16: Auswirkungen von Teilzeitarbeit

In der folgenden Tabelle geht es um die Frage, welche Auswirkungen eine Teilzeitarbeit nach sich zieht. Bitte füllen Sie die farblich markierten Flächen entsprechend aus. Die erste Zeile dient Ihnen dabei als Beispiel.

	Nein	Ja	§	Bemerkungen
Tabellenentgelt		x	§ 24 Abs. 2 TVöD	Die Auswirkung von Teilzeitarbeit besteht darin, dass Entgelte nur anteilig zustehen. Dies gilt z. B. auch für die Schichtzulage.
Erholungsurlaub				
Passives Wahlrecht bei Personalratswahl				
Vermögenswirksame Leistungen				
Dauer der Entgeltfortzahlung				
Beschäftigungszeit				
Ordentliche Unkündbarkeit				
Jubiläumszeit				
Jubiläumsgeld				
Probezeit				
Verpflichtung zur Leistung von Mehrarbeit				
Tarifbindung				
Anspruch auf Arbeitsbefreiung				
Leistungsentgelt				
Teilnahme an Fortbildungslehrgängen				
Jahressonderzahlung				
Stufenlaufzeit (Tabellenentgelt)				

Lösung:

	Nein	Ja	§	Bemerkungen
Tabellenentgelt		x	§ 24 Abs. 2 TVöD	Die Auswirkung von Teilzeitarbeit besteht darin, dass Entgelte nur anteilig zustehen. Dies gilt z. B. auch für die Schichtzulage.
Erholungsurlaub		x	§ 26 Abs. 1 Satz 4 TVöD	Maßgebend ist die „Tagewoche“!
Passives Wahlrecht bei Personalratswahl	x		§ 9 HPVG	Volle Wahlberechtigung
Vermögenswirksame Leistungen		x	§ 24 Abs. 2 TVöD	Anteilige Gewährung; Auszubildende erhalten 13,29 €.
Dauer der Entgeltfortzahlung	x		§ 22 TVöD	Einheitlich 6 Wochen
Beschäftigungszeit	x		§ 34 Abs. 3 TVöD	Verbot der Diskriminierung Teilzeitbeschäftigter
Ordentliche Unkündbarkeit	x		§ 34 Abs. 2 TVöD	
Jubiläumszeit	x		§ 23 Abs. 2, § 34 Abs. 3 TVöD	
Jubiläumsgeld	x		§ 23 Abs. 2 TVöD	Jubiläumsgeld steht auch Teilzeitbeschäftigten in voller Höhe zu!
Probezeit	x		§ 2 Abs. 4 TVöD	Siehe auch Fall 9
Verpflichtung zur Leistung von Mehrarbeit		x	§ 6 Abs. 5 TVöD	Mehrarbeit nur aufgrund arbeitsvertraglicher Vereinbarung oder mit Zustimmung
Tarifbindung	x		§ 1 Abs. 1 TVöD	Die Tarifbindung entsteht im Regelfall durch Vereinbarung im Arbeitsvertrag, Siehe auch Fall 4
Anspruch auf Arbeitsbefreiung	x		§ 29 TVöD	
Leistungsentgelt	?	?	§ 18	Nach § 18 Abs. 4 Satz 7 TVöD kann von § 24 Abs. 2 TVöD abgewichen werden. Maßgebend ist deshalb die jeweilige Dienstvereinbarung
Teilnahme an Fortbildungslehrgängen	x		§ 5 Abs. 8 TVöD	Siehe auch § 10 TzBfG
Jahressonderzahlung		mittelbar	§ 20 TVöD	Maßgebend sind die Monate Juli, August und September. Beachte Sonderregelung zur Elternzeit (§ 20 Abs. 2 Satz 4). Siehe auch Fall 19
Stufenlaufzeit (Tabellenentgelt)	x		§ 17 Abs. 3 Satz 4 TVöD	

Fall 17: Welche Entgeltgruppe steht mir zu?

Karl Knete weiß nicht weiter. Er ist als TVöD-Beschäftigter bei einer hessischen Stadt beschäftigt und fühlt sich ungerecht behandelt. Im Vergleich zu seinen Arbeitskollegen, so glaubt er, verdiene er zu wenig Geld. Er „sitzt“ auf einer im städtischen Stellenplan nach EG 8 TVöD bewerteten Stelle. Im Arbeitsvertrag wurde abweichend hiervon eine Eingruppierung nach EG 6 TVöD vereinbart. Eine kürzlich durchgeführte Arbeitsplatzaufschreibung mit anschließender Bewertung der Arbeitsvorgänge kam zu dem Ergebnis, dass Herr Knete dauerhaft Tätigkeiten auszuüben hat, die der EG 9a TVöD entsprechen. Der Bürgermeister lehnt einen entsprechenden Antrag auf Höhergruppierung ab. Er begründet diese Entscheidung mit den begrenzten stellenplantechnischen Möglichkeiten; außerdem sei mit dem Beschäftigten eindeutig vereinbart, dass die Entgeltgruppe 6 TVöD maßgebend sei. Diesen Arbeitsvertrag habe Herr Knete schließlich selbst unterschrieben.

Aufgabe 1:
Prüfen und erläutern Sie, wonach sich die **Eingruppierung** des Beschäftigten richtet.

Aufgabe 2:
Was kann der Beschäftigte zur Durchsetzung seiner Rechte tun?

Lösung Aufgabe 1:
Zu prüfen ist, wonach sich die Eingruppierung des Herrn Knete richtet.

Fallbezogen kommt es gerade nicht darauf an, wie die Stelle im Stellenplan bewertet wurde. Vielmehr gilt der altbekannte Grundsatz „**Tarifrecht bricht Haushaltsrecht**“.

Auch die Vereinbarung einer Entgeltgruppe im Arbeitsvertrag, die durch § 12 Abs. 3 TVöD vorgeschrieben ist, hat nach der Rechtsprechung nur **deklaratorischen Charakter**.

Maßgebend für die Eingruppierung eines Beschäftigten sind gemäß § 12 TVöD einzig die nicht nur vorübergehend **auszuübenden Tätigkeiten**. Fallbezogen ist Herr Knete somit in EG 9a TVöD eingruppiert (Tarifautomatik).

Lösung Aufgabe 2:
Herr Knete kann zur Durchsetzung seiner Rechte den Personalrat einschalten. Sollte dies nicht zum gewünschten Erfolg führen, so empfiehlt sich eine **Eingruppierungsfeststellungsklage** bei dem zuständigen Arbeitsgericht. Diese kann jederzeit eingelegt werden, beachte jedoch die Ausschlussfrist des § 37 TVöD.[402]

Im Gegensatz hierzu haben Beamte regelmäßig keinen Anspruch auf Beförderung. Ein Anspruch auf Ernennung kann nur in sehr eng begrenzten Ausnahmesituationen bestehen. Nähere Informationen hierzu erhalten Sie in dem als Band 1 der HVSV-Schriftenreihe erschienenen Buch „Beamtenrecht in Hessen“, siehe dort Nr. 3.6.

[402] Nähere Hinweise zur Ausschlussfrist siehe Nr. 5.9

Der Beamte wird – einfach ausgedrückt – nicht nach Tätigkeitsmerkmalen bezahlt, sondern einzig nach dem ihm verliehenen **Amt**. So erhält z. B. ein Oberinspektor, der Tätigkeiten nach Besoldungsgruppe A 13 HBesG auszuüben hat, Grundgehalt nach Besoldungsgruppe A 10 HBesG.

Auch ist das Vorhandensein einer **Planstelle** eine seitens des Dienstherrn zu erfüllende sachliche Voraussetzung. Ohne entsprechende Planstelle darf somit keine Ernennung erfolgen. Im Beamtenrecht gilt die Tarifautomatik also gerade nicht.

Fall 18: Die Stufe des Tabellenentgelts

Die Stadt Baunatal stellt zum 1. Januar 2017 die nachfolgenden Beschäftigten ein.

1. Die auszuübenden Tätigkeiten des ehemaligen Auszubildenden Müller (Ausbildung bis Herbst letzten Jahres, seither erwerbslos) sind der EG 5 TVöD zuzuordnen.

2. Frau Schmidt (Stadtkasse, EG 6) war bereits zwei Jahre mit identischen Aufgaben bei einer Nachbargemeinde beschäftigt.

3. Herr Maier (Jugendamt, EG 8) war bereits fünf Jahre als Teilzeitbeschäftigter (Arbeitszeit 50 %) mit identischen Aufgaben bei einer südhessischen Stadtverwaltung beschäftigt. Er wird nun erneut als Teilzeitbeschäftigter (34 Stunden pro Woche) eingestellt.

4. Frau Becker (Bezügerechnerin, EG 6) verfügt über keine einschlägige Berufserfahrung, war aber zehn Jahre im Lohnbüro eines großen Familienunternehmens tätig. Das Personalauswahlverfahren hat gezeigt, dass die örtliche Bewerberlage äußerst schwierig ist. Der Arbeitgeber möchte der Bewerberin deshalb hinsichtlich der Entgeltstufe so weit wie möglich entgegenkommen, um seinen Personalbedarf zu decken.

Aufgabe:
Sie als Mitarbeiter im städtischen Personalamt werden von Ihrem Abteilungsleiter gebeten, das jeweils zustehende **Tabellenentgelt** sowie den jeweils nächsten **Termin** des tariflichen Stufenaufstiegs festzusetzen.

Lösung:
1. Zu erkennen ist, dass hier **keine** einschlägige Berufserfahrung vorliegt. Deshalb besteht Anspruch auf Tabellenentgelt nach EG 5, Stufe 1 TVöD (§ 16 Abs. 2 Satz 1 TVöD). Zurzeit sind dies 2.197,47 €.
   Die Stufe 2 wird nach einjähriger Stufenlaufzeit erreicht, somit am 01.01.2018.

2. Hier liegt bereits einschlägige Berufserfahrung vor (zwei Jahre mit „identischen Aufgaben" bei einer Nachbargemeinde). Gemäß § 16 Abs. 2 Satz 2 TVöD erhält der

Beschäftigte bei Einstellung am 01.01.2017 Tabellenentgelt nach EG 6, Stufe 2 TVöD. Zurzeit sind dies 2.526,62 €.
Der Aufstieg nach Stufe 3 erfolgt nach zwei Jahren in Stufe 2, somit am 01.01.2019.

3. Bei einschlägiger Berufserfahrung von fünf Jahren steht dem Beschäftigten Tabellenentgelt nach EG 8, Stufe 3 TVöD zu (§ 16 Abs. 2 Satz 2 zweiter Halbsatz). Bei Vollzeitarbeit wären dies zurzeit 2.865,46 €.
   Da Herr Maier jedoch als Teilzeitbeschäftigter (34 Stunden pro Woche) eingestellt wird, erhält er gemäß § 24 Abs. 2 TVöD nur das anteilige Tabellenentgelt in Höhe von 2.498,09 € (34/39). Die Tatsache, dass er zuvor „nur" Teilzeit gearbeitet hat, ist unschädlich (§ 17 Abs. 3 Satz 4 TVöD).
   Der Aufstieg nach Stufe 4 erfolgt nach drei Jahren in Stufe 3, somit am 01.01.2020 (leistungsbezogene Abweichungen sind gemäß § 17 Abs. 2 TVöD möglich).

4. Bei Frau Becker liegt keine einschlägige Berufserfahrung vor. Bei der Tätigkeit im Lohnbüro eines Familienunternehmens handelt es sich jedoch um **„förderliche Zeiten"** im Sinne von § 16 Abs. 2 Satz 3. Diese können zur Deckung des Personalbedarfs ganz oder teilweise angerechnet werden. Angesichts der im Sachverhalt dargelegten schwierigen Bewerberlage ist jedes Ergebnis bis max. Stufe 5 vertretbar. EG 6 Stufe 5 TVöD ergäbe zurzeit einen Betrag von 2.841,25 €.
   Der Aufstieg nach Stufe 6 erfolgt nach fünf Jahren in Stufe 5, somit am 01.01.2022 (leistungsbezogene Abweichungen sind gemäß § 17 Abs. 2 TVöD möglich).

Die Stufenzuordnung im Grundgehalt von Beamten erfolgt nach ähnlichen Regeln wie im TVöD. In Hessen sind die §§ 28, 29 HBesG einschlägig.

Natürlich gibt es bei näherer Betrachtung auch spürbare Abweichungen gegenüber dem Tarifrecht. Z. B. führen Zeiten einer Kinderbetreuung bis zu drei Jahren pro Kind bei einem Beamten zu **keinem Nachteil** im Stufenaufstieg. Begründet wird dies mit dem Alimentationsprinzip.

Zur Vertiefung siehe Band 1 der HVSV-Schriftenreihe „Beamtenrecht in Hessen", dort im Kapitel 7.

Fall 19: Ich möchte Jahressonderzahlung!

Herr Sepp Tember ist Auszubildender für den Beruf des Verwaltungsfachangestellten bei der Stadt Kassel. Am 20. Juni 2017 wird er seine Berufsausbildung erfolgreich beenden, um ab dem darauffolgenden Tag für die Dauer eines Jahres als vollzeitbeschäftigter Sachbearbeiter im städtischen Gewerbeamt übernommen zu werden (EG 5 Stufe 1 TVöD).

Aufgabe 1:
Hat Herr Tember **Anspruch** auf Jahressonderzahlung 2017?

Aufgabe 2:
Bitte ermitteln Sie die **Höhe** der Jahressonderzahlung nach § 20 TVöD.

Aufgabe 3:
Besteht auch Anspruch auf anteilige Jahressonderzahlung 2017 aus dem **Ausbildungsverhältnis**? Falls ja: in welcher Höhe?

Aufgabe 4:
Zusatzaufgabe für besonders leistungsstarke Teilnehmer:
Bitte lösen Sie erneut Aufgabe 2 mit der Maßgabe, dass die Ausbildung erst mit Ablauf des 20. **Juli** endet.

Lösung Aufgabe 1:
Voraussetzung für den Anspruch auf Jahressonderzahlung ist, dass der Beschäftigte am 1. Dezember 2017 in einem Arbeitsverhältnis steht, § 20 Abs. 1 TVöD.

Dies ist hier der Fall, denn Herr Tember wird am 21. Juni 2017 für die Dauer eines Jahres in ein Arbeitsverhältnis übernommen. Damit besteht der Anspruch dem Grunde nach.

Lösung Aufgabe 2:
Zwecks Ermittlung der Höhe der Jahressonderzahlung ergibt sich folgende Berechnung nach § 20 Abs. 2 TVöD:

Juli	2.249,11 €
August	2.249,11 €
September	2.249,11 €
Summe:	6.747,33 €/3 = 2.249,11 €.

2.249,11 € x 82,05 % = 1.845,39 € x 7/12 = **1.076,48 €**

Der Beschäftigte hat Anspruch auf Jahressonderzahlung in Höhe von 1.076,48 €, die im Monat November 2017 neben dem Tabellenentgelt ausgezahlt werden (§ 20 Abs. 5 TVöD).

Lösung Aufgabe 3:
Ansprüche aus dem **Ausbildungsverhältnis** ergeben sich nicht aus dem TVöD. Anspruchsgrundlage ist vielmehr § 14 Abs. 4 TV**A**öD-BBiG, wonach bei unmittelbarer Übernahme des Auszubildenden in ein Arbeitsverhältnis bei demselben Arbeitgeber

eine weitere (Teil-)Jahressonderzahlung gewährt wird. Der Bemessungssatz für Auszubildende beträgt **90 %** (im Tarifgebiet Ost erfolgt eine schrittweise Anpassung bis zum Jahr 2020).

Es ergibt sich folgende Berechnung:
1.014,02 € x 90 % = 912,62 € x 5[403]/ 2 = **380,26 €**

In der Summe erhält der Beschäftigte somit folgende Teilbeträge als Jahressonderzahlung:

380,26 €	Ausbildungsverhältnis
1.076,48 €	Arbeitsverhältnis
1.456,74 €	**gesamt**

Lösung Aufgabe 4:
Bei dieser Fallkonstellation besteht die Schwierigkeit darin, dass der Bemessungsmonat Juli nicht vollständig mit Tabellenentgelt belegt ist. Deshalb greift Satz 2 der Protokollerklärung zu § 20 Abs. 2 TVöD.[404]

Rechnung:

Juli	2.249,11 € x 11/31 =	798,07 €		11 Tage
August		2.249,11 €		31 Tage
September		2.249,11 €		30 Tage
Summen:		5.296,29 €	/	72 Tage

= 73,56 € x 30,67 = 2.256,09 € Bemessungsgrundlage

2.256,09 € x 82,05 % = 1.851,12 € x 6/12 = **925,56 €**

Die Jahressonderzahlung nach § 20 TVöD beträgt in dieser Fallvariante 925,56 €.

Zusätzlich stünden 456,31 € aus dem Ausbildungsverhältnis, somit insgesamt 1.381,87 € zu.

Ob Beamte eine Jahressonderzahlung erhalten, ergibt sich aus dem jeweiligen Landesbesoldungsrecht.

In Hessen gilt das Hessische Sonderzahlungsgesetz, wonach Beamte – einfach formuliert – jeden Monat Anspruch auf einen 5 %igen Sonderbetrag haben.

Die frühere jährliche Sonderzuwendung („Weihnachtsgeld") in Höhe von 60 % wurde nämlich vor einigen Jahren auf monatliche Zahlungsweise umgestellt.

Nähere Informationen hierzu siehe Band 1 der HVSV-Schriftenreihe „Beamtenrecht in Hessen", dort Abschn. 7.5.

---

403 Sinnvollerweise steht JSZ für insgesamt max. 12 Kalendermonate pro Jahr zu (Ausbildungs- und Arbeitsverhältnis)

404 Besteht während des Bemessungszeitraums an weniger als 30 Kalendertagen Anspruch auf Entgelt, so vgl. Satz 4 der Protokollerklärung zu § 20 Abs. 2 TVöD

Fall 20: Die Ausschlussfrist

Frau Mona Tsende ist TVöD-Beschäftigte in Berlin. Sie ist in Entgeltgruppe 5 TVöD eingruppiert. Eine analytische Arbeitsplatzbewertung führt zum Ergebnis, dass ihr seit zwei Jahren fälschlicherweise zu wenig Entgelt überwiesen wurde. Richtigerweise müsste sie nämlich eigentlich in Entgeltgruppe 6 TVöD eingruppiert sein.

Am 20. September 2017 stellt sie einen schriftlichen Antrag bei ihrem Arbeitgeber mit der Bitte um rückwirkende Höhergruppierung.

Aufgabe 1:
Hat die Beschäftigte **Anspruch** auf Höhergruppierung?

Aufgabe 2:
Zu welchem **Termin** erfolgt eine Neufestsetzung der Bezüge?

Lösung Aufgabe 1:
Frau Tsende hat Anspruch auf Höhergruppierung, denn nach § 12 Abs. 2 TVöD **ist** die Beschäftigte (automatisch) in der Entgeltgruppe eingruppiert, die den Tätigkeitsmerkmalen der von ihr dauerhaft auszuübenden Arbeitsvorgänge entspricht. Tarifrecht bricht Haushaltsrecht!

Lösung Aufgabe 2:
Fraglich ist, zu welchem Termin eine Neufestsetzung der Bezüge erfolgen wird. Unter Berücksichtigung des § 37 TVöD verfallen Ansprüche aus dem Arbeitsverhältnis, wenn sie nicht innerhalb einer Ausschlussfrist von sechs Monaten nach Fälligkeit schriftlich geltend gemacht werden.

Fallbezogen handelt es sich um Entgeltansprüche, somit um Ansprüche aus dem Arbeitsverhältnis. Die Beschäftigte hat ihre Ansprüche mit Schreiben vom 20. September 2017 gegenüber ihrem Arbeitgeber geltend gemacht. Fälligkeit der Entgeltzahlung ist jeweils am letzten Tag eines Monats, § 24 Abs. 1 Satz 2 TVöD.

Somit wird der Arbeitgeber rückwirkend die Zahltage August, Juli, ... bis einschließlich März 2017 im Rahmen einer Rückrechnung neu berechnen. Im Februar 2017 wurde zwar auch zu wenig Entgelt gezahlt; wegen der Ausschlussfrist des § 37 TVöD kann eine Nachzahlung für diesen und jeden weiteren in der Vergangenheit liegenden Monat jedoch nicht verlangt werden.

Bei Beamten ist keine der Ausschlussfrist entsprechende Regelung zu beachten. Vielmehr gelten hier die in den Landesbesoldungsgesetzen geregelten Verjährungsfristen.

In Hessen verjähren Besoldungsansprüche nach einer regelmäßigen Verjährungsfrist von **drei Jahren**, § 13 HBesG.

Fall 21: Arbeitsunfähig – was nun?

Herr Harald Heilung wurde am 01.03.2017 als TVöD-Beschäftigter von der Stadt Kassel eingestellt. In der Zeit vom 01.04.2014 bis 28.02.2017 war er als TVöD-Beschäftigter bei der Stadt Fulda tätig.

An seinem ersten Arbeitstag (01.03.2017) ruft Herr Heilung morgens vor Dienstbeginn an und meldet sich dauerhaft arbeitsunfähig krank. Die Arbeitsunfähigkeit wird voraussichtlich bis Ende des Jahres 2017 andauern.

Aufgabe 1:
Ermitteln Sie den Zeitraum, innerhalb dessen Anspruch auf **Tabellenentgelt** besteht.

Aufgabe 2:
Prüfen und erläutern Sie, ob Herr Heilung auch Anspruch auf **Krankengeldzuschuss** hat (falls ja: bis wann längstens?)

Aufgabe 3:
Wie wäre die Rechtslage, wenn der Arbeitsvertrag bis zum 31.10.2017 **befristet** wäre?

Aufgabe 4:
Stünde die Geltung des Kündigungsschutzgesetzes einer **Wartezeitkündigung** entgegen?

Lösung Aufgabe 1:
Zu ermitteln ist der Zeitraum, innerhalb dessen Anspruch auf Tabellenentgelt besteht.

Ein solcher Anspruch besteht nach § 3 Abs. 1 EFZG, wenn ein Arbeitnehmer infolge Krankheit an seiner Arbeitsleistung verhindert wird, ohne dass ihn ein Verschulden trifft. Herr Heilung ist Arbeitnehmer der Stadt Kassel. Er ist auch arbeitsunfähig. Von einem Verschulden ist fallbezogen nicht die Rede, so dass grundsätzlich Anspruch auf Fortzahlung der Bezüge (hier: des Tabellenentgelts sowie ggf. der vermögenswirksamen Leistungen) besteht.

Einem solchen Anspruch könnte jedoch § 3 Abs. 3 EFZG entgegenstehen, wonach Entgeltfortzahlung im Krankheitsfall erst nach vierwöchiger ununterbrochener Dauer des Arbeitsverhältnisses zusteht.

Das Arbeitsverhältnis des Herrn Heilung besteht aber zum Zeitpunkt des Eintritts der Arbeitsunfähigkeit noch keine vier Wochen, denn er ist ja gerade an seinem ersten Arbeitstag erkrankt. Damit besteht kein Anspruch auf Entgeltfortzahlung nach § 3 EFZG.

Zu prüfen ist aber, ob ein **tariflicher** Anspruch auf Entgeltfortzahlung besteht. Dieser könnte sich aus § 22 Abs. 1 TVöD ergeben. Die Tatbestandsmerkmale des § 22 Abs. 1 TVöD sind identisch mit denen des § 3 EFZG mit dem Unterschied, dass hier keine Wartezeit normiert ist. Da alle Tatbestandsmerkmale des § 22 Abs. 1 TVöD fallbezogen erfüllt sind, hat Herr Heilung als TVöD-Beschäftigter somit Anspruch auf Entgeltfortzahlung im Krankheitsfall für die Dauer von sechs Wochen. Dies ist ein Fall des **Günstigkeitsprinzips**.

Die Frist beginnt hier am Mittwoch, den 01.03.2017 (§ 187 Abs. 2 Satz 1 BGB). Sie endet mit Ablauf des Dienstag, den 11.04.2017 (§ 188 Abs. 2 BGB).

Lösung Aufgabe 2:

Zu prüfen ist, ob Herr Heilung auch Anspruch auf **Krankengeldzuschuss** hat. Der Anspruch auf Krankengeldzuschuss ist gemäß § 22 Abs. 3 Satz 1 TVöD abhängig von der **Beschäftigungszeit**. Die Tarifverträge des öffentlichen Dienstes unterscheiden zwischen der Beschäftigungszeit im engeren Sinn (hier: nur die im Arbeitsverhältnis bei der Stadt Kassel verbrachten Zeiten) und der Beschäftigungszeit im weiteren Sinn (somit auch die bei der Stadt Fulda verbrachte Zeit, sofern ein unmittelbarer Wechsel vollzogen wurde; ein solcher liegt fallbezogen vor).

Hier ist die Beschäftigungszeit im **weiteren** Sinn maßgebend (§ 22 Abs. 3 Satz 1 TVöD verweist auf den gesamten Absatz 3 des § 34 TVöD). Damit wird auch die im Arbeitsverhältnis bei der Stadt Fulda verbrachte Zeit (01.04.2014 bis 28.02.2017) bei der Frage nach dem Anspruch auf Krankengeldzuschuss zwingend berücksichtigt.

Dauert die Arbeitsunfähigkeit bis Ende des Jahres 2017 an, so besteht Anspruch auf Krankengeldzuschuss bis zum Ende der **39. Woche** der Arbeitsunfähigkeit. Zwar verfügt Herr Heilung zu Beginn seiner Arbeitsunfähigkeit am 01.03.2017 noch nicht über die hierfür notwendige Beschäftigungszeit von drei Jahren; hier ist jedoch diejenige Beschäftigungszeit maßgebend, die er **im Laufe** der Arbeitsunfähigkeit vollenden wird, § 22 Abs. 3 Satz 2 TVöD.

Damit besteht Anspruch auf Krankengeldzuschuss für die Zeit vom 12.04. bis 28.11.2017.

Lösung Aufgabe 3:

Zu prüfen ist die Rechtslage für den Fall, dass der Arbeitsvertrag bis zum 31.10.2017 **befristet** wäre.

Nach § 22 Abs. 4 Satz 1 TVöD wird Entgelt im Krankheitsfall nicht über das Ende des Arbeitsverhältnisses hinaus gezahlt. Der zweite Halbsatz dieser Tarifnorm besagt jedoch, dass § 8 EFZG „unberührt" bleibt. Entgegen der landläufig weit verbreiteten Meinung bedeutet dies aber, dass § 8 EFZG „trotzdem gilt", also unbedingt zu beachten ist. Hintergrund ist, dass eine zwingende gesetzliche Norm nicht durch Tarifvertrag außer Kraft gesetzt werden kann (Rangprinzip).[405]

Nach § 8 Abs. 1 Satz 1 EFZG verbleibt es bei der sechswöchigen Entgeltfortzahlung auch in dem Fall, dass der Arbeitgeber das Arbeitsverhältnis aus Anlass der Arbeitsunfähigkeit kündigt. Ein solcher Fall liegt hier aber nicht vor.

405 Siehe Nr. 2.9

Gemäß § 8 Abs. 2 EFZG endet der Anspruch auf Entgeltfortzahlung bei sonstiger Beendigung des Arbeitsverhältnisses – ähnlich wie in § 22 Abs. 4 TVöD geregelt – mit dem Ende des Arbeitsverhältnisses.

Da der Arbeitsvertrag des Herrn Heilung bis zum 31.10.2017 befristet ist, liegt eine Beendigung im Sinne des § 8 Abs. 2 EFZG vor, so dass es im Ergebnis bei dem Anspruch auf Entgeltfortzahlung (nur) bis zum 31.10.2017 bleibt.

Ab dem 01.11.2017 besteht die Krankheit zwar fort, aber es bestehen fortan keinerlei finanzielle Ansprüche aus dem Arbeitsverhältnis.

Lösung Aufgabe 4:
Zu prüfen ist, ob die Geltung des Kündigungsschutzgesetzes einer **Wartezeitkündigung** entgegenstünde.

Dies wäre nach § 1 Abs. 1 KSchG der Fall, wenn das Arbeitsverhältnis zum Zeitpunkt des Zugangs der Kündigung noch nicht länger als sechs Monate bestanden hätte.

Daraus folgt, dass der Arbeitgeber ohne Beachtung der Regelungen des Kündigungsschutzgesetzes kündigen kann, wenn die Kündigung Herrn Heilung spätestens am 31.08.2017 zugehen würde. Dabei ist der **rechtliche Bestand** des Arbeitsverhältnisses maßgebend. Die Tatsache, dass Herr Heilung noch keine Arbeitsleistung erbracht hat, ist unerheblich.

Weder im Beamtenstatusgesetz noch in den Landesbeamten- bzw. Landesbesoldungsgesetzen finden sich Hinweise auf die Dauer der „Besoldungsfortzahlung im Krankheitsfall“.

Beamte haben vielmehr Anspruch auf „unbegrenzte“ Fortzahlung ihrer Besoldung. Begründet wird dies mit dem **Alimentationsprinzip** des Dienstherrn. So kann sogar während eines mehrjährigen krankheitsbedingten Ausfalls Anspruch auf die volle Besoldung bestehen. Die Grenze ist die Dienstunfähigkeit. Wird Dienstunfähigkeit festgestellt, so erfolgt im Regelfall eine Versetzung in den Ruhestand.

Nähere Informationen hierzu entnehmen Sie bitte dem als Band 1 der HVSV-Schriftenreihe erschienenen Buch „Beamtenrecht in Hessen“, dort unter Nr. 1.5.2 (Alimentationsprinzip) bzw. Nr. 10.5.2 (Versetzung in den Ruhestand).

Fall 22: Urlaubsreif!

Herr Alexander Frei ist langjährig bei der Stadt Bebra beschäftigt (Vollzeit, 5-Tage-Woche). Heute kommt er in die Personalabteilung und berichtet, er sei „urlaubsreif". Im Laufe des Gesprächs werden folgende Fragen aufgeworfen:

Aufgabe 1:
Gibt es eigentlich neben dem tariflichen noch einen **anderen** Urlaubsanspruch, und in welchem **Verhältnis** stehen diese Ansprüche zueinander?

Aufgabe 2:
Wann **entstehen** eigentlich Urlaubsansprüche?

Aufgabe 3:
Wie viel Erholungsurlaub steht Herrn Frei zu, wenn er im gesamten Kalenderjahr 2017 **arbeitsunfähig** krank sein wird?

Aufgabe 4:
Welche Rechtsfolge tritt ein, wenn Herr Frei mit Ablauf des 30. Juni aus dem Arbeitsverhältnis **ausscheidet**?

Aufgabe 5:
Welche Rechtsfolge tritt ein, wenn Herr Frei mit Ablauf des **15. Juli** aus dem Arbeitsverhältnis ausscheidet?

Aufgabe 6:
Muss der Arbeitgeber eigentlich eine **Urlaubsbescheinigung** ausstellen?

Aufgabe 7:
Wann **verfallen** die Urlaubsansprüche spätestens, wenn der Beschäftigte langfristig erkrankt?

Aufgabe 8:
Gehen Sie nun davon aus, dass Herr Frei ganzjährig im Arbeitsverhältnis zu seinem Arbeitgeber bleibt. Welche Auswirkungen hätte eine **Elternzeit** in der Zeit vom 05.03. bis 04.05. auf die Urlaubsansprüche?

Aufgabe 9:
Welche Auswirkungen hätte ein **Sonderurlaub** in der Zeit vom 05.03. bis 04.05. auf die Urlaubsansprüche?

Aufgabe 10:
Gehen Sie nun davon aus, dass Herr Frei ganzjährig arbeitet (also weder Elternzeit noch Sonderurlaub nimmt). Wie wäre urlaubsrechtlich zu verfahren, wenn der Beschäftigte ab dem 1. Juli nur noch in **Teilzeit** arbeiten würde (50 % an drei Tagen)? Gehen Sie davon

aus, dass kein Resturlaub in dieses Urlaubsjahr übertragen und in diesem Urlaubsjahr noch kein Urlaub genommen wurde.

Lösung Aufgabe 1:
Zu prüfen ist, ob neben dem tariflichen noch ein anderer Urlaubsanspruch besteht. Dies ist der Fall; hierbei handelt es sich um den **gesetzlichen Mindesturlaub** nach dem Bundesurlaubsgesetz (BUrlG). Dieser beträgt nach § 3 BUrlG (24 Werktage x 5/6 =) **20 Arbeitstage** in der 5-Tage-Woche.

Der gesetzliche Mindesturlaub steht neben dem tariflichen Erholungsurlaub. Es bedarf somit stets zweier Berechnungen für jedes Urlaubsjahr. Im Ergebnis steht dem Beschäftigten dann der höhere Urlaub zu. Im Regelfall ist dies der Tarifurlaub (Günstigkeitsprinzip). Es gibt aber auch Konstellationen, in denen der gesetzliche Mindesturlaub nicht gekürzt werden darf und daher den Tarifurlaub übersteigt, siehe unten in der Lösung zu Aufgabe 5. Dann ist der gesetzliche Mindesturlaub maßgebend (Rangprinzip).

Lösung Aufgabe 2:
Die nächste Frage zielt darauf ab, wann Urlaubsansprüche entstehen.

Nach § 4 BUrlG entsteht der gesetzliche Urlaubsanspruch **erstmals** nach sechsmonatigem Bestehen des Arbeitsverhältnisses. Dies gilt auch für den Tarifurlaub.

Fallbezogen handelt es sich aber um einen langjährig Beschäftigten. Der Urlaubsanspruch des Herrn Frei entsteht am 1. Januar eines **jeden** Urlaubsjahres, also gerade nicht „scheibchenweise" Monat für Monat. Der Beschäftigte könnte somit – bei Erfüllung der sonstigen Voraussetzungen – z. B. bereits Mitte Februar seinen gesamten Jahresurlaub genommen haben.

Der Urlaubsanspruch entsteht übrigens unabhängig von der Erbringung einer Arbeitsleistung. Ausreichend ist der **rechtliche Bestand** eines Arbeitsverhältnisses. Der Urlaub entsteht damit auch während eines ruhenden Arbeitsverhältnisses (z. B. während einer Elternzeit bzw. eines Sonderurlaubes, siehe unten Lösungen zu den Aufgaben 8 und 9).

Lösung Aufgabe 3:
Wenn Herr Frei im gesamten Kalenderjahr 2017 arbeitsunfähig erkrankt, so hat dies **keine Auswirkungen** auf das Entstehen seiner Urlaubsansprüche.

Auch ohne jede Gegenleistung entstehen 20 Tage Anspruch auf gesetzlichen Mindesturlaub und (parallel) 30 Tage Tarifurlaub.

Lösung Aufgabe 4:
Nun ist die Rechtsfolge zu ermitteln für den Fall, dass Herr Frei mit Ablauf des 30. Juni aus dem Arbeitsverhältnis ausscheidet.

Der **Tarifurlaub** von 30 Tagen ist in diesem Fall anteilig zu kürzen, § 26 Abs. 2 Buchstabe b TVöD. Danach erhält der Beschäftigte für jeden vollen Monat des Arbeitsverhältnisses ein Zwölftel des Jahresurlaubs.
Rechnung: 30 x 6/12 = 15 Tage Tarifurlaub.

Der gesetzliche **Mindesturlaub** des § 3 BUrlG in Höhe von 20 Arbeitstagen darf nur in den Fällen des § 5 BUrlG gekürzt werden. Nach § 5 Abs. 1 Buchstabe c BUrlG wird gekürzt, wenn er „in der ersten Hälfte eines Kalenderjahres aus dem Arbeitsverhältnis ausscheidet". Herr Frei scheidet mit Ablauf des 30. Juni aus. Dieser Tag gehört zur ersten Hälfte des Kalenderjahres. Damit wird hier auch der gesetzliche Mindesturlaub gekürzt.

Rechnung: 20 x 6/12 = 10 Tage Mindesturlaub.

Im **Ergebnis** steht Herrn Frei bei Ausscheiden am 30. Juni ein Anspruch auf Erholungsurlaub von 15 Tagen zu (Günstigkeitsprinzip).

Lösung Aufgabe 5:
Im Falle eines Ausscheidens aus dem Arbeitsverhältnis mit Ablauf des 15. Juli gelten hinsichtlich des **Tarifurlaubs** die Ausführungen in Aufgabe 4 entsprechend. Für den halben Monat Juli steht kein Urlaubsanspruch zu, so dass es hier bei 15 Arbeitstagen verbleibt.

Bezüglich des gesetzlichen **Mindesturlaubs** ist jedoch zu erkennen, dass der 15. Juli zur zweiten Hälfte eines Kalenderjahres gehört. Eine Kürzung ist hier somit gerade nicht statthaft. Damit steht der volle gesetzliche Mindesturlaub in Höhe von 20 Arbeitstagen zu.

Im Ergebnis überwiegt hier der gesetzliche Mindesturlaub von 20 Arbeitstagen (Rangprinzip).

Lösung Aufgabe 6:
§ 6 Abs. 2 BUrlG verpflichtet den Arbeitgeber zur Ausstellung einer Urlaubsbescheinigung, sobald der Beschäftigte aus dem Arbeitsverhältnis **ausgeschieden** ist.

Darin sind Angaben über die im laufenden Kalenderjahr gewährten und evtl. abgegoltenen Urlaubstage zu machen. Hintergrund ist die Vermeidung von Doppelansprüchen, vgl. 6 Abs. 1 BUrlG.

Lösung Aufgabe 7:
Zur Frage, wann Urlaubsansprüche bei langfristiger Arbeitsunfähigkeit verfallen, muss erneut zwischen gesetzlichen und tariflichen Vorschriften differenziert werden.

Tarifurlaub ist nach § 26 Abs. 2 Buchstabe a TVöD bis zum 31. März, spätestens am 31. Mai des Folgejahres, anzutreten. Ansonsten verfällt er.

(Hinweis: Für Beschäftigte des Landes Hessen, die unter den Geltungsbereich des **TV-Hessen** fallen, gilt § 26 Abs. 1 Satz 8 TV-H, wonach eine Übertragung tariflicher Urlaubsansprüche bis zum 30.09. des Folgejahres erfolgt.)

Gesetzlicher **Mindesturlaub** dagegen verfällt nach dem Wortlaut des § 7 Abs. 3 Satz 3 BUrlG, wenn er nicht bis zum 31. März des Folgejahres genommen wurde. In diesem Zusammenhang ist jedoch die Rechtsprechung des BAG zu beachten, wonach gesetzlicher Mindesturlaub, der wegen Langzeiterkrankung nicht genommen werden kann, spätestens **15 Monate** nach Ablauf des Urlaubsjahres verfällt.[406]

Tarifurlaub aus dem Jahr 2017 verfällt also spätestens am 31. Mai 2018 (TV-H: 30.09.2018), gesetzlicher Mindesturlaub aus 2017 verfällt spätestens am 31. März 2019 (15 Monate nach Ablauf des Urlaubsjahres 2017).

Lösung Aufgabe 8:
Im Folgenden sind die Auswirkungen einer **Elternzeit** in der Zeit vom 05.03. bis 04.05. auf die Urlaubsansprüche zu untersuchen.

Dabei ist zu erkennen, dass **Tarifurlaub** gemäß § 26 Abs. 2 Buchstabe c TVöD für jeden vollen Kalendermonat des Ruhens (hier: der Elternzeit) gekürzt wird.

Fallbezogen ist der einzige Kalendermonat, in dem das Arbeitsverhältnis vollständig geruht hat, der April.

Rechnung:
30 x 11/12 = 27,5 gerundet 28 Arbeitstage.

Gesetzlicher Mindesturlaub darf nur gekürzt werden, wenn es hierfür eine gesetzliche Kürzungsnorm gibt. Eine tarifliche Kürzungsvorschrift reicht nicht aus. Das Bundesurlaubsgesetz enthält keine solche Kürzungsvorschrift.

Jedoch regelt § 17 Abs. 1 BEEG, dass der Arbeitgeber den (gesetzlichen) Urlaub für jeden vollen Kalendermonat der Elternzeit um ein Zwölftel kürzen kann. Von dieser Ermächtigung machen Arbeitgeber in der Praxis nahezu ausnahmslos Gebrauch.

Rechnung:
20 x 11/12 = 18,33 Arbeitstage.

Im Ergebnis stehen Herrn Frei somit **28 Arbeitstage** Erholungsurlaub zu (Günstigkeitsprinzip).

Lösung Aufgabe 9:
Nunmehr sind die Auswirkungen eines **Sonderurlaubs** in der Zeit vom 05.03. bis 04.05. auf die Urlaubsansprüche zu klären.

406 BAG-Urteil vom 07.08.2012 – 9 AZR 353/10

Hinsichtlich des Tarifurlaubs gelten die in der Lösung zu Aufgabe 8 gemachten Ausführungen auch hier.

Hinsichtlich des gesetzlichen Mindesturlaubs ist zu berücksichtigen, dass § 17 Abs. 1 BEEG im Falle eines Sonderurlaubs nicht einschlägig ist. Mangels einer gesetzlichen Kürzungsnorm steht der gesetzliche Mindesturlaub damit in voller Höhe zu.

Da jedoch der Tarifurlaub den (ungekürzten) gesetzlichen Mindesturlaub übersteigt, stehen im Ergebnis **28 Arbeitstage** Erholungsurlaub zu (Günstigkeitsprinzip).

Lösung Aufgabe 10:

Gemäß Aufgabenstellung ist nun davon auszugehen, dass Herr Frei ganzjährig arbeitet (also weder Elternzeit noch Sonderurlaub nimmt). Gefragt ist nach der Folge einer **Arbeitszeitreduzierung** ab dem 1. Juli (50 % an drei Tagen).

Hierzu ist zunächst festzustellen, dass der Urlaubsanspruch sich nicht nach den Arbeitsstunden pro Woche richtet. Entscheidend ist vielmehr die „Tagewoche", vgl. § 26 Abs. 1 Satz 3 TVöD.

Rechnung:

Wechsel am 1. Juli von 5-Tage-Woche in die **3**-Tage-Woche. Es wurde in diesem Kalenderjahr noch kein Erholungsurlaub genommen.

➔ Januar bis Juni: 30 x 6/12 = 15 Arbeitstage

➔ Juli bis Dezember: 30 x 3/5 x 6/12 = 9 Arbeitstage

➔ Im Ergebnis stehen dem Beschäftigten (15 + 9 =) **24 Arbeitstage** Erholungsurlaub zu. Dies entspricht in der 3-Tage-Woche genau acht Wochen(!).

Hinzu kommt, dass das Urlaubsentgelt (hier: für die 15 Arbeitstage) nicht geringer sein darf, als wenn der Beschäftigte den Erholungsurlaub noch in der Vollzeitphase genommen hatte.

Für Beamte gelten weder das Bundesurlaubsgesetz noch tarifvertragliche Regelungen. Vielmehr wird der Anspruch auf Erholungsurlaub regelmäßig in landesrechtlichen Verordnungen geregelt. In Hessen gilt die HUrlVO.

Näheres zum Urlaubsanspruch von Beamten siehe Band 1 der HVSV-Schriftenreihe „Beamtenrecht in Hessen", dort unter Nr. 8.2.1.

Fall 23: Umsetzung, Versetzung oder was?

Herr Willi Weggang arbeitet als Bezügerechner im Personalamt der Stadt Forthausen. Er sitzt in einem großzügig geschnittenen Büro im Rathaus. In seinem Arbeitsvertrag wurde als Tätigkeit „Verwaltungsfachangestellter" vereinbart.

Aufgabe 1:
Bitte prüfen Sie, ob und unter welchen Voraussetzungen ein Einsatz des Herrn Weggang im **Einwohnermeldeamt** (drei Zimmer weiter) möglich ist.

Aufgabe 2:
Wäre ein dauerhafter Einsatz bei den Stadtwerken der Stadt Forthausen **(Eigenbetrieb)**[407] möglich? Um welche Maßnahme würde es sich hierbei handeln?

Aufgabe 3:
Wie Aufgabe 2, aber zunächst **vorübergehend** für die Dauer von zwei Monaten.

Aufgabe 4:
Wie Aufgabe 3, jedoch verlängert um **weitere** zwei Monate.

Aufgabe 5:
Herr Weggang soll alternativ – als weiterhin städtischer Bediensteter – bei der neu gegründeten **Personalservice GmbH**, deren Alleingesellschafter die Stadt Forthausen ist, arbeiten, da seine bisherigen Aufgaben auf diese GmbH verlagert werden sollen. Die Personalservice GmbH wendet den TVöD an.

Aufgabe 6:
Er soll zur Nachbargemeinde Kirchdorf **versetzt** werden. Hierauf haben sich die beiden Bürgermeister geeinigt; im Gegenzug soll ein bei der Gemeinde Kirchdorf tätiger Verwaltungsbeamter zur Stadt Forthausen versetzt werden.

Lösung Aufgabe 1:
Zu prüfen ist, ob und unter welchen Voraussetzungen ein Einsatz des Herrn Weggang im **Einwohnermeldeamt** möglich ist. Diese Organisationseinheit der Stadtverwaltung befindet sich drei Zimmer weiter, also in demselben Dienstgebäude wie das bisherige Büro des Beschäftigten.

Die in § 4 TVöD aufgeführten Personalsteuerungsinstrumente greifen für dieses Vorhaben nicht. Hier handelt es sich vielmehr um eine **Umsetzung**, welche auf dem Direktionsrecht des Arbeitgebers basiert (§ 106 Satz 1 i. V. m. § 6 Abs. 2 GewO).

Eine Selbsteinschränkung des Direktionsrechts hat vorliegend nicht stattgefunden. Dies wäre etwa der Fall gewesen bei einer vertraglichen Tätigkeitsbeschreibung „Bezügerech-

[407] Zum personalvertretungsrechtlichen Dienststellenbegriff in Hessen siehe § 7 Abs. 1 Satz 2 HPVG

ner". In einem solchen Fall hätte der Arbeitgeber auf einen Änderungsvertrag drängen bzw. eine Änderungskündigung nach § 2 KSchG aussprechen müssen. All diese Mühen spart man sich durch die hier gewählte Vertragsformulierung „Verwaltungsfachangestellter".

Da fallbezogen kein Hinweis auf eine fehlerhafte Ausübung des Direktionsrechts erkennbar ist, kann die Umsetzung bedenkenlos angeordnet werden. Herr Weggang hat keinen Anspruch darauf, seine bisherige Tätigkeit in seinem schönen Büro weiterhin zu behalten.

Eine Zustimmung des Personalrats ist nicht notwendig. Dies wäre gemäß § 77 Abs. 1 Nr. 2 Buchstabe c HPVG nur dann der Fall, wenn die Umsetzung mit einem Wechsel des Dienstortes verbunden wäre.

Damit entfällt auch die Notwendigkeit der Beteiligung der Frauen- und Gleichstellungsbeauftragten.

Lösung Aufgabe 2:
Sollte der Beschäftigte zu den Stadtwerken (Eigenbetrieb) wechseln, so ist festzustellen, dass es sich hierbei um eine andere Dienststelle desselben Arbeitgebers handeln würde. Damit sind die Tatbestandsvoraussetzungen der Protokollerklärung Nr. 2 zu § 4 Abs. 1 TVöD erfüllt. Es handelt sich somit um eine **Versetzung** im Sinne von § 4 Abs. 1 TVöD.

Bei einer städtischen Außenstelle wäre dies übrigens anders, vgl. § 7 Abs. 1 Satz 2 HPVG. Für eine Versetzung bedarf es dienstlicher Gründe, z. B. in Form eines geänderten Arbeitskräftebedarfs in einer Organisationseinheit.

Eine Anhörung des Beschäftigten ist vorliegend nicht nötig.

Die Notwendigkeit der Zustimmung des **Personalrates** ergibt sich aus § 77 Abs. 1 Nr. 2 Buchstabe c HPVG.

Folgerichtig ist auch die **Frauen- und Gleichstellungsbeauftragte** zu beteiligen, § 17 Abs. 1 Satz 3 Nr. 2 HGlG.

Lösung Aufgabe 3:
Auf Grund der nur vorübergehenden Natur der hier zu beurteilenden Maßnahme handelt es sich um eine **Abordnung** gemäß § 4 Abs. 1 TVöD. Eine Anhörung des Beschäftigten ist ebenfalls nicht nötig, da die Maßnahme für einen kürzeren Zeitraum als drei Monate angelegt ist.

Auch der Personalrat muss nicht mitbestimmen, vgl. § 77 Abs. 1 Nr. 2 Buchstabe d HPVG.

Damit entfällt auch die Notwendigkeit der Beteiligung der Frauen- und Gleichstellungsbeauftragten.

Lösung Aufgabe 4:
Diesmal handelt es sich um eine **Abordnung mit Anhörung**, da die Maßnahme insgesamt voraussichtlich länger als drei Monate dauern wird.
Einer Zustimmung des Personalrates bedarf es nicht, siehe Lösung zu Aufgabe 3.

Lösung Aufgabe 5:
Diese Maßnahme ist eine **Personalgestellung**, vgl. § 4 Abs. 3 TVöD. Sie kommt insbesondere in Betracht bei der Verlagerung von Aufgaben. Das Besondere an der Personalgestellung ist, dass das Arbeitsverhältnis zu dem ursprünglichen Arbeitgeber (hier: der Stadt) mit allen Rechten und Pflichten bestehen bleibt; es bildet für die Dauer der Personalgestellung quasi eine „leere Hülle".

Die Stadt Forthausen bleibt also als **Arbeitgeber** und Vertragspartner des Herrn Weggang z. B. zuständig für Fragen der Arbeitszeitreduzierung, Eingruppierung, Abmahnung, Kündigung usw.

Für Fragen des täglichen Geschäfts wie z. B. die der Urlaubsgewährung, der Lage der Arbeitszeit und des konkreten Arbeitsinhalts dagegen ist die Personalservice GmbH zuständig.

Lösung Aufgabe 6:
Zu erkennen ist, dass eine arbeitsrechtliche **Versetzung** nur zu einer anderen Dienststelle desselben Arbeitgebers erfolgen kann. Damit scheidet eine arbeitsrechtliche Versetzung fallbezogen aus.

Ein Wechsel des Arbeitgebers hin zur Gemeinde Kirchdorf kann nur erfolgen, indem das Arbeitsverhältnis zur Stadt Forthausen beendet wird. Als Beendigungsmöglichkeiten kommen die **Kündigung** durch den Beschäftigten und der **Auflösungsvertrag** in Frage. Bei der Kündigung sind die Fristen des § 34 Abs. 1 TVöD zu beachten. Sodann kann mit der Gemeinde Kirchdorf ein neues Arbeitsverhältnis abgeschlossen werden.

Hinweis:
Der TVöD kennt schließlich noch das Instrument der **Zuweisung**, welchem im Arbeitsrecht jedoch – im Gegensatz zum Beamtenrecht (siehe § 20 BeamtStG) – keine nennenswerte praktische Bedeutung beikommt.

Im Beamtenrecht ist der Begriff „Versetzung" völlig anders besetzt. Hier kann der Dienstherr seine Beamten sogar zu einer Dienststelle eines **anderen Dienstherrn** versetzen.

Eine Versetzung von oder zu einem Dienstherrn in einem anderen Bundesland bzw. von oder zum Bund richtet sich nach den Bestimmungen des § 15 BeamtStG.

Eine Versetzung innerhalb des Landes Hessen (z. B. von der Stadt Darmstadt zur Stadt Marburg) richtet sich nach den Bestimmungen des § 26 HBG.

Nähere Informationen zu diesem Thema entnehmen Sie bitte dem als Band 1 der HVSV-Schriftenreihe erschienenen Buch „Beamtenrecht in Hessen", dort im Kapitel 6.

Fall 24: Der Nebenjob im Dorfkrug

Die bei der Stadt Bierstadt in Vollzeit (5-Tage-Woche montags bis freitags) beschäftigte TVöD-Beschäftigte Susi Süffig fragt ihren Personalleiter, ob sie neben ihrer Vollzeittätigkeit im Bürgerbüro „nebenbei" in dem Gasthof „Dorfkrug" arbeiten darf. Sie beabsichtigt, mittwochs und samstags in den Abendstunden (jeweils von 20:00 Uhr bis 24:00 Uhr) die dort verweilenden Gäste mit Speisen und Getränken zu versorgen. Der Stundenlohn beträgt 9 € plus Trinkgeld.

Wie wird der Personalleiter entscheiden?

Lösung:
Zu prüfen ist, wie der Personalleiter entscheiden wird. Zunächst wird er die Beschäftigte auf die tarifliche **Anzeigepflicht** des § 3 Abs. 3 TVÖD hinweisen. Danach haben Beschäftigte Nebentätigkeiten gegen Entgelt rechtzeitig vorher schriftlich anzuzeigen.

Nun ist zu prüfen, ob der Arbeitgeber diese Nebentätigkeit **versagen** wird. Dies kann der Arbeitgeber insbesondere dann tun, wenn die Nebentätigkeit geeignet ist, die Erfüllung der arbeitsvertraglichen Pflichten der Beschäftigten zu beeinträchtigen.

Hier ist zu beachten, dass Frau Süffig an einem normalen Arbeitstag bereits rd. acht Stunden im Bürgerbüro arbeitet. Addiert man die beabsichtigten vier Stunden in der Gaststätte hinzu, so kommt sie einmal pro Woche auf eine tägliche Arbeitsleistung von rd. zwölf Stunden. Dies stellt einen Verstoß gegen § 3 Satz 2 (max. zehn Stunden pro Tag) i. V. m. § 2 Abs. 1 zweiter Halbsatz ArbZG dar. Letztgenannte Norm regelt, dass Arbeitszeiten bei mehreren Arbeitgebern (hier: Stadt Bierstadt und Gasthof Dorfkrug) zusammenzurechnen sind.

Im Falle der Realisierung der beabsichtigten Nebentätigkeit würde sich der Arbeitgeber **ordnungswidrig** verhalten, § 22 Abs. 1 Nr. 1 i. V. m. § 3 ArbZG. Eine solche Ordnungswidrigkeit ist abweichend von § 17 Abs. 1 OWiG mit einer Geldbuße von bis zu 15.000 € bedroht, § 22 Abs. 2 ArbZG.

Möchte also Frau Süffig abends im Dorfkrug bedienen, so bleibt hierfür – zumindest montags bis freitags – oftmals nur wenig Raum (z. B. acht Stunden Rathaus plus zwei Stunden Dorfkrug = zehn Stunden). In einem solchen Falle erscheint eine entsprechende schriftliche Auflage angezeigt. Bei Verstoß gegen eine solche Auflage kann der Arbeitgeber die ordnungsgemäß angezeigte und jahrelang ausgeübte Nebentätigkeit auch untersagen.

Gegen die beabsichtigte Nebentätigkeit an Samstagen sind fallbezogen keine Einwände ersichtlich.

Bei Beamten ist auch in dieser Frage mal wieder alles anders. Die in einem öffentlich-rechtlichen Dienst- und Treueverhältnis stehenden Beamten müssen Nebentätigkeiten nicht nur anzeigen; sie bedürfen vielmehr regelmäßig einer **Genehmigung** durch den Dienstherrn, vgl. § 73 HBG.

Nur ausnahmsweise sind Nebentätigkeiten im Beamtenrecht anzeigepflichtig, z. B. im Falle von Erteilung von Unterricht im öffentlichen Dienst, vgl. § 71 HBG.

Fall 25: Die Haftung des Arbeitnehmers

Frau Mandy Wichtig ist TVöD-Beschäftigte bei der Stadt Gießen. Sie verfügt über ein Bruttoentgelt von monatlich 3.000 €. Heute unternimmt sie eine Dienstfahrt nach Marburg, um Verhandlungen über den Kauf von Büromaterial zu führen. Sie benutzt hierfür den städtischen Dienstwagen. Auf der Fahrt wird ihr langweilig, so dass sie während des Fahrens über Handy mit ihrer Freundin telefoniert. Dabei verursacht sie versehentlich einen Auffahrunfall, bei dem ihrem Arbeitgeber ein Sachschaden in Höhe von 4.000 € entsteht.

Aufgabe:
Wer haftet für den verursachten Schaden?

Lösung:
Zu prüfen ist, wer für den entstandenen Schaden haftet. Dabei ist zunächst festzustellen, ob es sich um hoheitliche oder sonstige Tätigkeiten handelt.

Im Falle hoheitlicher Tätigkeiten sind die Regelungen über die sog. **Amtshaftung** maßgebend (Art. 34 GG i. V. m. § 839 BGB). Dabei gelten auch Tarifbeschäftigte des öffentlichen Dienstes als „Beamte im haftungsrechtlichen Sinn".

Da Frau Wichtig aber Büromaterial kaufen wollte und daher privatrechtlich unterwegs war, scheidet eine Amtshaftung hier aus.

Sonstige Schadensersatzansprüche sind in § 280 BGB geregelt. Im Arbeitsrecht gilt ergänzend § 619a BGB, wonach Frau Wichtig nur dann zum Schadensersatz verpflichtet ist, wenn sie die Pflichtverletzung zu vertreten hat. Zu vertreten hat sie gemäß § 276 BGB Vorsatz und Fahrlässigkeit.

Bei **leichter** Fahrlässigkeit besteht grundsätzlich keine Haftung der Beschäftigten. Bei **normaler** Fahrlässigkeit erfolgt gemäß Rechtsprechung regelmäßig eine Quotelung des

entstandenen Schadens. Beide Stufen der Fahrlässigkeit scheiden jedoch fallbezogen aus. Damit kommt § 3 Abs. 6 TVöD nicht zur Anwendung.
Hier handelt es sich[408] um **grobe Fahrlässigkeit**. Wer nämlich während einer Autofahrt mit dem Handy telefoniert, handelt ordnungswidrig. So etwas tut man einfach nicht.[409]

Deshalb wird Frau Wichtig den Schaden in Höhe von 4.000 € in voller Höhe zu tragen haben. Eine Quotelung, die von der Rechtsprechung insbesondere bei Schäden angenommen wird, die höher sind als drei Bruttoentgelte, kommt hier nicht in Frage.

Fall 26: Die Wartezeitkündigung

Herr Stefan Schwachheim (22 Jahre) wurde am 1. Oktober 2016 als Verwaltungsangestellter im Ordnungsamt der Gemeinde Besengrund eingestellt. Das unbefristete Arbeitsverhältnis richtet sich nach dem TVöD, die Gemeinde hat insgesamt 25 Tarifbeschäftigte. Der Bürgermeister ist mit den Leistungen des Herrn Schwachheim sowohl in qualitativer als auch in quantitativer Hinsicht nicht zufrieden. Auch der Leiter des Ordnungsamts als direkter Vorgesetzter des Herrn Schwachheim ist von dessen Arbeitsergebnissen maßlos enttäuscht. In einem ersten „Orientierungsgespräch“ im Dezember 2016 wurde der Beschäftigte unmissverständlich über die Unzufriedenheit des Arbeitgebers informiert. Seither ist keinerlei Besserung der Leistungen zu verzeichnen. Mit Schreiben vom 25. März 2017 kündigte deshalb die Gemeinde Besengrund das Arbeitsverhältnis ordentlich mit Ablauf des 30. April 2017. Als Herr Schwachheim dies erfuhr, legte er seinem Arbeitgeber am 28. März 2017 einen ab dem 1. Januar 2017 gültigen Schwerbehindertenausweis (GdB 50) vor. Außerdem verlangte er mit gesondertem Schreiben vom gleichen Tag Pflegezeit zur Betreuung seiner pflegebedürftigen Schwiegermutter für die Zeit ab 1. Mai 2017. Durch diesen „doppelten Kündigungsschutz“ hofft er nun, seinen Arbeitsplatz behalten zu können.

Aufgabe 1:
Erläutern Sie ausführlich, ob und unter welchen Voraussetzungen die Gemeinde Besengrund das Arbeitsverhältnis wirksam **kündigen** konnte. Gehen Sie dabei auch auf den gesetzlichen Kündigungsschutz, gesetzliche Beteiligungstatbestände und Fristen ein.

Aufgabe 2:
Ermitteln Sie den **Urlaubsanspruch** 2017 des Herrn Schwachheim für den Fall, dass das Arbeitsverhältnis mit Ablauf des 30. April 2017 endet. Bitte erläutern Sie Ihre Vorgehensweise.

Aufgabe 3:
Herr Schwachheim meldete sich am 29. März 2017 vor Arbeitsbeginn arbeitsunfähig krank. Bitte ermitteln Sie die Dauer der **Entgeltfortzahlung** nach § 22 Abs. 1 TVöD für den Fall, dass das Arbeitsverhältnis mit Ablauf des 30. April 2017 endet.

[408] Nach Auffassung des Verfassers
[409] Auch wenn dieses Phänomen bei vielen Verkehrsteilnehmern weit verbreitet zu sein scheint

Lösung Aufgabe 1:
Der allgemeine Kündigungsschutz greift nicht, da zum Zeitpunkt des Zugangs der Kündigung die sechsmonatige **Wartezeit** des § 1 Abs. 1 KSchG nicht erfüllt ist. Der Arbeitgeber genießt somit weitgehende Kündigungsfreiheit. Es bedarf insbesondere keiner sozialen Rechtfertigung im Sinne von § 1 Abs. 2 KSchG.

Der Arbeitnehmer ist lediglich vor einer sitten- und treuwidrigen Ausübung des Kündigungsrechts geschützt (ständige Rechtsprechung des BAG).

Fallbezogen liegen für eine solche Wartezeitkündigung ausreichende qualitative und quantitative **Leistungsmängel** vor, da sowohl der Leiter des Ordnungsamtes als auch der Bürgermeister mit den Leistungen des Beschäftigten subjektiv unzufrieden sind und trotz Orientierungsgesprächs keine Besserung eingetreten ist.

Zu prüfen ist, ob ein besonderer Kündigungsschutz vorliegt. Dabei ist zu erkennen, dass die Zustimmung des **Integrationsamts** nach §§ 85 ff. SGB IX nicht erforderlich ist, vgl. § 90 Abs. 1 Nr. 1 SGB IX.

Auch der Kündigungsschutz nach § 5 Abs. 1 **Pflegezeitgesetz** greift nicht. Dieser Kündigungsschutz gilt nach dem Wortlaut der Norm „von der Ankündigung der Pflegezeit". Maßgeblicher Zeitpunkt ist daher der Zugang der Kündigungserklärung, nicht der Tag, zu dem das Arbeitsverhältnis beendet werden soll. Die Kündigung verstößt somit nicht gegen § 5 Abs. 1 Pflegezeitgesetz, da sie dem Beschäftigten zugeht, bevor dieser die Pflegezeit angekündigt hat.

Weitere spezialgesetzliche Kündigungsschutznormen sind fallbezogen nicht ersichtlich, so dass im Ergebnis kein besonderer Kündigungsschutz besteht.

Auch der Mitbestimmungstatbestand des § 77 Abs. 1 Nr. 2 Buchstabe i HPVG ist nicht erfüllt.

Vielmehr ist der **Personalrat** bei ordentlichen Kündigungen während der sechsmonatigen Probezeit (§ 2 Abs. 4 TVöD) anzuhören, § 78 Abs. 2 Satz 1 HPVG. Der Arbeitgeber muss dem Personalrat also seine subjektiven Gründe mitteilen, aus denen er seinen Kündigungsentschluss herleitet.

Weiterhin ist die **Frauen- und Gleichstellungsbeauftragte** zu beteiligen, § 17 Abs. 1 Satz 3 Nr. 2 HGlG. Auch die **Schwerbehindertenvertretung** ist zu unterrichten und anzuhören, § 95 Abs. 2 Satz 1 SGB IX.

Die **Kündigungsfrist** beträgt vorliegend zwei Wochen zum Schluss eines Kalendermonats, § 34 Abs. 1 Satz 1 TVöD. Die Kündigung ist im Ergebnis wirksam und termingerecht ausgesprochen worden (zwei Wochen zum Monatsschluss, § 34 Abs. 1 Satz 1 TVöD).

Lösung Aufgabe 2:
Urlaubsberechnung nach § 26 TVöD: 30 x 4/12 = 10 Tage Erholungsurlaub;

§ 5 Abs. 2 BUrlG bzw. § 26 Abs. 1 Satz 5 TVöD im Ergebnis **10 Tage** Erholungsurlaub.

Der gesetzliche Mindesturlaub wäre auch zu kürzen (§ 5 Abs. 1 Buchstabe c BUrlG), so dass sich hierdurch kein für den Beschäftigten günstigeres Resultat ergibt.

Hinzu kommt der Schwerbehindertenzusatzurlaub nach § 125 SGB IX:
5 x 4/12 = 1,67 aufgerundet **2 Arbeitstage**. Insgesamt stehen Herrn Schwachheim somit 12 Urlaubstage zu.

Lösung Aufgabe 3:
Nach § 22 TVöD steht Entgeltfortzahlung bis zum Ende der sechsten Woche der Arbeitsunfähigkeit zu, jedoch nach § 22 Abs. 4 TVöD nicht über das Ende des Arbeitsverhältnisses hinaus. Zu prüfen ist auch § 8 EFZG, dessen einschlägiger Absatz 2 nichts anderes besagt.

(Hinweis: Ein Fall des § 8 Abs. 1 EFZG liegt hier nicht vor.)

Im Ergebnis wird **Entgeltfortzahlung bis** einschließlich **30.04.2017** gewährt.

Fall 27: Die krankheitsbedingte Kündigung

Herr Stefan Schroth (Mitglied der Gewerkschaft ver.di), geb. am 03.02.1977, trat am 01.03.2003 als Müllwerker beim Amt für Abfallbeseitigung in den Dienst der Stadt Kallberg (Mitglied des KAV Hessen) ein. Von Beschäftigungsbeginn an waren bei Herrn Schroth überdurchschnittlich hohe krankheitsbedingte Fehlzeiten zu verzeichnen (pro Jahr durchschnittlich 54 Arbeitstage).

Mit Gutachten vom 20.08.2015 äußerte die Betriebsärztin dauernde gesundheitliche Bedenken gegen körperlich schwere Tätigkeiten sowie gegen Arbeiten bei Kälte und Nässe. Sie empfahl einen Arbeitsplatzwechsel, da ein Einsatz als Müllwerker nicht mehr in Betracht kam.

Daraufhin wurde Herr Schroth mit Wirkung vom 11.11.2015 in das Personal- und Organisationsamt umgesetzt und seitdem in der dortigen Geschäftsstelle beschäftigt.

Das Aufgabengebiet in der Geschäftsstelle umfasst die Bearbeitung des Postein- und -ausgangs, den Boten- und Verteildienst, Kopier- und Faxarbeiten sowie die Erledigung von Sonder- und Eilaufträgen.

Die Krankheitszeiten des Herrn Schroth haben sich nach dem Arbeitsplatzwechsel auf einem überdurchschnittlich hohen Niveau verfestigt.

Vor dem Hintergrund dieser erheblichen krankheitsbedingten Fehlzeiten wurde Herr Schroth am 01.11.2016 nochmal betriebsärztlich untersucht.

Gegen seine Einsatzfähigkeit in der Poststelle mit den zur Verfügung stehenden Arbeitsmitteln (für den Transport zur Post stehen Sackkarren, Kunststoffkisten, ein Fahrstuhl im Dienstgebäude und ein Dienstfahrzeug zur Verfügung; schweres Heben und Tragen über 5 kg sind nicht gefordert) wurden mit betriebsärztlichem Gutachten vom 12.12.2016 keinerlei Bedenken erhoben.

Mit Herrn Schroth wurden bereits zahlreiche Fehlzeitengespräche geführt. Im Rahmen dieser Gespräche wurde ihm vorgeschlagen, an einer Heilbehandlungsmaßnahme teilzunehmen. Dies lehnte er aber ab.

Gemäß aktuellem betriebsärztlichem Gutachten ist Herr Schroth weiterhin für diese Tätigkeit grundsätzlich geeignet. Die Prognose hinsichtlich zu erwartender Ausfallzeiten ist jedoch eindeutig negativ. Die Betriebsärztin stellte fest, dass auch künftig überdurchschnittlich hohe Ausfallzeiten nicht auszuschließen sind und sich die Krankheitszeiten auch durch Übertragung anderer Tätigkeiten nicht verringern würden.

Urlaubsanträge von unmittelbaren Kollegen des Herrn Schroth mussten wegen dessen Fehlzeiten bereits abgelehnt werden.

Der Personalleiter hat nunmehr kein Verständnis mehr für das Verhalten des Beschäftigten und möchte das Arbeitsverhältnis möglichst schnell beenden, „da sich eine Stadtverwaltung mit nur 300 Beschäftigten keine solchen Mitarbeiter leisten" könne.

Herr Schroth fehlte krankheitsbedingt in den Kalenderjahren 2014 = 64 Arbeitstage, 2015 = 73 Arbeitstage und 2016 an 112 Arbeitstagen.

Nach Beschluss des Magistrats und Beteiligung der Frauen- und Gleichstellungsbeauftragten wurde Herrn Schroth am 18.02.2017 mittels Boten gegen Empfangsbestätigung ein entsprechendes Kündigungsschreiben übergeben, wonach das Arbeitsverhältnis zum 30.06.2017 gekündigt wird. Das Kündigungsschreiben enthält eine ausführliche Begründung, aus der hervorgeht, dass die Fehlzeiten zu einer erheblichen Störung des Betriebsablaufs sowie einer nicht länger hinnehmbaren Beeinträchtigung des Betriebsfriedens führen.

Aufgabe:
Zu prüfen ist, ob vorliegend alle formellen und materiellen Voraussetzungen einer wirksamen Kündigung gegeben sind.

Lösung:

1. Formelle Voraussetzungen

Im vorliegenden Fall hat eine ordnungsgemäße Kündigungserklärung durch den Arbeitgeber stattgefunden; auch der nach § 73 Abs. 1 HGO notwendige Beschluss des Magistrats liegt vor. Überdies wurde die Kündigungserklärung laut Sachverhalt ausführlich begründet, so dass von der Beachtung des Bestimmtheitserfordernisses auszugehen ist.

Gemäß § 623 BGB kann eine arbeitsrechtliche Kündigung nur wirksam sein, wenn sie der **Schriftform** des § 126 Abs. 1 BGB genügt. Bei Verstoß gegen das gesetzliche Schriftformgebot wäre die Kündigung nach § 125 BGB nichtig. Lt. Sachverhalt wird dem Arbeitnehmer ein Kündigungsschreiben samt ausführlicher Begründung ausgehändigt, so dass die Schriftform eingehalten wurde. Diese Willenserklärung wird dem Arbeitnehmer durch Boten gegen Empfangsbestätigung zugestellt und somit am 18. Februar wirksam (§ 130 BGB).

Die Kündigung eines Arbeitnehmers bedarf der Beteiligung des **Personalrats**: Im Falle einer ordentlichen Kündigung außerhalb der Probezeit hat der Personalrat gemäß § 77 Abs. 1 Nr. 2 Buchstabe i i. V. m. § 69 Abs. 1 HPVG vor Durchführung der Maßnahme mitzubestimmen, bei ordentlicher Kündigung während der Probezeit sowie bei einer außerordentlichen Kündigung besteht ein unabdingbares Anhörungsrecht nach § 78 Abs. 2 HPVG. Eine Beteiligung des Personalrats ist dem Sachverhalt nicht zu entnehmen. Daraus folgt, dass die Kündigung gemäß § 66 Abs. 2 HPVG als unwirksam einzustufen ist.

Weiterhin ist die **Frauen- und Gleichstellungsbeauftragte** gemäß § 17 Abs. 3 Satz 3 Nr. 2 HGlG zu unterrichten und anzuhören, was geschehen ist.[410]

2. Materielle Voraussetzungen

Zunächst ist zu prüfen, ob eine ordentliche oder außerordentliche Kündigung ausgesprochen wurde. Da nach Durchsicht des Sachverhalts kein wichtiger Grund i. S. v. § 626 Abs. 1 BGB ersichtlich ist, kann eine außerordentliche Kündigung ausgeschlossen werden, so dass im Folgenden die Rechtswirksamkeit einer **ordentlichen** Kündigung zu prüfen ist.

Hierzu ist zunächst in zwei Schritten zu klären, ob das **Kündigungsschutzgesetz** (KSchG) überhaupt Anwendung findet. Nach § 1 Abs. 1 KSchG muss hierfür das Arbeitsverhältnis zum Zeitpunkt des Zugangs der Kündigung länger als sechs Monate bestanden haben. Diese Voraussetzung ist vorliegend erfüllt (Herr Schroth ist seit dem 01.03.2003 bei demselben Arbeitgeber beschäftigt). Weiterhin darf es sich nicht um einen Kleinstbetrieb i. S. v. § 23 Satz 2 KSchG handeln. Da die Stadt Kallberg 300 Arbeitnehmer beschäftigt, ist auch diese Voraussetzung erfüllt, so dass das KSchG Anwendung findet.

Gemäß § 1 Abs. 1 KSchG ist die Kündigung des Arbeitsverhältnisses gegenüber einem Arbeitnehmer rechtswirksam, wenn sie **sozial gerechtfertigt** ist (Umkehrschluss). Sozial gerechtfertigt ist eine solche Kündigung gemäß § 1 Abs. 2 Satz 1 KSchG, wenn sie durch

[410] Die Beteiligung der Schwerbehindertenvertretung muss nicht thematisiert werden, weil der Sachverhalt hierfür keine Anhaltspunkte liefert.

Gründe, die in der Person oder in dem Verhalten des Arbeitnehmers liegen, oder durch dringende betriebliche Erfordernisse bedingt ist.

Vorliegend ist zu prüfen, ob ein **personenbedingter** Kündigungsgrund infolge Krankheit vorliegt. Zwar ist im Sachverhalt vom „Verhalten" des Herrn Schroth die Rede, gleichwohl ist die Entwicklung des Gesundheitszustandes eines Menschen grundsätzlich nicht dessen steuerbarem Verhalten zuzurechnen.

Zur Zulässigkeit krankheitsbedingter Kündigungen hat das BAG die sog. **Drei-Stufen-Theorie** aufgestellt, nach der zunächst eine negative Gesundheitsprognose erforderlich ist. Vorliegend waren bei Herrn Schroth von Beschäftigungsbeginn an hohe Fehlzeiten zu verzeichnen (anfangs durchschnittlich 54 Kalendertage pro Jahr). Auch nach Umsetzung in die Geschäftsstelle (Poststelle) des Personal- und Organisationsamtes haben sich die Krankheitszeiten auf überdurchschnittlich hohem Niveau verfestigt. Die Prognose hinsichtlich zu erwartender Ausfallzeiten ist gemäß Sachverhalt „eindeutig negativ".

In der zweiten Stufe ist zu prüfen, ob die vorhergesagten Fehlzeiten zu einer erheblichen Beeinträchtigung der betrieblichen Interessen führen. Bei der Stadt Kallberg mussten bereits Urlaubsanträge unmittelbarer Kollegen des Herrn Schroth wegen dessen Fehlens abgelehnt werden, was auf Dauer nicht hinnehmbar ist. Infolge der negativen Gesundheitsprognose sind auch künftig erhebliche Belastungen des Betriebsablaufs der Poststelle und wegen deren zentraler Bedeutung letztlich aller Abteilungen der Stadtverwaltung zu befürchten. Daneben sind auch die wirtschaftlichen Belastungen in Form künftiger erhöhter Entgeltfortzahlungskosten zu berücksichtigen, welche für sich genommen ebenfalls eine erhebliche Beeinträchtigung der betrieblichen Interessen darstellen. Somit ist vom Vorliegen einer erheblichen Beeinträchtigung der betrieblichen Interessen auszugehen.

In der dritten Stufe schließlich ist eine Interessenabwägung vorzunehmen. Unter Berücksichtigung der bereits jahrelang bestehenden überdurchschnittlich hohen Ausfallzeiten des Herrn Schroth, deren Höhe in den letzten Jahren sogar noch deutlich zugenommen hat, sowie vor dem Hintergrund der Tatsache, dass eine Umsetzung vom Amt für Abfallbeseitigung zur Poststelle bereits erfolglos stattgefunden hat, überwiegt nunmehr – auch zum Schutz der unmittelbaren Kollegen des Beschäftigten – das Interesse des Arbeitgebers an der Beendigung des Arbeitsverhältnisses. Hierfür spricht auch, dass Herr Schroth eine ihm angebotene Heilbehandlungsmaßnahme abgelehnt hat. Auch wurden zahlreiche Fehlzeitengespräche bereits geführt, was jedoch auch zu keiner positiven Veränderung der Situation führte. Ob diese Fehlzeitengespräche im Rahmen des gesetzlich vorgeschriebenen betrieblichen Eingliederungsmanagements (**BEM**, § 84 Abs. 2 SGB IX) geführt wurden oder ob vorliegend kein BEM durchgeführt wurde, bedarf hier keiner abschließenden Klärung, da die Durchführung des BEM keine formelle Wirksamkeitsvoraussetzung für eine krankheitsbedingte Kündigung darstellt.

Selbst eine erneute Übertragung einer anderen Tätigkeit (milderes Mittel im Rahmen des Grundsatzes der Verhältnismäßigkeit) ist dem Arbeitgeber nicht zuzumuten, da auch diese Maßnahme nach den Feststellungen der Betriebsärztin nicht zu einer Verringerung der Krankheitszeiten führen würde. Hinweise über die Ursachen der Erkrankung sowie auf weitere besonders zu berücksichtigende Umstände (z. B. Familienstand, Unterhaltspflichten) gibt der Sachverhalt im Übrigen nicht her.

Zugunsten des Beschäftigten spricht auch nicht etwa ein jahrelang ungestört verlaufendes Arbeitsverhältnis; vielmehr ist von einem bereits seit 2003 in erheblichem Umfang gestörten gegenseitigen Austauschverhältnis auszugehen.

Damit ist – nach Anwendung der Drei-Stufen-Theorie – im Ergebnis ein personenbedingter Kündigungsgrund als erfüllt anzusehen. Die Kündigung ist somit sozial gerechtfertigt i. S. v. § 1 Abs. 2 KSchG, d. h., das KSchG steht der Rechtswirksamkeit der Kündigung nicht entgegen.

Ein **besonderer** Kündigungsschutz (z. B. wegen Schwerbehinderung, Elternzeit oder Mitgliedschaft im Personalrat) ist nicht ersichtlich, da der Sachverhalt hierfür keinerlei Anhaltspunkte liefert.

Zu prüfen ist ferner, ob Herr Schroth als ordentlich **unkündbarer** Beschäftigter gilt. Da lt. Sachverhalt sowohl die Stadt Kallberg (Mitglied des KAV Hessen) als auch Herr Schroth (ver.di-Mitglied) **tarifgebunden** sind (§ 3 Abs. 1 TVG), ist § 34 Abs. 2 TVöD einschlägig, wonach ordentliche Unkündbarkeit nach Vollendung des 40. Lebensjahres und Erfüllung einer Beschäftigungszeit von 15 Jahren eintritt. Zwar ist Herr Schroth zum Zeitpunkt des Zugangs der Kündigung bereits 40 Jahre alt. Da er aber nur über eine Beschäftigungszeit von rd. 14 Jahren verfügt, liegt keine Unkündbarkeit im Tarifsinne vor.

Die **Kündigungsfrist** richtet sich nach § 34 Abs. 1 TVöD. Bei einer Beschäftigungszeit von mindestens 12 Jahren (hier: über 14 Jahre) beträgt die Kündigungsfrist 6 Monate zum Schluss eines Kalendervierteljahres. Die Frist beginnt vorliegend nach § 187 Abs. 1 BGB am 19. Februar und endet mit Ablauf des 30. September. Zwar wurde die Kündigung zum 30. Juni ausgesprochen, jedoch macht allein dies die Kündigung nicht unwirksam. Vielmehr führt dies im Rahmen der Auslegung dazu, dass die Kündigung zum nächstmöglichen Zeitpunkt, somit zum 30. September, erfolgt (§ 133 BGB).

3. <u>Gesamtwürdigung</u>

Zwar ist ein personenbezogener Kündigungsgrund erfüllt und die Kündigung damit rechtswirksam im Sinne des § 1 KSchG, jedoch ist die hier zu beurteilende Kündigung letztlich als **unwirksam** anzusehen, weil die zwingend notwendige Mitbestimmung des Personalrates nicht durchgeführt wurde (§ 66 Abs. 2 HPVG).

Um die Unwirksamkeit der Kündigung geltend zu machen, muss Herr Schroth innerhalb von drei Wochen nach Zugang des Kündigungsschreibens Klage beim Arbeitsgericht erheben (§ 4 KSchG).

Fall 28: Kündigung im Kindergarten

Im Kindergarten der Stadt Kindertal arbeitet seit dem 01.04.2002 die ledige Erzieherin Karin Ernst (geb. am 03.05.1978) gemeinsam mit zehn älteren, jeweils verheirateten bzw. alleinerziehenden Kolleginnen. Auf das Arbeitsverhältnis findet der TVöD Anwendung.

Die Zahl der zu betreuenden Kinder ist in jüngster Vergangenheit erheblich zurückgegangen. Die Stadtverordnetenversammlung hat deshalb beschlossen, eine der drei bestehenden Kindergartengruppen zum 30.06.2018 zu schließen. Davon sind die dort beschäftigten Erzieherinnen, Frau Lustig und Frau Ernst, betroffen. Während Frau Lustig wegen Erreichens der Altersgrenze nur noch wenige Monate zu arbeiten hat, besteht in Bezug auf Frau Ernst ein echtes Problem, denn Bedarf an ihrer Arbeitskraft als Erzieherin besteht künftig nicht mehr. Einen weiteren Kindergarten betreibt die Stadt Kindertal nicht.

Der Bürgermeister eröffnete ihr deshalb seine Überlegung, das Arbeitsverhältnis schlimmstenfalls kündigen zu müssen. Um dies möglichst zu verhindern, bot er ihr an, künftig als Verwaltungsangestellte im städtischen Jugendamt zu arbeiten; eine entsprechende Weiterbildungsmaßnahme beim Verwaltungsseminar würde der Arbeitgeber vollständig finanzieren.

Nachdem sie dieses Angebot kategorisch abgelehnt hat, möchte der Bürgermeister das Arbeitsverhältnis nunmehr kündigen; ein entsprechender Magistratsbeschluss liegt bereits vor. Die Kündigung wird Frau Ernst am 03.01.2018 zugehen.

Der Bürgermeister stellt Ihnen die folgenden Fragen:

Aufgabe 1:
Kommt eine **ordentliche** oder eine **außerordentliche** Kündigung in Betracht?

Aufgabe 2:
Zu welchem **Termin** könnte eine Kündigung fallbezogen frühestens erfolgen?

Aufgabe 3:
Ab welchem Zeitpunkt ist Frau Ernst ordentlich **unkündbar**?

Aufgabe 4:
Welcher **Form** (mündlich, schriftlich ...) muss die Kündigung entsprechen?

Aufgabe 5:
Ist eine vorherige **Abmahnung** notwendig?

Aufgabe 6:
Hat der **Personalrat** ein Beteiligungsrecht (falls ja: welches?), und welche Rechtsfolgen ergeben sich bei Nichtbeteiligung des Personalrates?

Aufgabe 7:
Innerhalb welcher **Frist** kann Frau Ernst ggf. Kündigungsschutzklage beim Arbeitsgericht einreichen?

Aufgabe 8:
Hat eine Klage Aussicht auf Erfolg?

Lösung Aufgabe 1:
Zu prüfen ist, ob eine ordentliche oder eine außerordentliche Kündigung in Betracht kommt.

Um eine außerordentliche Kündigung zu bejahen, müsste ein wichtiger Grund vorliegen. Dies ist fallbezogen nicht gegeben.

Damit handelt es sich hier zweifellos um eine **ordentliche** Kündigung. Diese ist fristgebunden, § 34 Abs. 1 TVöD.

Lösung Aufgabe 2:
Zu welchem **Termin** könnte eine Kündigung erfolgen, wenn sie der Beschäftigten heute zugeht?

Gemäß § 622 Abs. 4 BGB gelten ausschließlich die tariflichen Kündigungsfristen des § 34 Abs. 1 TVöD. Danach hängt die Dauer der Kündigungsfrist von der absolvierten Beschäftigungszeit ab. Maßgebend ist hier die Beschäftigungszeit „im engeren Sinn" nach § 34 Abs. 1 Satz 1 und 2 TVöD.

Frau Ernst ist seit dem Jahr 2002 (also mehr als zwölf Jahre) bei demselben Arbeitgeber beschäftigt. Ihre Kündigungsfrist beträgt deshalb sechs Monate zum Schluss eines Kalendervierteljahres, § 34 Abs. 1 Satz 2 TVöD.

Im Falle eines Zugangs der Kündigung am 03.01.2018 beginnt die Sechsmonatsfrist am 04.01.2018 (§ 187 Abs. 1 BGB, Ereignisfrist). Die sechs Monate enden gemäß § 188 Abs. 2 BGB mit Ablauf des 03.07.2018. Da die Kündigungsfrist jedoch „zum Schluss eines Kalendervierteljahres" endet, wäre Frau Ernst noch bis einschließlich **30.09.2018** beschäftigt. Dies wäre drei Monate länger als geplant. Der Arbeitgeber wird Frau Ernst somit noch drei Monate länger beschäftigen müssen. Die zum 30.06.2018 ausgesprochene Kündigung ist somit nicht unwirksam, sondern wird auf den 30.09.2018 umgedeutet, § 133 BGB.

Lösung Aufgabe 3:
Nun ist gefragt, ab welchem Zeitpunkt Frau Ernst ordentlich **unkündbar** ist.

Die ordentliche Unkündbarkeit ist in § 34 Abs. 2 TVöD geregelt. Danach müssen zwei Voraussetzungen erfüllt sein: Die Beschäftigte muss das 40. Lebensjahr vollendet haben und über eine Beschäftigungszeit bei demselben Arbeitgeber von 15 Jahren verfügen.

Frau Ernst kann zum Zeitpunkt des **Zugangs** der Kündigung (03.01.2018) bereits auf mehr als 15 Jahre Beschäftigungszeit zurückblicken. Ihr 40. Lebensjahr vollendet sie aber erst mit Ablauf des 02.05.2018, so dass sie erst ab dem 03.05.2018 ordentlich unkündbar sein wird. Zum Zeitpunkt des Zugangs der Kündigung ist sie deshalb noch nicht ordentlich unkündbar.

Lösung Aufgabe 4:
Gefragt ist nunmehr, welcher Form die Kündigung entsprechen muss.

Hierzu regelt § 623 BGB, dass eine Kündigung zu ihrer Wirksamkeit zwingend der **Schriftform** bedarf. Dabei handelt es sich um ein gesetzliches Schriftformgebot, § 126 BGB. Eine mündlich ausgesprochene Kündigung ist daher unwirksam, § 125 BGB.

Lösung Aufgabe 5:
Des Weiteren ist zu klären, ob fallbezogen eine vorherige Abmahnung notwendig ist.

Eine Abmahnung ist immer dann in Erwägung zu ziehen, wenn es sich um eine verhaltensbedingte Kündigung handelt. Zweck der Abmahnung ist, dem Arbeitnehmer zu verdeutlichen, dass sein Verhalten nicht toleriert wird. Er soll also eine Chance erhalten, sein steuerbares Verhalten zu ändern.

Fallbezogen handelt es sich aber um einen **betriebsbedingten** Kündigungsgrund. Hier ist eine Sozialauswahl durchzuführen. Eine Abmahnung macht hier keinen Sinn.

Lösung Aufgabe 6:
Nun ist gefragt, ob der Personalrat ein Beteiligungsrecht hat und welche Rechtsfolgen sich bei dessen Nichtbeachtung ergeben.

Nach § 77 Abs. 1 Nr. 2 Buchstabe i TVöD besteht im Falle einer ordentlichen Kündigung außerhalb der Probezeit ein **Mitbestimmungsrecht** des Personalrates. In diesen Fällen bedarf es der vorherigen Zustimmung des Personalrates, § 69 Abs. 1 HPVG.

Sollte dieses Mitbestimmungsrecht missachtet werden, so ist die Kündigung **unwirksam**, § 66 Abs. 2 HPVG.

Zwingende Voraussetzung für die Unwirksamkeit der Kündigung ist, dass die Arbeitnehmerin rechtzeitig Klage beim Arbeitsgericht einlegt, § 4 KSchG (siehe Lösung Aufgabe 7).

Lösung Aufgabe 7:
Innerhalb welcher Frist kann Frau Ernst ggf. Kündigungsschutzklage beim Arbeitsgericht einreichen?

Nach § 4 KSchG muss Frau Ernst innerhalb von **drei Wochen** nach Zugang des Kündigungsschreibens Klage beim zuständigen Arbeitsgericht einlegen.

Im Falle des Zugangs der Kündigung am 03.01.2018 beginnt die Dreiwochenfrist am 04.01. und endet mit Ablauf des 24.01.2018.

Die Einhaltung dieser Frist ist außerordentlich wichtig. Wäre z. B. die Kündigung wegen Nichtbeteiligung des Personalrates „unwirksam" (siehe oben), so gilt dies nur, wenn innerhalb der Dreiwochenfrist Kündigungsschutzklage eingelegt wird.

Lösung Aufgabe 8:
Zu prüfen ist schließlich, ob eine Klage Aussicht auf Erfolg hat. In diesem Zusammenhang ist zunächst zu ermitteln, ob das Kündigungsschutzgesetz greift.

Das Arbeitsverhältnis besteht länger als sechs Monate (§ 1 Abs. 1 KSchG), auch handelt es sich hier nicht um einen Kleinstbetrieb, § 23 KSchG. Damit sind die Regelungen des Kündigungsschutzgesetzes anwendbar.

Nach § 1 Abs. 2 KSchG hat die Klage Aussicht auf Erfolg, wenn die Kündigung **sozial ungerechtfertigt** ist, d. h., wenn keine

- personen-,
- verhaltens- oder
- betriebsbedingten

Gründe vorliegen.

Gründe in der Person oder im Verhalten der Frau Ernst sind nicht ersichtlich.

Hier liegt jedoch ein **betriebsbedingter** Grund vor (Rückgang der Kinderzahl, dadurch bedingt Reduzierung der Anzahl der Gruppen und somit Verringerung des Arbeitskräftebedarfs an Erziehern/-innen).

Eine Umsetzung in einen anderen Kindergarten desselben Arbeitgebers ist nicht möglich, da dieser der einzige Kindergarten der Stadt Kindertal ist.

In diesen Fällen hat gemäß § 1 Abs. 3 KSchG eine sog. **Sozialauswahl** stattzufinden. Es wird also nicht unbedingt die von der Gruppenschließung betroffene Erzieherin, sondern z. B. die jüngste, kinderlose Beschäftigte gekündigt.

Mit Blick auf die fallbezogen vorgenommene Sozialauswahl ist gegen die Kündigung von Frau Ernst nichts einzuwenden, denn diese ist ledig, jung, kinderlos und nicht schwerbehindert. Im Übrigen beschränkt sich die Sozialauswahl fallbezogen auf nur zehn Beschäftigte, von denen eine in Kürze aus dem Berufsleben ausscheiden wird.

Auch hat Frau Ernst das Angebot eines anderen Arbeitsplatzes ausgeschlagen. Dieses Angebot wurde ihr unter Beachtung des Grundsatzes der **Verhältnismäßigkeit** unterbreitet.

Ein besonderer Kündigungsschutz besteht ebenfalls nicht.

Sofern der **Personalrat** ordnungsgemäß beteiligt wird (vorherige Mitbestimmung nach § 77 Abs. 1 Nr. 2 Buchstabe i i. V. m. § 69 Abs. 1 HPVG), hat eine Kündigungsschutzklage vor dem Arbeitsgericht keine Aussicht auf Erfolg.

Vor Ausspruch der Kündigung ist die Frauen- und Gleichstellungsbeauftragte zu beteiligen, § 17 Abs. 1 Satz 3 Nr. 2 HGlG.

Dem Beamtenrecht sind Kündigungen fremd. Schließlich existiert hier kein Vertragsverhältnis, welches man kündigen könnte. Der Beamte kann jedoch jederzeit schriftlich um Entlassung aus dem Beamtenverhältnis bitten. In diesem Fall ist er zu entlassen, § 23 Abs. 1 Satz 1 Nr. 4 BeamtStG.

Möchte der Dienstherr das Beamtenverhältnis beenden, so bieten sich ihm verschiedene Möglichkeiten hierzu an.

Nähere Informationen hierzu entnehmen Sie bitte dem als Band 1 der HVSV-Schriftenreihe erschienenen Buch „Beamtenrecht in Hessen“, siehe dort Kapitel 10 (Beendigung von Beamtenverhältnissen).

Fall 29: Plötzlich schwerbehindert

Sie sind Personalsachbearbeiter/-in bei der Gemeinde Underberg.

Die Gemeinde hat derzeit
- 18 Verwaltungsbeschäftigte,
- 14 Bauhofmitarbeiter/-innen,
- 6 Erzieherinnen (Kindergarten) und
- 3 Auszubildende

(alle Vollzeit, keine schwerbehinderte Menschen)
beschäftigt.

Im Dezember 2016 erscheint der in der 5-Tage-Woche tätige Herr Günter Gras, ein langjähriger Bauhofmitarbeiter, und legt Ihnen seinen Schwerbehindertenausweis (GdB 50, gültig ab 01.01.2017) vor.

Aufgabe 1:
Berechnen Sie bitte die Zahlbeträge an gesetzlicher **Ausgleichsabgabe**, welche die Gemeinde für die Kalenderjahre 2016 und 2017 an das Integrationsamt zu zahlen hat.

Aufgabe 2:
Ermitteln Sie den **Urlaubsanspruch** des Herrn Gras für das Urlaubsjahr 2017.

Aufgabe 3:
Für nächste Woche ist geplant, dass alle Bauhofmitarbeiter/innen **Mehrstunden** absolvieren. Muss Herr Gras diese auch leisten?

Aufgabe 4:
Was ist zu beachten, wenn das Arbeitsverhältnis des Herrn Gras arbeitgeberseitig **gekündigt** werden soll?

Aufgabe 5:
Besteht auch Anspruch auf **Zusatzurlaub** und **Kündigungsschutz**, wenn ein Beschäftigter über einen Grad der Behinderung von 30 verfügt und als „Gleichgestellter" im Sinne von § 2 Abs. 3 SGB IX anerkannt ist?

Lösung Aufgabe 1:
Zu ermitteln sind die Zahlbeträge an gesetzlicher **Ausgleichsabgabe**, welche die Gemeinde für das vergangene und für das laufende Jahr an das Integrationsamt zu zahlen hat.

Dabei gilt, dass bei der Berechnung der Mindestzahl von Arbeitsplätzen **Auszubildende** nicht mitzählen, § 74 Abs. 1 SGB IX. Daraus ergeben sich 38 anzurechnende Arbeitsplätze.

Sodann regelt § 71 Abs. 1 Satz 3 SGB IX, dass bei weniger als 40 Arbeitsplätzen jahresdurchschnittlich je Monat ein schwerbehinderter Arbeitnehmer beschäftigt werden muss. Im Jahr 2016 wurde jedoch laut Sachverhalt kein schwerbehinderter Mensch beschäftigt.

Deshalb ist zu befürchten, dass für das Kalenderjahr 2016 eine Ausgleichsabgabe zu zahlen ist. Diese beträgt nach § 77 Abs. 2 Satz 2 Nr. 1 SGB IX je unbesetzten Pflichtplatz 105 € pro Monat. Bei zwölf Monaten ergibt sich daraus ein Zahlbetrag in Höhe von (12 x 105 € =) **1.260 €** im Jahr 2016.

Für 2017 erfüllt der Arbeitgeber seine Beschäftigungspflicht, so dass keine Ausgleichsabgabe zu zahlen ist.

Lösung Aufgabe 2:
Da Herr Gras in der 5-Tage-Woche arbeitet, stehen ihm 30 Arbeitstage Erholungsurlaub zu, § 26 Abs. 1 TVöD. Eine Vergleichsberechnung nach dem BUrlG würde in diesem Fall zu keinem günstigeren Ergebnis führen.

Im Falle der Anerkennung als schwerbehinderter Mensch stünde dem Beschäftigten ein **Zusatzurlaub** nach § 125 SGB IX zu. In der 5-Tage-Woche wären dies fünf Tage. Der Zusatzurlaub ist gesondert zu berechnen und steht neben dem Erholungsurlaub zu.

Im Ergebnis hat der Beschäftigte Anspruch auf **35 Tage Urlaub** im Kalenderjahr.

Im Übrigen ist der gesetzliche Zusatzurlaub zu behandeln wie der gesetzliche Mindesturlaub. So verfällt er z. B. im Falle längerer Arbeitsunfähigkeit auch spätestens 15 Monate nach Ablauf des Urlaubsjahres.

Lösung Aufgabe 3:
Zu prüfen ist, ob Herr Gras die angeordneten Mehrstunden leisten muss.

Zunächst ist festzustellen, dass Vollzeitbeschäftigte zur Leistung von Überstunden und Mehrarbeit verpflichtet sind, § 6 Abs. 5 TVöD.

Jedoch gilt hier die Sondervorschrift des § 124 SGB IX, wonach schwerbehinderte Menschen **auf ihr Verlangen** von Mehrarbeit **freigestellt** werden.

Mehrarbeit in diesem Sinne ist jede über acht Stunden (vgl. § 3 Abs. 1 ArbZG) hinausgehende Arbeit.

Es handelt sich nicht etwa um ein gesetzliches Verbot von Mehrarbeit, sondern um den Anspruch des schwerbehinderten Menschen auf Befreiung von derselben.

Herr Gras darf die Mehrarbeit somit leisten; hierzu verpflichtet ist er aber nicht.

Lösung Aufgabe 4:
Wenn das Arbeitsverhältnis des Herrn Gras arbeitgeberseitig gekündigt werden soll, ist Folgendes zu beachten:
Neben dem ohnehin geltenden allgemeinen Kündigungsschutz[411], wonach der Arbeitgeber einen verhaltens-, personen- oder betriebsbedingten Kündigungsgrund benötigt, ist hier der **Sonderkündigungsschutz** der §§ 85 SGB IX zu beachten.

Nach § 85 SGB IX bedarf eine solche Kündigung der Zustimmung des Integrationsamtes. Der Arbeitgeber muss somit einen schriftlichen Antrag auf Erteilung eines (für ihn) begünstigenden Verwaltungsakts beim Integrationsamt stellen. Das weitere Verwaltungsverfahren ergibt sich aus § 87 SGB IX.
Sodann entscheidet das Integrationsamt. Ein gegen diese Entscheidung gerichteter Widerspruch hat keine aufschiebende Wirkung, § 88 Abs. 4 SGB IX.

Eine Ausnahme im Sinne von § 90 SGB IX liegt fallbezogen nicht vor.

Aufgabe 5:
Nun ist zu prüfen, ob auch Anspruch auf **Zusatzurlaub** und **Kündigungsschutz** besteht, wenn ein Beschäftigter über einen Grad der Behinderung von 30 verfügt und als „Gleichgestellter" im Sinne von § 2 Abs. 3 SGB IX anerkannt ist.

Hierzu ist festzustellen, dass sowohl § 85 als auch § 125 SGB IX von „schwerbehinderten Menschen" ausgehen.
Schwerbehinderte Menschen sind gemäß § 2 Abs. 2 SGB IX solche, bei denen ein Grad der Behinderung (GdB) von mindestens 50 festgestellt wurde.

[411] Das KSchG ist vorliegend anwendbar, vgl. § 1 Abs. 1 sowie § 23 KSchG

Schwerbehinderten Menschen **gleichgestellt** werden können nach § 2 Abs. 3 SGB IX solche, bei denen ein Grad der Behinderung (GdB) von weniger als 50, aber mindestens 30 festgestellt wurde. Daraus folgt, dass nicht jeder Mensch mit einem GdB von z. B. 40 automatisch als gleichgestellt gilt. Eine Gleichstellung soll durch die Agentur für Arbeit aber ausgesprochen werden, wenn infolge ihrer Behinderung ohne Gleichstellung der Verlust des Arbeitsplatzes droht.

Gemäß § 68 Abs. 3 SGB IX werden auf gleichgestellte behinderte Menschen die besonderen Regelungen für schwerbehinderte Menschen mit Ausnahme des § 125 und des Kapitels 13 angewendet.

§ 125 betrifft den Zusatzurlaub, Kapitel 13 ein außerhalb des Arbeitsrechts stehendes Thema (öffentlicher Nahverkehr).

Im Ergebnis folgt daraus, dass für gleichgestellte behinderte Menschen zwar der Sonderkündigungsschutz des § 85, nicht aber der Anspruch auf Zusatzurlaub nach § 125 SGB IX zu beachten ist.

(Hinweis: Für Beschäftigte des Landes Hessen gilt abweichend § 27 Abs. 1 TV-H i. V. m. § 13 HUrlVO.)

Blick in das Beamtenrecht: Die Bestimmungen des SGB IX gelten grundsätzlich auch für Beamte. Schließlich spricht das Gesetz nicht von schwerbehinderten Arbeitnehmern, sondern von „schwerbehinderten Menschen". Natürlich sind die Bestimmungen über den Sonderkündigungsschutz hiervon ausgenommen, weil Kündigungen dem Beamtenrecht fremd sind.
Schwerbehinderte Menschen im Beamtenverhältnis haben somit auch Anspruch auf Zusatzurlaub nach § 125 SGB IX.

§ 128 SGB IX regelt die Förderung der Einstellung von schwerbehinderten Menschen in ein Beamtenverhältnis. Dazu passt auch § 12 Abs. 1 HLVO, wonach bei der Einstellung von schwerbehinderten Menschen in Hessen nur ein Mindestmaß körperlicher Eignung verlangt werden darf.

Fall 30: Schwanger – was nun?

Die unbefristet beschäftigte Verwaltungsfachangestellte, Frau Kirsten Kaiser-Schnitt (TVöD-Arbeitsvertrag, gesetzlich krankenversichert), legt ihrem Arbeitgeber heute eine ärztliche Bescheinigung über das Bestehen einer Schwangerschaft vor.

Als voraussichtlicher Geburtstermin wird der 6. September bescheinigt. Nach Ablauf der „Mutterschutzfristen" wird die Beschäftigte Elternzeit bis Jahresende beanspruchen.

Aufgabe 1:
Ermitteln Sie den Beginn und das Ende der gesetzlichen **Beschäftigungsverbote**. Bis wann steht Frau Kaiser-Schnitt **Tabellenentgelt** zu?

Aufgabe 2:
Welche **Zahlungen** erhält die Beschäftigte während der Beschäftigungsverbote?

Aufgabe 3:
Wie lange darf Frau Kaiser-Schnitt während der Schwangerschaft täglich **höchstens** arbeiten?

Aufgabe 4:
Wie viel **Erholungsurlaub** steht der Beschäftigten für das laufende Jahr zu, wenn sie in unmittelbarem Anschluss an die Beschäftigungsverbote Elternzeit bis Jahresende beansprucht?

Aufgabe 5:
Besteht während der Schwangerschaft ein besonderer **Kündigungsschutz**? Wie wäre die Rechtslage, wenn die Beschäftigte erst wenige Wochen im Arbeitsverhältnis stünde und ihre Schwangerschaft dem Arbeitgeber noch nicht angezeigt hat?

Aufgabe 6:
Welche Kündigungsfrist ist zu beachten, wenn die Beschäftigte während der Schwangerschaft **von sich aus** kündigen wollte?

Aufgabe 7:
Welche **Alternative** steht der Beschäftigten zur Verfügung, wenn sie sich nach der Geburt zwei Jahre intensiv um ihr Kind kümmern, ihren Arbeitsplatz aber nicht verlieren möchte?

Aufgabe 8:
Angenommen, der Arbeitsvertrag wäre zeitlich **befristet**: Würde sich die Vertragsdauer durch die Schwangerschaft verlängern?

Aufgabe 9:
Angenommen, das Kind kommt nicht zum ärztlich ermittelten Termin, sondern
a) eine Woche **früher** oder
b) eine Woche **später**
zur Welt:

Welche Auswirkungen hätte dies auf die Beschäftigungsverbote?

Aufgabe 10:
Gilt das Mutterschutzgesetz auch für **Auszubildende**?

Lösung Aufgabe 1:
Zu ermitteln sind die gesetzlichen Beschäftigungsverbote.

Gemäß § 3 Abs. 1 MuSchG darf die Beschäftigte sechs Wochen vor dem voraussichtlichen Entbindungstermin nicht beschäftigt werden.

Fallbezogen soll das Kind voraussichtlich am 06.09. zur Welt kommen. Dies ist in 2017 ein Mittwoch. Daraus folgt, dass Frau Kaiser-Schnitt in der Zeit von Mittwoch, 26.07. bis Dienstag, den 05.09. nicht beschäftigt werden darf. Die Fristberechnung richtet sich nach § 187 Abs. 2 Satz 1, § 188 Abs. 2 BGB. Hierbei handelt es sich um ein relatives Beschäftigungsverbot, d. h., die Beschäftigte dürfte im Falle ihrer ausdrücklichen, widerruflichen Einwilligung arbeiten.

Nach der Geburt gilt das absolute Beschäftigungsverbot des § 3 Abs. 2 MuSchG. Auch hier richten sich die Fristen nach § 187 Abs. 2 Satz 1, § 188 Abs. 2 BGB. Danach darf die Beschäftigte in der Zeit von Donnerstag, den 07.09., bis Mittwoch, den 01.11., nicht arbeiten. (Zur Erinnerung: dreimal Mittwoch, also Beginn der vorgeburtlichen Frist, der voraussichtliche Geburtstermin und das Ende der nachgeburtlichen Frist).

Damit steht Frau Kaiser-Schnitt bis einschließlich 25.07. Tabellenentgelt zu. Im Abrechnungsmonat Juli erhält sie demnach 25/31 ihres Tabellenentgelts, § 24 Abs. 3 Satz 1 TVöD.

Lösung Aufgabe 2:
Welche Zahlungen erhält die Beschäftigte während der Beschäftigungsverbote?
Gemäß § 19 MuSchG i. V. m. § 24i SGB V hat die Beschäftigte für jeden Tag der Beschäftigungsverbote einen Anspruch auf **Mutterschaftsgeld** in Höhe von 13 € gegenüber ihrer gesetzlichen Krankenkasse.
Weiterhin erhält sie nach § 20 MuSchG einen **Zuschuss** zum Mutterschaftsgeld in Höhe der Differenz zwischen ihrem Nettoentgelt und dem Mutterschaftsgeld.

Lösung Aufgabe 3:
Wie lange darf Frau Kaiser-Schnitt während der Schwangerschaft täglich höchstens arbeiten?
Während die allgemeinen täglichen Höchstarbeitszeiten im ArbZG geregelt sind, bestehen für werdende Mütter Sondervorschriften in § 4 Abs. 1 Satz 1 MuSchG. Hiernach darf die Beschäftigte während der Schwangerschaft täglich höchstens **8,5 Stunden** arbeiten. Dies gilt freilich nur, wenn sie ihren Arbeitgeber von der Schwangerschaft unterrichtet hat.

Lösung Aufgabe 4:
Zur Frage, wie viel Erholungsurlaub der Beschäftigten für das laufende Jahr zusteht, ist festzustellen, dass die mutterschutzrechtlichen Beschäftigungsverbote keinerlei negative Auswirkungen auf den Urlaubsanspruch haben, § 24 Satz 1 MuSchG.
Fallbezogen ist jedoch davon auszugehen, dass die Beschäftigte in unmittelbarem Anschluss an die Beschäftigungsverbote Elternzeit bis Jahresende beansprucht.

Nach § 26 Abs. 2 Buchstabe c TVöD vermindert sich der Tarifurlaub für jeden vollen Kalendermonat des Ruhens um ein Zwölftel.

Rechnung:
30 x 11/12 = 27,5. Aufgerundet nach § 26 Abs. 1 Satz 4 TVöD sind dies **28 Arbeitstage.**

Nach § 17 Abs. 1 BEEG kann der Arbeitgeber auch den gesetzlichen Mindesturlaub für jeden vollen Kalendermonat der Elternzeit um ein Zwölftel kürzen. Eine Vergleichsberechnung kann hier aber zu keinem günstigeren Ergebnis führen.

Lösung Aufgabe 5:
Zu prüfen ist, ob während der Schwangerschaft ein besonderer Kündigungsschutz besteht. Nach § 17 MuSchG ist eine Kündigung während der Schwangerschaft **unzulässig**, wenn dem Arbeitgeber zur Zeit der Kündigung die Schwangerschaft bekannt war.

Des Weiteren ist die Rechtslage zu prüfen, wenn die Beschäftigte erst wenige Wochen im Arbeitsverhältnis stünde und ihre Schwangerschaft dem Arbeitgeber noch nicht angezeigt hat.
Hierzu ist zunächst festzustellen, dass für den mutterschutzrechtlichen Sonderkündigungsschutz des § 17 **keine Wartezeit** verankert ist, dieser somit bereits ab dem ersten Arbeitstag gilt.

Für die Frage der Nichtanzeige der Schwangerschaft kommt es darauf an:
Teilt die Beschäftigte die Schwangerschaft innerhalb von **zwei Wochen** nach Zugang der Kündigung ihrem Arbeitgeber mit, so greift der Sonderkündigungsschutz, womit die Kündigung als unwirksam zu qualifizieren wäre.[412]
Erfolgt innerhalb von zwei Wochen **keine Mitteilung** über die Schwangerschaft, so greift der Sonderkündigungsschutz des § 17 MuSchG gerade nicht. Die Beschäftigte wird auch nicht in den Genuss des allgemeinen Kündigungsschutzes gelangen, da sie die Wartezeit des § 1 Abs. 1 KSchG noch nicht erfüllt. Hier läge eine klassische Wartezeitkündigung ohne Sonderkündigungsschutz vor.[413]

Lösung Aufgabe 6:
Wenn die Beschäftigte das Arbeitsverhältnis während der Schwangerschaft von sich aus kündigen wollte, regelte bis 31.12.2016 der bisherige § 10 Abs. 2 MuSchG a. F., dass eine Frau während der Schwangerschaft und während der nachgeburtlichen Schutzfrist das Arbeitsverhältnis ohne Einhaltung einer Frist zum Ende der nachgeburtlichen Schutzfrist kündigen konnte.

Im Falle einer Wiedereinstellung innerhalb eines Jahres nach Beendigung des Arbeits- verhältnisses waren bisher die Vorschriften des § 10 Abs. 2 MuSchG a. F. zu beachten, wonach bestimmte Rechte erhalten blieben. Diese Regelungen sind mit

412 Voraussetzung ist auch hier, dass innerhalb von drei Wochen nach Zugang Klage erhoben wird, § 4 KSchG

413 Siehe Fall 26

Ablauf des 31.12.2016 ersatzlos gestrichen worden. Die im Falle einer arbeitnehmerseitigen Kündigung zu beachtende Kündigungsfrist richtet sich seither einzig nach § 34 Abs. 1 TVöD.

Lösung Aufgabe 7:
Als Alternative zu einer Beendigung des Arbeitsverhältnisses steht der Beschäftigten die Möglichkeit zur Verfügung, Elternzeit zu verlangen. Die Voraussetzungen hierfür sind in § 15 Abs. 1 BEEG genannt.[414]

Lösung Aufgabe 8:
Angenommen, der Arbeitsvertrag wäre zeitlich befristet, so ist zu beachten, dass der Sonderkündigungsschutz des § 17 MuSchG gerade nicht greift. Schließlich handelt es sich hier nicht um einen allumfassenden Beendigungsschutz. Danach kommt eine automatische Verlängerung des kalendermäßig befristeten Arbeitsvertrages nicht in Betracht.

Vielmehr endet ein befristeter Arbeitsvertrag nach den Bestimmungen des § 15 Abs. 1 TzBfG.

Lösung Aufgabe 9:
Angenommen, das Kind kommt nicht zum ärztlich ermittelten Termin, sondern eine Woche **früher** zur Welt, so verkürzt sich (logischerweise) das vorgeburtliche Beschäftigungsverbot.
Die „verlorene Woche“ verlängert jedoch gemäß § 3 Abs. 2 MuSchG das nachgeburtliche Beschäftigungsverbot, so dass im Ergebnis kein Nachteil für die Beschäftigte eintritt.

Kommt das Kind eine Woche **später** zur Welt, so verlängert sich (ebenfalls logischerweise) das vorgeburtliche Beschäftigungsverbot. Von einer entsprechenden Verkürzung des nachgeburtlichen Beschäftigungsverbotes ist im Gesetz aber nicht die Rede, so dass die Mutterschutzfristen insgesamt im Ergebnis um eine Woche länger andauern (hier: 7 + 8 Wochen).

Lösung Aufgabe 10:
Abschließend ist zu klären, ob das Mutterschutzgesetz auch für Auszubildende gilt.

Dies ist in der Neufassung des Gesetzes nunmehr ausdrücklich geregelt, vgl. § 1 Abs. 2 Nr. 1 MuSchG.

Das Mutterschutzgesetz findet auf Beamtinnen keine unmittelbare Anwendung. Vielmehr verpflichtet der Bund die Länder gemäß § 46 BeamtStG, Mutterschutz zu gewährleisten.

[414] Siehe Fall 31 (Elternzeit für Carsten)

In Hessen ermächtigt § 82 HBG die Landesregierung, nähere Regelungen zum Mutterschutz für Beamtinnen zu treffen.
Die Hessische Mutterschutz- und Elternzeitverordnung (HMuSchEltZVO) schließlich bestimmt, dass wesentliche Teile des Mutterschutzgesetzes entsprechend angewendet werden. Zu beachten ist jedoch, dass während der Beschäftigungsverbote die **Dienstbezüge** der Beamtin unverändert fortgezahlt werden.
Hierin liegt ein wesentlicher Unterschied zum Arbeitsrecht, welcher mit dem **Alimentationsgrundsatz** begründet wird.

Fall 31: Elternzeit für Carsten

Carsten Holz ist TVöD-Beschäftigter bei einer mittelhessischen Kleinstadt. Seine Ehefrau hat gestern einen gesunden Sohn namens Hennes zur Welt gebracht. Die Familie wohnt gemeinsam in einer neu bezogenen Wohnung.

Carsten möchte sich bei der Erziehung des kleinen Hennes aktiv einbringen und stellt Ihnen die folgenden Fragen.

Aufgabe 1:
Besteht für ihn als leiblichen Vater des Kindes **Anspruch** auf Gewährung von Elternzeit, oder hat der Arbeitgeber die Möglichkeit, einen wirksam gestellten Antrag auf Elternzeit abzulehnen?

Aufgabe 2:
Welche **Antragsfristen** sind dabei zu beachten?

Aufgabe 3:
Für welchen Zeitraum müsste sich Herr Holz **festlegen**?

Aufgabe 4:
Welche Auswirkungen hat eine Elternzeit auf die **Beschäftigungszeit** und die tarifliche **Stufenlaufzeit**?

Aufgabe 5:
Besteht während einer Elternzeit ein besonderer **Kündigungsschutz**?

Aufgabe 6:
Ist es grundsätzlich möglich, eine **Teilzeitbeschäftigung** während der Elternzeit bei demselben Arbeitgeber auszuüben; falls ja:
a) In welcher **Form** würden Sie diese vereinbaren?
b) Wäre auch eine Teilzeitbeschäftigung im Umfang von nur **einer Wochenstunde** möglich?

c) Besteht hinsichtlich der wöchentlichen Arbeitszeit eine **Obergrenze**?
d) Unter welchen Voraussetzungen kann eine Teilzeitbeschäftigung während der Elternzeit gegen den Willen des Arbeitgebers **beansprucht** werden?

Aufgabe 7:
Stellt eine Elternzeit einen **Sachgrund** zur befristeten Einstellung einer Vertretungskraft dar?

Aufgabe 8:
Haben eigentlich auch **Auszubildende** Anspruch auf Elternzeit?

Lösung Aufgabe 1:
Zu prüfen ist, ob für Herrn Holz **Anspruch** auf Gewährung von Elternzeit besteht. Dies wäre gemäß § 15 Abs. 1 BEEG der Fall, wenn er als Arbeitnehmer mit seinem Kind in einem Haushalt lebt und dieses Kind selbst betreut und erzieht.
Herr Holz ist Arbeitnehmer und wohnt mit seinem Sohn Hennes in einem Haushalt. Auch betreut und erzieht er seinen Sohn. Weil alle Tatbestandsmerkmale erfüllt sind, besteht dem Grunde nach Anspruch auf Elternzeit.
Eine Möglichkeit zur **Ablehnung** einer wirksam beantragten Elternzeit sieht das Gesetz nicht vor.

Lösung Aufgabe 2:
Hinsichtlich der Antragsfristen ist maßgebend, in welchem Zeitraum Herr Holz Elternzeit beanspruchen möchte.
Für den Zeitraum **bis zum** vollendeten dritten Lebensjahr des Kindes beträgt die Antragsfrist 7 Wochen vor Beginn der Elternzeit, § 16 Abs. 1 Satz 1 Nr. 1 BEEG.

Soll die Elternzeit **zwischen** dem dritten Geburtstag und dem vollendeten achten Lebensjahr genommen werden, beträgt die Antragsfrist 13 Wochen, § 16 Abs. 1 Satz 1 Nr. 2 BEEG.

Lösung Aufgabe 3:
Für welchen Zeitraum müsste sich Herr Holz festlegen?

§ 16 Abs. 1 Satz 2 BEEG verlangt, dass der Beschäftigte erklären muss, für welche Zeiten innerhalb von **zwei Jahren** Elternzeit genommen werden soll.
Verlangt er z. B. Elternzeit für das erste Lebensjahr seines Sohnes, so erklärt er implizit, im zweiten Lebensjahr wieder arbeiten zu wollen.

Lösung Aufgabe 4:
Eine Elternzeit hat **keine Auswirkungen** auf die Beschäftigungszeit. Nach § 34 Abs. 3 Satz 2 TVöD gilt ein Sonderurlaub regelmäßig nicht als Beschäftigungszeit. Für die Elternzeit ist eine solche Regelung jedoch nicht normiert.

Hinsichtlich der tariflichen Stufenlaufzeit ist zu differenzieren:
Nach § 17 Abs. 3 Satz 2 TVöD ist eine Elternzeit „bis zu fünf Jahren" (gemeint ist eine Elternzeit sowie ein Sonderurlaub zur Kindererziehung pro Kind) unschädlich, wird aber

nicht auf die Stufenlaufzeit **angerechnet**. Der Beschäftigte wird hinsichtlich seiner Stufenlaufzeit quasi „eingefroren“.
Dauert die Elternzeit (einschließlich Sonderurlaub zur Kindererziehung pro Kind) hingegen länger als fünf Jahre, so erfolgt gemäß § 17 Abs. 3 Satz 3 TVöD regelmäßig eine Rückstufung um eine Stufe.

(Hinweis: Die abweichende Regelung des § 17 Abs. 3 Satz 3 **TV-H** ist hier nicht zu prüfen, vgl. aber Nr. 5.7.2 in diesem Buch.)

Lösung Aufgabe 5:
Auch während einer Elternzeit besteht ein besonderer Kündigungsschutz. Dieser ist in § 18 Abs. 1 BEEG verankert. Danach darf das Arbeitsverhältnis **ab Verlangen** der Elternzeit, frühestens acht bzw. 14 Wochen vor deren Beginn vom Arbeitgeber nicht gekündigt werden. In besonderen Fällen kann ausnahmsweise eine Kündigung für zulässig erklärt werden.

Lösung Aufgabe 6:
Gemäß § 15 Abs. 4 Satz 1 BEEG ist es grundsätzlich möglich, eine Teilzeitbeschäftigung während der Elternzeit bei demselben Arbeitgeber auszuüben.

Zu a)
Eine Teilzeitbeschäftigung bei demselben Arbeitgeber wird durch Abschluss eines **Änderungsvertrages** vereinbart. Darin kann die vertragliche Arbeitszeit „für die Zeit von … bis …“ modifiziert werden.

Zu b)
Eine Teilzeitbeschäftigung im Umfang von nur einer Wochenstunde ist möglich. Weder verbieten das allgemeine Arbeitsrecht noch die Sondervorschriften des BEEG eine solche Vereinbarung. Ob sie praxistauglich erscheint, ist eine andere Frage.

Zu c)
Während hinsichtlich der wöchentlichen Arbeitszeit keine Untergrenze verankert ist, besteht während einer Elternzeit aber eine Obergrenze von 30 Wochenstunden, § 15 Abs. 4 Satz 1 BEEG.

Zu d)
Zu der Frage, unter welchen Voraussetzungen eine Teilzeitbeschäftigung während der Elternzeit gegen den Willen des Arbeitgebers beansprucht werden kann, ist das sog. „Anspruchsverfahren“ des § 15 Abs. 6 und 7 BEEG zu beachten. Danach besteht ein Anspruch auf Teilzeitarbeit während der Elternzeit u. a. dann, wenn diese rechtzeitig vorher schriftlich mitgeteilt wird, für mindestens zwei Monate auf eine Wochenarbeitszeit von 15 bis 30 Stunden gerichtet ist und keine dringenden betrieblichen Gründe entgegenstehen.

Lösung Aufgabe 7:
Natürlich stellt eine Elternzeit einen Sachgrund zur befristeten Einstellung einer Vertretungskraft dar, § 14 Abs. 1 Satz 2 Nr. 3 TzBfG.

§ 21 BEEG konkretisiert diesen Sachgrund für die Dauer eines Beschäftigungsverbotes nach dem Mutterschutzgesetz, einer Elternzeit und für Zeiten einer sonstigen Arbeitsfreistellung zur Kinderbetreuung.

Lösung Aufgabe 8:
Anspruch auf Elternzeit haben gemäß § 15 Abs. 1 BEEG „Arbeitnehmer". Es ist aber allgemein anerkannt, dass auch **Auszubildende** Anspruch auf Elternzeit haben, wenn die sonstigen Voraussetzungen erfüllt sind. Dies wird auch durch § 20 Abs. 1 BEEG verdeutlicht.

Blick in das Beamtenrecht: Auch zur Elternzeit von hessischen Beamten gilt die im Nachgang zu Fall 30 beschriebene Hessische Mutterschutz- und Elternzeitverordnung.

Dagegen gelten die Vorschriften über das Elterngeld (Abschnitt 1 des BEEG) sowohl für Arbeitnehmer als auch für Beamte.

Fall 32: Pflegezeit für Oma

Bei der hessischen Stadt Hanau ist Herr Kuno Kümmerer als Verwaltungsfachangestellter beschäftigt. Auf das Arbeitsverhältnis findet der TVöD Anwendung.

Herr Kümmerer überlegt, „mit der Arbeit kürzer zu treten", um seine pflegebedürftige Großmutter zu pflegen. Dabei stellen sich ihm verschiedene arbeitsrechtliche Fragen:

Aufgabe 1:
Unter welchen Voraussetzungen besteht **Anspruch** auf Pflegezeit?

Aufgabe 2:
Wäre eine **Verlängerung** einer dreimonatigen Pflegezeit möglich, und können auch **mehrere** Zeiträume gewählt werden?

Aufgabe 3:
Besteht während der Pflegezeit auch Anspruch auf **Teilzeitbeschäftigung**?

Lösung Aufgabe 1:
Anspruch auf Pflegezeit besteht unter den Voraussetzungen des § 3 Abs. 1 Satz 1 PflZG. Danach sind Arbeitnehmer von der Arbeit freizustellen, wenn sie einen pflegebedürftigen nahen Angehörigen in häuslicher Umgebung pflegen. Herr Kümmerer ist Arbeitnehmer der Stadt Hanau. Die Großmutter ist gemäß Sachverhalt auch pflegebedürftig. Dies ist gemäß § 3 Abs. 2 PflZG durch Vorlage der Bescheinigung einer Pflegekasse nachzuweisen. Nach § 7 Abs. 3 Nr. 1 PflZG ist die Großmutter auch eine nahe Angehörige im Sinne des Gesetzes. Damit sind alle Tatbestandsmerkmale des Gesetzes erfüllt, so dass Herr Kümmerer **Anspruch** auf Pflegezeit hat.

Er muss die Pflegezeit zehn Tage vor deren Beginn seinem Arbeitgeber schriftlich **anzeigen**. Eine Ablehnungsmöglichkeit durch den Arbeitgeber sieht das Gesetz nicht vor.

Lösung Aufgabe 2:
Eine **Verlängerung** einer zunächst dreimonatigen Pflegezeit ist bis zur Höchstdauer von sechs Monaten möglich. Hierzu bedarf es der Zustimmung des Arbeitgebers.

Zu beachten ist aber, dass – im Gegensatz zu einer Elternzeit nach BEEG – nicht mehrere Zeiträume für die Pflege eines pflegebedürftigen nahen Angehörigen gewählt werden können. Wurde also nach einer dreimonatigen Pflegezeit die Arbeit aufgenommen, steht Herrn Kümmerer für diesen nahen Angehörigen **keine weitere** Pflegezeit zu.

Lösung Aufgabe 3:
Während der Pflegezeit besteht grundsätzlich auch Anspruch auf Teilzeitbeschäftigung, denn § 3 Abs. 1 Satz 1 PflZG spricht ausdrücklich von einer „vollständigen oder teilweisen" Freistellung. In diesem Fall ist § 3 Abs. 4 PflZG zu beachten, wonach der Arbeitgeber den Wünschen des Arbeitnehmers zu entsprechen hat, soweit keine dringenden betrieblichen Gründe entgegenstehen.

Das Pflegezeitgesetz gilt nicht für Beamte.

Ob und unter welchen Voraussetzungen diese dem Dienst fernbleiben dürfen, um ihre pflegebedürftigen Angehörigen zu pflegen, richtet sich nach dem jeweils maßgebenden Landesbeamtenrecht.

In Hessen gilt in diesen Fällen § 64 Abs. 1 HBG, wonach regelmäßig Urlaub ohne Dienstbezüge bis zu einer Dauer von 14 Jahren zu gewähren ist, soweit keine zwingenden dienstlichen Belange entgegenstehen.

Fall 33: Die Übernahme unseres Auszubildenden

Sebastian Stark ist Auszubildender bei der hessischen Gemeinde Besengrund. Auf Grund starker Leistungen (durchweg positive Beurteilungen) während der dreijährigen Berufsausbildung zum Verwaltungsfachangestellten beabsichtigt die Gemeinde, Herrn Stark unmittelbar nach Beendigung des Berufsausbildungsverhältnisses in ein Arbeitsverhältnis zu übernehmen. Eine freie Stelle (EG 5 TVöD) ist vorhanden. Das Ergebnis seiner Abschlussprüfung wird ihm am Vormittag des 5. Juli 2017 bekanntgegeben.

Aufgabe 1:
Hat Herr Stark Anspruch auf eine „**Leistungsprämie**", wenn er die Abschlussprüfung mit gutem Erfolg abschließt?

Aufgabe 2:
Besteht ein „**Anspruch auf Übernahme**“ in ein Arbeitsverhältnis?

Aufgabe 3:
Wird im Arbeitsvertrag des Herrn Stark eine **Probezeit** vereinbart?

Aufgabe 4:
Besteht ein **Sachgrund** zur Befristung des Arbeitsverhältnisses, und könnte alternativ ein **sachgrundlos** befristetes Arbeitsverhältnis abgeschlossen werden?

Aufgabe 5:
Welche Rechtsvorschriften sind in Bezug auf die **Jahressonderzahlung** zu beachten? (Hinweis: keine Berechnung notwendig)

Aufgabe 6:
Bitte ermitteln Sie den **Urlaubsanspruch** für das Kalenderjahr der Übernahme.

Aufgabe 7:
Welche Ansprüche hat Herr Stark, wenn er kurz nach der Übernahme in das Arbeitsverhältnis für sieben Wochen **arbeitsunfähig** erkrankt?

Aufgabe 8:
Ab wann gilt das **Kündigungsschutzgesetz** für Herrn Stark?

Lösung Aufgabe 1:
Zu prüfen ist, ob dem Auszubildenden eine „Leistungsprämie“ zusteht, wenn er die Abschlussprüfung mit gutem Erfolg abschließt.

Hierzu regelt § 17 Abs. 1 TVAöD-BBiG einen Anspruch auf Zahlung einer **Abschlussprämie**, welche bei erfolgreich abgeschlossener Abschlussprüfung zusteht. Eine diesen Anspruch ausschließende Wiederholungsprüfung liegt fallbezogen nicht vor, § 17 Abs. 2 TVAöD-BBiG. Die Abschlussprämie wird nach Bestehen der Abschlussprüfung, hier am 5. Juli 2017, fällig.

Lösung Aufgabe 2:
Weiterhin ist zu klären, ob ein Anspruch auf Übernahme in ein Arbeitsverhältnis besteht. Ein solcher Anspruch kann sich aus **§ 16a TVAöD-BBiG** ergeben. Hiernach werden Auszubildende nach erfolgreich bestandener Abschlussprüfung bei dienstlichem Bedarf für die Dauer von zwölf Monaten in ein Arbeitsverhältnis übernommen. Diesen Anspruch ausschließende verhaltensbedingte Gründe liegen fallbezogen gerade nicht vor, denn Herr Stark ist ein ausgesprochen gut beurteilter Auszubildender. Weil auch eine Stelle frei ist, besteht ein Anspruch auf Übernahme in ein Arbeitsverhältnis.

Die Sonderbestimmung des § 65 HPVG hinsichtlich der zwingenden Übernahme eines Jugend- und Auszubildendenvertreters ist im Übrigen fallbezogen nicht erfüllt.

Lösung Aufgabe 3:
Zu prüfen ist nun, ob im Arbeitsvertrag des Herrn Stark eine Probezeit vereinbart wird. Hierfür spricht zunächst § 2 Abs. 4 Satz 1 TVöD, wonach die ersten sechs Monate der Beschäftigung als Probezeit gelten.

In diesem Fall kommen noch die Sonderbestimmungen des § 30 Abs. 4 TVöD in Betracht, wonach bei sachgrundlos befristeten Arbeitsverträgen von Beschäftigten mit „Angestelltentätigkeiten“[415] die ersten sechs Wochen und bei Sachgrundbefristungen die ersten sechs Monate als Probezeit gelten. Jedoch werden all diese Bestimmungen durch § 2 Abs. 4 Satz 2 TVöD überlagert, wonach bei Übernahme von Auszubildenden im unmittelbaren Anschluss an das Ausbildungsverhältnis die Probezeit entfällt.

Im Ergebnis wird also mit Herrn Stark **keine Probezeit** vereinbart.

Lösung Aufgabe 4:
Die Übernahme in ein Arbeitsverhältnis könnte mit einem Sachgrund erfolgen, wenn ein solcher ersichtlich wäre. Hier kommt § 14 Abs. 1 Satz 2 Nr. 2 TzBfG in Frage. Danach liegt ein Sachgrund vor, wenn die Befristung im Anschluss an eine Ausbildung erfolgt, um den Übergang des Arbeitnehmers in eine Anschlussbeschäftigung zu erleichtern. Vorliegend wird Herr Stark in unmittelbarem Anschluss an seine Berufsausbildung zum Verwaltungsfachangestellten in ein Arbeitsverhältnis übernommen. Auch erleichtert dies die Möglichkeit einer Anschlussbeschäftigung, denn Herr Stark könnte dann Berufserfahrung nachweisen. Damit liegt ein **Sachgrund** zur Befristung vor. Jedoch wäre eine erneute Befristung des Arbeitsverhältnisses mit diesem Sachgrund nicht möglich.

Alternativ könnte auch eine **sachgrundlose** Beschäftigung in Frage kommen. Eine solche darf nach § 14 Abs. 2 Satz 1 TzBfG die Dauer von zwei Jahren nicht überschreiten. Innerhalb dieses Zeitraums wäre eine dreimalige Verlängerung dieses kalendermäßig befristeten Arbeitsverhältnisses möglich.

Gegen eine solche sachgrundlose Befristungsmöglichkeit könnte aber das sog. **Zuvorbeschäftigungsverbot** des § 14 Abs. 2 Satz 2 TzBfG sprechen. Danach ist eine solche Befristung nicht erlaubt, wenn mit demselben Arbeitgeber zuvor bereits ein Arbeitsverhältnis bestanden hat. Herr Stark war zuvor drei Jahre Auszubildender der Gemeinde Besengrund, also „desselben Arbeitgebers“. Dabei ist jedoch zu berücksichtigen, dass eine Berufsausbildung gerade kein Arbeitsverhältnis darstellt. Damit ist alternativ auch eine sachgrundlose Befristung möglich.

Lösung Aufgabe 5:
Welche Rechtsvorschriften sind in Bezug auf die **Jahressonderzahlung** zu beachten?

Zunächst ist festzustellen, dass im Jahr der Übernahme ein **Anspruch** auf Jahressonderzahlung dem Grunde nach zusteht, denn Herr Stark befindet sich am 1. Dezember

[415] Vgl. § 30 Abs. 1 Satz 2 TVöD

2017 in einem TVöD-Arbeitsverhältnis zur Gemeinde Besengrund. Bei Eingruppierung in Entgeltgruppe 5 TVöD stehen Herrn Stark 82,05 % des in den Kalendermonaten Juli, August und September 2017 durchschnittlich gezahlten Entgelts zu. Da er im Kalendermonat Juli nicht für alle Tage des Monats Anspruch auf Tabellenentgelt hat, ist Satz 2 der Protokollerklärung zu § 20 Abs. 2 TVöD zu beachten.

Der so ermittelte Anspruch vermindert sich nach § 20 Abs. 4 TVöD um ein Zwölftel für jeden Kalendermonat, in dem der Beschäftigte keinen Anspruch auf Entgelt hat, hier also um 6/12.

Zusätzlich erhält Herr Stark eine weitere anteilige Jahressonderzahlung auf Grundlage des § 14 Abs. 4 TVAöD-BBiG (hier: ebenfalls 6/12).

(Hinweis: Ein entsprechendes **Berechnungsbeispiel** finden Sie in den Lösungshinweisen zu Fall 19 im Übungsteil.)

Lösung Aufgabe 6:
Nachfolgend wird der **Urlaubsanspruch** des Beschäftigten für das Kalenderjahr der Übernahme ermittelt.

Zunächst ist festzustellen, dass Herr Stark im zweiten Kalenderhalbjahr aus dem Ausbildungsverhältnis ausscheidet, so dass der gesetzliche Mindesturlaub des § 3 BUrlG nicht gekürzt werden darf, vgl. § 5 Abs. 1 Buchstabe c BUrlG. Diese Tatsache fällt jedoch fallbezogen unter den Tisch, weil eine unmittelbare Übernahme in ein Arbeitsverhältnis bei demselben Arbeitgeber stattfindet. In diesen Fällen wertet die Rechtsprechung die beiden Zeiträume als **rechtliche Einheit**.[416] Im Ergebnis kann der gesetzliche Mindesturlaub hier also in den Hintergrund rücken.

Widmen wir uns nun dem Tarifurlaub. Nach § 26 Abs. 1 Satz 1 TVöD besteht grundsätzlich Anspruch auf 30 Arbeitstage. Dieser Anspruch steht hier aber nur anteilig zu, § 26 Abs. 2 Buchstabe b TVöD.

Rechnung:
30 x 5/12 = 12,5 gerundet **13 Arbeitstage** aus dem Arbeitsverhältnis (§ 26 Abs. 1 Satz 4 TVöD).

Daneben steht dem Auszubildenden ein weiterer anteiliger Erholungsurlaub nach § 9 TVAöD-BBiG zu. Dieser beträgt ganzjährig 29 Ausbildungstage. Ansonsten wird auf den TVöD verwiesen, so dass § 26 Abs. 2 Buchstabe b TVöD Anwendung findet.

Rechnung:
29 x 6/12 = 14,5 gerundet **15 Arbeitstage** aus dem Ausbildungsverhältnis.

416 Anderenfalls entstünde ein Abgeltungsanspruch infolge Beendigung der Ausbildung. Hier geht aber der „Freizeitanspruch“ dem finanziellen Anspruch vor

Nach dem Wortlaut der Tarifvorschriften stünden Herrn Stark damit (13 + 15 =) 28 Tage Erholungsurlaub für (6 + 5 =) 11 Kalendermonate zu, obwohl er ganzjährig bei der Gemeinde Besengrund beschäftigt war. Dieses Ergebnis erscheint unbefriedigend.

Deshalb sollten die Tarifvorschriften „nach Sinn und Zweck" dahingehend ausgelegt werden, dass der Kalendermonat der Übernahme wie ein „voller TVöD-Monat" angesehen wird. Verschiedene kommunale Arbeitgeberverbände haben entsprechende Empfehlungen ausgesprochen.

Neue Rechnung:
30 x 6/12 = **15 Arbeitstage** aus dem Arbeitsverhältnis (nach Sinn und Zweck).
29 x 6/12 = **15 Arbeitstage** aus dem Ausbildungsverhältnis (wie bisher).
Im Ergebnis erhält Herr Stark im Jahr der Übernahme **30 Tage** Erholungsurlaub.

Lösung Aufgabe 7:
Welche Ansprüche hat Herr Stark, wenn er kurz nach der Übernahme in das Arbeitsverhältnis für sieben Wochen arbeitsunfähig erkrankt?

Nach § 22 Abs. 1 TVöD erhält der Beschäftigte zunächst für die Dauer von **sechs Wochen** das Entgelt nach § 21 TVöD.

Anschließend könnte ein Anspruch auf **Krankengeldzuschuss** bestehen. Dieser richtet sich gemäß § 22 Abs. 3 Satz 1 TVöD nach der Dauer der Beschäftigungszeit. Diese definiert sich in § 34 Abs. 3 TVöD als die bei demselben Arbeitgeber in einem Arbeitsverhältnis zurückgelegte Zeit. Für die Anwendung der Sätze 3 und 4 des § 34 Abs. 3 TVöD gibt der Sachverhalt nichts her.

Da jedoch ein Berufsausbildungsverhältnis gerade nicht als Arbeitsverhältnis gilt, beginnt die Beschäftigungszeit des Herrn Stark am 6. Juli 2017. Für die siebenwöchige Arbeitsunfähigkeit bedeutet dies, dass ein Anspruch auf Krankengeldzuschuss nicht besteht.

Lösung Aufgabe 8:
Schließlich ist zu prüfen, ab wann das Kündigungsschutzgesetz für Herrn Stark gilt. Dieses Gesetz ist nach § 1 Abs. 1 KSchG anwendbar, wenn das Arbeitsverhältnis länger als sechs Monate bestanden hat. Hier könnte man somit auf die Idee kommen, die Sechsmonatsfrist beginne am 6. Juli 2017 zu laufen. Allerdings ist nach der Rechtsprechung des Bundesarbeitsgerichts ein vorheriges Berufsausbildungsverhältnis anzurechnen. Damit gilt das Kündigungsschutzgesetz bereits **ab dem ersten Tag** des Arbeitsverhältnisses des Herrn Stark.

Blick in das Beamtenrecht: Beamte im Vorbereitungsdienst können nach erfolgreicher Ausbildung ebenfalls „übernommen" werden. Hier endet der Vorbereitungsdienst mit Ablauf des Tages der Bekanntgabe des Prüfungsergebnisses, § 22 Abs. 4 BeamtStG, § 19 Abs. 1 Satz 3 Nr. 1 HLVO.

Sodann ist eine Übernahme in das Beamtenverhältnis auf Probe möglich. Hierzu bedarf es einer Ernennung, § 8 Abs. 1 Nr. 1 BeamtStG. Die Dauer der Probezeit ist abhängig vom jeweiligen Landesrecht. In Hessen dauert sie regelmäßig drei Jahre.

Nähere Informationen zum Laufbahnrecht der hessischen Beamten entnehmen Sie bitte dem als Band 1 der HVSV-Schriftenreihe erschienenen Buch „Beamtenrecht in Hessen", dort im Kapitel 5.

Entgelttabelle TVöD gültig vom 1. Februar 2017

TVöD (VKA)		Entgelttabelle (+ 2,35 %)				ab 01.02.2017
EG	Stufe 1	Stufe 2	Stufe 3	Stufe 4	Stufe 5	Stufe 6
15Ü	–	5.587,43	6.193,36	6.767,42	7.150,14	7.239,42
15	4.380,63	4.860,31	5.038,90	5.676,72	6.161,47	6.480,39
14	3.967,32	4.401,04	4.656,17	5.038,90	5.625,72	5.944,61
13	3.657,34	4.056,62	4.273,50	4.694,43	5.281,25	5.523,65
12	3.279,57	3.635,65	4.145,91	4.592,40	5.166,46	5.421,59
11	3.168,10	3.508,11	3.763,23	4.145,91	4.700,83	4.955,97
10	3.056,61	3.380,51	3.635,65	3.890,80	4.375,54	4.490,35
9c	2.965,63	3.219,42	3.523,40	3.750,73	4.091,71	4.239,46
9b	2.711,10	2.994,70	3.143,33	3.546,35	3.865,28	4.120,39
9a	2.711,10	2.964,89	3.143,33	3.546,35	3.636,31	3.865,28
8	2.543,89	2.808,91	2.932,80	3.044,26	3.168,10	3.246,12
7	2.387,86	2.635,53	2.796,54	2.920,41	3.013,29	3.099,99
6	2.343,24	2.586,00	2.709,84	2.827,51	2.908,02	2.988,53
5	2.249,11	2.480,74	2.598,39	2.716,05	2.802,74	2.864,67
4	2.142,59	2.363,07	2.511,69	2.598,39	2.685,09	2.735,85
3	2.109,19	2.325,89	2.387,86	2.486,92	2.561,25	2.629,35
2Ü	2.019,98	2.226,84	2.301,15	2.400,23	2.468,33	2.519,14
2	1.953,10	2.152,51	2.214,44	2.276,39	2.412,58	2.555,04
1	–	1.751,25	1.780,97	1.818,14	1.852,79	1.941,97

Stichwortverzeichnis